思想的・睿智的・獨見的

經典名著文庫

學術評議

丘為君　吳惠林　宋鎮照　林玉体　邱燮友

洪漢鼎　孫效智　秦夢群　高明士　高宣揚

張光宇　張炳陽　陳秀蓉　陳思賢　陳清秀

陳鼓應　曾永義　黃光國　黃光雄　黃昆輝

黃政傑　楊維哲　葉海煙　葉國良　廖達琪

劉滄龍　黎建球　盧美貴　薛化元　謝宗林

簡成熙　顏厥安（以姓氏筆畫排序）

策劃　楊榮川

五南圖書出版公司 印行

經典名著文庫

學術評議者簡介（依姓氏筆畫排序）

- 丘為君　美國俄亥俄州立大學歷史研究所博士
- 吳惠林　美國芝加哥大學經濟系訪問研究、臺灣大學經濟系博士
- 宋鎮照　美國佛羅里達大學社會學博士
- 林玉体　美國愛荷華大學哲學博士
- 邱燮友　國立臺灣師範大學國文研究所文學碩士
- 洪漢鼎　德國杜塞爾多夫大學榮譽博士
- 孫效智　德國慕尼黑哲學院哲學博士
- 秦夢群　美國麥迪遜威斯康辛大學博士
- 高明士　日本東京大學歷史學博士
- 高宣揚　巴黎第一大學哲學系博士
- 張光宇　美國加州大學柏克萊校區語言學博士
- 張炳陽　國立臺灣大學哲學研究所博士
- 陳秀蓉　國立臺灣大學理學院心理學研究所臨床心理學組博士
- 陳思賢　美國約翰霍普金斯大學政治學博士
- 陳清秀　美國喬治城大學訪問研究、臺灣大學法學博士
- 陳鼓應　國立臺灣大學哲學研究所
- 曾永義　國家文學博士、中央研究院院士
- 黃光國　美國夏威夷大學社會心理學博士
- 黃光雄　國家教育學博士
- 黃昆輝　美國北科羅拉多州立大學博士
- 黃政傑　美國麥迪遜威斯康辛大學博士
- 楊維哲　美國普林斯頓大學數學博士
- 葉海煙　私立輔仁大學哲學研究所博士
- 葉國良　國立臺灣大學中文所博士
- 廖達琪　美國密西根大學政治學博士
- 劉滄龍　德國柏林洪堡大學哲學博士
- 黎建球　私立輔仁大學哲學研究所博士
- 盧美貴　國立臺灣師範大學教育學博士
- 薛化元　國立臺灣大學歷史學系博士
- 謝宗林　美國聖路易華盛頓大學經濟研究所博士候選人
- 簡成熙　國立高雄師範大學教育研究所博士
- 顏厥安　德國慕尼黑大學法學博士

經典名著文庫128

墨子(上)

(以清・孫詒讓撰之《墨子閒詁》為依據版本)

墨子及其弟子與墨家後學 原著
孫詒讓 注疏
李賢中 導讀、題解

經典永恆·名著常在

五十週年的獻禮·「經典名著文庫」出版緣起

總策劃 楊榮川

五南，五十年了。半個世紀，人生旅程的一大半，我們走過來了。不敢說有多大成就，至少沒有凋零。

五南忝為學術出版的一員，在大專教材、學術專著、知識讀本出版已逾壹萬參仟種之後，面對著當今圖書界媚俗的追逐、淺碟化的內容以及碎片化的資訊圖景當中，我們思索著：邁向百年的未來歷程裡，我們能為知識界、文化學術界做些什麼？在速食文化的生態下，有什麼值得讓人雋永品味的？

歷代經典·當今名著，經過時間的洗禮，千錘百鍊，流傳至今，光芒耀人；不僅使我們能領悟前人的智慧，同時也增深加廣我們思考的深度與視野。十九世紀唯意志論開創者叔本華，在其〈論閱讀和書籍〉文中指出：「對任何時代所謂的暢銷書要持謹慎的態度。」他覺得讀書應該精挑細選，把時間用來閱讀那些「古今中外的偉大人物的著作」，閱讀那些「站在人類之巔的著作及享受不朽聲譽的人們的作品」。閱讀就要「讀原著」，是他的體悟。他甚至認爲，閱讀經典原著，勝過於親炙教誨。他說：

「一個人的著作是這個人的思想菁華。所以，儘管一個人具有偉大的思想能力，但閱讀這個人的著作總會比與這個人的交往獲得更多的內容。就最重要的方面而言，閱讀這些著作的確可以取代，甚至遠遠超過與這個人的近身交往。」

爲什麼?原因正在於這些著作正是他思想的完整呈現，是他所有的思考、研究和學習的結果；而與這個人的交往卻是片斷的、支離的、隨機的。何況，想與之交談，如今時空，只能徒呼負負，空留神往而已。

三十歲就當芝加哥大學校長、四十六歲榮任名譽校長的赫欽斯（Robert M. Hutchins, 1899-1977），是力倡人文教育的大師。「教育要教眞理」，是其名言，強調「經典就是人文教育最佳的方式」。他認爲：

「西方學術思想傳遞下來的永恆學識，即那些不因時代變遷而有所減損其價值的古代經典及現代名著，乃是眞正的文化菁華所在。」

這些經典在一定程度上代表西方文明發展的軌跡，故而他爲大學擬訂了從柏拉圖的《理想國》，以至愛因斯坦的《相對論》，構成著名的「大學百本經典名著課程」。成爲大學通識教育課程的典範。

歷代經典．當今名著，超越了時空，價値永恆。五南跟業界一樣，過去已偶有引進，但都未系統化的完整舖陳。我們決心投入巨資，有計畫的系統梳選，成立「經典名著文庫」，希望收入古今中外思想性的、充滿睿智與獨見的經典、名著，包括：

- 歷經千百年的時間洗禮，依然耀明的著作。遠溯二千三百年前，亞里斯多德的《尼各馬科倫理學》、柏拉圖的《理想國》，還有奧古斯丁的《懺悔錄》。
- 聲震寰宇、澤流遐裔的著作。西方哲學不用說，東方哲學中，我國的孔孟、老莊哲學，古印度毗耶娑（Vyāsa）的《薄伽梵歌》、日本鈴木大拙的《禪與心理分析》，都不缺漏。
- 成就一家之言，獨領風騷之名著。諸如伽森狄（Pierre Gassendi）與笛卡兒論戰的《對笛卡兒沉思錄的詰難》、達爾文（Darwin）的《物種起源》、米塞斯（Mises）的《人的行爲》，以至當今印度獲得諾貝爾經濟學獎阿馬蒂亞．

森（Amartya Sen）的《貧困與饑荒》，及法國當代的哲學家及漢學家余蓮（François Jullien）的《功效論》。

梳選的書目已超過七百種，初期計劃首爲三百種。先從思想性的經典開始，漸次及於專業性的論著。「江山代有才人出，各領風騷數百年」，這是一項理想性的、永續性的巨大出版工程。不在意讀者的眾寡，只考慮它的學術價值，力求完整展現先哲思想的軌跡。雖然不符合商業經營模式的考量，但只要能爲知識界開啓一片智慧之窗，營造一座百花綻放的世界文明公園，任君遨遊、取菁吸蜜、嘉惠學子，於願足矣！

最後，要感謝學界的支持與熱心參與。擔任「學術評議」的專家，義務的提供建言；各書「導讀」的撰寫者，不計代價地導引讀者進入堂奧；而著譯者日以繼夜，伏案疾書，更是辛苦，感謝你們。也期待熱心文化傳承的智者參與耕耘，共同經營這座「世界文明公園」。如能得到廣大讀者的共鳴與滋潤，那麼經典永恆，名著常在。就不是夢想了！

二〇一七年八月一日 於

五南圖書出版公司

導讀

國立臺灣大學哲學系教授兼文學院副院長　李賢中

一、墨子的生平與事蹟

㈠生平

首先探究墨子的姓名，《莊子．天下篇》說：「墨翟、禽滑釐聞其風而說之。」在唐代成玄英的疏中就指出：「禽滑釐，姓禽字滑釐，墨翟弟子也。」《墨子》書中也有稱「子禽子」的。禽滑釐既然是姓禽，那麼相同的，在《莊子．天下篇》裡將墨翟、禽滑釐二人同列，由此可見墨子姓墨。

此外，在《墨子》書中，墨子有二十五次自稱為「翟」，如在〈耕柱〉篇有云：「子墨子曰：『且翟聞之為義非避毀就譽，去之苟道，受狂何傷！』」墨子他主張，實踐仁義若不能回避別人的詆毀，還是應該要堅持下去，千萬不能因為追求虛榮美譽而妥協；離去高官之位只要是符合正道的原則，就算被人譏評為瘋子又有什麼關係。〈貴義〉篇也有：「子墨子曰：『翟上無君上之事，下無耕農之難，吾安敢廢此？』」墨子以周公旦的勤政愛民、日理萬機輔佐天子，仍不忘每日用功讀書的典範爲例，說明自己不像周公一般的忙碌，當然更要用功讀書。〈公孟〉篇則有：「子墨子曰：『今翟曾無稱於孔子乎？』」墨子說只要孔子所說的話是正確不易的道理，他怎能不引用稱道呢？〈魯問〉篇有：「子墨子曰：『翟嘗計之矣。』」墨子他曾估計衡量天下之利爲何等等。由此可知墨子姓墨，名翟。

有關墨翟的國籍，嚴靈峰在他的《墨子簡編》裡指出：「墨子名翟，姓墨氏，魯人；或曰宋人。」但其他墨學研究者，如：薛保綸、周長耀、李漁叔、馮成榮、蔡仁厚、王冬珍、陳問梅等學者皆認定墨子是魯國人。《呂氏春秋．愼大覽》高誘注：「墨子名翟，魯人也。」《荀子．脩身》篇楊倞注：「墨翟，魯人。」從這些記載來看，墨子是魯國人。但是也有些文獻作宋人的，如葛洪《神仙傳》就認爲墨子爲宋人。《昭明文選．長笛賦》李善注：「墨翟，宋人也。」還有的文獻上說墨子是楚國人，如清代的畢沅〈墨子注序〉認爲，前人以爲墨子是魯人，應爲楚之魯陽（今河南魯山縣）。孫詒讓則認爲畢沅的看法與古書不合，墨子不是楚人而是魯國人；又因爲墨子曾做過宋國大夫，於是被認爲是宋國人。

山東大學歷史系張知寒教授〈墨子里籍新探〉一文則認爲墨翟是今山東滕州市人。滕州市東南有目夷亭，爲宋公子目夷之封地，也是古國名，目夷又轉音爲墨台。墨翟爲墨台氏之後，也就是目夷氏之後。目夷地最早屬於小邾國，墨翟實爲小邾國人。小邾國是宋國的附庸，所以墨翟可以被視爲宋人。春秋晚期，小邾國爲魯國占有，因而墨翟成爲魯人。此考證研究可做爲墨子國籍問題現階段較完備之論。

至於墨子生卒年代，歷史上沒有留下可靠的資料，根據孫詒讓的考證，墨翟的生卒年約在周定王之初年到周安王之季，也就是大約在468B.C到376B.C之間。從墨子與孔、孟的關係來看，可以得出一個比較確定的生卒範圍。孔子在世時從未提過墨翟，由此可見墨翟的活動年代是在孔子之後，這是可以確定的。此外，孟子周遊四方之時，非常激烈地攻擊墨翟的學說，可是墨翟卻從未提過他，由此可見墨翟的活動年代要比孟子來得早。所以墨翟的生卒年代，很可能是生於孔子（551-479B.C）之後，而卒於孟子（372-289B.C）出生之前。因此孫詒讓的考證，大約從468B.C到376B.C之間是墨子的生卒年代，此說可取。

㈡事蹟

墨子有哪些事蹟呢?他活動於西元前第五世紀，從《墨子．貴義》篇記載內容，墨子承認自己爲平民百姓之「賤人」，並非當官的貴族。在《韓非子．外儲說左上》記載著：「墨子爲木鳶，三年而成，飛一日而敗。弟子曰：先生之巧，至能使木鳶飛。墨子曰：不如爲車輗之巧也，用咫尺之木，不費一朝之事，而引三十石之重。」其中「車輗」是古代大車車轅與橫木相連接的插銷，防止脫落。又據《墨子．公輸》篇，墨子能造守城器械，連著名巧匠公輸盤也比不過他。可見墨子在當時是個能工巧匠。

另根據《墨子．魯問》、《莊子．天下》等文的記載，墨子生活十分清貧，以野菜為食，清水為飲，吃了上頓沒有下頓，短褐為衣，草索為帶，居無常所。《淮南子．修務訓》說：「孔子無黔突，墨子無暖蓆。」從這些記載來看墨子是一個工匠出身，過的是勞動者的生活型態。此外，《墨子．明鬼下》篇自稱曾讀周、燕、宋、齊等國春秋，《莊子．天下》也說墨子「好學而博」可見他是博覽群書的人。又據《墨子．貴義》篇記載，墨子前往衛國時，車中載了許多書，有人問他為什麼要帶那麼多書？他說：「翟上無君上之事，下無耕農之難，吾安敢廢此？」可見他又像是一個讀書人。如此，墨翟有可能是從勞動階級的工匠出身，經過學習、實踐，自創一家之言，提出「兼愛」、「非攻」的思想，吸引弟子跟隨而成為人師，進而改變了他原本的勞工階層，從平民百姓轉為士人。

墨子曾周遊列國，他經過的區域包括：宋國、楚國、齊國、衛國和越國這幾個國家。《史記》、《漢書》均曾記墨子為宋大夫，但在《墨子》書中卻不見記述。墨子曾經去過幾次宋國，也曾經在宋國碰到麻煩。墨子在「止楚攻宋」時，曾說他的弟子禽滑釐等三百人，幫助宋國守城，而使楚王打消了攻打宋國的念頭。但墨子成功阻止戰爭之後，他經過宋國時，天下大雨，守門的人卻拒絕他入城。此外，《墨子．魯問》篇記載，墨子介紹其弟子曹公子出仕於宋，三年之後，由貧而富，處高爵祿，多財而不以分人，墨子則把他教訓一頓。這些是墨子到宋國所經歷的一些事。

在遊楚方面，《墨子．貴義》篇記載：墨子曾至南方楚國，去拜見楚獻惠王，獻惠王藉口自己年老推辭了，派他的臣子穆賀會見墨子。墨子和穆賀交談之後，穆賀非常高興，對墨子說：「你的主張確實好啊，但君王是天下的大王，恐怕會認爲這只是一個普通百姓的看法而不會採用的。」墨子答道：「只要它能在施政上推行有效，爲何不用呢？就像吃藥，雖然只是一些草根，天子吃了它，具有療效可以調理他的疾病，難道會因爲是一些草根就不吃了嗎？」墨子雖然作了一番解釋，但還是沒有說動他們。

此外，墨子也曾到過齊國，齊國是當時的強國，國家的爲政者不喜歡墨子的學說。還有，《墨子．貴義》篇記載墨子從魯國到齊國，探望老朋友。老朋友對墨子說：「現在天下沒有人行義，你何必獨自苦行爲義，不如就此停止。」墨子說：「現在這裡有一人，他有十個兒子，但只有一個兒子肯耕種，其他九個兒子都閑著，該怎麼辦呢？因爲吃飯的人多而耕種的人少，耕種的這一個兒子必須更加勤奮啊。現在天下沒有人行義，你應該勸我繼續努力行義，爲什麼還要制止我呢？」可見墨子犧牲奉獻，爲大局著想的精神。

衛國也是墨子曾經去過的國家，在《墨子．貴義》篇裡面曾提到，墨子南游於衛國，車中載書甚多。同篇又記：墨子推薦弟子到衛國做官，結果那弟子去了又回來，墨子問他是什麼理由，他的弟子回答說，因為原本許諾的俸祿少了一半，墨子把他給教訓一頓。同篇又記，墨子對衛國的公良桓子說：「衛，小國也，處於齊、晉之間，猶貧家之處於富家之間也，貧家而學富家之衣食多用，則速亡必矣。」墨子是非常強調節用的思想，此一經濟問題處理不好，將會有亡國之憂。此外，《墨子．耕柱》篇記載墨子推薦高石子到衛國做官，衛國國君給他的俸祿很優渥，但是對於高石子進諫的忠言卻不採納，後來高石子辭去厚祿的官位，則受到墨子的肯定與讚揚。這些是墨子到衛國所經歷或與衛國相關的一些事。

除了上述幾國之外，墨子也到過越國。墨子曾多次派他的弟子到各國去擔任一些公職，希望能夠把墨家的思想發揚光大。其中他的弟子公尚過就曾到越國宣傳墨子的學說。越王很高興，並且願意把他所占領吳國的五百里土地封給墨子。可是墨子對這封地並不感興趣，墨子所在意的是要能推行墨家理想，眞正去實踐兼愛、非攻的思想。在這一點上，當然越王並沒有同意，所以這件事也就耽擱了下來。

從墨子周遊各國的經歷可知，墨子生平事蹟的重點在於根據天志，宣揚兼愛、非攻、非樂、非命、節用、節葬、尚賢、尚同等思想，其目的在興天下之利，除天下之害。

二、《墨子》書的分類

東漢班固《漢書·藝文志》著錄《墨子》七十一篇，《隋書·經籍志》著錄《墨子》十五卷，目一卷；《舊唐書·經籍志》、《唐書·藝文志》、《宋史·藝文志》都著錄《墨子》十五卷。清人畢沅〈墨子注序〉說：「宋亡九篇，爲六十二篇。見《中興館閣書目》，實六十三篇。又亡十篇，爲五十三篇，即今本也。」現今只存五十三篇，已亡失十八篇，其中〈節用〉、〈節葬〉、〈明鬼〉、〈非樂〉、〈非儒〉等五種，各有所缺，共計八篇外；尚有十篇不知篇目。

根據任繼愈、李廣興主編的《墨子大全》收錄的注本來看，明代有《墨子》，明嘉靖三十二年唐堯臣刻本（十五卷）等十四種，清代有《墨子與墨者》，清·馬驌撰，清康熙九年刻本（一卷）等二十種。其中以孫詒讓集諸注家之大成，其《墨子閒詁》至今仍然是較好的原文版本。孫詒讓將明正統《道藏》本《墨子》跟畢沅校本、明吳寬寫本、顧廣圻校本、日刻本等互相校勘，參考綜合畢沅、蘇時學、王念孫、王引之、張惠言、洪頤煊、俞樾、戴望等人的成果，以很大功力撰就《墨子閒詁》一書，俞樾〈墨子序〉稱：「自有墨子以來，未有此書。」現存的五十三篇，內容可分爲以下五類：

第一類是：〈親士〉、〈脩身〉、〈所染〉、〈法儀〉、〈七患〉、〈辭過〉、〈三辯〉共七篇，畢沅認爲〈親士〉、〈脩身〉篇中，沒有「子墨子曰」，可能是墨翟自作。這七篇基本上屬於墨子在脫離儒家學說不久的時期所作，還是反映了墨家的思想，我們可將它們視爲墨子的早期思想。此七篇內容涉及尚賢、天志、節用、非樂等思想。其中〈法儀〉篇爲墨子學說的綱領，與〈天志〉篇同爲墨家立論的根據與標準。第一類墨子的早期思想，值得我們關注其中墨家思想的起源與發展。

第二類包括：〈尚賢〉、〈尚同〉、〈兼愛〉、〈非攻〉、〈節用〉、〈節葬〉、〈天志〉、〈明鬼〉、〈非樂〉、〈非命〉、〈非儒〉每種若皆有上、中、下三篇齊全的話，該有三十三篇，但因缺了八篇，加上〈非儒〉原本就無「中」篇，因此現僅有二十四篇。梁啓超認爲這些是墨學的大綱目，爲墨家學派主要的代表作。除了〈非攻〉、〈非儒〉外，其餘各篇皆有「子墨子曰」字樣，乃是墨子門人弟子所記，現今學者多以第二組爲《墨子》思想的精華。《墨子》一書的核心思想，一般而言以此類思想爲代表。《墨子．魯問》篇記載：「凡入國，必擇務而從事焉。國家昏亂，則語之尚賢、尚同；國家貧，則語之節用、節葬；國家憙音湛湎，則語之非樂、非命；國家淫僻無禮，則語之尊天、事鬼；國家務奪侵凌，即語之兼愛、非攻。」其中的尚賢、尚同、節用、節葬、非樂、非命、尊天、事鬼、兼愛、非攻就是一般所謂的「墨家十論」。

第三類有：〈經上〉、〈經下〉、〈經說上〉、〈經說下〉、〈大取〉、〈小取〉共六篇。東晉魯勝曾著《墨辯注》，在序文中他寫道：「墨子著書，作辯經以立名本……《墨辯》有上下經，經各有說，凡四篇，與其書眾篇連第，故獨存。」（《晉書．隱逸傳》）欒調甫的《墨學研究》也肯定《墨辯》由墨子及其後學所作。與魯勝不同的是，欒氏認爲僅〈經上〉、〈經下〉由墨子自著，餘四篇則出自墨家後學之手。李漁叔在《墨子今註今譯》的墨學導論中說：「〈大取〉和〈小取〉兩篇，都是墨家重要的著作……其與墨經上下四篇，如不是墨子自撰，至少也是墨子生前或稍後，及門弟子筆錄而成的」。此六篇合稱《墨經》或《墨辯》，乃後期墨家之作。其中，〈經上〉對人類認知、思維、倫理的眾多概念範疇做出定義、分類，〈經下〉列舉光學、力學等科學原則、定理。〈經說上〉、〈經說下〉則是對於〈經上〉、〈經下〉進一步之解釋與舉例說明。〈大取〉討論愛利問題，屬於大者；〈小取〉探究辯說理論之目的、作用、方法、規則等問題。

第四類有：〈耕柱〉、〈貴義〉、〈公孟〉、〈魯問〉、〈公輸〉共五篇。梁啓超說此五篇記墨子言論行事，乃門人後學所記。胡適《中國古代哲學史》中認爲乃「墨家後人把墨子一生的言行輯聚來做的，就同儒家的《論語》一般。其中有許多材料比第二組還爲重要。」方授楚《墨學源流》也說這是「墨家後學記墨子一生言論，體裁近《論語》，作『墨子言行錄』讀可也」。基本上學界皆肯定第四組的重要性，是研究墨學的重要素材。

第五類有：〈備城門〉、〈備高臨〉、〈備梯〉、〈備水〉、〈備突〉、〈備穴〉、〈備蛾傅〉、〈迎敵祠〉、〈旗幟〉、〈號令〉、〈襍守〉共十一篇。這十一篇爲墨家防禦的軍事思想，墨子反對侵略的不義之戰，故所傳兵法皆爲守禦之事。其中，〈備城門〉、〈備高臨〉、〈備梯〉、〈備穴〉、〈備蛾傅〉、〈襍守〉此六篇乃墨子對禽滑釐言守禦之法，有「子墨子曰」字樣，乃是墨子門人或禽滑釐弟子所記述。主要爲墨子教導弟子禽滑釐的守城方法。墨子雖提倡兼愛卻未反對以戰爭的方式自衛，孫中原《墨學通論》認爲，「墨子的戰爭觀有兩個基本點，一個是非攻，即反對大國、強國對小國、弱國的攻伐掠奪；另一個是救守，即主張積極防禦。」換句話說，墨子所「非」之「攻」乃是侵略性的「不義之戰」，要積極防守抵抗。至於像聖王：夏禹、商湯、周武王爲了百姓福祉驅逐騷亂者所發動的戰爭，也就是墨子在〈非攻下〉篇所稱之「誅」，墨子仍然是認可的。

三、《墨子》的思想大要

㈠價值根源——天志

墨子的「天」乃「主宰之天」，「天」的主宰性表現在對於人事與自然的參與，自然界萬物的發展都依循「天」的規律，同時，「天」也是人類社會秩序的最高管理者。墨家的「天」能夠賞善罰惡，而賞罰的標準在於人是否依循「天志」。由於「天」具有道德性，天的意志就是要人們從事符合正義之事；由於「天」對於人的愛具有普遍性，提供了全人類生存的各種需要，因此「天」要求人們也要普遍地愛天下所有的人；又由於「天」具有無所不能、無所不在的力量與永恆性，因此祂是社會正義、天下之公益的最後基礎與根據，人都無法逃離「天」公義審判的賞罰。

墨家的思想發端於戰國初期，雖然傳承著殷代宗教性主宰之天的內涵，但墨家之「天」將傳統的「天命」改為「天志」，雖然僅是一字之差，但是其中蘊涵著哲學思想的重要轉變。「命」從口、從令，原有命令與命定之意。從墨家之「天」為權力上的最高主宰者來看，天的命令義並未取消；但是從墨家「非命」思想來看，則墨家所欲取消的是「天」的命定義，反對人生在世抱持宿命而消極的人生態度，人可以選擇勤勞或懶惰的態度，人所造成的貧富、貴賤後果並非命定；因此，墨家特別標立一價值根源「天志」，肯定人有自由意志，可以選擇順天之意或逆天之意，當然人也就要為其選擇而負責，承擔由「天」而來的賞罰。

〈法儀〉篇說：「天之行廣而無私，其施厚而不德，其明久而不衰。」天的愛猶如陽光和雨水，是普遍的施予供給所有的人，這就是「行廣而無私」的普遍性。另外「施厚而不德」是無私的，具備了一種客觀性。再從「明久而不衰」可以看出，天還有明確性和持久性。因此墨子認為「天」此一價值根源具有普遍性、客觀性、明確性與持久性。其「天」要求人與人彼此之間要「相愛相利」；在〈天志〉篇和〈法儀〉篇中都提到：「天欲義，惡不義」，也就是「天」要人以「義」為價值原則。

〈天志上〉：「何以知天之欲義而惡不義？曰：天下有義則生，無義則死。……然則天欲其生而惡其死。」就價值根源而言，「天」是兼愛思想的最後理論根據，同時，「天」也是使天下人得以生存發展的主宰者，因為「天」是最仁者。在墨子〈法儀〉篇中，墨子指出，百工在做事時，都有一些衡量標準，如規、矩、繩、墨、懸等各種工具，同樣的，將相治理國家也需要一些標準才治理得好；那麼什麼原則、什麼對象可以成為價值標準呢？墨子認為「仁」是可以作為標準的。〈經說上〉對「仁」的解釋是：「愛己者，非為用己也，不若愛馬」。仁就是好像愛自己的身體一樣，愛自己的身體不是把自己的身體當成一種手段、工具來使用，並不是為了「用」，若是為了「用」，那就像養一匹馬是為了利用牠來拉車以達到主人的目的；「仁」乃是為了所愛對象的眞正益處，也就是將所愛的對象視為目的，而不將他當成工具來使用。

㈡道德原則——貴義

墨子〈貴義〉篇說：「萬事莫貴於義。」墨子又說：「一定要去掉喜、怒、哀、樂、愛、惡六種情緒上的偏失，沉默之時能思索，出言能教導人，行動能從事義。使這三者交替進行，一定能成爲聖人。」那麼，什麼是「義」呢？〈經上〉對「義」的解釋：「義者，利也」，〈天志下〉：「義者，正也」；指的是一種「正利」，一種公正的利益，包括了「以上正下」的善政，在上位者要匡正在下位者，〈尚賢上〉說：「是故古者聖王之爲政也，言曰：『不義不富，不義不貴，不義不親，不義不近。』」一個正義的人才有富、貴、親、近之利。這裡指的「上」，不僅是上到聖王，還必須推到最高的「天」；天所欲之「義」，〈經說上〉：「志以天下爲分，而能能利之，不必用。」乃立志以天下人的福利作爲自己的本分，自己擁有的才能，能夠發揮出來而有利於天下人，不一定要出仕爲官，這就是「義」。高晉生指出：「儒家以義、利爲相反之物，墨家以義、利爲相成之物者，蓋儒家所謂利，乃一人之私利，墨家所謂利，乃天下之公利也。」

從動機方面看，義者必須要有利天下的存心；從行爲的效果看，義者的所作所爲可以有利於人；從社會的評價或別人的回應來看，一個行事正義的人，不一定被世人肯定而見用於世，即使不能見用於世，也無礙於「義行」的價值；這是從天志而來的道德原則，也是所有墨者行事爲人的根據。

㈢倫理規範——兼愛

什麼是「兼」？是指同時涉及幾種事物，而不專於其中之一；或由各部分會成一整體，此整體即「兼」，而各部分是平等的，部分則為「體」。因此，「兼愛」的意義也就是整體的愛、平等的愛。〈大取〉：「愛眾世與愛寡世相若，兼愛之有相若；愛尚世與愛後世，一若今世之人也。」眾世與寡世乃就廣狹而言，亦即「兼愛」的範圍無論大區域或小區域的人都是兼愛的對象。上世、後世、今世則是就古今而言，亦即兼愛的對象並不受過去、現在、未來的限制。可見墨家的「兼愛」是超越時空的限制，乃是對全人類的愛。

另一方面，兼愛是墨子所提出來有別於儒家等差親疏之愛的理論。他認為，當時天下的亂象，主要的原因就是來自於人與人的不相愛。擴大來看，國與國、家與家之間的相攻伐，也都和人與人之間的不相愛有關；為了解決當時社會的亂源，因此，他提出了兼愛的思想。他是站在平民百姓的立場，希望執政者能有所改革。然而，當時的王公貴族，他們的人際關係，是以血緣關係的遠近來作為施愛厚薄的分別，一般的平民百姓就沒有辦法被這些王公貴族所照顧到。因此，墨子從「天」的高度指出，天是普遍的愛所有的人；因此，人也應該要普遍的愛所有的人。再者，墨家的「兼相愛」常與「交相利」相提並論，而墨家的「利」是公利，也是行「義」的結果。

㈣思維方法——三表法

墨學十論的思想大多以三表法為其論證的骨幹，雖然只是墨家獨特的思想準則，而不具備有效論證的嚴格性，但三表法的提出卻有一定的價值，它在中國哲學的發展歷程中，呈現出以方法爲研究探討對象的新階段。在《墨子．非命》篇中明白的提出三表法。

〈非命上〉說：「言必有三表」，〈非命中、下〉說：「使言有三法。」可見三表法是檢證言論以及言論所代表思想的三個標準。綜合〈非命上、中、下〉各篇的不同提法，我們可以歸結如下：

第一表，本之者：⑴本之於古者聖王之事。⑵考之天鬼之志。

第二表，原之者：⑴原察眾人耳目之實。⑵徵以先王之書。

第三表，用之者：發以爲刑政，觀其中國家百姓人民之利。

其中，第一表和第二表各有兩種情況，在《墨子》書中，每種情況都使用過。此外，在〈尚賢〉所用之三表有：聖王之事、先王之書及發政中人民之利爲據。〈尚同〉篇所用之三表則包括：古者聖王之事及天鬼之志、徵以先王之書、發政中人民之利爲據。〈節用〉、〈節葬〉篇所用較明顯者爲「本之者」與「用之者」。此外，〈非樂〉、〈天志〉、〈明鬼〉、〈兼愛〉、〈非攻〉等篇皆用三表爲墨家論述其思想的根據。

三表法在時間上含括著過去、現在與未來，本之者是根據過去聖王的經驗效用；原之者是根據過去的及現在眾人的五官經驗；用之者則是以現在和將來的經驗效用爲準則。在推論上，符合三表者爲正確，不符者爲錯誤，三表法雖不符合純粹形式邏輯論證的架構，但其中已有歸納法與演繹法的推理形式，如：原之者，是歸納眾人耳目之實的結果，而本之者，則視古者聖王之事為演繹推論的大前提；三表法對於中國古代思維方法的意識與推展有相當的貢獻。

㈤科學思想——墨經、經說

李約瑟在其《中國之科學與文明》第十一章論及〈墨經〉中的科學思想，共舉〈經上、下〉，〈經說上、下〉計四十四條，內容包括：自然之軌範及方法、事物之分類、名之類型、因果關係、時間之知識及語言辯論等等。方孝博《墨經中的數學和物理學》一書指出，〈經上、下〉和〈經說上、下〉四篇所討論的問題，約可分為四大類：⑴認識論問題，⑵邏輯思辨學問題，⑶心理學社會科學問題，⑷自然科學及其在工藝上的應用問題。其中有關於數學，特別是幾何學的思想，計有十九條，包括點、線、面的定義和關係，以及各種幾何圖形的分析等。在物理學方面，主要可分為三類：⑴物理學的一般概念問題，⑵力學理論，⑶光學理論和測日影定方位問題。細分之，與時間和空間相關的概念說明有五條，論運動和靜止問題的兩條，另論及五行關係、相比標準、物質不滅等各一條。此外，在力學與幾種簡單機械原理的說明共八條。最後，在光學方面，涉及光和影、針孔成像和球面反射鏡成像理論共八條，另附測臬影定南北方位兩條，總計〈墨經〉中有四十七條內容涉及自然科學思想。

此外，在《墨子．備城門》中，墨家利用〈墨經〉中的力學理論，製造出起重機械的桔槔。在修堤、築城等大型工程中，利用斜面原理和槓桿原理製造出滑輪、輪軸、轆轤和車梯各種工具，以作爲守城的武器，收到「用力少而見功多」的效果，可見〈墨經〉中的自然科學知識，是與當時人民實際生活相結合的，同時也顯示了〈墨經〉中科學思想的豐富性與多樣性。

四、墨學的現代意義

墨家哲學中，其理論的根據在於「天」；人生在世的最高目標是順從天的意志，而最終的理想是人人彼此相愛、天下太平。在一個理想的社會關係中，個人對社會和他人所做出的貢獻，最終會以各種形式得到回報。人人將一己之所長，貢獻給需要幫助的人，使人人衣食無缺、安全無虞，使大家生活在有秩序的社會中，人際關係和睦，國際關係和諧，人人相愛，天下太平，這是墨家兼愛的理想社會。

墨學含有客觀與邏輯的科學精神，其科學精神則以倫理精神爲導向，其倫理精神的核心爲兼愛。在個人方面，包括：節儉勤勞、積極任事、法天行義的精神；在群體生活方面，包括：犧牲奉獻、團結合作、服務人群的精神；在人類整體方面，包括：救世之亂、追求和平、興天下大利的精神。墨學兼愛精神的發揚，在眼界方面要有「全天下」的眼光，與地球村的一體感，以及敬天愛人、貴義力行的生活態度。

墨學從當初墨子的創立而盛顯，後歷二千年的沉寂，至清乾、嘉、道光，研究者漸眾，方得復甦，再經墨書的校注、墨經的整理而至近期墨學的再次興起。任何理論都不可能完美，墨學的理論也有可批評修正之處，如忽視文化藝術陶冶、道德心性理論開展的不足，以及過度苦行禁欲等偏失。是故，於研治墨學的態度上，不僅要發揚、提倡墨學思想之美善，亦須予以批判、修正其思想之缺失，同時，研究者也要以高度反省的態度來檢視自己所闡揚或批判的觀點、立場及價值標準爲何？唯有自省與開放的心態才能眞正有於助學術上的進展。

要怎樣才能有系統地把握墨子的思想？當然，首先要了解《墨子》書中各卷、各篇的思想；接著，是要了解這些思想彼此的關係，這些思想所要解決的是那些問題；然後，是要將這些問題間的關係也予以釐清，分辨出那些問題是主要問題，那些問題是次要問題；更進一步設法找出墨子思想中最根本的問題，透過這些問題的整理、關係的釐清，就可以對於墨子的思想有一種全面而系統性的理解。

這種問題間的基本結構，可以呈現墨子思路的發展方向，使讀者系統性的把握墨子思想。若想進一步深入理解、研究墨子思想的人，也可以藉由每一篇的閱讀、理解作爲基礎，提煉出一些超越時空的抽象原則與處世精神來思考解決現代社會亂象的方法。以墨學十論爲例，其中的四大問題爲：

1. 天下有哪些社會失序的亂象？
2. 天下爲什麼會亂？
3. 如何平治天下的亂象？
4. 如何實際改善社會大眾的生活？

綜合這四個主要問題，其根本問題是：如何成爲一明君以治天下之亂，進而實際改善人民生活。也就是《墨子》十論各篇多次提出的：「仁人、聖王之事者，必務求興天下之利，除天下之害。」

墨學曾是先秦時期的「顯學」之一，墨家學說不僅在先秦時期能夠「言盈天下」，如：《韓非子．顯學》篇所謂：「世之顯學，儒、墨也。儒之所至，孔丘也。墨之所至，墨翟也。」墨家學說在當時產生廣泛而深刻的影響，之後雖然其思想與統治階級的利益衝突，如：《韓非子．五蠹》篇所謂：「儒以文亂法，俠以武犯禁，而人主兼禮之，此所以亂也。」其中的「俠」指的就是墨者，韓非批評當時許多國君對於儒者和墨者的禮遇是破壞法治的作法。所以秦統一以後，對墨家影響下的那種俠客、俠義的團體和個人予以打壓。其次，墨子之後，不像儒家這麼幸運，孔子以後有孟子、荀子等重要的大思想家繼承。至漢武帝又採董仲舒「罷黜百家，獨尊儒術」之議，導致墨學沉寂千百年。不過，在民間社會，墨家的精神並沒有中斷，而且在歷史上還有非常堅韌的生命力一直活躍著。

墨學的現代意義在於閱讀、理解《墨子》一書後的系統把握與現代詮釋，進而領略墨學的兼愛精神，落實於今日社會，提升各國民眾環保意識，使人們體認人類存亡的整體相關性，人人都是地球村的一分子，唯有透過兼相愛、交相利乃至天下之利的追求，才能同心協力解決人類在二十一世紀所面臨的各種問題。

序／清·孫詒讓

〈漢志〉：「《墨子》書七十一篇」，今存者五十三篇。〈魯問〉篇墨子之語魏越云：「國家昏亂，則語之尚賢、尚同；國家貧，則語之節用、節葬；國家憙音湛湎，則語之非樂、非命；國家淫僻無禮，則語之尊天、事鬼；國家務奪侵凌，則語之兼愛、非攻。」今書雖殘缺，然自〈尚賢〉至〈非命〉三十篇，所論略備，足以盡其指要矣。〈經說〉上、下篇，與莊周書所述惠施之論及公孫龍書相出入，似原出《墨子》，而諸鉅子以其說綴益之。〈備城門〉以下十餘篇，則又禽滑釐所受兵家之遺法，於墨學爲別傳。惟〈脩身〉、〈親士〉諸篇，誼正而文靡，校之它篇殊不類。〈當染〉篇又頗涉晚周之事，非墨子所得聞，疑皆後人以儒言緣飾之，非其本書也。墨子之生，蓋稍後於七十子，不得見孔子，然亦甚老壽，故前得與魯陽文子、公輸般相問答，而晚及見田齊太公和，又逮聞齊康公興樂及楚吳起之亂。身丁戰國之初，感悕於獷暴淫侈之政，故其言諄復深切，務陳古以剴今。亦喜稱道《詩》、《書》及孔子所不修《百國春秋》。惟於禮則右夏左周，欲變文而反之質，樂則竟屏絕之，此其與儒家四術六蓺必不合者耳。至其接世，務爲和同，而自處絕艱苦，持之太過，或流於偏激，而非儒尤爲乖盭。然周季道術分裂，諸子舛馳。荀卿爲齊、魯大師，而其書〈非十二子〉篇於游、夏、孟子諸大賢，皆深相排笮。洙、泗齗齗，儒家已然；墨、儒異方，跬武千里，其相非甯足異乎？綜覽厥書，釋其紕駁，甄其純實，可取者蓋十六七。其用心篤厚，勇於振世救敝，殆非韓、呂諸子之倫比也。莊周〈天下〉篇之論墨氏曰：「不侈於後世，不靡於萬物，不暉於數度，以繩墨自矯而備世之急。」又曰：「墨子眞天下之好也，將求之不得也，雖枯槁不舍也。才士也夫！」斯殆持平之論與！墨子既不合於儒術，孟、荀、董無心、孔子魚之倫咸排詰之。漢、晉以降，其學幾絕，而書僅存，然治之者殊尟，故脫誤尤不可校。而古字古言，轉多沿襲未改，非精究形聲通叚之原，無由通其讀也。舊有孟勝、樂臺注，今久不傳。近代鎭洋畢尚書沅始爲之注，藤縣蘇孝廉時學復刊其誤，刱通涂徑，多所諟正。余昔事讎覽，旁摭眾家，擇善而從，於畢本外又獲見明吳寬寫本，①顧千里校《道臧》本，②用相勘覈，別爲寫定。復以王觀察

① 黃丕烈所景鈔者，今臧杭州丁氏，缺前五卷，大致與《道臧》本同。

② 《臧》本，明正統十年刊，畢本亦據彼校定，而不無舛譌。顧校又有季本，傳録或作李本，未知孰是。明槧諸本大氏皆祖《臧》本，畢注略具，今並不復詳校。又嘗得倭寶歷閒放刻明茅坤本，并為六卷，而篇數尚完具，冊耑附校異文，閒有可采，惜所見本殘缺，僅存後數卷。

念孫、尙書引之父子，洪州倅頤煊，及年丈俞編修樾，亡友戴茂才望所校，參綜考讀。竊謂〈非儒〉以前諸篇，誼恉詳焯，畢、王諸家校訓略備，然亦不無遺失。〈經〉、〈說〉、兵法諸篇，文尤奧衍淩襍，檢攬舊校，疑滯殊眾，犛覈有年，用思略盡，謹依經誼字例，爲之詮釋。至於訂補〈經說〉上下篇旁行句讀，正兵法諸篇之譌文錯簡，尤私心所竊自喜，以爲不繆者，輒就畢本更爲增定，用遺來學。昔許叔重注淮南王書，題曰《鴻烈閒詁》。③閒者，發其疑牾；詁者，正其訓釋。今於字誼多遵許學，故遂用題署，亦以兩漢經儒本說經家法箋釋諸子，固後學所睎慕而不能逮者也。光緒十有九年，歲在癸巳十月，瑞安孫詒讓序。

《墨子》書舊多古字，許君《說文》舉其「羛繃」二文，今本並改易不見。則其爲後人所竄定者，殆不知凡幾。蓋先秦諸子之譌舛不可讀，未有甚於此書者。今謹依《爾雅》、《說文》正其訓故，古文篆隸校其文字。若〈尙同〉篇引〈術令〉，即《書．說命》之佚文。魏晉人作僞古文《尙書》，不知「術」爲「說」之叚字，遂摭其文，竄入〈大禹謨〉矣。〈兼愛〉篇「注召之邸虖池之瀆」，「召之邸」，即孫炎本《爾雅．釋地》之「昭餘氐」，亦即《周禮．職方氏》之「昭餘祁」。今本「召」爲「后」，其義不可解，畢氏遂失其句讀矣。〈非攻〉篇之「不著

③ 據宋槧本《淮南子》及晁公武《讀書志》。

何」，即《周書．王會》之「不屠何」，畢氏不憭，依俗本改爲「中山」，遂與《墨子》舊文不合矣。〈明鬼〉篇「迓無罪人乎道路術徑」，「迓」即《孟子》「禦人於國門之外」之「禦」。〈非樂〉篇「折壞坦」，「折」即《周禮．哲蔟氏》之「哲」。今本「迓」譌爲「退」，「折」爲「拆」，畢、蘇諸家各以意校改，遂重悂貤繆，不可究詰矣。〈公孟〉篇「夏后啓使𦬊靳雉已，卜於白若之龜」，「靳」即「嗌」之籀文，亦即伯益，與《漢書》述《尙書》古文伯益字正合。今本「𦬊靳雉已」譌作「翁難雉乙」，又脫「雉」字，遂以「翁難乙」爲人姓名矣。〈非攻下〉篇說禹攻有苗，「有神人面鳥身，奉珪以侍」，此與秦穆公所見「句芒」同。奉珪者樂方之玉，與《禮經》祀方明東方以珪之義合。而今本「奉珪」誤作「若瑾」，其義遂不可通矣——若此之類，輒罄蠡管，證厥違迕。它若〈經說〉篇之「螾」爲「蚓」，「虎」爲「霍」，兵法諸篇之「幎」爲「順」，又爲「類」，「芒」爲「芸」，「桴」爲「杯」，其歧互尤不易理董。覃思十年，略通其誼，凡所發正，咸具於注。[4]世有成學治古文者，儻更宣究其恉，俾二千年古子釐然復其舊觀，斯亦達士之所樂聞與？校寫既竟，復記於後，詒讓。

此書寫定於壬辰、癸巳閒，遝甲午夏，屬吳門梓人毛翼庭以聚珍版印成三百部，質之通學，

④凡譌脫之文，舊校精塙者，徑據補正，以資省覽。其以愚意訂定者，則箸其說於注，不敢專輒增改，以昭詳慎。

頗以爲不謬，然多苦其奧衍，瀏覽率不能終卷。惟吾友黃中弢學士爲詳校一過，舉正十餘事，多精塙，亦今之張伯松矣。余亦自續勘得賸義逾百事，有前誤讀誤釋，覆勘始覺之者，咸隨時迻錄別冊存之。此書最難讀者莫如〈經〉、〈經說〉四篇。余前以未見皋文先生《經說解》爲憾，一日得如皋冒鶴亭孝廉廣生書，云武進金溎生運判武祥臧有先生手稿本，急屬鶴亭馳書求叚錄。金君得書，則自校寫一本寄贈，得之驚喜絫日。余前補定〈經下〉篇句讀，頗自矜爲剏獲，不意張先生已先我得之。其解善談名理，雖校讎未宷，不無望文生義之失，然固有精論，足補正余書之闕誤者。金、冒兩君惠我爲不淺矣。既又從姻戚張文伯孝廉之綱許，叚得陽湖楊君葆彝《經說校注》，亦閒有可取，因與張解并刪簡補錄入冊。凡余舊說與兩家有闇合者，皆改從之。蓋深喜一得之愚與前賢冥符遙契，固不敢攘善也。竊渭先秦古子誼恉深遠，如登岳觀海，莫能窮其涯涘。畢、王、張、蘇諸家於此書掔校亦良勤矣，然其偶有不照，爲後人所匡正者，不可僂指數。余幸生諸賢之後，得據彼成說，以推其未竟之緒。然此書甫成，已有旋覺其誤者，則其不自覺而待補正於後人，殆必有倍蓰於是者，其敢侈然以自足邪！甲辰春，取舊寫別冊，散入各卷，增定爲此本，并識之，以見疏陋之咎，無可自掩，且以睎望於後之能校讀是書者。光緒丁未四月，籀廎居士書。

目次

【上冊】

【下冊】

墨子（上）

（以清・孫詒讓撰之《墨子閒詁》為依據版本）

墨子十五卷

卷一

題解

第一卷包括：〈親士〉、〈脩身〉、〈所染〉、〈法儀〉、〈七患〉、〈辭過〉、〈三辯〉共七篇，畢沅認為〈親士〉、〈脩身〉篇中，無「子墨子曰」，可能是墨翟自作。也有學者認為此七篇係弟子根據墨子早期思想所做的記載，並略加發揮所成；基本上還是反映了墨家的思想。這七篇內容涉及尚賢、天志、節用、非樂等主張之發揮。〈法儀〉篇則為墨子學說的綱領，立論的根據與標準。因此，這七篇可視為墨子的早期思想。

〈親士〉篇，「親」，有愛、近之意，親士，即親近賢士；指出由賢士來擔任管理者，對於國家的發展興盛有正面的重大影響，至於能否任用賢士，就在於國君的態度和作法，從歷史上的許多例證，可見賢士對於國君輔佐的重要。國君的氣度、胸襟、眼界要寬廣，才能成就大事。此篇可與〈尚賢〉篇合觀，親士、尚賢為政治之本。

〈脩身〉篇談的是「君子之道」，也就是一個君子立身處世所應遵循的原則，以強本之意為重。此外，在各種不同的情境中都有相對的狀況，從墨家在不同狀況的取捨中，我們可以思考墨家的價值標準為何，如何努力以成為君子。

〈所染〉篇，所謂「染」，就是浸染、影響，國君能否治理好一個國家，與他周邊影響他的人有關。修身著眼於內，所染著眼於外，〈所染〉與〈親士〉、〈尚賢〉兩篇的思想相關，〈親士〉篇指出由賢士來擔任管理者，對於國家的發展興盛有正面作用，因此國君必須要親近賢士，才可以使國家興盛。

〈法儀〉篇，「法」，有法度之意；「儀」，為儀表，以「天」為最高的標準，墨子主張世間一切行事，都要有依循的法則或標準，各種工匠必須藉著規、矩、繩、懸等測量工具來完成他們的工作，治理天下國家的君主也必須要以「天」為法度、原則，「天」即兼愛天下之儀表。

〈七患〉篇指出治理國家潛在的七種危險，要注意在內政、外交的舉措上如何避免弊端，對已發生的問題，提出解決的辦法，避免浪費，重視農業生產，儲備國力。

〈辭過〉篇論及古代聖王在衣食住行生活上的節儉，張純一懷疑這可能是〈節用〉下篇，對比於當時統治者的奢侈、浪費、以及滿足個人情欲所導致的弊端，影響人民生計，造成人民數量上的減少及刑罰無效的情況，必須改正。

〈三辯〉篇，畢沅指出：「三者，為堯舜、湯及武王。」是從古代聖王治理天下，處理娛樂、音樂及民生的態度與做法，認為音樂無益於治理天下，此與〈非樂〉篇思想相似。

親士第一[1]

[1] **注** 畢沅云：「《眾經音義》云：『《倉頡篇》曰：親，愛也，近也』。《說文解字》云：『士，從一，從十。孔子曰：推十合一為士』。《玉篇》云：『《傳》曰：通古今，辯然不，謂之士』，此與〈脩身〉篇無稱『子墨子云』，疑翟所著也。」

▲案：畢說未塙。此書文多闕失，或稱「子墨子曰」，或否，疑多非古本之舊，未可據以定為墨子所自著之書也。又此篇所論，大抵〈尚賢〉篇之餘義，亦似不當為第一篇。後人因其持論尚正，與儒言相近，遂舉以冠首耳。以馬總《意林》所引校之，則唐以前本已如是矣。

入國而不存其士，則亡國矣。[1]見賢而不急，則緩其君矣。非賢無急，非士無與慮國。[2]緩賢忘士，而能以其國存者，未曾有也。

1 **注** 《說文．子部》云：「存，恤問也。」

2 **注** 《說文．思部》云：「慮，謀思也。」

昔者文公出走而正天下[1]，桓公去國而霸諸侯，越王句踐遇吳王之醜，[2]而尚攝中國之賢君，[3]三子之能達名成功於天下也，皆於其國抑而大醜也。[4]太上無敗，[5]其次敗而有以成，此之謂用民。[6]

1 注 畢云：「正，讀如『征』。」王念孫云：「畢讀非也。《爾雅》曰：『正，長也。』晉文為諸侯盟主，故曰『正天下』，與下『霸諸侯』對文。又《廣雅》『正，君也』。〈尚賢〉篇曰：『堯、舜、禹、湯、文、武之所以王天下正諸侯者』。凡《墨子》書言『正天下』、『正諸侯』者，非訓為長，即訓為君，皆非征伐之謂。」

▲案：王說是也。《呂氏春秋．順民》篇云：「湯克夏而正天下」，高誘注云：「正，治也」，亦非。

2 注 蘇時學云：「醜，猶恥也。」

▲詒讓案：《呂氏春秋．不侵》篇「欲醜之以辭」，高注云：「醜，或作恥。」

3 注 畢云：「『尚』與『上』通。攝，合也，謂合諸侯。郭璞注《爾雅》云：『聶，合』，『攝』同『聶』。」

▲案：畢說未允。「攝」當與「懾」通，《左．襄十一年傳》云：「武震以攝威之」，《韓詩外傳》云：「上攝萬乘，下不敢敖乎匹夫」，此義與彼同，謂越王之威足以懾中國賢君也。

4 注 畢云：「猶曰『安其大醜』。《廣雅》云：『抑，安也』。」俞樾云：「抑之言屈抑也。『抑而大醜』與

『達名成功』相對，言於其國則抑而大醜，於天下則達名成功，正見其由屈抑而達，下文所謂『敗而有以成』也。畢注於文義未得。」

▲案：俞說是也。

5 **注** 畢云：「李善《文選注》云：『河上公注《老子》云：太上，謂太古無名之君也』。」

▲案：「太上」對「其次」為文，謂等之最居上者，不論時代今古也。畢引《老子注》義，與此不相當。

6 **注** 言以親士，故能用其民也。

吾聞之曰：「非無安居也，我無安心也；非無足財也，我無足心也。」[1]是故君子自難而易彼，[2]衆人自易而難彼。君子進不敗其志，內究其情，[3]雖雜庸民，終無怨心，[4]彼有自信者也。是故爲其所難者，必得其所欲焉，未聞爲其所欲，而免其所惡者也。是故偪臣傷君，[5]諂下傷上。[6]君必有弗弗之臣，[7]上必有詻詻之下。[8]分議者延延，而支苟者詻詻，[9]焉可以長生保國。[10]臣下重其爵位而不言，近臣則喑，[11]遠臣則唫，[12]怨結於民心，[13]諂諛在側，善議障塞，[14]則國危矣。桀、紂不以其無天下之士邪？殺其身而喪天下。故曰：「**歸國寶，**[15]**不若獻賢而進士。**」

1 注 畢云：「言不肯苟安，如好利之不知足。」

2 注 畢云：「言自處於難，即躬自厚而薄責人之義。」

3 注 「內」下畢增「不」字，云：「舊脫此字，據上文增。『疚』、『究』同，猶云內省不疚。」俞云：「『內』當作『抐』，即『退』字也。進不敗其志，退究其情，正相對成文，所謂大行不加，窮居不損也。因『退』從或體作『抐』，又闕壞而作『內』，畢氏遂據上句增入『不』字，殊失其旨。」

▲案：俞說近是。

4 注 畢云：「言遺佚不怨。」

5 注 《國語．周語》韋昭注云：「偪，迫也。」偪臣，謂貴臣權重迫君。然此與「諂下」同舉，而對「弗弗之臣」為文，則不當云「偪臣」。「偪」，疑「佞」之譌。

6 注 畢云：「言佞人病國與偪臣同。」

7 注 「弗」讀為「咈」，《說文．口部》云：「咈，違也。」

8 注 《廣雅．釋訓》云：「詻詻，語也。」《周禮．保氏》鄭康成注云：「軍旅之容，暨暨詻詻。」《莊子．人閒世》篇《釋文》引崔譔云：「逆擊曰『詻』。」

▲案「詻」，洪頤煊謂與「諤」同，近是，詳後。畢云：「《禮記》云：『言容詻詻』，鄭君注云：『教令嚴也』。《說文》云：『論訟也』。《玉篇》云：『魚格切』。」

9 注 畢云：「『支苟』二字疑誤。」洪頤煊云：「延延，長也。『支苟』，當是『致敬』之譌。詻詻，與『諤諤』同。言分議者皆延延以念久長，而致敬者又諤諤以盡其誠，即上文所謂『上必有詻詻之下』也。」蘇云：「『支苟』二字，疑『敬』字之訛。」俞云：「『支苟』，乃『積𥡴』二字之叚音，《說文．禾部》『𥡴，積𥡴也』。徐鍇曰：『積𥡴，不伸之意。』然則積𥡴者詻詻，殆謂在下位者，或為上所淩壓，而不得申，亦必詻詻然自伸其意而後已，上文所謂『上必有詻詻之下』是也。」

▲案：洪謂「苟」為「敬」字之譌，是也。而以「支」為「致」，則未塙。俞說尤誤。以文義推之，「支」疑當為「交」，形近而譌。《經說上》篇「圜規寫交也」，今本「交」亦誤「支」，是其證。「敬」讀為「儆」。交儆，謂交相儆戒也，「苟」即「敬」之壞字。《國語．楚語》：「左史倚相，見申公子亹曰：唯子老耄，故欲見以交儆子」，韋注云：「交，夾也」。

10 注 王云：「『焉』字下屬為句。焉，猶『乃』也。言如是乃可以長生保國也。」

11 注 畢云：「當為『瘖』，《說文》云：『瘖，不能言也。』『喑，宋齊謂兒泣不止曰喑』，非此義。《玉篇》云：『瘖，於深切，不能言』，『喑，於金、於甘二切，啼極無聲也』。則作『喑』亦是。」

▲詒讓案：「喑」、「瘖」字同，〈尚賢下〉篇有「瘖」字。《晏子．諫下》篇云：「近臣嘿，遠臣瘖」，又云：「朝居嚴，則下無言，下無言，則上無聞矣。下無言，則吾謂之瘖，上無聞，則吾謂之聾」，《說苑．正諫》篇「晏子云：下無言則謂之喑」，「喑」即「瘖」也。又《穀梁．文六年傳》云：「下闇則上聾」，

「闇」與「暗」、「瘖」字亦通。

12 注 范望《太玄經注》云：「唫，猶『噏』也」，亦與「吟」同。《文選．蘇子卿古詩》李善注引《倉頡篇》云：「吟，歎也。」《漢書．息夫躬傳》顏師古注云：「唫，古『吟』字。」畢云：「與『噤』音義同。《史記》『蒯通曰：吟而不言』，《索隱》云：『吟，音戶蔭反，又音琴』。」

13 注 蘇云：「『暗』、『唫』、『心』為韻。」

14 注 蘇云：「『側』、『塞』亦為韻。」

15 注 畢云：「歸，讀如『齊人歸女樂』之『歸』。」

今有五錐，[1]此其銛，[2]銛者必先挫；有五刀，此其錯，[3]錯者必先靡。[4]是以甘井近竭，招木近伐，[5]靈龜近灼，神蛇近暴。[6]是故比干之殪，其抗也；[7]孟賁之殺，其勇也；[8]西施之沈，其美也；[9]吳起之裂，其事也。[10]故彼人者，寡不死其所長，故曰「太盛難守也」。

1 注 《說文．金部》云：「錐，銳也。」《釋名．釋用器》云：「錐，利也。」

2 注 畢云：「《史記集解》云：『徐廣曰：思廉反。駰案：《漢書音義》曰：銛謂利』。」

3 注 《廣雅．釋詁》云：「錯，磨也」。畢云：「言磨錯之利。」

4 注 「礳」之叚字，今省作「磨」，謂銷磨也。畢云：「『挫』、『靡』為韻，『靡』字『麻』聲。」

5 注 畢云：「『招』與『喬』音相近，『竭』、『伐』為韻。」

▲案：畢說是也。〈經說下〉篇，「橋衡」之「橋」亦作「招」，可證。

6 注 畢云：「『灼』、『暴』為韻。」俞云：「四『近』字皆『先』字之誤。上文曰『今有五錐，此其銛，銛者必先挫；有五刀，此其錯，錯者必先靡』，然則『甘井』四喻，正承上文而言，亦必是『先』字明矣。『先』，篆書作『兂』，『近』字，古文作『岓』，篆書作為『㞷』，兩形相似而誤。」

▲案：俞說是也。《意林》引此二句，「近」正作「先」。《莊子．山木》篇亦云：「直木先伐，甘井先竭」。暴蛇者，蓋以求雨。《淮南子．齊俗訓》云：「犧牛粹毛，宜於廟牲，其於以致雨，不若黑蜧」，許慎注云：「黑蜧，神蛇也，潛於神淵，能興雲雨。」《春秋繁露．求雨》篇云：「春旱求雨，暴巫聚蛇。」

7 注 「抗」、「亢」聲類同。《莊子．刻意》篇云：「刻意尚行，離世異俗，高論怨誹，為亢而已矣」，《釋文》「李頤云：『窮高曰亢』。」蘇云：「抗，猶抗直。」

8 注 《孟子．公孫丑》篇偽孫奭疏引皇甫謐《帝王世紀》云：「秦武王好多力之人，齊孟賁之徒並歸焉。孟賁生拔牛角。」《史記．范雎傳》集解引許慎、《漢書．東方朔傳》顏師古注，並云孟賁衛人。

▲案：依《世紀》說，則賁在墨子後，此文蓋後人所增竄。

9 注 蘇云：「案《吳越春秋》逸篇云：『吳亡後，越浮西施於江，令隨鴟夷以終。』其言與此合，是吳亡西施亦死也。《墨子》書記當時事必有據，後世乃有『五湖隨范蠡』之說，誣矣。」

▲詒讓案：《吳越春秋》逸文，見楊慎《丹鉛錄》引《修文殿御覽》。

10 注 《淮南子．繆稱訓》云：「吳起刻削而車裂」，亦見〈氾論訓〉及《韓詩外傳．一》、《呂氏春秋．執一》篇高注。《史記》本傳不云「車裂」，蓋文不具。畢云：「謂事功。」蘇云：「墨子嘗見楚惠王，而吳起之死當悼王二十一年，上距惠王之卒已五十一年，疑墨子不及見此事，此蓋門弟子之詞也。」汪中說同。

▲案：〈魯問〉篇，墨子及見田齊大公和，和受命為諸侯，當楚悼王十六年，距起之死僅五年耳。況〈非樂上〉篇說「齊康公興樂萬」，康公之薨復在起死後二年。然則此書雖多後人增益，而吳起之死非墨子所不及見，明矣。蘇說攷之未審。

故雖有賢君，不愛無功之臣；雖有慈父，不愛無益之子。是故不勝其任而處其位，非此位之人也；不勝其爵而處其祿，非此祿之主也。良弓難張，然可以及高入深；良馬難乘，然可以任重致遠；良才難令，然可以致君見尊。是故江河不惡小谷之滿己也，[1]故能大。聖人者，事無辭也，物無違也，故能爲天下器。是故江河之水，非一源之水也；[2]千鎰之裘，[3]非一狐之白也。[4]夫惡有同方取不取同而已者乎？[5]蓋非兼王之道也。是故天地不昭昭，[6]大水不潦潦，[7]大火不燎燎，王德不堯堯者，[8]乃千人之長也。[9]其直如矢，其平如砥，不足以覆萬物。是故谿陜者速涸，[10]逝淺者速竭，[11]墝埆者[12]其地不育，王者淳澤，不出宮中，[13]則不能流國矣。

1 **注** 《說文·谷部》云：「泉出通川為谷。」《爾雅·釋水》云：「水注川曰『谿』，注谿曰『谷』。」

2 **注** 畢本作「非一水之源也」，云：「舊云『非一源也』，據《初學記·江》引此增二字，〈裘〉引此與舊同，《藝文類聚》引作『非一水之源』，《北堂書鈔》引作『非一源之水』。古無『源』字，本書〈脩身〉云『原濁者流不清』，只作『原』，此類俗寫亂之，非舊文也。」王云：「此本作『江河之水，非一源之水也』，今本脫『之水』二字，而『一源』二字則不誤。《北堂書鈔·衣冠部三》、《初學記·器物部》引此竝作『非一源之水』。《初學記·地部中》引作『非一源之流』，『流』字雖誤，而『一源』二字仍與今本同。畢謂《初學記》作『一水之源』，誤也。《太平御覽·服章部十一》引作『江河之水非一源，千鎰之裘非一狐』，皆節去下二字，而『一源』二字亦與今本同。其《藝文類聚·衣冠部》引作『非一水之源』者，傳寫誤耳。」

▲案：王說是也，今據補正。

3 **注** 畢云：「鎰，從金，俗寫。本書〈貴義〉云：『待女以千益』，只作『益』。《文選注》云：『賈逵《國語注》曰：一溢，二十四兩』。《漢書·食貨志》云：『黃金以溢為名』，孟康曰：『二十兩為溢也』。」

▲案：〈貴義〉篇本作「千盆」，非「益」字，畢誤。

4 注 玉藻云：「君衣狐白裘。」《淮南子．說山訓》云：「天下無粹白之狐，而有粹白之裘，掇之衆白也。」《晏子春秋．外篇》云：「景公賜晏子狐白之裘，玄豹之茈，其貲千金。」《漢書．匡衡傳》顏注云：「狐白，謂狐腋下之皮，其毛純白，集以為裘，輕柔難得，故貴也。」

5 注 畢云：「『惡』讀如『烏』，言聖人之與士同方相合，猶江河同源相得，烏有不取諸此而自止者。」俞云：「『取不』二字，傳寫誤倒，『而』字當在『取同』二字之上，『已』當為人己之『己』。此文本云『夫惡有同方不取，而取同己者乎』。同方，謂同道也；同己，謂與己意同也。聖人但取其與道同，不必其與己意同，故曰『夫惡有同方不取，而取同己者乎』。傳寫錯誤，遂不可讀，畢曲為之說，非是。」

▲案：俞說近是。

6 注 《說文．日部》云：「昭，日明也。」《中庸》鄭注云：「昭昭，猶耿耿，小明也。」

7 注 畢云：「《說文》云：『潦，雨大皃。』然此義與『明瞭』同。《老子》云：『水至清則無魚也』。」

8 注 畢云：「《說文》云：『堯，高也，從垚在兀上，高遠也。』《白虎通》云：『堯猶嶢嶢，至高之貌』。」

9 注 此與上云「王德」不相冢，疑上句「者」字當為「若」，「若乃」連讀為更端之詞，下三語即承此言之。

10 注 《說文．谷部》云：「谿，山瀆無所通者」，〈𨸏部〉云：「陜，隘也。」俗作「陿」、「狹」，非。畢云：「《說文》云：『涸，渴也，讀若「狐貈」之貈。』」

11 注 王引之云：「『逝』、『淺』二字，義不相屬，『逝』當為『遊』，俗書『游』字作『遊』，與『逝』相似而誤，『遊』即『流』字也。〈曲禮〉注『士視得旁遊目五步之中』，《釋文》『遊』作『游』，云『徐音流』。『流淺』與『谿陜』對文。」俞云：「逝當讀為澨，古字通也。《詩·有杕之杜》篇『噬肯適我』，《釋文》曰『噬，《韓詩》作逝』。然則『逝』之通作『澨』，猶『逝』之通作『噬』也。成十五年《左傳》『則決睢澨』，《楚辭·湘夫人》篇『夕濟兮三澨』，杜預、王逸注竝曰『澨，水涯』。『澨淺』與『谿陜』對文，因叚『逝』為『澨』，其義遂晦。」

▲案：王說近是。

12 注 畢云：「『磽埆』當為『磽确』，磬石也，見《說文》。俗寫從『土』。何休《公羊學》曰：『磽埆不生五穀』。」

13 注 《淮南子·齊俗訓》高注云：「淳，厚也。」

脩身第二 1

1 注 畢云：「脩治之字從『彡』，從『肉』者，脩脯字，經典叚借多用此。」

君子戰雖有陳，而勇爲本焉；喪雖有禮，而哀爲本焉；士雖有學，而行爲本焉。[1]是故置本不安者，無務豐末；[2]近者不親，無務來遠；親戚不附，[3]無務外交；事無終始，無務多業；[4]舉物而闇，無務博聞。是故先王之治天下也，必察邇來遠。君子察邇而邇脩者也。見不脩行，[5]見毀，[6]而反之身者也，此以怨省而行脩矣。譖慝之言，無入之耳；[7]批扞之聲，[8]無出之口；殺傷人之孩，[9]無存之心，雖有詆訐之民，[10]無所依矣。故君子力事日彊，願欲日逾，[11]設壯日盛。[12]君子之道也，貧則見廉，富則見義，[13]生則見愛，死則見哀，四行者不可虛假，反之身者也。藏於心者無以竭愛，動於身者無以竭恭，出於口者無以竭馴。[14]暢之四支，[15]接之肌膚，[16]華髮隳顛，[17]而猶弗舍者，其唯聖人乎。

1 **注** 俞云：「『君子』二字衍文也。此蓋以『戰雖有陳』、『喪雖有禮』二句，起『士雖有學』一句，若冠以『君子』二字，則既言『君子』不必又言『士』矣。馬總《意林》作『君子雖有學，行為本焉；戰雖有陳，勇為本焉；喪雖有禮，哀為本焉』，與今本不同。然有『君子』字，即無『士』字，亦可知今本既言『君子』又言『士』之誤矣。『士雖有學』與『君子雖有學』，文異而義同。」

▲案：《說苑・建本》篇載孔子語，與此略同。「君子」似非衍文，亦見《家語・六本》篇。

2 **注** 「置」與「植」通，《詩・商頌・那》「置我鞉鼓」，鄭《箋》云：「置，讀曰『植』。」《方言》云：

「植，立也。」俞云：「『者』，衍字也。下文『近者不親，無務來遠；親戚不附，無務外交；事無終始，無務多業；舉物而闇，無務博聞』，上句竝無『者』字，是其證。」

3 注 〈曲禮〉云：「兄弟、親戚，稱其慈也」，孔穎達疏云：「親指族內，戚言族外」。

▲案：古多稱父母為親戚，詳〈兼愛下〉篇。此則似通內外族姻言之，與孔義同。

4 注 《爾雅．釋詁》云：「業，事也。」

5 注 畢讀句。

6 注 畢讀句。

7 注 「之」，畢本譌「于」，今據《道藏》本正，王校同。畢云：「《玉篇》云：『慝，他得切，惡也。』經典多此字，古只作『匿』。」王云：「譖慝，即讒慝。僖二十八年《左傳》『閒執讒慝之口』，是也。『讒』與『譖』古字通，故《小雅．巷伯》篇『取彼譖人』，〈緇衣〉注及《後漢書．馬援傳》竝引作『取彼讒人』。無入之耳，言不聽讒慝之言也。故下文曰『雖有詆訐之民，無所依矣』。」

8 注 《廣雅．釋詁》云：「批，擊也。」《易林．睽之賁》云：「批捍之言，我心不快」，批扞，即批捍也。畢云：「《說文》云：『扞，忮也。』《玉篇》云：『忓，古安切，又胡旦切，擾也。』」

9 注 畢云：「當讀如根荄。」

10 注 畢云：「《說文》云：『詆，訶也；訐，面相斥罪也』。《玉篇》云：『詆，都禮切；訐，居謁切，攻人之陰私也』。」

11 注 逾，當讀為「偷」，同聲叚借字，此與「力事日彊」文相對。《禮記·表記》云：「君子莊敬日強，安肆日偷」，鄭注云：「偷，苟且也」。此義與彼正同。

12 注 畢云：「『設壯』疑作『飾莊』。」

13 注 畢云：「『義』字當為『羛』，《說文》云：『墨翟書「義」從弗』，則漢時本如此。今書『義』字皆俗改也。」王引之云：「『弗』，於聲義均有未協，『弗』當作『𢍺』，『𢍺』，古文『我』字，與『弗』相似，故譌作『弗』耳。周〈晉姜鼎銘〉『我』字作『𢍺』，是其明證。羛之從𢍺聲，與義之從我聲，一也。《說文》『我』字下，重文未載，古文作『𢍺』，故於此亦不知為『𢍺』字之譌。蓋鍾鼎古篆，漢人亦不能徧識也。」

14 注 馴，猶雅馴。《史記·五帝本紀》云：「不雅馴」，張守節《正義》云：「馴，訓也」。

▲案：「馴」、「訓」字通。《周禮·地官·敘官》鄭眾注云：「訓，讀為『馴』」，「訓」與《爾雅·釋訓》義同，謂出口者皆典雅之言。

15 注 《說文·肉部》云：「胑，體四胑也，或作『肢』」。支，即「肢」之省。《易·坤·文言》云：「美在其中，而暢於四支」，孔穎達疏云：「四支，猶言手足。」

16 注 《小爾雅·廣詁》云：「接，達也」，亦與「浹」通。《儀禮·鄉射禮》鄭注云：「古文『浹』」皆作

『接』，俗作「浹」，義並同。《呂氏春秋．論威》篇云：「其藏於民心，捷於肌膚也，深痛疾固」，高注云：「捷，養也」。

▲案：「捷」、「接」字亦通，高失其義。

17 **注** 《道藏》本「顚」作「巔」，非。《後漢書．邊讓傳》李賢注云：「華髮，白首也。」畢云：「『隤』字當為『墮』。」

▲詒讓案：《說文．髟部》云：「鬌，髮墮也」，〈頁部〉云：「顚，頂也。」「墮」與「鬌」通，墮顚即禿頂。《新序．襍事》篇云：「齊宣王謂閭丘卭曰：士亦華髮墮顚，而後可用耳」。

志不彊者智不達，言不信者行不果。[1]據財不能以分人者，不足與友；守道不篤、徧物不博、[2]辯是非不察者，不足與游。本不固者末必幾，[3]雄而不脩者[4]其後必惰，原濁者流不清，行不信者名必秏。[5]名不徒生，而譽不自長，功成名遂，名譽不可虛假，反之身者也。務言而緩行，雖辯必不聽；多力而伐功，雖勞必不圖。[6]慧者心辯而不繁說，多力而不伐功，此以名譽揚天下，言無務爲多而務爲智，無務爲文而務爲察。故彼智無察，[7]在身而情，[8]反其路者也。[9]善無主於心者不留，行莫辯於身者不立。名不可簡而成也，譽不可巧而立也，君子以身戴行者也。[10]思利尋焉，[11]忘名忽焉，可以為士於天下者，未嘗有也。

1 注 畢云：「《文選注》云：『許君注《淮南子》云：果，成也。』」

2 注 俞云：「徧，亦辯也。《儀禮．鄉飲酒禮》『衆賓辯有脯醢』，〈燕禮〉『大夫辯受酬』，〈少牢饋食禮〉『辯擩于三豆』，今文『辯』皆作『徧』，是『辯』與『徧』通用。物言『徧』，是非言『辯』，文異而義同。」

3 注 畢云：「《廣雅》云：『幾，微也。』或『禾』字之假音，《說文》云：『禾，木之曲頭，止不能上也』。」王云：「《爾雅》『幾，危也』，言木本不固者，其末必危也。畢引《廣雅》『幾，微也』，已非塙詁，又引《說文》，以『幾』為『禾』，則失之愈遠矣。」

4 注 畢云：「雄猶勇。」

5 注 畢云：「舊從『耒』，非。《玉篇》云：『秏，可到切，減也，敗也。《詩》云「秏斁下土」，又云：耗，正作秏』。」

6 注 蘇云：「圖，謀也。《春秋傳》曰：『勞之不圖，報於何有』。」

7 注 畢云：「『彼』當為『非』。」

8 注 當為「惰」，形近而誤，上云：「雄而不脩者，其後必惰」。

9 注 「路」當為「務」，即家上「務為智」、「務為察」而言，謂違反其所當務之事。〈明鬼下〉篇云：「今執無鬼者曰『鬼神者固無有』，則此反聖王之務」，此義與彼同。畢讀「在身而情，反其路者也」九字句，云：「言非智無察，則所欲反其道。《說文》云：『情，人之陰氣有欲者』」，失之。

10 注 「戴」、「載」古通，《春秋．隱十年經》「伐戴」，《穀梁》作「伐載」。《釋名．釋姿容》云：「戴，載也。」

11 注 《儀禮．有司徹》賈公彥疏引服虔《左傳注》云：「尋之言重也，溫也。」畢云：「尋，習。」

所染第三[1]

1 注 畢云：「《呂氏春秋》有〈當染〉篇，文略同。」蘇云：「篇中言中山尚、宋康，皆墨子後事，而禽子為墨子弟子，至與傳說並稱，此必非墨子之言，蓋亦出於門弟子。」汪中云：「宋康之滅在楚惠王卒後一百五十七年，墨子蓋嘗見染絲者而歎之，為墨之學者增成其說耳。」

▲案：此篇固不出墨子，但中山尚疑即桓公，時代正與墨子相及，蘇說未審。

子墨子言見染絲者而歎，曰：「[1]染於蒼則蒼，[2]染於黃則黃，[3]所入者變，其色亦變，五入必，[4]而已則爲五色矣。[5]故染不可不慎也。」[6]

1 注 「言」字疑衍。《公羊．隱十一年》何休注云：「稱『子』冠氏上者，著其為師也，其不冠『子』者他師。」《列子．天瑞》篇，張注云：「載『子』於姓上者，首章是弟子之所記故也。」

2 注 《廣雅．釋器》云：「蒼，青也。」

3 注 《韓詩外傳》云：「藍有青，而絲假之，青於藍；地有黃，而絲假之，黃於地。」《淮南子．說林訓》云：「墨子見練絲而泣之，為其可以黃，可以黑。」

4 注 《考工記．鍾氏》：「染羽，三入為纁，五入為緅，七入為緇」，鄭注云：「玄，其六入者與？」《爾雅．釋器》云：「一染謂之縓，再染謂之赬，三染謂之纁。」必，讀為「畢」。《左．隱元年傳》：「同軌畢至」，《白虎通義．崩薨》篇引「畢」作「必」，是其證。言五入畢，而為五色也，高誘云：「一入一色。」畢云：「一本無『必』字。」

5 注 畢云：「《呂氏春秋》無『則』字，《後漢書》注引作『五入之則為五色』，《太平御覽》引作『五入則為五色』。」

6 注 《治要》作「可不慎耶」。

非獨染絲然也，國亦有染。[1]舜染於許由、[2]伯陽，[3]禹染於皋陶、伯益，湯染於伊尹、仲虺，[4]武王染於太公、周公——此四王者所染當，[5]故王天下，立爲天子，功名蔽天地。[6]舉天下之仁義顯人，必稱此四王者。[7]夏桀染於干辛、[8]推哆，[9]殷紂染於崇侯、惡來，[10]厲王染於厲公長父、[11]榮夷終，[12]幽王染於傅公夷、[13]蔡公穀——[14]此四王者，所染不當，故國殘身死，爲天下僇。[15]舉天下不義辱人，必稱此四王者。[16]齊桓染於管仲、鮑叔，晉文染於舅犯、高偃，[17]楚莊染於孫叔、[18]沈尹，[19]吳闔閭染於伍員、[20]文義，[21]越句踐染於范蠡、[22]大夫種。[23]此五君者所染當，[24]故霸諸侯，功名傳於後世。[25]范吉射染於長柳朔、王胜，[26]中行寅染於籍秦、高彊，[27]吳夫差染於王孫雒、[28]太宰嚭，[29]知伯搖染於智國、張武，[30]中山尚染於魏義、偃長，[31]宋康染於唐鞅、佃不禮——[32]此六君者所染不當，故國家殘亡，[33]身爲刑戮，宗廟破滅，絕無後類，[34]君臣離散，民人流亡。舉天下之貪暴苛擾者，[35]必稱此六君也。

1 注 畢云：「《太平御覽》、吳淑《事類賦》俱作『治國亦然』，有節文。」

2 注 高誘云：「許由，陽城人，堯聘之，不至。」

3 注 畢云：「高誘注《呂氏春秋》云：『伯陽，蓋老子也，舜時師之者也』。楊倞注《荀子》云：『老子姓李，字伯陽，號聃，著書五千言」。案：此云『舜染』，則非聃也。」

▲詒讓案：《呂氏春秋．本味》篇云：「堯、舜得伯陽、續耳，然後成」，注云：「伯陽、續耳皆賢人，堯用之以成功也。」《御覽．八十一》引《尸子》云：「舜事親養老為天下法，其遊也，得六人，曰雒陶、方回、續耳、伯陽、東不識、秦不空，皆一國之賢者也。」陶潛《聖賢群輔錄》引皇甫謐《逸士傳》「舜友七子」，亦有伯陽，《韓非子．說疑》篇作「晉伯陽」，《漢書．古今人表》作「柏陽」，《北堂書鈔．四十九》引《尸子》作「柏楊」。此伯陽自是舜時賢人，高以為老子，繆。

4 注 高誘云：「仲虺居薛，為湯之左相。」

5 注 高誘云：「所從染得其人，故曰『當』。」

6 注 高誘云：「蔽，猶極也。」

7 注 高誘云：「稱美其德，以為喻也。」

8 注 畢云：「《呂氏春秋》云：『夏桀染於羊辛』，又〈慎大〉云：『桀為無道，干辛任威，陵轢諸侯，以及兆民』，高誘曰：『干辛，桀之諛臣』。《說苑》云：『桀用干莘』。班固〈古今人表〉云：『干辛、崇侯，與之為惡則行』。〈表〉又作『干莘』，同《說苑》。」

▲詒讓案：《呂氏春秋．知度》篇云：「桀用羊辛。」《漢書》顏注云：「干莘，桀之勇人也。」《抱朴子．良規》篇亦作「干辛」。

9 **注** 畢云：「本書〈明鬼〉云：『王手禽推哆、大戲』，下又云：『推哆、大戲，主別兕虎，指畫殺人』，〈古今人表〉作『雅侈』。」

▲詒讓案：「推哆」，《晏子春秋．諫上》篇、《賈子新書．連語》篇作「推侈」。《韓子．說疑》篇又作「侯侈」，《淮南子．主術訓》又作「推移」，惟《抱朴子．良規》篇作「推哆」，與此同。

10 **注** 高誘云：「崇國侯爵，名虎。惡來，嬴姓，飛廉之子，紂之諛臣。」《史記．秦本紀》云：「蜚廉生惡來，惡來有力，蜚廉善走，父子俱以材力事殷紂。周武王之伐紂，並殺惡來。」

11 **注** 《治要》作「文」，誤。畢云：「《呂氏春秋》『厲』作『虢』，注云『虢、榮二卿士』。」洪云：「案《荀子．成相》篇楊倞注引墨子作『鄺公長父』。《呂氏春秋．當染》篇『厲王染於虢公長父』，『鄺』即『虢』字之譌。今本作『厲』字，又後人所改。」蘇云：「厲公，虢君謚。」

▲詒讓案：《荀子．成相》篇云：「孰公長父之難，厲王流於彘」，楊注引此云：「鄺公與孰公不同，不知孰是。或曰『孰公長父』即《詩》云：『皇父』也，『孰』或作『郭』」。

▲案：《荀子》別本作「郭」，與《呂覽》合，是也。「虢」、「郭」古通。洪以「鄺」為「虢」之譌，亦近是。蘇以「厲」為虢公謚，未塙。《竹書記年》「厲王三年，淮夷侵洛，王命虢公長父伐之，不克。」《後漢書．東夷傳》作「虢仲」，今本《紀年》出於摭拾，未知足據否？

12 **注** 《呂氏春秋．當染》同。《國語．周語》「厲王說榮夷公，為卿士」，韋注云：「榮，國名；夷，謚也。」《書敘》有榮伯。《史記．周本紀》集解引馬融云：「榮伯，周同姓，畿內諸侯為卿大夫也。」夷公蓋榮伯之後。畢云：「『終』，一本作『公』，《史記》『厲王好利，近榮夷公』。」蘇云：「『終』，或榮夷公名。」

13 注 《治要》作「幾」。蘇云：「傅公夷，無攷。《國語》惠王時有傅氏，注曰：『傅氏，貍姓也，在周為傅氏』。」

14 注 畢云：「『蔡』，一本作『祭』。《呂氏春秋》作『虢公鼓』、『祭公敦』。」

▲詒讓案：高誘謂「虢公鼓」即「虢石父」，見《國語．晉語》、〈鄭語〉，未知是否。蘇云：「蔡公穀，《呂覽》作『祭公敦』，竊謂當從《呂覽》作『祭公』為是。祭為周畿內國，周公少子所封，自文公謀父以下，世為卿士於周，隱元年所書『祭伯來』者，即其後也。若蔡，當幽王時唯有釐侯所事，不聞更有名『穀』者。」

▲案：蘇說是也。

15 注 高誘云：「不當者，不得其人。僇，辱也。」「僇」，《治要》作「戮」。畢云：「此『戮』字假音。」

16 注 舊本「稱」下脫「此」字，今據《道藏》本補，與上文及《治要》合，《呂氏春秋．當染》亦同。高誘云：「稱其惡以為戒也。」

17 注 「齊桓」、「晉文」下，《治要》並有「公」字。畢云：「未詳。《呂氏春秋》『高』作『卻』，疑當為『郤』。晉有郤氏。」王云：「『高』當為『𩫏』，『𩫏』即城郭之『郭』，形與『高』相近，因譌為『高』。賈子〈過秦〉篇『據億丈之𩫏』，今本『𩫏』譌作『高』。《墨子》多古字，後人不識，故傳寫多誤耳。《左傳》晉大夫卜偃，〈晉語〉作『郭偃』，韋注曰：『郭偃，晉大夫卜偃也』。《商子·更法》篇、《韓子·南面》篇並與〈晉語〉同。《呂氏春秋》作『郤偃』，『郤』即『郭』之譌，非郤氏之『郤』也。《太平御覽·治道部一》引《呂氏春秋》正作『郭偃』。梁玉繩云：『高與郭，聲之轉也。』」俞云：「高，亦可讀如『郭』，《詩·綿》篇毛《傳》曰：『王之郭門曰皋門』，『郭偃』之為『高偃』，猶『郭門』之為『皋門』也。」

18 注 《左·宣十一年傳》：「楚令尹蔿艾獵城沂」，孔穎達疏引服虔云：「艾獵，蔿賈之子孫叔敖也。」洪適《隸釋漢孫叔敖碑》云：「楚相孫君，諱饒，字叔敖」，不知何據。

19 注 畢云：「《呂氏春秋》作『沈尹蒸』，又〈贊能〉有『沈尹莖』，楚莊王欲以為令尹，沈尹莖辭曰：『期思之鄙人有孫叔敖者，聖人也』。又〈尊師〉云：『楚莊師孫叔敖、沈申巫』，高誘曰：『沈縣大夫』，《新序》作『沈尹竺』。案『申、尹、莖、巫、竺』皆字之誤。」李惇云：「宣十二年《左傳》『邲之戰，孫叔敖令尹也，而將中軍者為沈尹』，注云：『沈』或作『寢』，寢，縣也。」《韓詩外傳》所載楚樊姬事，與《淮南子》、《新序》正同，但《淮南》、《新序》並曰『虞邱子』，惟外傳則曰『沈令尹』，乃知『沈尹』即『虞邱子』。『令尹』者其官，『沈』者其氏或食邑也。」

▲案：李說是也。沈尹莖《呂氏春秋．察傳》篇又作「沈尹筮」，字形並相近，未知孰為正也。至余知古《渚宮舊事》，作「沈尹華」，以《呂氏春秋．去宥》篇攷之，乃楚威王臣，蓋誤并為一也。

20 注 「閭」，《呂氏春秋．當染》篇作「廬」。《左．昭二十七年傳》、《史記．吳世家》同。此及後〈非攻中〉篇並作「閭」，與《史記．十二諸侯年表》、《淮南子．泰族訓》、《吳越春秋》同。

21 注 〈當染〉作「文之儀」。畢云：「《呂氏春秋．尊師》云：『吳王闔閭師伍子胥、文之儀』，高誘曰：『文，氏，之儀，名』。案：彼有『之』字者，如庾公差，《孟子》云『之斯』；專諸，《史記》云『設諸』，音之緩急。」

22 注 高誘云：「范蠡，楚三戶人也，字少伯。」

23 注 畢云：「高誘注《呂氏春秋》云：『大夫種，文氏，字子禽，楚之鄒人』。」

▲詒讓案：《文選．豪士賦序》李注引《吳越春秋》云：「文種者，楚南郢人也，姓文，字少禽」，《太平寰宇記》說同。《呂覽》注「鄒」，即「郢」之譌。

24 注 舊脫「者」字，今據《治要》增，與《呂氏春秋》合。

25 注 《治要》無「功」字。

26 注 《治要》「長」作「張」。畢云：「《呂氏春秋》『長』作『張』，『胜』作『生』字。高誘注云：『吉射，晉范獻子鞅之子，昭子也。張柳朔、王生二人者，吉射家臣也』。」

▲詒讓案：《左．哀五年傳》「初，范氏之臣王生惡張柳朔，言諸昭子，使為柏人」，此長柳朔、王胜，即張柳朔、王生，《呂覽》與《左傳》同。長柳，古複姓，《漢書．藝文志》有《長柳占夢》。但據《左傳》則朔、生乃范氏之賢臣，朔并死范氏之難，與此書異，或所聞不同。

27 **注** 畢云：「《呂氏春秋》作「黃藉秦」，非。高誘注云：『寅，晉大夫中行穆子之子荀子也。黃藉秦、高彊，其家臣。高彊，齊子尾之子，奔晉，為中行氏之臣』。《史記索隱》云：「〈系本〉：籍秦，晉大夫籍游之孫，籍談之子』。」

▲詒讓案：《呂覽》注「荀子」當作「荀文子」，即寅謚也，見定八年《左傳》。

28 **注** 「雒」，畢校改「雄」，云：「舊誤作『雒』。」盧文弨云：「今〈外傳〉、〈吳語〉『王孫雄』，舊宋本作『王孫雒』，《墨子．所染》篇同。《吳越春秋．夫差內傳》、《句踐伐吳外傳》、《越絕．請糴內傳》皆作『王孫駱』。《說苑．雜言》篇作『公孫雒』，唯《呂氏春秋．當染》篇作『王孫雄』。《史記．越世家》作『公孫雄』，宋公序作《國語補音》，定作『雄』字，且為之說曰：『漢改「洛」為「雒」，疑「雒」字非吳人所名』。今按宋說殊誤，《周禮．職方氏》『豫州其川熒雒』，《春秋．文八年經》書『公子遂會雒戎』，《傳》作『伊雒之戎』，宣三年《傳》『楚子伐陸渾之戎，遂至于雒』，是漢以前本有『雒』字，豈東京創製此字乎。以『駱』字證之，則『雒』字是矣。」顧廣圻校同。王云：「盧說是也。隸書『雄』字或作『雄』，與『雒』相似，故『雒』譌為『雄』。《困學紀聞．左氏類》引《國語》、《呂氏春秋》並作

『雒』。《韓子．說疑》篇有吳王孫頟，『頟』即『雒』之譌，則其字之本作『雒』益明矣。」

29 **注** 定四年《左傳》云：「伯州犁之孫嚭為吳太宰。」畢云：「高誘注《呂氏春秋》云：『嚭，晉伯宗之孫，楚州犁之子』。」

▲詒讓案：嚭為伯州犁孫，《史記．吳世家》、《越絕書》、《吳越春秋》、杜預《春秋釋例》說並同，唯高誘《呂氏春秋．當染》、〈重言〉兩篇注以為州犁之子，誤也。《國語．吳語》韋注，誤與高同。

30 **注** 畢云：「『搖』，一本作『瑤』。」

▲詒讓案：《呂氏春秋．當染》亦作「瑤」。高誘注云：「智瑤，宣子申之子襄子也。國、武二人，其家臣。」《國語．晉語》云：「三卿宴於藍臺，知襄子戲韓康子而侮段規，知伯國聞之，諫曰：主不備，難必至矣。」韋注云：「伯國，晉大夫知氏之族。」《左．哀二十三年傳》「晉荀瑤伐齊，將戰，長武子請卜」，杜注云：「武子，晉大夫。」

▲案：知國、張武，蓋即知伯國、長武子也。「長」、「張」字通。《淮南子．人間訓》云：「張武教智伯奪韓、魏之地，而擒於晉陽。」

31 **注** 畢云：「『偃』，《呂氏春秋》作『椻』，高誘注云：『尚，魏公子牟之後，魏得中山以邑之。義、長，其二臣』。」蘇云：「中山為魏之別封，非春秋時之鮮虞也。魏文侯滅中山而封其少子摯，至赧王二十年，為趙武靈王所滅，其君有武公、桓公，見《世本》。此名『尚』者，當為最後之君。」

▲案：中山，即春秋之鮮虞。《左傳．定四年》始見於《傳》。其初亡於魏，文侯十七年使樂羊圍中山，三年滅之，以其地封子擊，後擊立為太子，改封次子摯。後中山復國，又亡於趙，則惠文王四年滅之，並見《史記．魏、趙世家》及〈樂毅傳〉。據《水經．滱水》酈道元注及《太平御覽．百六十一》引《十三州志》，並謂中山桓公為魏所滅，則「尚」或即桓公，墨子猶及見之。高、蘇以為魏別封，非也。至《列子．仲尼》篇、《莊子．讓王》篇、《呂氏春秋．審為》篇、《淮南子．道應訓》並云「魏中山公子牟」。高誘、張湛皆謂魏伐中山，以邑子牟，然魏牟與趙平原君、秦魏冉、范雎同時，其時中山入趙已久，安得尚屬魏？則牟所封，必非鮮虞之中山，而尚亦必非牟後，殆無疑義。張湛又以子牟為魏文侯子，蓋掍「牟」與「摯」為一人，其說尤謬，則楊倞已疑之矣。畢引高說，而不審校其時代，亦其疏也。

32 注

「佃」，《道藏》本作「佃」，非。畢云：「《呂氏春秋》『佃』作『田』，是；『禮』作『禋』，誤。」

▲詒讓案：宋王偃為齊湣王所滅，諡康，見《國策．宋策》。《呂氏春秋》作「宋康王」，《荀子．王霸》篇又作「宋獻」。佃不禮，《荀子．解蔽》篇楊注引，亦作「田不禋」。《漢書．古今人表》有「田不禮」，則似據趙世家也。《呂氏春秋．淫辭》篇云：「宋王謂其相唐鞅曰：『寡人所殺戮者眾矣，而群臣愈不畏，其故何也？』唐鞅對曰：『王之所罪，盡不善者也，罪不善，善者故為不畏。王欲群臣之畏也，不若無辨其善與不善，而時罪之，若此則群臣畏矣。』居無幾何，宋君殺唐鞅。」《荀子．解蔽》篇亦云：「唐鞅蔽於欲權而逐戴子」，又云：「唐鞅戮於宋」，皆其事也。《史記．趙世家》載趙主父使田不禮相太子章，後為

李兌所殺事，當宋康之末年，或即一人先仕宋而後仕趙與？蘇云：「宋康之亡，當楚頃襄王十一年，上去楚惠王之卒一百四十三年，此不獨與墨子時世不値，且與中山之亡相距止數年，而皆在孟子之後，孟子言方千里者九，則中山未亡；言宋王行仁政，則宋亦未亡。若此書為墨子自著，則墨子時世更在孟子之後，不知孟子之闢墨子，正在墨學方盛之時，其必不然也審矣。」

33 注 畢云：「『家』，《呂氏春秋》作『皆』。」

34 注 《荀子·禮論》篇云：「先祖者，類之本也」，楊注云：「類，種也」。《逸周書·嘗麥》篇云：「殷無類於冀州。」

35 注 畢云：「『擾』，『擾』字之誤，經典通用此。」

凡君之所以安者何也？以其行理也，[1]行理性於染當。[2]故善爲君者，勞於論人，[3]而佚於治官。[4]不能爲君者，傷形費神，愁心勞意，然國逾危，身逾辱。[5]此六君者，非不重其國、愛其身也，以不知要故也。[6]不知要者，所染不當也。[7]

1 注 《廣雅·釋詁》云：「理，道也。」

2 注 畢云：「『性』當為『生』，一本作『在』，誤。」

▲詒讓案：《治要》及《呂氏春秋》並作「生」。

3 注 高誘云：「論，猶擇也。」

4 注 「佚」，《治要》作「逸」。

5 注 「逾」，《治要》並作「愈」。《呂氏春秋・當染》同，高誘云：「愈，益也」。

6 注 高誘云：「不知所行之要約也。」

7 注 高誘云：「所從染不得其人也。」

非獨國有染也，士亦有染。[1]其友皆好仁義，淳謹畏令，則家日益、身日安、名日榮，處官得其理矣，[2]則段干木、[3]禽子、[4]傅說之徒[5]是也。其友皆好矜奮，[6]創作比周，[7]則家日損、身日危、名日辱，處官失其理矣，則子西、易牙、豎刀之徒是也。[8]《詩》曰「必擇所堪，[9]必謹所堪」者，此之謂也。

1 注 以後至篇末，與《呂氏春秋・當染》篇文絕異。

2 注 畢云：「理，猶治。」

▲詒讓案：理亦道也。

3 注 畢云：「《呂氏春秋》云：『田子方學于子貢，段干木學于子夏』。」

▲詒讓案：《呂覽．尊師》篇又云：段干木，晉國之大駔也，學于子夏。」《史記．老子傳》集解云：「『段干』是魏邑名也，《魏世家》有段干木，蓋因邑為姓。」《風俗通．氏姓》注云：「姓段名干木」，恐或失之矣。

4 注 詳〈公輸〉篇。畢云：「《呂氏春秋》云：『禽滑釐學于墨子，許犯學于禽滑釐』。此稱禽子，則墨子門人小子之文矣。」

5 注 傳說，見〈尚賢中〉篇。此與段干木、禽子並舉，似不類，疑後人所增竄也。

6 注 《荀子．正名》篇云：「有兼聽之明，而無奮矜之容」，又〈子道〉篇楊注云：「奮，振矜也。」

7 注 《左．文十八年傳》云：「頑嚚不友，是與比周」，杜注云：「比，近也。周，密也。」

8 注 蘇云：「春秋時『子西』有三，一為鄭公孫夏，一為楚鬬宜申，一為楚公子申。茲所舉，蓋鬬宜申也。」畢云：「經傳或作『豎貂』，此作『刀』者，『貂』省文，舊作『刁』，非。《玉篇》云：『刀，丁幺切，亦姓，俗作刁』。」

▲案：《論語．憲問》篇「或問子西，曰：彼哉彼哉」，《集解》「馬融云：子西，鄭大夫，或曰楚令尹子西。」此子西或亦斥楚公子申，蘇說未塙。易牙、豎刀竝見《公羊．僖十八年傳》。《左．僖二年傳》作「寺人貂」，杜注云：「寺人，奄官豎貂也」，「貂」、「刀」字通。

9 **注** 畢云：「『堪』當為『媅』字假音。」王云：「『媅』訓為樂，與染義無涉。『堪』當讀為『湛』，『湛』與『漸漬』之『漸』同，《說文》作『瀸』，云『漬也』。〈月令〉『湛熾必絜』，鄭注曰『湛，漬也。』〈內則〉說八珍之漬云：『湛諸美酒』，注曰：『湛，亦漬也』。《考工記．鍾氏》『以朱湛丹秫』，注曰：『鄭司農云：湛，漬也。玄謂「湛」讀如「漸車帷裳」之「漸」』，是『湛』與『漸』同，『湛』、『漬』皆染也。《楚辭．七諫》『日漸染而不自知兮』，王注曰：『稍漬為漸，汙變為染。』《考工記．鍾氏》曰：『漬亦染也。』必擇所湛，猶云『必擇所染』耳。《荀子．勸學》篇曰：『蘭槐之根是為芷，其漸之滫中，君子不近，庶人不服，其質非不美也，所漸者然也。』《晏子春秋．襍篇》曰：『今夫蘭本三年而成，湛之苦酒，則君子不近，庶人不佩，湛之麋醢，而賈匹馬矣。非蘭本美也，所湛然也。願子之必求所湛。』《說苑．襍言》篇曰：『今夫蘭本三年，湛之以鹿醢，既成，則易以匹馬，非蘭本美也。願子詳其所湛，既得所湛，亦求所湛。』義並與《墨子》同。」

▲案：王說是也。蘇云：「此蓋逸《詩》。」

法儀第四[1]

1 注　畢云：「法，《說文》云：『灋，刑也，平之如水，從水。廌，所以觸不直者去之。法，今文省。』此借為法度之義。儀，義如『渾天儀』之『儀』。《說文》云：『檥，榦也』，『儀』與『檥』音相近。又《說文》云：『儀，度也』，亦通。」

▲詒讓案：《爾雅・釋詁》云：「儀，榦也」，與《說文》「檥」說解同。《管子・形勢解》篇云：「法度者萬民之儀表也」。此篇所論，蓋〈天志〉之餘義。

子墨子曰：天下從事者不可以無法儀，無法儀而其事能成者，無有也。[1]雖至士之爲將相者，皆有法，雖至百工從事者，亦皆有法，百工爲方以矩，爲圓以規，直以繩，正以縣。[2]無巧工不巧工，皆以此五者爲法。[3]巧者能中之，[4]不巧者雖不能中，放依以從事，[5]猶逾已。[6]故百工從事，皆有法所度。[7]今大者治天下，其次治大國，而無法所度，此不若百工辯也。[8]

1 注　舊本脫，今據《群書治要》增。

2 注 畢云：「此『縣挂』正字。」
▲詒讓案：《考工記・輿人》云：「圜者中規，方者中矩，立者中縣，衡者中水」，《莊子・馬蹄》篇云：「匠人曰：我善治木，曲者中鉤，直者應繩」，即此義。

3 注 俞云：「『五』當作『四』，上文『百工為方以矩，為圓以規，直以繩，正以縣』，並無五者。」
▲詒讓案：以《考工記》校之，疑上文或當有「平以水」三字，蓋本有五者，而脫其一與？

4 注 畢云：「《史記索隱》云：『《倉頡篇》云：中，得也。』」

5 注 畢云：「《說文》云：『仿，相似也。』放，與『仿』同。」

6 注 畢云：「猶勝于已。」

7 注 《治要》無「所」字，下同。

8 注 畢云：「《說文》云：『辯，治也。』」

然則奚以爲治法而可？當皆法其父母奚若？[1]天下之爲父母者衆，而仁者寡，若皆法其父母，此法不仁也。法不仁，不可以爲法。當皆法其學奚若？[2]天下之爲學者衆，而仁者寡，若皆法其學，此法不仁也。法不仁，不可以爲法。當皆法其君奚若？天下之爲君者衆，而仁者寡，若皆法其君，此法不仁也。法不仁不可以爲法。故父母、學、君三者，莫可以爲治法。[3]

1 注 「當」與「嘗」通，嘗試也，詳〈天志下〉篇。王引之云：「『當』並與『儻』同。」畢云：「『奚若』與『何如』同。」

2 注 學，謂師也。

3 注 下舊有「而可」二字。王云：「既言莫可以為治法，則不當更有『而可』二字，此涉下句而衍。」

▲案：王說是也，今據刪。

然則奚以爲治法而可？曰「莫若法天」。天之行廣而無私，其施厚而不德，[1]其明久而不衰，故聖王法之。既以天爲法，動作有爲必度於天，天之所欲則爲之，天所不欲則止。然而天何欲、何惡者也？天必欲人之相愛相利，而不欲人之相惡相賊也。奚以知天之欲人之相愛相利，而不欲人之相惡相賊也？以其兼而愛之、兼而利之也。奚以知天兼而愛之、兼而利之也？[2]以其兼而有之、兼而食之也。今天下無大小國，[3]皆天之邑也。人無幼長貴賤，皆天之臣也。此以莫不犓羊、[4]豢犬豬，[5]絜爲酒醴粢盛[6]以敬事天，此不爲兼而有之、兼而食之邪？天苟兼而有食之，夫奚說以不欲人之相愛相利也？故曰愛人利人者，天必福之；惡人賊人者，天必禍之。曰殺不辜者，得不祥焉。夫奚說人爲其相殺而天與禍乎？是以知天欲人相愛相利，[7]而不欲人相惡相賊也。

1 注 《治要》作「息」。

2 注 《治要》「知天」下有「之」字。

3 注 「大小」，《治要》作「小大」。

4 注 畢云：「當云『牛羊』。」

5 注 畢云：「《說文》云：『犓，以芻莖養牛也。』『豢，以穀圈養豕也。』《玉篇》云：『犓，則俱切，今作芻。』陸德明《莊子音義》云：『司馬云：牛羊曰「芻」，犬豕曰「豢」。』」蘇云：「案『犓』乃『芻』、『牛』兩字而誤合為一者，文當云『芻牛羊』。」

6 注 畢云：「『潔』字正作『絜』。《說文》云：『粢，稷也。』『粢，稻餅也。』然則『粢盛』之字作『齍』。」

7 注 舊本無「知」字，《治要》同。王云：「『是以』下有『知』字，而今本脫之，則文義不明。上文曰：『奚以知天之欲人之相愛相利，而不欲人之相惡相賊也』，『奚以知』，正與『是以知』相應。」

▲案：王說是也，今據增。

昔之聖王禹、湯、文、武，兼愛天下之百姓，[1]率以尊天事鬼，其利人多，故天福之，使立爲天子，天下諸侯皆賓事之。[2]暴王桀、紂、幽、厲，兼惡天下之百姓，率以詬天侮鬼，[3]其賊人多，[4]故天禍之，使遂失其國家，[5]身死爲僇於天下，[6]後世子孫毀之，至今不息。故爲不善以得禍者，桀、紂、幽、厲是也，愛人利人以得福者，禹、湯、文、武是也。愛人利人以得福者有矣，惡人賊人以得禍者亦有矣。

1 **注** 畢云：「舊脫『愛』字，以意增。」

2 **注** 《廣雅·釋詁》云：「賓，敬也。」

3 **注** 《廣雅·釋詁》云：「詬，罵也」。《左·昭十三年傳》「楚靈王投龜詬天而呼」，《釋文》云：「詬，詈辱也」。

4 **注** 「其賊」，舊本作「賊其」。俞云：「按當作『其賊人多』，與上文『其利人多，故天福之』相對。」

▲案：俞校是也，今據乙。

5 **注** 「遂」與「隊」通，《易·震》「遂泥」，《釋文》云：「『遂』，荀本作『隊』」。俗作「墜」，義同。《淮南子·天文訓》高注云：「隊，隕也。」

6 注 「僇」，《治要》作「戮」。《大學》「辟則為天下僇矣」，孔穎達疏云：「僇，謂刑僇也。」《荀子·非相》篇云：「為天下大僇」，楊注云：「僇，與『戮』同」。

七患第五[1]

1 注 以下二篇所論皆〈節用〉之餘義。

子墨子曰：國有七患。七患者何？城郭溝池不可守，而治宮室，一患也；邊國至境，[1]四鄰莫救，二患也；先盡民力無用之功，賞賜無能之人，民力盡於無用，財寶虛於待客，三患也；仕者持祿，游者愛佼，[2]君脩法討臣，臣懾而不敢拂，[3]四患也；君自以爲聖智而不問事，自以爲安彊而無守備，四鄰謀之不知戒，五患也；所信者不忠，所忠者不信，[4]六患也；畜種菽粟[5]不足以食之，大臣不足以事之，[6]賞賜不能喜，誅罰不能威，七患也。以七患居國，必無社稷；[7]以七患守城，敵至國傾。[8]七患之所當，國必有殃。[9]

1 注 畢云：「當為『竟』。本書〈耕柱〉云：『楚四竟之田』，只作『竟』。」洪云：「『邊』當是『適』字之譌，古『敵』字多作『適』。言敵國至境，而四鄰莫救，故可患也。」

2 注 舊本「持」譌「待」，「愛佼」譌「憂反」。《群書治要》引「待」作「持」，「反」作「佼」。王云：「『待』當為『持』，『憂反』當為『愛交』。《呂氏春秋．慎大》篇注『持，猶守也』。言仕者守其祿，游者愛其交，皆為己而不為國家也。《管子．明法》篇曰：『小臣持祿養交，不以官為事』，《晏子春秋．問》篇曰：『士者持祿，游者養交』，『養交』與『愛交』同意。今本『持』作『待』，『愛交』作『憂反』，則義不可通。《逸周書．大開》篇『禱無愛玉』，今本『愛』譌作『憂』。隸書『交』字或作『友』，與『反』相似而譌。」俞云：「王說是矣，然以『憂』為『愛』字之誤，恐未必然。古書多言『持祿養交』，尟言『持祿愛交』者。且『持』、『養』二字同義，《荀子．勸學》篇『除其害者以持養之』，〈榮辱〉篇『以相群居，以相持養』，〈議兵〉篇『高爵豐祿以持養之』，《呂氏春秋．長見》篇『申侯伯善持養吾意』，並以『持養』連文。《墨子．天志》篇亦云：『持養其萬民』。然則此文既云『持祿』，必云『養交』，不當云『愛交』也。《墨子》原文蓋本作『恙交』，『恙』即『養』之叚字，古同聲通用，後人不達叚借之旨，改其字作『憂』，而墨子原文不可復見矣。」

▲案：王校是也，今據正。「佼」即「交」，字通，今從《治要》正。《管子．七臣七主》篇云：「好佼友而行私請」，又〈明法〉篇云：「以黨舉官，則民務佼而不求用」，〈明法解〉云：「群臣相推以美名，相假

以功伐，務多其佼，而不為主用」，並以「佼」為「交」。此云「愛佼」，猶《管子》云「好佼」、「務佼」也。《韓非子．三守》篇云：「群臣持祿養交」，《荀子．臣道》篇云：「偷合苟容，以之持祿養交而已耳」，諸書並云「持祿」，與此書同，而「養交」之文，則與此書微異。俞校必欲改「憂」為「恙」，以傅合之，則又求之太深，恐未塙。

3 **注** 舊本「臣」字不重，今據《群書治要》補。「拂」，《治要》作「咈」。

▲案：「咈」正字，「拂」叚字。《說文．手部》云：「拂，過擊也」，〈口部〉云：「咈，違也。」《荀子．臣道》篇云：「事暴君者，有補削無撟拂」，楊注云：「拂，違也。」《賈子．保傅》篇云：「潔廉而切直，匡過而諫邪者謂之『拂』。拂者，拂天子之過者也。」《書．堯典》「咈哉」，《偽孔傳》云：「咈，戾也。」

4 **注** 上句「信」字舊本譌「言」，又無兩「者」字，今據《群書治要》補正。

5 **注** 「畜」《治要》作「蓄」，字通。畢云：「『菽』正為『尗』。」

6 **注** 畢云：「舊脫『以』字，一本有。」

▲詒讓案：《群書治要》亦有「以」字。《荀子．正名》篇，楊注云：「事，任使也。」

7 **注** 「無」，疑當為「亡」。畢云：「『國』、『稷』為韻。」

8 **注** 畢云：「『城』、『傾』為韻。」

9 注 畢云：「『當』、『殃』為韻。」

凡五穀者，民之所仰也，君之所以爲養也，故民無仰則君無養，[1]民無食則不可事，[2]故食不可不務也，地不可不力也，用不可不節也。[3]五穀盡收，則五味盡御於主，[4]不盡收則不盡御。[5]一穀不收謂之饉，二穀不收謂之旱，[6]三穀不收謂之凶，四穀不收謂之餽，[7]五穀不收謂之饑。[8]歲饉，則仕者大夫以下皆損祿五分之一。旱，則損五分之二。凶，則損五分之三。餽，則損五分之四。饑，[9]則盡無祿，稟食而已矣。[10]故凶饑存乎國，人君徹鼎食五分之五，[11]大夫徹縣，[12]士不入學，[13]君朝之衣不革制，[14]諸侯之客，四鄰之使，雍食而不盛，[15]徹驂騑，[16]塗不芸，[17]馬不食粟，婢妾不衣帛，此告不足之至也。

1 注 畢云：「『仰』、『養』為韻。」

2 注 畢云：「『食』、『事』為韻。」

3 注 「力」，畢本作「立」，云：「『立』、『節』為韻。」

▲案：畢本譌，今據《道藏》本及明刻本正。王云：「畢說非也。古音『立』在緝部，『節』在質部，則『立』、『節』非韻。原本『立』作『力』，『力』在職部，『力』、『節』亦非韻。」

4 注 《獨斷》云：「御者，進也，凡飲食入於口曰御。」

5 注 《白虎通義．諫諍》篇云：「陰陽不調，五穀不熟，故王者為不盡味而食之。」畢云：「『主』、『御』為韻。」王云：「古音『主』在厚部，『御』在御部，則『主』、『御』非韻。」

6 注 俞云：「按旱者不雨也，不得為二穀不收之名。疑『旱』乃『罕』字之誤，『一穀不收謂之饉，二穀不收謂之罕』。饉也，罕也，皆稀少之謂。饉，猶『僅』也，故襄二十四年《穀梁傳》作『一穀不升謂之嗛』，嗛，猶『歉』也。然『二穀不收謂之罕』，其義正一律矣。」

7 注 畢云：「《漢書．食貨志》云：『負擔餽饟』，師古曰：『餽，亦饋字』，言須饋餉。」邵晉涵云：「餽，與『匱』通。鄭注〈月令〉曰：『匱，乏也。』」王云：「『須餽餉』不得謂之『餽』，畢說非，邵說是也。」

8 注 畢云：「《太平御覽》引作『飢』，誤。此飢餓字。」又畢本此下增「五穀不熟謂之大侵」八字，云：「八字舊脫，據《藝文類聚》增。《穀梁傳》云：『一穀不升謂之嗛，二穀不升謂之饑，三穀不升謂之饉，四穀不升謂之康，五穀不升謂之大侵。』《爾雅》云：『穀不孰為饑，蔬不孰為饉，果不孰為荒』，與此異。」王云：「既言『五穀不收謂之饑』，則不得又言『五穀不熟謂之大侵』。《藝文類聚．百穀部》引《墨子》『五穀不孰謂之大侵』者，乃涉上文引《穀梁傳》『五穀不升謂之大侵』而衍，故《太平御覽．時序部二十、百穀部一》，引《墨子》皆無此八字。《墨子》所記本與《穀梁傳》不同，不可強合也。下文『饑則盡無祿』，畢依《類聚》於『饑』下增『大侵』二字，亦《御覽》所無。」

▲案：王說是也。釋慧苑《華嚴經音義》二，引「饑」亦作「飢」，下無「五穀不孰謂之大侵」八字。

9 注 畢據《藝文類聚》增「大侵」二字，誤，今不從。

10 注 稟食，謂有稍食而無祿也。《說文．㐭部》云：「稟，賜穀也。」《周禮．司士》鄭注云：「食，稍食也。」又〈宮正〉注云：「稍食祿稟。」

11 注 〈曲禮〉鄭注云：「徹，去也。」「五分之五」義不可通，疑當作「五分之三」。《玉藻》云：「諸侯日食特牲，朔月少牢。」此五鼎則少牢也。以《禮經》攷之，蓋羊一、豕二、倫膚三、魚四、腊五，五者各一鼎，徹其三者，去其牢肉，則唯食魚腊，不特殺也。《白虎通義．諫諍》篇云：「《禮》曰：一穀不升徹鶉鷃，二穀不升徹鳧雁，三穀不升徹雉兔，四穀不升損囿獸，五穀不升不備三牲。」《白虎通》蓋據天子而言，故云三牲。大荒不特殺，則不止不備而已。

12 注 《周禮．小胥》云：「卿大夫判縣」，鄭注謂「左右縣」。〈曲禮〉云：「大夫無故不徹縣」，孔《疏》云：「徹，亦去也」。

13 注 《周書．糴匡》篇云：「成年，餘子務藝；年儉，餘子務穡。」是不入學也。

14 注 君朝之衣，天子皮弁服，諸侯則冠弁服也。《周禮．司服》云：「眡朝則皮弁服」，鄭注云：「視朝，視內外朝之事。皮弁之服，十五升白布衣，積素以為裳」，又「凡甸冠弁服」，注云：「冠弁委貌，其服緇布衣，亦積素以為裳，諸侯以為視朝之服」，是也。《周書．大匡》篇云：「大荒，祭服漱不制。」朝服輕於祭服，不制明矣。蘇云：「革，改也。」

15 注 畢云：「『雍食』，疑一『饔』字。《說文》云：『饔，孰食也』。」王云：「『雍食』當為『雍飧』。《周官．外饔》『凡賓客之飧饔饗食之事』，鄭注曰：『飧，客始至之禮。饔，既將幣之禮。』『飧饔』即『饔飧』也。『饔』、『雍』古字通。」

▲案：王說是也。〈糴匡〉篇云：「年儉，賓祭以中盛；年饑，則勤而不賓；大荒，賓旅設位有賜」，與此略同。

16 注 畢云：「高誘注《呂氏春秋》云：『在中曰服，在邊曰騑。』」

17 注 《穀梁．襄二十四年傳》云：「大侵之禮，廷道不除」，范甯注云：「廷內道路不修除也。」畢云：「『塗』俗寫從『土』，本書〈非攻中〉云：『涂道之脩遠』，只作『涂』。芸，『耘』省文。」

今有負其子而汲者，隊其子於井中，[1]其母必從而道之。[2]今歲凶、民飢、道餓，重其子此疚於隊，[3]其可無察邪？故時年歲善，[4]則民仁且良；時年歲凶，則民吝且惡。夫民何常此之有？[5]爲者疾，食者衆，則歲無豐。[6]故曰「財不足則反之時，食不足則反之用」。故先民以時生財。[7]固本而用財，則財足。故雖上世之聖王，豈能使五穀常收，而旱水不至哉？然而無凍餓之民者，何也？其力時急，而自養儉也。故〈夏書〉曰：「禹七年水」，〈殷書〉曰：「湯五年旱」，[8]此其離凶餓甚矣，[9]然而民不凍餓者，何也？其生財密，其用之節也。

1 注 畢云：「此『隧』正字。《說文》云：『隊，從高隊也。』井，讀如『阱』。」

▲案：「阱」不當云「汲」，畢誤。

2 注 蘇云：「『道』與『導』同，謂引也。」

3 注 畢云：「言重于其子。」王引之云：「『重其子此疚於隊』當作『此疚重於隊其子』。疚，病也。言此病較之隊其子者為尤重也。今本顛倒，不成文義。」

▲案：王說是也，蘇說同。

4 注 畢云：「《說文》云：『秊，穀孰也』，故曰時年。」

▲案：「年歲」連讀，「年」即「歲」也，畢非。

5 注 句。

6 注 俞云：「『疾』當為『寡』。為之者寡，食之者衆，則雖有豐年不足以供之，故歲無豐也。今作『為者疾』，則不可通矣，蓋後人據《大學》以改之，而不知其非也。」

▲案：俞說未塙，此疑當作「為者疾，食者寡，則歲無凶。為者緩，食者衆，則歲無豐」。此上文咸以「歲善」與「歲凶」對舉，是其證。今本脫「食者寡」至「為者緩」十字，文義遂舛牾不合矣。

7 **注** 《禮記．坊記》鄭注云：「先民，謂上古之君也。」《書．伊訓》孔《疏》引賈逵《國語注》云：「先民，古賢人也。」

8 **注** 畢云：「《管子．權數》云：『管子曰：湯七年旱，禹五年水』，與此文互異。《莊子．秋水》云：『湯之時八年七旱』，《荀子．王霸》云：『禹十年水，湯七年旱』，《賈誼新書．憂民》云：『禹有十年之蓄，故免九年之水。湯有十年之積，故勝七年之旱』，《淮南子．主術》云：『湯之時七年旱』，又異。」

▲詒讓案：《呂氏春秋．順民》篇云：「昔者湯克夏而正天下，天大旱，五年不收，湯乃以身禱於桑林。」與此書所言正合。王充《論衡．感虛》篇亦云：「《書傳》言湯遭七年旱，或言五年」，是古書本有二說也。

9 **注** 畢云：「『離』讀如『羅』。」

▲詒讓案：「凶餓」當作「凶饑」，即冢上「三穀、四穀不收」而言。下云「不可以待凶饑」又云「民見凶饑則亡」，皆其證也。此涉下「凍餓」而誤。

故倉無備粟，不可以待凶饑。[1]庫無備兵，雖有義不能征無義。城郭不備全，不可以自守。心無備慮，不可以應卒。是若慶忌無去之心，不能輕出。[2]夫桀無待湯之備，故放；紂無待武之備，故殺。[3]桀、紂貴爲天子，富有天下，然而皆滅亡於百里之君者，何也？[4]有富貴而不爲備也。故備者國之重也，食者國之寶也，兵者國之爪也，城者所以自守也，[5]此三者國之具也。

1 注 「倉」，舊本譌作「食」，俞云：「『食』乃『倉』字之誤，『倉無備粟』與下句『庫無備兵』文正相對，若作『食』字，失其旨矣。下文云『食者國之寶也，兵者國之爪也』，『食』字即此文『粟』字，不得據彼而疑此文當作『食』也。」

▲案：俞校是也，今據正。

2 注 要離殺吳王子慶忌，見《呂氏春秋．忠廉》篇，高注云：「慶忌者，吳王僚之子也，有力捷疾，而人皆畏之，無能殺之者。」

▲案：《淮南子．說山訓》高注及《吳越春秋．闔閭內傳》並以慶忌為王僚子，惟《淮南．詮言訓》許注以為僚之弟子，未知孰是。畢云：「言慶忌雖勇，猶輕出致死。昔吳王患慶忌之在鄰國，恐合諸侯來伐，要離詐以負罪出奔，戮妻子，斷右手，如衛，求見慶忌，與東之吳，渡江中流，順風而刺慶忌。事見《吳越春秋．闔閭內傳》。」蘇云：「『去』下，據上文當脫『備』字。」

3 注 王引之云：「禦敵謂之待。〈魯語〉『帥大讎以憚小國，其誰云待之』，〈楚語〉『其獨何力以待之』，韋注並云：『待，禦也。』」

4 注 《孟子．公孫丑》篇云：「湯以七十里，文王以百里。」

5 注 畢云：「『寶』、『爪』、『守』為韻。」

故曰以其極賞，[1]以賜無功，虛其府庫，以備車馬衣裘奇怪，苦其役徒，以治宮室觀樂，死又厚爲棺椁，[2]多爲衣裘，生時治臺榭，[3]死又脩墳墓——故民苦於外，府庫單於內，[4]上不厭其樂，下不堪其苦。故國離寇敵則傷，[5]民見凶饑則亡，此皆備不具之罪也。且夫食者，聖人之所寶也。故《周書》曰：「國無三年之食者，國非其國也；家無三年之食者，子非其子也。」此之謂國備。[6]

1 注 《周書．命訓》篇云：「極賞則民賈其上，賈其上則民無讓，無讓則不順。」

2 注 畢云：「舊作為『槨』，俗寫。」

3 注 畢云：「當為『謝』。《荀子．王霸》云：『臺謝甚高』，楊倞曰：『「謝」、「榭」同』。陸德明《左氏音義》云：『榭，本亦作「謝」』，知古無『榭』字。」

4 注 畢云：「《史記》云：『王之威亦單矣』，《集解》云：『徐廣曰：「單」亦作「殫」』。《索隱》云：

『按「單」音「丹」。單，盡也』。」

5 注　畢云：「『離』讀如『羅』。」

6 注　畢云：「《周書》云：『《夏箴》曰：小人無兼年之食，遇天饑，妻子非其有也；大夫無兼年之食，遇天饑，臣妾輿馬非其有也；國無兼年之食，遇天饑，百姓非其有也。』墨蓋夏教，故義略同。」

▲案：畢據《周書．文傳》篇文，此文亦本《夏箴》而與〈文傳〉小異。攷《穀梁．莊二十八年傳》云：「國無三年之畜，曰國非其國也」，與此文略同。疑先秦所傳《夏箴》文本如是也。又《御覽．五百八十八》引胡廣〈百官箴敘〉云：「墨子著書稱《夏箴》之辭」，蓋即指此。若然，此書當亦稱《夏箴》，與《周書》同，而今本脫之。

辭過第六[1]

1 注　畢云：「辭受之字從『受』，經典叚借用此。過，謂『宮室』、『衣服』、『飲食』、『舟車』、『蓄私』五者之過也。」

▲詒讓案：此篇與〈節用〉篇文意略同，《群書治要》引并入〈七患〉篇，此疑後人妄分，非古本也。

子墨子曰：古之民[1]未知爲宮室時，[2]就陵阜而居。穴而處，[3]下潤濕傷民，故聖王作爲宮室。[4]爲宮室之法，[5]曰：「室高足以辟潤濕，[6]邊足以圉風寒，[7]上足以待雪霜雨露，[8]宮牆之高[9]足以別男女之禮。」謹此則止，[10]凡費財勞力，不加利者，不爲也。[11]役，[12]脩其城郭，則民勞而不傷；以其常正，[13]收其租稅，則民費而不病。[14]民所苦者非此也，苦於厚作斂於百姓。[15]是故聖王作爲宮室，便於生，[16]不以爲觀樂也；作爲衣服帶履，便於身，[17]不以爲辟怪也。[18]故節於身，誨於民，是以天下之民可得而治，[19]財用可得而足。[20]當今之主，[21]其爲宮室則與此異矣。必厚作斂於百姓，[22]暴奪民衣食之財，以爲宮室臺榭曲直之望、青黃刻鏤之飾。[23]爲宮室若此，故左右皆法象之。[24]是以其財不足以待凶饑，振孤寡，[25]故國貧而民難治也。[26]君實欲天下之治而惡其亂也，當爲宮室不可不節。[27]

1 注 畢云：「《太平御覽》引作『上古之民』。」

2 注 畢云：「舊脫『室』字，據《太平御覽》增。」

▲詒讓案：趙蕤《長短經．適變》篇引，亦有「室」字。〈禮運〉云：「昔者先王未有宮室，冬則居營窟，夏則居橧巢。」

3 注 「穴」上疑脫一字。

4 注 畢云：「『王』，《太平御覽》引作『人』。」

5 注 畢云：「《太平御覽》引作『制』。」

6 注 謂堂基之高。舊本脫「室」字，今據《群書治要》補。「辟」，《治要》、《長短經》並作「避」。「濕」字《治要》無。畢云：「辟，『避』字假音。」

7 注 畢云：「『邊』，《太平御覽》引作『中』，非。『圉』，李善注左思賦引作『御』，《太平御覽》引作『禦』。《玉篇》云：『圉，禁也』。」

8 注 王引之云：「待，禦也。〈節用〉篇『待』作『圉』，『圉』即『禦』字也。」

9 注 《禮記‧儒行》鄭注云：「宮謂牆垣也。」畢云：「《太平御覽》引作『牆高』二字。」

10 注 畢云：「謹，『廑』字假音。」

11 注 舊本脫「凡」字，今據《治要》補。畢云：「此下舊接『是故聖王作為宮室』云云，今移。」

12 注 畢云：「當云『以其常役』，上脫三字。」

13 注 蘇云：「正，同『征』。」

14 注 《道藏》本「則民」作「民則」。

15 注 舊本此三十九字在「作誨婦人治」之下，盧文弨校云：「當在此。」畢據移正。王云：「『作斂』，與『籍斂』同。籍，古讀若『昨』，〈節用〉上篇『其籍斂厚』。」

16 注 《治要》作「使上」二字，誤。畢云：「《太平御覽》引作『以便生』。」

17 注 《治要》作「使身」，誤。

18 注 畢云：「辟，『僻』字假音。」《長短經》作「故天下之人」，無「可得而治」四字。

19 注 《長短經》有「也」字。

20 注 《長短經》作「王」。

21 注 《治要》、《長短經》並無「作」字。

22 注 畢云：「已上六句《太平御覽》節。」

23 注 《長短經》「法」下有「而」字。

24 注 「振」，舊本作「賑」，俗字，今據《治要》正。

25 注 《長短經》「治」作「理」，蓋避唐諱改。

26 注 「實」，《治要》作「誠」。

27 注 王引之云：「當，猶『則』也。」

古之民未知爲衣服時，衣皮帶茭，[1]冬則不輕而溫，[2]夏則不輕而清。[3]聖王以爲不中人之情，[4]故作誨婦人[5]治絲麻、[6]梱布絹，[7]以爲民衣。爲衣服之法：「冬則練帛之中，[8]

足以爲輕且煖；[9]夏則絺綌之中，[10]足以爲輕且清。」謹此則止。故聖人之爲衣服，[11]適身體、和肌膚[12]而足矣，非榮耳目而觀愚民也。[13]當是之時，堅車良馬不知貴也，刻鏤文采不知喜也。何則？其所道之然。故民衣食之財，家足以待旱水凶饑者，何也？得其所以自養之情，而不感於外也。[14]是以其民儉而易治，[15]其君用財節而易贍也。[16]府庫實滿，足以待不然，[17]兵革不頓，[18]士民不勞，足以征不服，故霸王之業可行於天下矣。當今之主，[19]其爲衣服，則與此異矣。冬則輕煗，[20]夏則輕清，皆已具矣，必厚作斂於百姓，[21]暴奪民衣食之財，以爲錦繡文采靡曼之衣，[22]鑄金以爲鉤，珠玉以爲珮，[23]女工作文采，男工作刻鏤，以爲身服。[24]此非云益煗之情也，[25]單財勞力，[26]畢歸之於無用也。[27]以此觀之，[28]其爲衣服，非爲身體，皆爲觀好。[29]是以其民淫僻而難治，其君奢侈而難諫也。夫以奢侈之君御好淫僻之民，[30]欲國無亂，不可得也。君實欲天下之治而惡其亂，[31]當爲衣服不可不節。

1 **注**　畢云：「『衣皮』，《藝文類聚》引作『衣皮毛』，非。《說文》云：『茭，乾芻』。」王云：「乾芻非可帶之物，畢說非也。《說文》『筊，竹索也』，其草索則謂之『茭』。〈尚賢〉篇曰：『傳說被褐帶索』，謂草索也。此言『帶茭』，猶彼言『帶索』矣。」

▲詒讓案：〈禮運〉說上古云：「未有麻絲，衣其羽皮。」帶茭，疑即〈喪服〉之絞帶」。《傳》云：「絞帶者，繩帶也。」

2 注 《長短經》作「煖」。

▲案：下文「輕」、「煖」常見，似是。

3 注 〈曲禮〉「冬溫而夏凊」，《釋文》云：「凊，七性反，字從『冫』，秋冷也。本或作『水』旁，非也。」《說文·仌部》云：「凊，寒也。」

4 注 「情」，《治要》作「溫凊」二字，誤。

5 注 《長短經》「作」上有「聖人」二字，與下文同。但上已云「聖王」，則此不當重復，恐不足據也。

6 注 畢云：「『治』下舊有『役脩其城郭』云云四十八字，今移前。」

7 注 畢云：「『梱』字當為『稛』。《說文》云：『絭，束也。』」

▲詒讓案：〈非樂上〉作「綑布縿」，〈非命下〉作「梱布縿」，此「梱」或當為「捆」，亦「稛」之叚字。「絹」當為「綃」，「綃」與「繰」通，故彼二篇又誤作「縿」，詳〈非樂〉篇。

8 注 《說文·糸部》云：「練，湅繒也。繒，帛也。」畢云：「『中』讀去聲。」

▲案：畢說非也，「中」即「中衣」，凡上服以內之衣，通稱中衣。〈深衣〉鄭《目錄》云：「大夫以上，祭服中衣用素」，練帛即素也。《詩·唐風·揚之水》孔穎達疏云：「中衣者，朝祭服之裏衣也，其制如深

衣。」《儀禮．聘禮》賈疏云：「凡服四時不同，假令冬有裘，襯身有禪衫，又有襦袴，襦袴之上有裘，裘上有裼衣，裼衣之上有上服，皮弁祭服之等。若夏以絺綌，絺綌之上則有中衣，中衣之上加以上服也。」

▲案：裼衣，亦通謂之中衣。冬或服裘，或服袍襺，皆有中衣。「中」，經典亦作「衷」。《說文．衣部》云：「衷，裏褻衣。」《穀梁．宣九年傳》云：「或衣其衣，或衷其襦」，范注云：「衷者，襦在裏也。」是對文「衷」為裏衣，散文則通言衣，故〈節用中〉篇云：「冬服紺緅之衣，足以為輕且暖。」

9 注 畢云：「《文選注》引作『煗』。」

▲詒讓案：後文「煗」字兩見。《說文．火部》「煖」、「煗」並訓「溫」也。《長短經》仍作「煖」。

10 注 《說文．糸部》云：「絺，細葛也。綌，粗葛也。」禮家說以絺綌上加中衣，此即以絺綌為中衣，則內衣通得謂之「中」也。

11 注 舊本脫「煖」至「且」十二字，畢本據《北堂書鈔》增「煖夏則絺綌輕且」七個字。王云：「『夏則絺綌輕且清』，本作『夏則絺綌之中，足以為輕且清』，與『冬則練帛之中，足以為輕且煖』對文。《北堂書鈔．衣冠部三》引作『冬則練帛輕且煖，夏則絺綌輕且清』，省文也。若下二句內，獨少『之中足以為』五字，則與上二句不對矣。《群書治要》所引上下皆有此五字，當據補。」

▲案：王校是也。《長短經》引云：「夏則絺紘，足以為輕清」，亦有「足以為」三字。

12 注 舊本脫「之」字，今據《治要》補。

13 注 畢云：「《北堂書鈔》引云：『以適身體，以和肌膚。』」

14 注 《長短經》「非」下有「以」字。

15 注 「感」，《治要》同。

▲案：當為「惑」之誤。「也」字，《治要》無。

16 注 《長短經》引「儉」上有「用」字。

17 注 畢云：「《呂氏春秋・適音》云：『不充則不詹』，高誘曰：『詹，足也。「詹」讀如「澹然無為」之「澹」』。《文選》注云：『許君注《淮南子》云：澹，足也。』古無從貝字，此俗寫。」

18 注 不然，謂非常之變也。《漢書・司馬相如傳》「發巴蜀之士各五百人以奉幣，衛使者不然」，顏注引張揖云：「不然之變也。」《治要》作「不極」，蘇云：「『不然』疑當作『不時』」，並誤。襄四年《左傳》「甲兵不頓」，杜注云：「頓，壞也。」

19 注 舊本作「王」，《長短經》同，今據《治要》正，與上下文合。

20 注 《治要》作「燰」，下同。

21 注 《長短經》無「作」字。

22 注 舊本倒作「衣之」。俞云：「『衣之』當作『之衣』，此十字一句讀。」

▲詒讓案：《長短經》正作「以為文彩靡曼之衣」，今據乙。《小爾雅・廣言》云：「靡，細也。」《漢書・

韓信傳》「靡衣婾食」，顏注云：「靡，輕麗也。」《文選．七發》李注云：「曼，輕細也。」

23 注 《大戴禮記．保傅》篇云：「玉佩上有蔥衡，下有雙璜，衝牙蚍珠以納其間，琚瑀以雜之。」「珮」，《治要》作「佩」，《長短經》同。畢云：「當為『佩』，古無此字。」

24 注 《治要》作「以身服之」。

25 注 俞云：「情，猶實也。煗之情，猶言煗之實。云『益』者，有益也。《廣雅．釋詁》曰：『云，有也。』『此非云益煗之情』，猶曰『此非有益煖之實』。上文曰『冬則輕煗，夏則輕清』，而此獨言『煗』者，衣固以煗為主耳。」

26 注 單，亦盡也，詳上篇。

27 注 舊本脫，今據《治要》增。

28 注 「以」，《長短經》作「由」。

39 注 《長短經》下有「也」字。

30 注 《治要》、《長短經》並無「好」字。

31 注 「實」，《治要》作「誠」。

古之民未知爲飲食時，[1]素食而分處，[2]故聖人作誨，男耕稼樹藝，[3]以爲民食。其爲食也，足以增氣充虛，彊體適腹而已矣。[4]故其用財節，其自養儉，民富國治。[5]今則不然，厚作斂於百姓，[6]以爲美食芻豢，蒸炙魚鼈，[7]大國累百器，小國累十器，前方丈，[8]目不能徧視，手不能徧操，口不能徧味，冬則凍冰，夏則飾饐。[9]人君爲飲食如此，故左右象之，是以富貴者奢侈，孤寡者凍餒，[10]雖欲無亂，[11]不可得也。君實欲天下治而惡其亂，[12]當爲食飲[13]不可不節。

1 注 《治要》無「時」字。

2 注 素食，謂食草木。《管子．七臣七主》篇云：「果蓏素食當十石。」素，「疏」之叚字。《淮南子．主術訓》云：「夏取果蓏，秋畜疏食」，「疏」，俗作「蔬」。《月令》「取蔬食」，鄭注云：「草木之實為蔬食。」〈禮運〉說上古云：「未有火化，食草木之實」，即此素食也。

3 注 畢云：「古只作『埶』，《說文》云：『埶，種也。從坴丮，持而種之。』」

4 注 《呂氏春秋．重己》篇云：「昔先聖王之為飲食酏醴也，足以適味充虛而已矣。」

5 注 《治要》「故」字在「民富」上。

6 注 《治要》無「作」字。

7 注 「蒸」與「烝」通，《毛詩．小雅．瓠葉》傳云：「炕火曰炙。」《禮記．禮運》鄭注云：「炙，貫之火上。」《治要》無「魚鼈」二字。畢云：「《太平御覽》引此『炙』作『庖』，『鼈』作『鱉』。」

8 **注** 畢本作「美食方丈」，云：「舊作『前方丈』三字，今據《文選注》兩引改『美食方丈』。《太平御覽》作『前則方丈』。」

▲案：畢據《文選・七命》及〈應璩與從弟君苗君胄書〉注所引校也。王云：「『美食』二字與上文相複，畢改非也。《群書治要》引作『前方丈』，則魏徵所見本正與今本同。《文選注》引作『美食方丈』者，此以上文之『美食』與下文之『方丈』連引，而節去『芻豢』以下十七字，乃是約舉其詞，不得據彼以改此也。《太平御覽・治道部八》引作『前則方丈』，句法較為完足。」

▲詒讓案：《孟子・盡心》篇云：「食前方丈」，趙岐注云：「極五味之饌食，列於前方一丈。」

9 **注** 畢云：「飾，若覆食之冪是也。饐，《說文》云：『飯傷濕也。』」洪云：「案『飾饐』與『凍冰』對文，皆言其食味之壞。『飾饐』當作『餲饐』。《爾雅・釋器》『食饐謂之餲』，郭璞注：『飯穢臭。』《論語・鄉黨》『食饐而餲』，孔注『饐餲，臭味變也』。『飾』本作『飭』，『餲』、『飭』字形相近。」俞說同。張文虎云：「覆食之冪，義不當為飾。飾饐，《群書治要》引作『餕饐』，是也。〈玉藻〉『日中而餕』，注云：『餕，食朝之餘也。』《論語》鄭注云：『食餘曰餕』，餕饐者，謂食餘而致壞也。」

▲案：洪說近是。「飾」，《治要》作「餕」，則疑「酸」之借字。《荀子・正名》篇云：「香臭、芬鬱、腥臊洒酸、奇臭，以鼻異」，楊注云：「酸，暑浥之酸氣也」，於此義亦得通。張望文生訓，不足據。

10 注 畢云：「當為『餧』，《說文》云：『餧，饑也。』」

11 注 畢云：「舊本脫『雖』字，據《太平御覽》增。」

12 注 「實」，《治要》作「誠」，「治」上，王校增「之」字。

13 注 當作「飲食」。

古之民未爲知舟車時，重任不移，遠道不至，故聖王作爲舟車，以便民之事。其爲舟車也，全固輕利，[1]可以任重致遠，其爲用財少，而爲利多，是以民樂而利之。法令不急而行，[2]民不勞而上足用，[3]故民歸之。當今之主，其爲舟車與此異矣。全固輕利皆已具，[4]必厚作斂於百姓，以飾舟車，[5]飾車以文采，飾舟以刻鏤。女子廢其紡織而脩文采，故民寒；男子離其耕稼而脩刻鏤，故民饑。[6]人君爲舟車若此，故左右象之，是以其民饑寒並至，故爲姦衺。[7]姦衺多則刑罰深，[8]刑罰深則國亂。[9]君實欲天下之治而惡其亂，[10]當爲舟車不可不節。

1 注 畢云：「『全』，《太平御覽》引作『完』。」

▲詒讓案：《治要》引，亦作「完」，《意林》同。

2 注 「令」，《治要》作「禁」。「法」上，舊本有「故」字。王云：「上『故』字涉下『故』字而衍，《群書治要》無。」

3 注 畢云：「『上』舊作『止』，一本如此。」

▲詒讓案：《治要》亦作「上」。「足」下，《治要》有「以」字。

4 注 「全」，《治要》亦作「完」。「具」下有「矣」字。

5 注 《治要》作「以為舟車飾」。

6 注 《治要》作「飢」，下同。

7 注 《治要》作「邪」。

8 注 此句首，舊本無「姦衺」二字。王云：「舊本兩『姦衺』，脫其一，則義不可通。今據《群書治要》補。」

9 注 《治要》「國」上衍「固」字。畢云：「《太平御覽》引云：『而國亂矣。』」

10 注 「實」，《治要》作「誠」。

凡回於天地之間，[1]包於四海之內，天壤之情，陰陽之和，莫不有也，雖至聖不能更也，何以知其然？聖人有傳：天地也，則曰上下；四時也，則曰陰陽；人情也，則曰男女；禽獸也，則曰牡牝雄雌也。眞天壤之情，雖有先王不能更也。雖上世至聖，必蓄私不以傷行，[2]故民無怨，宮無拘女，故天下無寡夫。[3]內無拘女，外無寡夫，故天下之民衆。當今之君，[4]其蓄私也，大國拘女累千，小國累百，是以天下之男多寡無妻，女多拘無夫，男女失時，[5]故民少。君實欲民之衆而惡其寡，當蓄私不可不節。

1 **注** 「回」字譌，蘇云：「當作『同』」，亦未塙。

2 **注** 私，謂妾媵私人。顧云：「《晏子春秋・內篇・諫下》『古聖王畜私不傷行』。」

3 **注** 《小爾雅・廣義》云：「凡無妻無夫，通謂之寡，寡夫曰煢。」《左・襄二十七年傳》云：「齊崔杼生成及彊而寡」，杜注云：「偏喪曰寡。寡，特也。」

4 **注** 畢云：「上俱作『主』。」

5 **注** 畢云：「『女』，舊作『子』，一本如此。」

凡此五者，聖人之所儉節也，小人之所淫佚也。儉節則昌，淫佚則亡，此五者不可不節。夫婦節而天地和，風雨節而五穀孰，衣服節而肌膚和。

三辯第七[1]

1 注 畢云：「此辯聖王雖用樂，而治不在此。三者，謂堯、舜及湯及武王也。」

▲詒讓案：此篇所論蓋〈非樂〉之餘義。

程繁[1]問於子墨子曰：「夫子曰[2]『聖王不爲樂』。昔諸侯倦於聽治，息於鐘鼓之樂；[3]士大夫倦於聽治，息於竽瑟之樂；[4]農夫春耕夏耘，[5]秋斂冬藏，[6]息於聆缶之樂。[7]今夫子曰：『聖王不爲樂』，此譬之猶馬駕而不稅，[8]弓張而不弛，無乃非有血氣者之所不能至邪？」[9]

1 注 畢云：「《太平御覽》引作『程子』。」

▲詒讓案：〈公孟〉篇亦作「程子」，蓋兼治儒、墨之學者。

2 注 舊本無此三字，王云：「『聖王』上當有『夫子曰』三字，而今本脫之，則文義不明。下文『今夫子曰：聖王不為樂』，是其證。」

▲案：王說是也，今據增。

3 注 「鐘鼓」謂金奏。

4 注 《周禮・小胥》云：「卿大夫判縣，士特縣。」〈曲禮〉云：「大夫無故不徹縣，士無故不徹琴瑟」，孔穎達疏以為不命之士，若命士，則特縣。若然，士大夫之樂亦有鐘鼓。攷賈子《新書・審微》篇云：「大夫直縣，士有琴瑟」，《公羊・隱五年》何注引《魯詩傳》云：「大夫士曰琴瑟。」《白虎通義・禮樂》篇云：「《詩傳》曰：大夫士琴瑟也。大夫士北面之臣，非專事子民，故但琴瑟而已。」〈曲禮疏〉引《春秋說題辭》亦謂「樂無大夫士制」。此書義蓋與《魯詩》、《春秋緯》略同。

5 注 畢云：「《說文》云：『耨，除苗間穢也，藨或字』，此省文。」

6 注 畢云：「古只作『臧』。」

7 注 畢云『聆』當為『瓴』。『聆缶』，《太平御覽》引作為『吟謠』，是也。『缶』是『䍃』字之壞。」王云：「今本《墨子》作『聆缶』者，『聆』乃『瓵』字之譌，『瓵』即『瓴』字也，但移『瓦』於左，移『令』於右耳。《北堂書鈔・樂部七・缶下》鈔本《太平御覽・樂部三》及〈二十二・缶下〉引《墨子》並作『吟缶』。『吟』亦『瓵』之譌。蓋《墨子》書『瓴』字本作『瓵』，故今本譌作『聆』，諸類書譌作『吟』，而缶字則皆不譌也。其刻本《御覽》作『吟謠』者，後人不知『吟』為『瓵』之譌，遂改『吟缶』為『吟謠』耳。上文云『諸侯息於鐘鼓，上大夫息於竽瑟』，此云『農夫息於瓵缶』，鐘鼓，竽瑟、瓵缶皆樂器也。《淮南・精神》篇『叩盆拊瓴，相和而歌』，『盆』即『缶』也。若吟謠則非樂器，不得言『吟謠之樂』矣。」

▲案：王說是也。《說文．瓦部》云：「瓴，甖甀也，似缾者」。又〈缶部〉云：「缶，瓦器，所以盛酒漿，秦人鼓之以節歌。」《詩．陳風．宛丘》篇「坎其擊缶」，毛《傳》云：「『盎』謂之『缶』」，《爾雅．釋器》同，郭注云：「盆也」《史記．李斯傳》云：「擊甕叩缻，真秦之聲也。」「瓴」、「甕」同物，「缻」即「缶」之俗。

8 注 《方言》云：「稅，舍車也。趙、宋、陳、魏之間謂之『稅』」，郭璞注云：「稅，猶脫也。」畢云：「《太平御覽》作『脫』，同。」

9 注 俞云：「『非』字衍文。」

子墨子曰：「昔者堯舜有茅茨者，[1]且以為禮，且以為樂。湯放桀於大水，[2]環天下自立以為王，事成功立，無大後患，因先王之樂，又自作樂，命曰〈護〉，又脩〈九招〉。[3]武王勝殷殺紂，環天下自立以為王，事成功立，無大後患，因先王之樂，又自作樂，命曰〈象〉。[4]周成王因先王之樂，又自作樂，命曰〈騶虞〉。[5]周成王之治天下也，不若武王，武王之治天下也，不若成湯，成湯之治天下也，不若堯、舜。故其樂逾繁者，其治逾寡。自此觀之，樂非所以治天下也。」

1 **注** 畢云：「『茅茨』舊作『第期』，今據《太平御覽》改。」俞云：「茅茨土階，是言古明堂之儉，不得云『且以為禮』、『且以為樂』也。下文曰：『周成王之治天下也，不若武王；武王之治天下也，不若成湯；成湯之治天下也，不若堯、舜。故其樂逾繁者，其治逾寡』，然則其說堯、舜，亦當以樂言，不當以宮室言也，疑後人不達『第期』之義而臆改之，未可為據，仍當從原文而闕其疑。」

▲案：俞說非也。若「第期」專以樂言，則下文不當云「且以為禮」。畢校不誤。《詩．小雅．甫田》鄭《箋》云：「茨，屋蓋也」，孔《疏》云：「墨子稱茅茨不翦，謂以茅覆屋。」

2 **注** 蘇云：「案《列女傳》云：『流於海，死於南巢之山』，《尚書大傳》云：『國，君之國也，吾聞海外有人，與其屬五百人去』，與此言合。」

3 **注** 畢云：「『脩』舊作『循』，今以意改。已上十六字舊脫，今據《太平御覽》增。《呂氏春秋》云：『湯命伊伊作為〈大護〉，歌〈晨露〉，脩〈九招〉、〈六列〉。』」

▲案：《道藏》本雖亦有脫文，然尚有「自作樂命曰〈九招〉」七字，則未全脫也，畢說未審，《風俗通義．聲音》篇云：「湯作〈護〉，護言救民也」，《藝文類聚．帝王部》引《春秋元命苞》云：「湯之時民大樂其救於患害，故護者救也」，《白虎通義．禮樂》篇云：「湯曰〈大護〉者，言湯承衰能護民之急也」，《公羊．隱五年》何注云：「殷曰〈大護〉，殷時民樂，大其護己也」，並與此同。《周禮．大司樂》「護」作「濩」，《漢書．禮樂志》同，「護」、「濩」字亦通。〈九招〉，即《書．皋陶謨》「簫韶

九成」，舜樂也。《史記．夏本紀》云：「禹興〈九招〉之樂」，《呂氏春秋．古樂》篇云：「嚳作〈九招〉，舜令質修之。」《山海經．大荒西經》云：「啓始歌〈九招〉」，《周禮．大司樂》作「九磬」。「招」、「韶」、「磬」字並通。

4 **注** 畢云：「《呂氏春秋》云：『周公為三〈象〉』，乃成王之樂。此云〈象〉又是武王作，未詳。」

▲案：《毛詩．周頌序》云：「〈維清〉，奏〈象〉舞也」，鄭《箋》云：「〈象〉，用兵時刺伐之舞，武王制焉。」《禮記．文王世子》「下管〈象〉」，鄭注云：「〈象〉，周武王伐紂之樂。」《春秋繁露．三代改制質文》篇云：「文王作〈武樂〉，武王作〈象樂〉，周公作〈汋樂〉。」《淮南子．氾論訓》云：「周武〈象〉」，高注云：「武王樂也。」《白虎通義．禮樂》篇云：「周公曰〈酌〉，武王曰〈象〉者，象太平而作樂，示已太平也，合曰〈大武〉。」此皆以〈象〉為武王所作。畢專據《呂覽．古樂》篇以疑此書，殊為失攷。《周禮．大司樂》六樂有〈大武〉而無〈象〉，則〈大武〉自為周之正樂，〈象〉蓋舞之小者。《周頌》孔《疏》謂象舞象文王之事，〈大武〉象武王之事，〈大武〉之樂亦為〈象〉，傳合〈武〉、〈象〉為一，非也。《左．襄二十九年傳》云：「見舞〈象〉箾南籥者」，杜注云：「〈象〉箾舞所執，文王之樂」，杜又以〈象〉為文王樂，《史記．吳世家》集解引賈逵、《詩．周頌》疏引服虔說並同，蓋皆傳聞之異。

5 **注** 王云：「《御覽》引作『周成王因先王之樂，又自作樂，命曰〈騶吾〉』，是也。上文云：『湯因先王之樂，又自作樂，命曰〈護〉。武王因先王之樂，又自作樂，命曰〈象〉』」，即其證。今本脫去『又自作樂』四字，則義不可通。《困學紀聞》所引已同。今本書傳中，『騶虞』字多作『騶吾』，故《困學紀聞．詩類》引《墨子》尚作『騶吾』，今作『騶虞』者，後人依經典改之。」

▲案：王說是也，今據增。鈔本《御覽．樂部三》引此書，「騶虞」又作「鄒吾」，字並通。《詩．召南》有〈騶虞〉篇，蓋作於成王時，故墨子以為成王之樂。凡詩皆可入樂也。《周禮．大司樂》「大射令奏〈騶虞〉」，鄭注云：「〈騶虞〉，樂章名。」

程繁曰：「子曰：『聖王無樂』，此亦樂已，若之何其謂聖王無樂也？」

子墨子曰：「聖王之命也，[1]多寡之。[2]食之利也，以知飢而食之者智也，因爲無智矣。今聖有樂而少，此亦無也。」[3]

1 注 「命」與「令」義同。蘇云：「此下有闕文、誤字。」

2 注 此疑當作「多者寡之」。言凡物病其多者，則務寡之。

3 注 畢云：「言人所以生者，食之利，但必以知饑而食之，否則非智。今聖人雖用樂而少，此亦無違于聖人。『無』下疑有脫字。」

▲案：畢說非也。「因」，當作「固」，「今聖」下當有「王」字。此言食為人之利，然人饑知食，不足為智，若因饑知食而謂之為智，則所知甚淺，固為無智矣，以喻聖王雖作樂而少，猶之無樂也。末句「無」下似無脫字。

卷二

題解

本卷包含〈尚賢〉上、中、下三篇，「尚賢」其「尚」與「上」同，「賢」為多才、有善行之謂。強調君主要崇尚那些賢能的人，對於那些賢能者，要給予他們高的官爵、厚的俸祿，並且賦予他們任事的責任和決斷事務的權力。在這三篇當中，墨子先說明了賢人的內涵：必須要具備深厚的德性，有很好的溝通表達能力，還必須有豐富的知識；以身作則，團結眾力，且有適當合宜的領導。當國家的各級管理階層，都是由賢能的人來擔任，這樣就能夠使國家富有、人民眾多、治安良好。

此外，「義」的價值觀也是檢別賢良之士的唯一標準，賢者之「義」在《墨經》中的定義是：能立志為天下人謀福利，並且切身去實踐此一目標的人。聖王施政，必須要形成一種追求符合「義」的風氣，使所有臣民都受此風氣的影響，如此社會上的賢良之士自然就會增多。

〈尚賢〉中篇援引〈湯誓〉、〈周頌〉之言作為古聖王尚賢的根據，運用三表法中「本之者」聖王之道、先王之書的記載，作為他理論的根據。至〈尚賢〉下指出「為賢之道」的道德標準在於：「有力者疾以助人，有財者勉以分人，有道者勸以教人。」並且在歷史上也有許多例證，如：堯用舜、湯用伊尹、武丁用傅說，從這些歷史事蹟，可知任用賢人的重要。

在墨學中「尚賢」與「尚同」思想，有密切的關係。因為在墨子的政治思想裡，認為在整個金字塔型的管理階層中，在下位的必須要認同於在上位的理念，而最上位的天子則必須要認同於「天」作為價值根源。在這樣的政治架構下，必須要由賢能的人在各階層擔任管理者或最高統治者，才能夠實現墨子「興天下之利，除天下之害」的理想。並且，墨子主張，一般的百姓如果有能力，也能夠擔任管理者，他說：「官無常貴，民無終賤，有能則舉之，無能則下之。」就像舜、伊尹、傅說出於貧賤的農民、工人一般，因為墨子認為社會上的階級是可以因著德行、能力的增強而有所調整。

尚賢上第八[1]

1 注 《經典釋文．敘錄》引鄭康成〈書贊〉云：「尚者，上也。」《淮南子．氾論訓》云：「兼愛、上賢、右鬼、非命，墨子之所立也，而楊子非之。」《漢書．藝文志》亦作「上賢」。畢云：「《說文》云：『賢，多才也。』《玉篇》云：『有善行也。』『尚』與『上』同。」

子墨子言曰：「今者王公大人為政於國家者，[1]皆欲國家之富，人民之衆，刑政之治，然而不得富而得貧，不得衆而得寡，不得治而得亂，則是失其所欲，得其所惡，是其故何也？」

1 注 「今者」，舊本作「古者」。王云：「此謂今之王公大人，非謂古也。『古者』，當依《群書治要》作『今者』，義見下文。」

▲案：王說是也，今據正。〈禮運〉云：「大人世及以為禮」，鄭注云：「大人，諸侯也。」孔《疏》云：「《易·革卦》『大人虎變』對『君子豹變』，故大人為天子。」〈相見禮〉云：「與大人言，言事君」，對士又云「事君」，故以大人為卿大夫。

子墨子言曰：「是在王公大人爲政於國家者，不能以尚賢事能爲政也。[1]是故國有賢良之士衆，則國家之治厚，賢良之士寡，則國家之治薄。故大人之務，將在於衆賢而已。」

1 注 蘇云：「『事』當作『使』，二字形近而訛。」

▲案：「事」、「使」義同。《漢書·高帝紀》如淳注云：「事，謂役使也」。非譌字。

曰：「然則衆賢之術將柰何哉？」

子墨子言曰：「譬若欲衆其國之善射御之士者，必將富之，貴之，敬之，譽之，然后國之善射御之士，[1]將可得而衆也。[2]況又有賢良之士厚乎德行，辯乎言談，博乎道術者乎，此固國家之珍，而社稷之佐也，[3]亦必且富之，貴之，敬之，譽之，然后國之良士，亦將可得而衆也。」[4]

1 注 「后」，《群書治要》作「後」，下同。

2 注 王引之云：「此『將』字猶『乃』也，與上『將』字異義。」

3 注 畢云：「『佐』當為『左』。」鈕樹玉云：「『佐』字見漢刻〈石門頌〉。」

4 注 「后」，《道藏》本作「後」。

是故古者聖王之爲政也，[1]言曰：「不義不富，不義不貴，不義不親，不義不近。」[2]是以國之富貴人聞之，皆退而謀曰：「始我所恃者，富貴也，今上舉義不辟貧賤，[3]然則我不可不爲義。」親者聞之，亦退而謀曰：「始我所恃者親也，今上舉義不辟疏，[4]然則我不可不爲義。」近者聞之，亦退而謀曰：「始我所恃者近也，今上舉義不辟遠，[5]然則我不可不爲義。」遠者聞之，亦退而謀曰：「我始以遠爲無恃，今上舉義不辟遠，然則我不可不爲義。」逮至遠鄙郊外之臣、[6]門庭庶子、[7]國中之衆、[8]四鄙之萌人[9]聞之，皆競爲義。是其故何也？曰：上之所以使下者，一物也，下之所以事上者，一術也。譬之富者[10]有高牆深宮，牆立既，[11]謹上爲鑿一門，[12]有盜人入，闔其自入而求之，[13]盜其無自出。是其故何也？則上得要也。

1 **注** 舊本脫「也」字，今據《治要》補。

2 **注** 《治要》「不富」、「不貴」、「不親」、「不近」，並在「不義」上。

3 **注** 《治要》作「避」，下並同。蘇云：「辟，讀如『避』，下同。」

4 **注** 「疏」上舊本有「親」字，《治要》同。王云：「『親』字涉上文而衍，『不避疏』義見上下文。」
▲案：王說是也，今據刪。

5 **注** 舊本作「近」，《治要》作「遠近」。王云：「『近』字涉上文而誤，『近』當為『遠』。『不辟遠』，見下文。」
▲案：王說是也，今據正。蓋故書本衍一「近」字，後人誤刪「遠」存「近」，遂不可通。

6 **注** 「遠鄙」，即下「四鄙」，謂都鄙、縣鄙也。《書·文侯之命》孔《疏》引鄭注云：「鄙，邊邑也。」《周禮·載師》杜子春注云：「五十里為近郊，百里為遠郊」，又引《司馬法》云：「王國百里為郊。」

7 **注** 《說文·广部》云：「庭，宮中也。」《周禮·宮伯》「掌王宮之士庶子凡在版者。」鄭衆注云：「庶子，宿衛之官。」鄭康成云：「王宮之士，謂王宮中諸吏之適子也。庶子，其支庶也。」

▲案：士庶子，即公族及卿大夫之子宿衛宮中者也。《新序．襍事一》云：「楚莊王中庶子曰：臣尚衣冠御郎十三年矣。」蓋凡宿衛位署，皆在路寢內外朝門庭之間，故此書謂之「門庭庶子」。《新序》云：「御郎」，「郎」謂「郎門」，即路寢門也。凡宿衛子弟，已命者謂之「士」，未命者謂之「庶子」，說詳《周禮正義》。

8 注 《周禮．鄉大夫》鄭注云：「國中，城郭中也。」

9 注 《漢書．劉向傳》顏注云：「『萌』與『甿』同，無知之貌。」《管子．山國軌》篇尹注云：「萌，田民也。」《一切經音義》云：「萌，古文『氓』同。」《史記．三王世家》「姦巧邊萌」，《索隱》云：「『萌』一作『甿』。」《說文．民部》云：「氓，民也，讀若『盲』」，又「甿，田民也」。畢云：「『萌』，『氓』字之假音也。」

10 注 畢云：「『富』，舊作『異』，一本如此。」

11 注 「牆立既」，疑當作「宮牆既立」。「宮」字涉上而脫，「既立」又誤作「立既」，遂不可通。

12 注 「謹上」，疑當為「謹止」。《辭過》篇云：「謹此則止」，謹止為鑿一門，「謹」與「僅」通。言於牆間纔開一門，不敢多為門戶也。

13 注 畢云：「自入，言所從入之門。」

故古者聖王之爲政，列德而尚賢，[1]雖在農與工肆之人，[2]有能則舉之，高予之爵，重予之祿，任之以事，斷予之令，[3]曰：「爵位不高則民弗敬，蓄祿不厚則民不信，政令不斷則民不畏」，舉三者授之賢者，非爲賢賜也，欲其事之成。故當是時，[4]以德就列，[5]以官服事，[6]以勞殿賞，[7]量功而分祿。故官無常貴，而民無終賤，[8]有能則舉之，無能則下之，舉公義，辟私怨，[9]此若言之謂也。[10]故古者堯舉舜於服澤之陽，[11]授之政，天下平；禹舉益於陰方之中，[12]授之政，九州成；[13]湯舉伊尹於庖廚之中，[14]授之政，其謀得；文王舉閎夭、泰顛於罝罔之中，[15]授之政，西土服。[16]故當是時，雖在於厚祿尊位之臣，莫不敬懼而施，[17]雖在農與工肆之人，莫不競勸而尚意。[18]故士者所以爲輔相承嗣也。[19]故得士則謀不困，體不勞，名立而功成，美章而惡不生，[20]則由得士也。

1 **注** 《小爾雅．廣詁》云：「列，次也。」《國語．周語》韋注云：「列，位次也。」

2 **注** 《論語．子張》篇云：「百工居肆，以成其事。」

3 **注** 《禮記．樂記》鄭注云：「斷，決也。」謂其令必行。

4 **注** 《治要》無此二字。

5 **注** 《論語．季氏》篇云：「陳力就列」，《集解》引馬融云：「當陳其才力，度已所任，以就其位。」亦釋

「列」為「位」。

6 注 《周禮．大司徒》鄭衆注云：「服事，謂為公家服事者。」

7 注 「殿」，《治要》作「受」。畢云：「『殿』讀如『奔而殿』。」俞云：「畢讀非也。論功行賞勞者當在前，安得反云殿乎？殿者，定也，『殿』與『定』一聲之轉，《文選．江賦》注曰：『「澱」與「淀」古字通。』『殿』之與『定』，猶『澱』之與『淀』也。《詩．采菽》篇『殿天下之邦』，毛《傳》曰：『殿，鎮也。』『鎮』即有『定』義。《小爾雅．廣言》『殿，填也』。『填』與『奠』通。《禮記．檀弓》篇『主人既祖填池』，鄭注：『填池當為奠徹』，是也。『奠』亦『定』也。《周官．司士職》曰『以久奠食』，此云：『以勞殿賞』，句法一律，『殿』、『奠』文異而義同。」

8 注 「終」，《治要》作「恒」。

9 注 「辟」，《治要》亦作「避」。畢云：「辟，讀如『辟舉』之『辟』。」俞云：「畢說非也。豈有私怨者，不問其賢否而概辟舉之乎？《小爾雅．廣言》『辟，除也。』辟私怨，謂惟公義是舉，而私怨在所不問，故除去之也。又《禮記．郊特牲》篇『有由辟焉』，鄭注曰：『辟，讀為「弭」。』此『辟』字或從鄭讀，亦通。」

10 注 王云：「若，亦此也。古人自有複語。《管子．山國軌》篇曰『此若言何謂也？』〈地數〉篇曰：『此若言可得聞乎？』〈輕重丁〉篇曰：『此若言曷謂也？』此書〈節葬〉篇曰：『以此若三聖王者觀之』，又曰『以此若三國者觀之』，皆並用『此若』二字。」

11 注 畢云：「未詳其地。『服』與『蒲』，音之緩急，或即蒲澤，今蒲州府。」

▲詒讓案：《文選．曲水詩序》李注引《帝王世紀》云：「堯求賢而四嶽薦舜，堯乃命于順澤之陽。」疑即本此書。《史記．五帝本紀》「就時於負夏」，《集解》引鄭玄云：「負夏，衛地。」《孟子．離婁》篇「舜生於諸馮，遷於負夏」，趙注云：「諸馮、負夏皆地名，負海也。」

▲案：服澤疑即負夏。趙岐云「負海」，必有所本。

12 注 畢云：「未詳其地。」

13 注 蘇云：「『成』與『平』為韻。」

14 注 《史記．殷本紀》「阿衡欲奸湯而無由，乃為有莘氏媵臣，負鼎俎，以滋味說湯。」畢云：「《韓非子》云：『上古有湯，至聖也。伊尹，至智也，然且七十說而不受，身執鼎俎為庖宰，昵近習親，湯乃僅知其賢而舉之。』《文選》注云：『魯連子曰：伊尹負鼎佩刀以干湯得意，故尊為宰舍。』又云：『文子曰：伊尹負鼎而干湯』。」

15 注 《書．君奭》云：「惟文王尚克修和我有夏。亦惟有若虢叔，有若閎夭，有若散宜生，有若泰顛，有若南宮括。」《偽孔傳》云：「閎、泰，氏；夭、顛，名。」《詩．周南．兔罝敘》云：「〈兔罝〉，后妃之化也。〈關雎〉之化行，則莫不好德，賢人眾多也。」毛《傳》云：「兔罝，兔罟也。」畢云：「事未詳，或以《詩．兔罝》有『公侯腹心』之語而為說，恐此詩即賦閎夭、泰顛事。古者書傳未湮，翟必有據。」蘇云：

「罝，即詩所謂『兔罝』，當為閎夭而作。泰顛，當即太公望也。罝屬夭，則罔屬顛，與太公釣渭遇文王事亦合。迨馬融注『十亂』，以泰顛與太公望並舉，後世以為二人。然文王諸臣，自以太公為稱首。《書·君奭》篇唯以泰顛與諸臣並舉，而不及太公。《逸周書·克殷》篇亦然。若使果為二人，豈容都不道及？是顛即望無疑也。」

▲案：罝、罔通稱，蘇分屬二人，非也。太顛即太公，乃宋吳仁傑之謬說。攷《詩·大雅·綿》，孔《疏》引鄭君奭注云：「不及呂望，太師也，教文王以大德，謙不以自比焉。」是馬、鄭並以「泰顛」與「太公」非一人。《周書·克殷》篇有「泰顛」又有「尚父」，尤有塙證。吳說不足據，蘇從之，傎矣。

16 注 蘇云：「『服』與『得』為韻。」

17 注 畢云：「下疑脫一字。」俞云：「畢非也。『施』當讀為『愓』，《尚書·盤庚》篇『不愓予一人』，《白虎通·號》篇引作『不施予一人』是也。『敬懼而施』即敬懼而愓，文義已足，非有闕文。」

18 注 「意」，疑當為「悳」，形近而譌。「悳」正字，「德」叚借字。

19 注 《大戴禮記·曾子立事》篇云：「使子猶使臣也，使弟猶使承嗣也」，盧辯注云：「承嗣，謂家子也。」孔廣森云：「承，丞也，《左傳》曰：『請承』，嗣，讀為『司』。丞司者，官之偏貳，故弟視之，臣則私臣，自所謁除也，可以子視之。」

▲案：孔說是也。此云：「輔相承嗣」，中篇云：「承嗣輔佐」，「承嗣」亦皆非嗣子。「承」當與《文王世

子》「師保疑丞」之「丞」同。《大戴禮記．保傅》篇以道、充、弼、承為四聖，云：「博聞強記，接給而善對者謂之承，承者，承天子之遺忘者也」。《書．益稷》「欽四鄰」，孔《疏》引鄭康成云：「四近，謂左輔右弼，前疑後承。」〈文王世子〉孔《疏》引《尚書大傳》「承」作「丞」。此承義並與彼同。

20 注 舊本作「名立而功，業彰而惡不生」。王云：「《群書治要》引作『名立而功成，美章而惡不生』，是也。『功成』與『名立』對文，『惡不生』與『美彰』對文，今本脫『成』字，『美』字又譌作『業』，則文不對，而句亦不協矣。『美』、『業』字形相似，故譌。《漢書．賈誼傳》『一動而五美附』，今本『美』譌作『業』。」

▲案：王說是也，今據補正。

是故子墨子言曰：「得意賢士不可不舉，不得意賢士不可不舉，尚欲祖述堯、舜、禹、湯之道，[1]將不可以不尚賢。夫尚賢者，政之本也。」

1 注 王引之云：「『尚』與『儻』同。」

▲案：王說未塙。「尚」疑與「上」同，下篇云：「上欲中聖人之道。」

尚賢中第九

子墨子言曰：「今王公大人之君人民，主社稷，治國家，欲脩保而勿失，故不察尚賢爲政之本也。」[1]何以知尚賢爲政之本也？曰：「自貴且智者，爲政乎愚且賤者，則治；自愚賤者，爲政乎貴且智者，則亂。」[2]是以知尚賢之爲政本也。故古者聖王甚尊尚賢而任使能，不黨父兄，不偏貴富，不嬖顏色，賢者舉而上之，富而貴之，以爲官長；不肖者抑而廢之，貧而賤之，以爲徒役。是以民皆勸其賞，畏其罰，相率而爲賢。者以賢者衆，而不肖者寡，[3]此謂進賢。[4]然後聖人聽其言，迹其行，察其所能，而愼予官，此謂事能。[5]故可使治國者，使治國；可使長官者，使長官；可使治邑者，使治邑。凡所使治國家、官府、邑里，此皆國之賢者也。

1 注 畢云：「『故』，一本作『胡』。」蘇云：「『胡』是也，下同。」

▲詒讓案：下文兩見，一作「胡」，一作「故」。盧云：「當云『尚賢之為政本』。」王云：「盧說非也。下文曰：『胡不察尚賢為政之本也？且以尚賢為政之本者，亦豈獨子墨子之言哉！』與此文同一例。則不得倒『之』字於『為政』上矣。『故』與『胡』同，故下文又曰：『故不察尚賢為政之本也。』《管子．侈靡》

篇『公將有行，故不送公』，亦以『故』為『胡』。」

2 注 「愚」下，依上文亦當有「且」字。

3 注 俞云：「『相率而為賢』絕句，『者』字乃『是』字之誤，屬下讀。惟其相率而為賢，是以賢者衆而不肖者寡也。兩句皆用『是以』字，古人行文不避重複，今誤作『相率而為賢者』，則是民之相率為賢，以賢者衆而不肖者寡之故，於義不可通矣。」

4 注 畢云：「『謂』，一本作『為』。」

▲詒讓案：「進賢」，依上文當作「尚賢」。

5 注 「事」與「使」同，詳上篇，上文作「使能」。

賢者之治國也，[1]蚤朝晏退，[2]聽獄治政，是以國家治而刑法正。賢者之長官也，夜寢夙興，收斂關市、山林、澤梁之利，以實官府，是以官府實而財不散。賢者之治邑也，蚤出莫入，耕稼、樹藝、聚菽粟，是以菽粟多而民足乎食。故國家治則刑法正，官府實則萬民富。上有以絜爲酒醴粢盛，以祭祀天鬼；外有以爲皮幣，與四鄰諸侯交接；內有以食飢息勞，[3]將養其萬民。[4]外有以懷天下之賢人。[5]是故上者天鬼富之，外者諸侯與之，內者萬民親之，賢人歸之——以此謀事則得，舉事則成，入守則固，出誅則彊。故唯昔三代聖王堯、舜、禹、湯、文、武，之所以王天下、正諸侯者，[6]此亦其法已。

1 注　畢云：「『國』下，一本有『家』字。」

▲詒讓案：《道藏》本「國」下有「者」字。

2 注　畢云：「『蚤』字同『早』。」

3 注　「飢」，舊本作「饑」，今依《道藏》本正。

4 注　俞云：「『將』當作『持』。『持養』乃古人恒言，詳見〈七患〉篇。此作『將養』，形似而誤。〈天志中〉篇正作『內有以食飢息勞，持養其萬民』，可據以訂正。〈非命上〉篇『將養老弱』，亦『持養』之誤。」

5 注　王云：「『外有以』三字，涉上文『外有以為皮幣』而衍。下文曰：『內者萬民親之，賢人歸之』，是『養民』與『懷賢』皆內事，非外事也。」

6 注　正，長也，義詳〈親士〉篇。

既曰若法，未知所以行之術，則事猶若未成，[1]是以必爲置三本。何謂三本？曰：「爵位不高則民不敬也，蓄祿不厚則民不信也，政令不斷則民不畏也。」故古聖王高予之爵，重予之祿，任之以事，斷予之令，夫豈爲其臣賜哉，欲其事之成也。《詩》曰：『告女憂卹，誨女予爵，[2]孰能執熱，鮮不用濯。』[3]則此語古者國君、諸侯之不可以不執善承嗣輔佐也。[4]譬之猶執熱之用濯也。將休其手焉。[5]古者聖王唯毋得賢人而使之，[6]般爵以貴之，[7]裂地以封之，終身不厭。賢人唯毋得明君而事之，竭四肢之力以任君之事，終身不倦。若有美善則歸之上，是以美善在上而所怨謗在下，寧樂在君，[8]憂慼在臣，故古者聖王之爲政若此。

1 注 畢云：「若猶順。」王云：「『曰』者，『有』之壞字也。『若法』，此法也。言既有此法，而無術以行之，則事猶然未成也。畢以『若法』為『順法』，失之。『若』與『此』同義，『猶若』即『猶然』。」俞云：「王非也。『曰』字乃『云』字之誤。『云』者，有也，說見〈辭過〉篇。『既云若法』，即『既有此法』，淺人不達『云』字之義，謂是『云曰』之『云』，疑本書皆用『曰』字，此不當用作『云』字，故改『云』作『曰』耳。」

2 注 舊本「爵」誤「鬱」，盧以意改為「序爵」，畢從之。王云：「『鬱』為『爵』之譌，『予』則非譌字也。上文言『古聖王高予之爵，重予之祿』，下文言『今王公大人之用賢，高予之爵，而祿不從』，此引《詩》『誨女予爵』，正與上下文『予』字同義，則不得改『予』為『序』矣。《毛詩》作『告爾憂恤，誨爾序爵，誰能執熱，逝不以濯。』今《墨子》兩『爾』字皆作『女』，『序』作『予』，『誰』作『孰』，

『逝』作『鮮』，『以』作『用』，是墨子所見《詩》固有異文也。」

▲案：王說是也。王應麟《詩攷》引亦作「序爵」，盧蓋兼據彼文。然王攷多以意改，未必宋本「予」果作「序」也，今不據改。《毛詩．大雅．桑柔》傳云：「濯所以救熱也，禮亦所以救亂也」，鄭《箋》云：「恤亦憂也，逝猶去也。我語女以憂天下之憂，教女以次序賢能之爵，其為之當如手持熱物之用濯。謂治國之道，當用賢者。」

3 **注** 《詩攷》引「孰」作「誰」，蓋亦王氏所改。蘇云：「案《詩．大雅．桑柔》篇『孰』作『誰』，『鮮』作『逝』，『用』作『以』。」

4 **注** 王云：「善，謂善待此承嗣輔佐之人，即上文所云：『高予之爵，重予之祿，任之以事，斷予之令』也。蓋『善』上不當有『執』字，涉上下文『執熱』而衍。」

▲案：王說非也。『執』猶親密也。〈曲禮〉云：「執友稱其仁也」，鄭注云：「執友，志同者。」《呂氏春秋．遇合》篇云：「故嫫母執乎黃帝」，《列女傳．辯通》篇〈齊鍾離春傳〉云：「衒嫁不售，流弃莫執」，「執」並與「親」義相近。此「執善」亦言「親善」也。

5 **注** 《爾雅．釋詁》云：「休，息也。」

6 **注** 「唯」，舊本作「惟」，今據王校改。「毋」，畢本改「毌」，云：「『毌』讀如『貫習』之『貫』。」王云：「畢改非也。毋，語詞耳，本無意義。『唯毋得賢人而使之』者，唯得賢人而使之也。若讀『毋』為

『貫習』之『貫』，則文不成義矣。下篇曰：『今唯毋以尚賢為政其國家百姓，使國之為善者勸，為暴者沮』，又曰：『然昔吾所以貴堯、舜、禹、湯、文、武之道者，何故以哉？以其唯毋臨衆發政而治民，使天下之為善者可而勸也。為暴者可而沮也。』〈尚同中〉篇曰：『上唯毋立而為政乎國家，為民正長，曰人可賞，吾將賞之。若苟上下不同義，上之所賞，則衆之所非。上唯毋立而為政乎國家，為民正長，曰人可罰，吾將罰之。若苟上下不同義，上之所罰，則衆之所譽。』下篇曰：『故唯毋以聖王為聰耳明目為？豈能一視而通見千里之外哉？一聽而通聞千里之外哉？』〈非攻中〉篇曰：『今師徒唯毋興起，冬行恐寒，夏行恐暑，此不可以冬夏為者也。春則廢民耕稼樹藝，秋則廢民穫斂。今唯毋廢一時，則百姓飢寒凍餒而死者，不可勝數。』〈節用上〉篇曰：『且大人唯毋興師以攻伐鄰國，久者終年，速者數月，男女久不相見，此所以寡人之道也。』〈節葬下〉篇曰：『今雖毋法孰厚葬久喪者言，以為事乎國家。』又曰：『今唯無以厚葬久喪者為政。』〈天志中〉篇曰：『故唯毋明乎順天之意，奉而光施之天下，則刑政治，萬民和，國家富，財用足，百姓皆得煖衣飽食，便寧無憂。』〈非樂上〉篇曰：『今王公大人，雖無造為樂器，以為事乎國家。』又曰：『今王公大人，唯毋處高臺厚榭之上而視之』又曰：『今王公大人，唯毋為樂，虧奪民衣食之財，以拊樂如此多也。』又曰：『今唯毋在乎王公大人說樂而聽之，即必不能蚤朝晏退，聽獄治政』，『今唯毋在乎士君子說樂而聽之，即必不能竭股肱之力，亶其思慮之智，內治官府，外收斂關市、山林、澤梁之利，以實倉廩府庫』，『今唯毋在乎農夫說樂而聽之，即必不能蚤出暮入，耕稼樹藝，多聚菽粟』，『今唯毋在乎婦人說樂而聽之，即必不能夙興夜寐，紡績織紝，多治麻絲葛緒，綑布縿。」以上諸篇其字或作『毋』，或作『無』，皆是語詞，非有實義也。孟康注《漢書·貨殖傳》曰：『無，發聲助也。』《管子·立政九敗解》篇曰：『人君唯毋聽寢兵，則群臣賓客莫敢言兵；人君唯毋聽兼愛之說，則視天下之民如其民，視國如吾國；人君唯無好全生，則群生皆全其生，而生又養；人君唯無聽私議自貴，則民退靜隱伏，窟穴就山，非世間上，輕爵祿而賤有司；人君唯無好金玉貨財，必欲得其所好，則必易之以大官尊位，尊爵重祿；人君唯毋聽群徒比周，則群臣朋黨，蔽美揚惡；人君唯毋聽觀樂玩好，則敗；人君唯毋聽請謁任譽，則群臣皆相為請；人君唯無聽諂諛飾過之言，則敗。』以上諸條其字或作『毋』，或作『無』，並與《墨子》同義。」

▲案：王說是也，洪說同，蘇疑「毋」為「務」字之假借，非。

7 注　畢云：「般，讀如『頒賜』之『頒』。」

8 注　畢云：「當為『寧』，經典通用此。」

今王公大人亦欲效人以尚賢使能爲政，[1]高予之爵，而祿不從也。夫高爵而無祿，民不信也。曰：「此非中實愛我也，假藉而用我也。」[2]夫假藉之民，將豈能親其上哉！故先王言曰：「貪於政者[3]，不能分人以事；厚於貨者，不能分人以祿。」事則不與，祿則不分，請問天下之賢人將何自至乎王公大人之側哉？若苟賢者不至乎王公大人之側，則此不肖者在左右也。不肖者在左右，則其所譽不當賢，而所罰不當暴，王公大人尊此以爲政乎國家，則賞亦必不當賢，而罰亦必不當暴。若苟賞不當賢而罰不當暴，則是爲賢者不勸而爲暴者不沮矣。是以入則不慈孝父母，[4]出則不長弟鄉里，居處無節，出入無度，[5]男女無別。使治官府則盜竊，守城則倍畔，君有難則不死，出亡則不從，使斷獄則不中，分財則不均，與謀事不得，舉事不成，入守不固，出誅不彊。故雖昔者三代暴王[6]桀、紂、幽、厲之所以失措其國家，傾覆其社稷者，[7]已此故也。[8]何則？皆以明小物而不明大物也。[9]

1 注 效人，謂效古人之為政也。

2 注 《漢書．薛宣朱博傳贊》「假借用權」，宋祁校云：「『借』，蕭該謂本作『藉』字」。《大戴禮記．衛將軍文子》篇云：「使其臣如藉。」畢云：「古無『借』字，只用『藉』。《說文序》有假借字，從『人』，俗寫亂之。」

3 注 畢云：「『貪』，舊作『食』，一本如此。」

4 注 《國語．齊語》云：「不慈孝於父母，不長弟於鄉里。」王引之云：「《賈子．道術篇》云：『親愛利子謂之慈，子愛利親謂之孝』，孝與慈不同，而同取愛利之義，故孝於父母亦可謂之孝慈。《莊子．漁父篇》

曰：『事親則慈孝』。」

5 注 「節」、「度」義同。〈非命上〉篇云：「坐處不度，出入無節。」

6 注 上文云：「故唯昔三代聖王堯、舜、禹、湯、文、武，之所以王天下正、諸侯者。」王引之云：「『雖』即『唯』也，古字通。」

7 注 王云：「『措』字義不可通，當是『損』字之誤。《大戴記．曾子立事》篇曰：『諸侯曰旦思其四封之內，戰戰恐惟失損之』，『損』讀為『抎』，故〈非命〉篇作『失抎』，《說文》『抎，有所失也。』」

8 注 畢云：「古字『以』、『已』通，一本作『以』，非。」

9 注 《周禮．大司徒》鄭注云：「物，猶事也。」

今王公大人，有一衣裳不能制也，必藉良工；有一牛羊不能殺也，必藉良宰。[1]故當若之二物者，王公大人未知以尚賢使能爲政也。[2]逮至其國家之亂，社稷之危，則不知使能以治之，[3]親戚則使之，無故富貴、面目佼好則使之。[4]夫無故富貴、面目佼好則使之，豈必智且有慧哉！[5]若使之治國家，則此使不智慧者治國家也，國家之亂既可得而知已。

1 注 《呂氏春秋．不苟》篇「與良宰遺之」，高注云：「宰，謂膳宰。」

2 注 王云：「『未知』，當作『未嘗不知』，義見上下文。」蘇云：「『未知』，當作『未有不知』。」

▲詒讓案：「未」疑「本」之誤。

3 注 蘇云：「『使能』上，當脫『尚賢』二字。」

4 注 《詩．陳風．月出》篇「佼人僚兮」，《釋文》云：「『佼』字又作『姣』，好也。」畢云：「佼，『姣』字假音。《說文》云：『姣，好也。』《玉篇》云：『姣，音「狡」，妖媚也』。」俞云：「『無故富貴』義不可通，『無』乃衍字。『故富貴』，謂本來富貴者也，不問其賢否，而惟故富貴者是使，則非尚賢之謂矣。上文曰：『故古者聖王甚尊尚賢而任使能，不黨父兄，不偏富貴，不嬖顏色』，此云：『親戚則使之』，是黨父兄矣；『故富貴、面目佼好則使之』，是偏富貴而嬖顏色矣。後人不達『故富貴』之義，而妄加『無』字，殊失其旨。下篇同。」

▲案：「無故富貴」，中、下兩篇屢見，《群書治要》引同。「無」似非衍文，俞說未塙。竊疑「故」當為「攻」，即「功」之借字。下篇云：「其所賞者，已無故矣」，「故」亦「攻」之譌，可以互證。

5 注 《說文．心部》云：「慧，儇也。」王云：「『智且慧』與前『貴且智』、『愚且賤』文同一例。『慧』上不當有『有』字，蓋後人所加。」

且夫王公大人有所愛其色而使，[1]其心不察其知而與其愛。是故不能治百人者，使處乎千人之官，不能治千人者，使處乎萬人之官。此其故何也？曰「處若官者爵高而祿厚，故愛其色而使之焉。」[2]夫不能治千人者，使處乎萬人之官，則此官什倍也。夫治之法將日至者也，日以治之，日不什脩，[3]知以治之，知不什益，而予官什倍，則此治一而棄其九矣。雖日夜相接以治若官，官猶若不治，此其故何也？則王公大人不明乎以尚賢使能爲政也。故以尚賢使能爲政而治者，夫若言之謂也，[4]以下賢爲政而亂者，[5]若吾言之謂也。[6]

1 注 據下文，下當有「之」字。

2 注 「處若」，舊本倒。王云：「『若』與『故』義不相屬，『若處官者』，當為『處若官者』，若官，此官也，言以處此官者，爵高而祿厚，故特用其所愛也。下文曰『雖日夜相接以治若官』，是其證『若』與『此』同義，說見上文。」

3 注 《小爾雅．廣言》云：「脩，長也」，什脩，謂十倍其長。

4 注 王云：「夫，亦此也。」

▲詒讓案：此「夫」對「吾」為文，疑當訓「彼」，《漢書．賈誼傳》顏注云：「夫，猶彼人耳。」

5 注 「下賢」下，當有「不使能」之語，而今脫之。

6 注 「若吾言」，疑亦當作「吾若言」。

今王公大人中實將欲治其國家，欲脩保而勿失，胡不察尚賢爲政之本也？且以尚賢爲政之本者，亦豈獨子墨子之言哉！此聖王之道，先王之書《距年》之言也。[1]《傳》曰：「求聖君哲人，以裨輔而身」，[2]〈湯誓〉曰：[3]「聿求元聖，與之戮力同心，[4]以治天下。」[5]則此言聖之不失以尚賢使能爲政也。[6]故古者聖王唯能審以尚賢使能爲政，無異物雜焉，天下皆得其利。[7]古者舜耕歷山，[8]陶河瀕，[9]漁雷澤，[10]堯得之服澤之陽，[11]舉以爲天子，與接天下之政，治天下之民。伊摯，有莘氏女之私臣，[12]親爲庖人，[13]湯得之，舉以爲己相，與接天下之政，治天下之民。傅說被褐帶索，庸築乎傅巖，[14]武丁得之，舉以爲三公，[15]與接天下之政，治天下之民。此何故始賤卒而貴，始貧卒而富？則王公大人明乎以尚賢使能爲政。是以民無飢而不得食，寒而不得衣，勞而不得息，亂而不得治者。故古聖王以審以尚賢使能爲政，而取法於天。雖天亦不辯貧富、貴賤、遠邇、親疏，賢者舉而尚之，不肖者抑而廢之。

1 **注** 畢云：「『距年』，下篇作『豎年』，猶云遠年。」

▲案：畢說未塙。

2 **注** 《國語．晉語》云：「裨輔先君」，韋注云：「裨，補也。」此下篇云：「晞夫聖武，知人以屏輔爾身」，文義較詳備，此約述之。裨輔不當有聖君，「君」蓋亦「武」之譌。蘇云：「伊訓云：『敷求哲人，俾輔于爾後嗣』，與此略同。」

▲詒讓案：〈伊訓〉偽孔傳云：「布求賢智，使師輔於爾嗣王，言仁及後世。」

3 注 《書敘》云：「伊尹相湯伐桀，升自陑，遂與桀戰于鳴條之野，作〈湯誓〉。」今〈湯誓〉無此文，偽古文摭此為〈湯誥〉，謬。

4 注 〈湯誥〉偽孔傳云：「聿，遂也。大聖陳力，謂伊尹。」孔《疏》云：「戮力，猶勉力也。」

▲案：《說文．力部》云：「戮，并力也。」戮，「戮」之借字。

5 注 蘇云：「今《書．湯誥》篇無『同心』以下六字。」

6 注 「聖」下，當有「王」字。

7 注 《道藏》本作「列」。

▲案：上篇云「列德而尚賢」，又云「以德就列」，則此云「皆得其列」，或謂尊卑賢否皆得其等列，無僭越也，此義亦得通。而不及作「利」之長，故今不據改。

8 注 《史記．五帝本紀》同。畢云：「《史記集解》云：『鄭玄曰：在河東。』《水經注》云：『河東郡南有歷山，謂之歷觀，舜所耕處也。有舜井，嬀、汭二水出焉。』一說在今山西永濟縣。高誘注《淮南子》云：『歷山在泲陰成陽也。一曰濟南歷城山也。』《水經注》又云：『周處《風土記》曰：「記云：耕於歷山，而始寧、剡二縣界上，舜所耕田，於山下多柞樹，吳、越之間名柞為櫪，故曰歷山」』，與鄭說異。《括地志》云：『蒲州河東縣歷山南有舜井。』又云：『越州餘姚縣有歷山舜井，濮州雷澤縣有歷山舜井，二所又有姚墟，云生舜處也。及媯州歷山舜井，皆云舜所耕處，未詳也。』案：說各不同。」

9 **注** 《呂氏春秋．慎人》篇云：「陶於河濱」，高注云：「陶，作瓦器。」《史記．五帝本紀》「瀕」亦作「濱」。畢云：「此古『濱』字，見《說文》。《史記集解》云：『皇甫謐曰：濟陰，定陶西南陶丘亭是也。』《正義》曰：『按於曹州濱河作瓦器也。《括地志》云：陶城在蒲州河東縣北三十里，即舜所都也，南去歷山不遠，或耕或陶，所在則可，何必定陶方得為陶也？舜之陶也，斯或一焉。』按：守節說本《水經注》，是也。雷澤則亦以山西永濟說為強也。」

▲詒讓案：《水經．濟水》注云：「陶丘，墨子以為釜丘也」，今檢勘全書，無「釜丘」之文，疑古本此文或作「陶釜丘」矣。

10 **注** 《史記．五帝本紀》同。畢云：「《太平御覽》、《玉海》引作『濩澤』。〈地理志〉：『河東郡有濩澤』，應劭曰：『澤在西北。』《通典》云：『澤州陽城縣有濩澤水。』《史記集解》云：『鄭玄曰：雷夏，兗州澤，今屬濟陰。』案：今山西永濟縣南四十里雷首山下有澤，亦云舜所漁也。」王云：「『雷澤』本作『濩澤』，此後人習聞舜漁雷澤之事，而以其所知改其所不知也。《漢書．地理志》河東郡濩澤縣，應劭曰：『有濩澤在西北。』《穆天子傳》『天子四日休于濩澤』，郭璞曰：『今平陽濩澤縣是也。濩，音穫。』《水經．沁水注》曰：「濩澤水出濩澤城西白澗渠，東逕濩澤，《墨子》曰舜漁濩澤，又東逕濩澤縣故城南，蓋以澤氏縣也。」《初學記．州郡部》正文出「舜澤」二字，注曰：「《墨子》曰舜漁于濩澤，在濩澤縣西」，今本《初學記》作「雷澤」，與注不合，明是後人所改。又《元和郡縣志．河東道下》、《太平寰宇記．河東道下》、《太平御覽．州郡部九》、《路史．疏仡紀》，引《墨子》竝作「濩澤」，是《墨子》自作「濩澤」，與他書作「雷澤」者不同。濩澤在今澤州府陽城縣西，嶕嶢山下。下篇「漁於雷澤」，亦後人所改。」

11 注 服澤，詳上篇。

12 注 《詩．商頌．長發》孔《疏》引鄭康成書注云：「伊尹名摯，湯以為阿衡，以尹天下，故曰伊尹。」《史記．殷本紀》云：「伊尹名阿衡，欲奸湯而無由，乃為有莘氏媵臣，負鼎俎，以滋味說湯」，《索隱》云：「孫子兵書：『伊尹名摯』，孔安國亦曰『伊摯』，然解者以『阿衡』為官名，非名也。」

▲案：《孫子．用閒》篇云：「殷之興也，伊摯在夏」，即小司馬所本也。伊摯亦見楚辭〈離騷〉、〈天問〉二篇。畢云：「『莘』，《漢書》作『㜪』。《玉篇》『㜪、嫀』同，色臻切，有㜪國』。《說文》云：『呂不韋曰：有侁氏以伊尹㑎女。』案：《呂氏春秋．本味》云：『有侁氏女子採桑，得嬰兒於空桑之中，獻之其君，其君令烰人養之，長而賢。湯聞伊尹，使人請之有侁氏，有侁氏不可。伊尹亦欲歸湯。於是請取婦為婚，有侁氏喜，以伊尹為媵送女。』高誘曰：『侁，讀曰莘』。有莘在今河南陳留縣。《括地志》云：『古莘國，在汴州陳留縣東五里，故莘城是也。《陳留風俗傳》云：陳留外黃有莘昌亭，本宋地，莘氏邑也。』」

或云在陜西郃陽，非。」

13 注 《周禮．天官．庖人》鄭注云：「庖之言『苞』也，裹肉曰『苞苴』。」《說文．广部》云：「庖，廚也。」《莊子．庚桑楚》篇云：「伊尹以胞人籠湯」，《呂氏春秋．本味》篇作「烰人」，「胞」、「烰」並「庖」之借字。

14 注 畢云：「『庸』，《史記索隱》引作『傭』。孔安國《書傳》云：『傅巖在虞、虢之界。』《史記索隱》云：『在河東太陽縣。』又夏靖書云：『傠氏六十里，河西岸吳阪下，便得隱穴，是說所潛身處也。』案：今在山西平陸縣東二十五里。」

▲詒讓案：〈賈誼傳〉索隱引「被」作「衣」，「乎」作「於」，義並通。《書敘》云：「高宗夢得說，使百工營求諸野，得諸傅巖，孔《疏》引馬融云：「高宗始命為傅氏。」又鄭康成云：「得諸傅巖，高宗因以傅命說為氏。」《說文．旻部》，引《書敘》釋之云：「傅巖，巖穴也。」偽古文〈說命〉云：「說築傅巖之野。」《偽孔傳》云：「傅氏之巖，在虞、虢之界。通道所經。有澗水壞道，常使胥靡刑人築護此道。說賢而隱，代胥靡築之以供食。」孔《疏》引皇甫謐云：「高宗夢天賜賢人，胥靡之衣，蒙之而來，且曰『我徒也，姓傅名說』，明以夢示百官，百官皆非也。乃使百工寫其形象，求諸天下，果見築者胥靡衣褐帶索，執役於虞、虢之閒，傅巖之野。名說，以其得之傅巖，謂之傅說。」《水經．河水注》云：「沙澗水出虞山，東南逕傅巖、歷傅說隱室前，俗謂之聖人窟。」《史記．殷本紀》「傅巖」作「傅險」，音近字通。

15 注 《國語．楚語》云：「武丁使以象夢求四方之賢聖，得傅說以來，升以為公」，韋注云：「公，上公也。」《史記．殷本紀》云：「武丁得而與之語，果聖人。舉以為相，殷國大治。」

然則富貴爲賢以得其賞者，誰也？曰：「若昔者三代聖王堯、舜、禹、湯、文、武者是也」。所以得其賞何也？曰：「其爲政乎天下也，兼而愛之，從而利之，又率天下之萬民以尚尊天、事鬼、愛利萬民。」是故天鬼賞之，立爲天子，以爲民父母，萬民從而譽之曰「聖王」，至今不已。則此富貴爲賢，以得其賞者也。

然則富貴爲暴以得其罰者，誰也？曰：若昔者三代暴王桀、紂、幽、厲者是也。何以知其然也？曰：其爲政乎天下也，兼而憎之，從而賊之，[1]又率天下之民以詬天侮鬼，賊傲萬民，[2]是故天鬼罰之，使身死而爲刑戮，子孫離散，室家喪滅，絕無後嗣，萬民從而非之曰「暴王」，至今不已。則此富貴爲暴，而以得其罰者也。

1 注 「賊」，舊本譌「賤」。王云：「『賤』當為『賊』字之誤也。〈尚同〉篇『則是上下相賊也』，〈天志〉篇『上詬天，中詬鬼，下賊人』，〈非儒〉篇『是賊天下之人者也』，今本『賊』字竝誤作為『賤』。此言桀、紂、幽、厲之為政乎天下，兼萬民而憎惡之，又從而賊害之，非謂賤其民也。上文云『堯、舜、禹、湯、文、武之為政乎天下也，兼而愛之，從而利之』，『愛、利』與『憎、賊』正相反。〈天志〉篇曰：『堯、舜、禹、湯、文、武之兼愛天下也，從而利之；桀、紂、幽、厲之兼惡天下也，從而賊之。』故知『賤』為『賊』之誤。」

▲案：王說是也，今據正。

2 **注** 「賊」，舊本亦譌「賤」。王云：「『賤』亦當為『賊』，『傲』當為『殺』。《說文》『敖』字本作『𢼸』。『殺』字古文作『𢿌』二形相似，『𢿌』誤為『敖』，又誤為『傲』耳。《墨子》多古字，後人不識，故傳寫多誤。此說桀、紂、幽、厲之暴虐，故曰『詬天侮鬼，賊殺萬民』，非謂其賤傲萬民也。上文言堯、舜、禹、湯、文、武『尊天事鬼，愛利萬民』，『愛利』與『賊殺』亦相反。〈法儀〉篇曰：『禹、湯、文、武兼愛天下之百姓，率以尊天事鬼，其利人多；桀、紂、幽、厲兼惡天下之百姓，率以詬天侮鬼，其賊人多。』故知『賤傲』為『賊殺』之誤。〈魯問〉篇『賊敖百姓』，《太平御覽．兵部七十七》引『賊敖』作『賊殺』，是其明證也。」

▲案：王說是也，今並據正。

然則親而不善以得其罰者，誰也？曰：「若昔者伯鯀，帝之元子，[1]廢帝之德庸，既乃刑之于羽之郊，[2]乃熱照無有及也，[3]帝亦不愛。則此親而不善以得其罰者也。」

1 注 《大戴禮記．五帝德》篇云：「禹，高陽之孫，鯀之子也」，〈帝繫〉篇云：「顓頊產鯀。」《史記．夏本紀》云：「鯀之父曰帝顓頊」，〈三代世表〉亦云：「顓頊生鯀」，《索隱》云：「皇甫謐云：鯀，帝顓頊之子，字熙。』《系本》亦以鯀為顓頊子。《漢書．律曆志》則云：『顓頊五代而生鯀。』按鯀既仕堯，與舜代系殊懸，舜即顓頊六代孫，則鯀非是顓頊之子。蓋班氏之言近得其實。」

▲案：小司馬說，於理近是。〈漢志〉亦引〈帝繫〉，而與今本《大戴禮》舛異。《楚辭．離騷》王注引〈帝繫〉，及《淮南子．原道訓》高注說並與〈漢志〉同。《吳越春秋．越王無余外傳》亦以鯀為顓頊之後。《山海經》則云：「黃帝生駱明，駱明生白馬，白馬是為鯀」，則又以鯀為黃帝之孫，諸文錯互。此書云「帝之元子」，疑《墨子》於鯀之世繫亦同《世本》說，未能審校其年代也。

2 注 《左傳．襄二十五年》杜注云：「庸，用也。」《書．堯典》、《孟子．萬章》篇、《史記．五帝本紀》並云：「殛鯀於羽山。」〈晉語〉韋注云：「殛，放而殺也。」《楚辭．天問》云：「永遏在羽山，夫何三年不施？」王注云：「言堯長放鯀於羽山，絕在不毛之地，三年不舍其罪也。」

▲案：此「刑」亦謂放，故下云：「乃熱照無有及也。」《山海經》云：「殺鯀於羽郊」，亦謂鯀放而死也。

畢云：「郭璞注《山海經》云：『今東海祝其縣西南有羽山。』案：在今山東蓬萊縣。」

▲詒讓案：《史記正義》引《括地志》云：「羽山在沂州臨沂縣。」

3 注 畢云：「言其罪績用弗成，亦正見有所不及耳。」

▲案：此似言幽囚之，日月所不照，畢說殊繆。

然則天之所使能者，誰也？曰若昔者禹、稷、皐陶是也。何以知其然也？先王之書〈呂刑〉道之[1]曰：「皇帝清問下民，有辭有苗。[2]曰『群后之肆在下，[3]明明不常，[4]鰥寡不蓋，[5]德威維威，[6]德明維明。』[7]乃名三后，[8]恤功於民，[9]伯夷降典，哲民維刑。[10]禹平水土，主名山川。[11]稷隆播種，[12]農殖嘉穀。[13]三后成功，維假於民。」[14]則此言三聖人者，謹其言，慎其行，精其思慮，索天下之隱事遺利以上事天，則天鄉其德，[15]下施之萬民，萬民被其利，終身無已。

1 **注** 《書敘》云：「呂命，穆王訓夏贖刑，作〈呂刑〉。」

2 **注** 《書》釋文引馬融云：「清問，清訊也。」偽孔安國傳云：「帝堯詳問民患，皆有辭怨於苗民。」孔《疏》引鄭康成說，亦以此皇帝為堯。畢云：「孔《書》作：『鰥寡有辭于苗。』」

3 **注** 畢云：「『肆』，孔《書》作『逮』。」孫星衍云：「《說文》云：『肆，極陳也』。」

▲詒讓案：「肆」，正字作「隸」，與「逮」聲類同，古通用。此「肆」即「逮」之叚字。《偽孔傳》云：「群后諸侯之逮在下國。」

4 注 畢云：「孔《書》『不』作『棐』，《傳》云『輔』，據此當作『匪』。」孫星衍云：「不常，言非常明察。」

▲案：明明，謂明顯有明德之人。不常，猶言立賢無方也。書作「棐」者，「匪」之叚字，「匪、不」義同。畢說得之。

5 注 今書「群后」以下十四字，在「皇帝清問下民」上。《偽孔傳》云：「使鰥寡得所，無有掩蓋。」《偽孔傳》云：「皆以明明大道輔行常法」，非經義，孫說亦非。

6 注 畢云：「孔《書》作『畏』。」

▲詒讓案：「維」，孔《書》作「惟」，下同。《禮記・表記》引〈甫刑〉二「畏」字亦並作「威」，與此同。

7 注 《偽孔傳》云：「言堯監苗民之見怨，則又增修其德。行威則民畏服，明賢則德明，人所以無能名焉。」〈表記〉鄭注云：「德所威則人皆畏之，言服罪也；德所明則人皆尊寵之，言得人也。」

8 注 「名」、「命」通。《說文・口部》云：「名，自命也。」畢云：「孔《書》『名』作『命』。」

9 注 《偽孔傳》云：「堯命三君，憂功於民。」

10 注 《書》釋文引馬融云：「折，智也。」王引之云：「『折之言制也，『折』正字，『哲』借字。」畢云：「孔《書》『哲』作『折』。」

▲詒讓案：《偽孔傳》云：「伯夷下典禮教民，而斷以法。」《漢書・刑法志》引「折」作「悊」，「悊」、「哲」字同，與此書合。

11 注 《偽孔傳》云：「禹治洪水，山川無名者主名之。」

12 注 「隆」，畢本依〈呂刑〉改為「降」。王云：「古者『降』與『隆』通，不煩改字。〈非攻〉篇『天命融隆火于夏之城』，亦以『隆』為『降』。〈喪服小記〉注『以不貳降』，《釋文》『降，一本作「隆」』。《荀子．賦篇》『皇天隆物，以示下民』，『隆』即『降』字。〈魏策〉『休祲降於天』，曾、劉本作『休烈隆於天』。《說文》『隆，從生，降聲。』《書大傳》『隆谷』，鄭注『隆，讀如厖降之降』。是『隆』、『降』古同聲，故『隆』字亦通作『降』。《荀子．天論》篇『隆禮尊賢而王』，《韓詩外傳》『隆』作『降』。《史記．司馬相如傳》『業隆於繈褓』，《漢書》『隆』作『降』。《淮南．泰族》篇『攻不待衝降而拔』，『衝降』即『衝隆』。」

▲案：王說是也，今不據改。

13 注 《偽孔傳》云：「后稷下教民播種，農畝生善穀」，孫星衍云：「農者，《廣雅．釋詁》云『勉也』；殖者，《文選．藉田賦》注引《蒼頡篇》云『種也』。」

▲案：孫說是也，王念孫、劉逢祿說同。

14 注 畢云：「『假』，一本作『殷』。孔《書》亦作『殷』。」王鳴盛云：「疑隸變相似而誤。」

▲詒讓案：《偽孔傳》云：「各成其功，惟所以殷盛於民。言禮教備，衣食足。」此作「假」，蓋與「嘏」通。〈士冠禮〉釋文云：「嘏，本或作『假』。」《爾雅．釋詁》云：「嘏，大也。」《禮記．郊特牲》

云：「嘏，長也。」《說文．古部》云：「嘏，大遠也。」「維嘏於民」，言其功施於民者大且遠，下文所謂「萬民被其利」也。王應麟〈漢書藝文志攷證〉引《墨子》亦作「假」。則宋本固如是，今本或作「叚」，乃據孔《書》改，非其舊也。

15 注 畢云：「鄉，讀如『向』。」

▲案：「鄉」當讀為「享」。〈明鬼下〉篇云：「帝享女明德」。畢讀非。

故先王之言曰：「此道也，大用之天下則不窕，[1]小用之則不困，脩用之則萬民被其利，終身無已。」〈周頌〉道之曰：「聖人之德，若天之高，若地之普，其有昭於天下也。若地之固，若山之承，[2]不坼不崩。若日之光，若月之明，與天地同常。」[3]則此言聖人之德，章明博大，埴固以脩久也。[4]故聖人之德蓋總乎天地者也。

1 注 舊本誤「究」。畢云：「一本作『窕』，非。」王云：「作『窕』者是也。」

▲詒讓案：〈尚同中〉篇亦云：「大用之治天下不窕」，今據正。《管子．宙合》篇「其處大也不窕」，今本亦誤「究」，與此正同，說詳〈尚同中〉篇。

2 注 「承」與「丞」通。《說文．収部》云：「丞，翊也，從卩，從収，從山，山高奉承之義。」「若山之承」，亦言如山之高也。

3 注 常，猶言保守也。《詩．魯頌．閟宮》篇「魯邦是常」，鄭《箋》云：「常，守也」。俞云：「此文疑有錯誤，當云：『聖人之德昭於天下，若天之高，若地之普，若山之承，不坼不崩，若日之光，若月之明，與天地同常。』蓋首四句『下』、『普』隔句為韻，中二句『承』、『崩』，末三句『光』、『明』、『常』，皆每句協韻。『昭於天下』句，傳寫脫去，而誤補於『若地之普』下，則首二句無韻矣。又增『其有也』三虛字，則非頌體矣。既云『若地之普』，又云『若地之固』，重複無義，故知其錯誤也。」

4 注 《淮南子．泰族訓》云：「勇者可令埴固。」畢云：「『埴』訓黏土，堅牢之意。」

今王公大人欲王天下，正諸侯，[1]夫無德義，將何以哉？其說將必挾震威彊。今王公大人將焉取挾震威彊哉？傾者民之死也。[2]民生爲甚欲，死爲甚憎，所欲不得而所憎屢至，[3]自古及今未有嘗能有以此王天下、正諸侯者也。[4]今大人欲王天下，正諸侯，將欲使意得乎天下，名成乎後世，故不察尚賢爲政之本也？[5]此聖人之厚行也。

1 注 正，長也，詳〈親士〉篇

2 注 此家上「將焉取挾震威彊」為問辭。傾者，「者」當為「諸」之省，「也」古與「邪」通。《漢書．田蚡傳》「欲以傾諸將相」，顏注云：「傾，謂踰越而勝之也」。此云：「傾諸民之死」，亦言驅民使必死以相傾也。

3 注 畢云：「『屢』即『屨』字省文。《史記》或作『屨』，《漢書》或作『婁』，皆訓數。」

4 注 蘇云：「上『有』衍字。」

5 注 「政」上，舊本脫「為」字，王據上文補。故亦與胡同。畢云：「當云『不可不察』」，非。

尚賢下第十

子墨子言曰：天下之王公大人皆欲其國家之富也，人民之衆也，刑法之治也，然而不識以尚賢爲政其國家百姓，王公大人本失尚賢爲政之本也。若苟王公大人本失尚賢爲政之本也，則不能毋舉物示之乎？今若有一諸侯於此，爲政其國家也，曰：「凡我國能射御之士，我將賞貴之，不能射御之士，我將罪賤之。」問於若國之士，孰喜孰懼？我以爲必能射御之士喜，不能射御之士懼。我賞因而誘之矣，[1]曰：「凡我國之忠信之士，我將賞貴之，不忠信之士，我將罪賤之。」問於若國之士，孰喜孰懼？我以爲必忠信之士喜，不忠信之士懼。

1 注 「賞」當為「嘗」，嘗，試也。此句為下文發端。書中「嘗」字多譌為「賞」，詳〈尚同下〉篇。

今惟毋以尙賢爲政其國家百姓，[1]使國爲善者勸，爲暴者沮，大以爲政於天下，[2]使天下之爲善者勸，爲暴者沮。然昔吾所以貴堯舜、禹、湯、文、武之道者，何故以哉？以其唯毋臨衆發政而治民，使天下之爲善者可而勸也，[3]爲暴者可而沮也。然則此尙賢者也，與堯、舜、禹、湯、文、武之道同矣。而今天下之士君子，居處言語皆尙賢，逮至其臨衆發政而治民，莫知尙賢而使能，我以此知天下之士君子，明於小而不明於大也。[4]何以知其然乎？[5]

1 注 畢本「毋」改「毌」，云：「『毌』同『慣』，下同。」

▲案：畢校非也。毋，語詞，說詳中篇。

2 注 畢云：「『大』，一本作『夫』。」

3 注 畢云：「高誘注《淮南子》云：『而，能也，古通』。」陳壽祺說同。王云：「可而，猶可以也。下文曰：『上可而利天，中可而利鬼，下可而利民』，與此文同一例。」

▲案：王說是也。〈尚同下〉篇云：「尚用之天子，可以治天下矣；中用之諸侯，可而治其國矣；下用之家

君，可而治其家矣。」上句作「可以」，下二句並作「可而」，可證。

4 注 上「於」字舊本脫，今據《群書治要》增，與下文合。

5 注 《治要》作「也」。

今王公大人，有一牛羊之財[1]不能殺，必索良宰；有一衣裳之財不能制，必索良工。當王公大人之於此也，雖有骨肉之親、無故富貴、[2]面目美好者，實知其不能也，不使之也，是何故？恐其敗財也。當王公大人之於此也，則不失尚賢而使能。王公大人有一罷馬不能治，[3]必索良醫；有一危弓不能張，[4]必索良工。當王公大人之於此也，雖有骨肉之親、無故富貴、面目美好者，實知其不能也，[5]必不使。是何故？恐其敗財也。當王公大人之於此也，則不失尚賢而使能。逮至其國家則不然，[6]王公大人骨肉之親、無故富貴、面目美好者，則舉之，則王公大人之親其國家也，[7]不若親其一危弓、罷馬、衣裳、牛羊之財與？[8]我以此知天下之士君子皆明於小而不明於大也。[9]此譬猶瘖者而使爲行人，[10]聾者而使爲樂師。

1 注 畢云：「同『材』。」

2 注 「無」，疑當為『毋』，下同。詳中篇。

3 注 「罷」，《治要》作「疲」，下同。

▲案：「罷」、「疲」字同。《國語．齊語》云：「天下諸侯罷馬以為幣」，韋注云：「罷，不任用也」。《管子．小匡》篇作「疲馬」，尹知章注云：「疲，謂瘦也」。

4 注 《考工記．弓人》云：「豐肉而短，寬緩以荼，若是者為之危弓」，鄭注云：「危，猶疾也」。

5 注 「實」，《治要》作「誠」。

6 注 「逮至」，《治要》作「至建」。

7 注 「親」，疑並當作「視」。

8 注 下句「其」字，《治要》無。

9 注 畢云：「舊脫『明』字，一本有。」

▲案：《道藏》本、季本並有。

10 注 《說文．疒部》云：「瘖，不能言也。」

是故古之聖王之治天下也，其所富，其所貴，未必王公大人骨肉之親、無故富貴、面目美好者也。是故昔者舜耕於歷山，陶於河瀕，漁於雷澤，[1]灰於常陽，[2]堯得之服澤之陽，立爲天子，使接天下之政，而治天下之民。昔伊尹爲莘氏女師僕，[3]使爲庖人，湯得而舉之，立爲三公，使接天下之政，治天下之民。昔者傅說居北海之洲，[4]圜土之上，[5]衣褐帶索，庸築於傅巖之城，武丁得而舉之，立爲三公，使之接天下之政，而治天下之民。是故昔者堯之舉舜也，湯之舉伊尹也，武丁之舉傅說也，豈以爲骨肉之親、無故富貴、面目美好者哉？惟法其言，[6]用其謀，行其道，上可而利天，[7]中可而利鬼，下可而利人。

1 注 當作「濩澤」，說詳上篇。

2 注 畢云：「疑即恒山之陽。」洪云：「『灰』，當是『販』字之譌。《尚書大傳》『販於頓丘』。《史記·五帝本紀》『就時於負夏』，《索隱》『「就時」猶逐時，若言乘時射利也』，義亦與『販』相近。」俞云：「『灰』疑『反』字之誤，『反』者『販』之叚字，『販』從『反』聲，古文以聲為主，故止作『反』也。」

3 注 畢云：「僕，𫢸也。女師，見《詩》云『言告師氏』。」王云：「『僕』即『𫢸』之譌。此謂有莘氏以伊尹媵女，非以為僕也。《說文》『𫢸，送也。』呂不韋曰『有侁氏㠯伊尹𫢸女』，侁、莘同。今本《呂氏春秋·本味》篇『𫢸』作『媵』，經傳皆作『媵』，而『𫢸』字罕見，唯《墨子》書有之，而字形與『僕』相似，因譌而為『僕』。《淮南·時則》篇『其曲栚筥筐』，今本『栚』作『撲』，誤與此同。」俞云：「『師』當為『私』，聲之誤。僕，猶臣也。《禮記·禮運》篇『仕於公曰臣，仕於家曰僕』，是『臣』、

『僕』一也。『私僕』猶曰『私臣』。中篇曰『伊摯，有莘氏女之私臣』。」

▲案：王說近是。

4 注 畢云：「《書》正義云：『《尸子》云：傅巖在北海之洲』。孔《傳》云：『傅巖在虞、虢之界。』『洲』當為『州』。」

▲詒讓案：虞、虢界近南河，距北海絕遠，《墨子》、《尸子》說蓋與漢、晉以後地理家異。

5 注 畢云：「《史記．殷本紀》云：『說為胥靡，築於傅巖』，孔《傳》云：『說賢而隱，代胥靡築之以供食』，故此云『圜土』也。」

▲詒讓案：《呂氏春秋．求人》篇亦云：「傅說，殷之胥靡也。」《周禮．大司徒》鄭注云：「圜土，謂獄也。獄城圜。」又〈比長〉注云：「圜土者，獄城也。獄必圜者，規主仁，以仁心求其情。古之治獄者，閔於出之。」《釋名．釋宮室》云：「獄又謂之圜土，言築土表牆，其形圜也。」〈月令〉孔《疏》引鄭記〈崇精問〉曰：「獄，周曰『圜土』，殷曰『羑里』，夏曰『均臺』。」

▲案：周以圜土為繫治罷民之獄。據此書，則殷時已有「圜土」之名，不自周始矣。

6 注 「惟」，《治要》作「唯」。

7 注 而，猶以也。畢云：「『而』同『能』」，非。

是故推而上之，古者聖王既審尚賢，欲以爲政，故書之竹帛，琢之槃盂，[1]傳以遺後世子孫。於先王之書〈呂刑〉之書然，王曰：「於！[2]來！有國有土，[3]告女訟刑，[4]在今而安百姓，[5]女何擇言人？[6]何敬不刑？何度不及？」[7]能擇人而敬爲刑，堯、舜、禹、湯、文、武之道可及也。是何也？則以尚賢及之，於先王之書《豎年》之言然，曰：「[8]晞夫聖、武、知人，[9]以屏輔而身。」此言先王之治天下也，必選擇賢者以爲其群屬輔佐。曰：今也天下之士君子，皆欲富貴而惡貧賤。[10]曰：然。女何爲而得富貴而辟貧賤？[11]莫若爲賢。爲賢之道將柰何？曰：有力者疾以助人，有財者勉以分人，有道者勸以教人。若此則飢者得食，寒者得衣，亂者得治。若飢則得食，寒則得衣，亂則得治，此安生生。[12]

1 注 《爾雅．釋器》云：「雕謂之琢。」《韓非子．大體》篇云：「至安之世，不著名於圖書，不錄功於盤盂。」

2 注 畢云：「孔《書》作『吁』。」
▲詒讓案：《偽孔傳》云：「吁，歎也。」《釋文》引馬融本作「于」，云：「于，於也。」

3 注 孔傳云：「有國土諸侯。」畢云：「孔書『國』作『邦』。」
▲詒讓案：《史記．周本紀》亦作「國」。

4 注 段玉裁云：「訟刑，公刑也，古『訟』、『公』通用。」畢云：「孔《書》『女』作『爾』，『訟』作

『詳』。」王鳴盛云：「《墨子》作『訟』，從『詳』而傳寫誤。」

▲案：王說是也。今《書》又改作「祥」。孔《傳》云：「告汝以善用刑之道。」《周禮‧大宰》、〈大司寇〉鄭注引，並作「詳」。《後漢書‧劉愷傳》李注引鄭《書注》云：「詳，審察之也。」此「訟」疑即「詳」之誤。

5 **注** 畢云：「孔《書》『而』作『爾』，是。」

6 **注** 畢云：「孔《書》無『女』字，作『何擇非人』。」王引之云：「『言』當為『否』，篆書『否』字作『[illegible]』，『言』字作『[illegible]』，二形相似。隸書『否』字或作『咅』，『言』字或作『音』，亦相似，故『否』誤為『言』。『否』與『不』古字通，故下二句云『何敬不刑，何度不及』也。今《書》作『何擇非人，何敬非刑，何度非及』，『非』、『否』、『不』並同義。」段玉裁云：「『言人』，當是『吉人』之譌，謂何擇非吉人乎？家上苗民罔擇吉人言之。」

▲案：王說是也。

7 **注** 孔《傳》云：「在今爾安百姓兆民之道，當何所擇，非惟吉人乎？當何所敬，非惟五刑乎？當何所度，非惟及世輕重所宜乎？」《釋文》引馬融云：「度，造謀也。」

▲案：以此下文推之，則《墨子》訓「不及」，為不及堯、舜、禹、湯、文、武之道，猶言「何慮其不能逮也」，與孔說異。畢云：「孔《書》兩『不』字作『非』。」

8 注 畢云：「豎，『距』字假音。」

9 注 畢云：「睎，疑當從『目』。」蘇云：「『睎』，當從口作『唏』。唏夫，嘆詞，猶『嗚呼』也。」

▲案：畢說是也。《說文．目部》云：「睎，望也。」聖武，謂聖人與武人也。「知」與「智」通。《逸周書．皇門》篇云：「乃方求論擇元聖武夫，羞于王所。」

10 注 「之」，舊本譌「言」。王云：「『言』當為『之』，『今天下之士君子，皆欲富貴而惡貧賤』，又見下文。草書『言』與『之』相似，故『之』譌為『言』。」

▲案：王說是也，今據正。

11 注 畢云：「『辟』同『避』。」

12 注 王引之云：「『安』猶『乃』也。言如此乃得生生也。」

今王公大人其所富，其所貴，皆王公大人骨肉之親、無故富貴、面目美好者也。今王公大人骨肉之親、無故富貴、面目美好者，焉故必知哉？[1]若不知，使治其國家，則其國家之亂可得而知也。今天下之士君子皆欲富貴而惡貧賤。然女何爲而得富貴，而辟貧賤哉？曰：莫若爲王公大人骨肉之親、無故富貴、面目美好者。[2]王公大人骨肉之親、無故富貴、面目美好者，此非可學能者也。[3]使不知辯，[4]德行之厚若禹、湯、文、武不加得也，王公大人骨肉之親，躄、瘖、聾，暴爲桀、紂，不加失也。[5]是故以賞不當賢，罰不當暴，其所賞者已無故矣，[6]其所罰者亦無罪。是以使百姓皆攸心解體，[7]沮以爲善，垂其股肱之力[8]而不相勞來也；[9]腐臭餘財，[10]而不相分資也，[11]隱慝良道，[12]而不相教誨也。若此，則飢者不得食，寒者不得衣，亂者不得治。[13]推而上之以。[14]

1 **注** 《論語．子路》皇侃《義疏》云：「『焉』猶『何』也。」顏之推《家訓．音辭》篇引葛洪《字苑》云：「『焉』字訓『何』，訓『安』，音於愆反。」

2 **注** 舊本脫此八字，王據上下文補，今從之。

3 **注** 王校「能」上增「而」字。

4 **注** 舊本脫「知」字，今據《道藏》本補。

5 **注** 《說文．止部》云：「躄，人不能行也。」《呂氏春秋．盡數》篇高注云：「躄，不能行也。」「躄」即「躄」之或體。「躄」、「瘖」、「聾」，皆廢疾，不宜與「暴」並舉。且《荀子．非相》篇稱桀、紂長巨姣美，則必無此諸疾，疑「聾」下脫一字，下「暴為桀、紂」自為句。「為」又「如」之誤，二字艸書相近。「躄、瘖、聾」，言其有惡疾。「暴如桀、紂」，言其有惡行也。

▲又案：「聾」下或脫「瞽」字，〈耕柱〉篇亦云：「聾瞽」。

6 注 王云：「『故』乃『攻』字之誤，『攻』、『故』字相似，又涉上文『無故富貴』而誤，『攻』即『功』字也，『無功』與『無罪』對文。」

7 注 畢云：「『攸』，一本作『放』。」

▲詒讓案：「攸」與「悠」通，言悠忽也。《淮南子・脩務訓》高注云：「悠忽，游蕩輕物也。」

8 注 「垂」義不可通，字當作「舍」。艸書二字形近而誤。〈尚同中〉篇云：「至乎舍餘力不以相勞，隱匿良道不以相教，腐㱙餘財不以相分」，與此文意正同。〈節葬下〉篇亦云：「無敢舍餘力，隱謀遺利，而不為親為之者矣。」此以下六句，即舍力、遺利、隱謀之事。

9 注 《爾雅・釋詁》云：「勞來，勤也。」《孟子・滕文公》篇云：「勞之來之。」《史記・周本紀》云：「武王曰：日夜勞來，定我西土。」《說文・力部》云：「勑，勞勑也。」「勞來」即「勞勑」。

10 注 畢云：「臭，『殠』省文。」

11 注 《戰國策・齊策》高誘注云：「資，與也。」《莊子・大宗師》篇郭象注云：「資者，給濟之謂。」

12 注 〈尚同上、中〉並作「隱匿良道」。畢云：「『慝』即『匿』字異文。隱匿之字，亦寫從『心』，知經典『慝惡』字即『匿』也。」

13 注 舊本脫此十二字，王據上文補，今從之。

14 注 王云：「此五字與上下文義不相屬，蓋涉上文『推而上之』而衍。」

是故昔者堯有舜，舜有禹，禹有皐陶，湯有小臣，[1]武王有閎夭、泰顛、南宮括、散宜生，[2]而天下和，庶民阜，是以近者安之，遠者歸之。日月之所照，舟車之所及，雨露之所漸，[3]粒食之所養，[4]得此莫不勸譽。且今天下之王公大人士君子，中實將欲爲仁義，求爲上士，上欲中聖王之道，下欲中國家百姓之利，[5]故尚賢之爲說，而不可不察此者也。[6]尚賢者，天鬼百姓之利，而政事之本也。

1 注 此即上文所謂伊尹為有莘氏女師僕也。《楚辭．天問》云：「成湯東巡，有莘爰極，何乞彼小臣，而吉妃是得」，王注云：「小臣，謂伊尹也。」《呂氏春秋．尊師》篇云：「湯師小臣」，高注云：「小臣謂伊尹。」

2 注 閎夭、泰顛、南宮括、散宜生，並見《書．君奭》篇。散宜生亦見《孟子．盡心》篇，趙注云：「散宜生，文王四臣之一也。散宜生有文德而為相。」《大戴禮記．帝繫》篇云：「堯娶於散宜氏之女。」「散宜」蓋以國為氏也。畢云：「紂拘文王於羑里，於是散宜生乃以千金求天下之珍怪，得騶虞雞斯之乘，玄玉百工，大貝百朋，玄豹黃羆，青豻白虎，文皮千合，以獻于紂。以費仲而通，紂見而悅之，乃免其身，殺牛而賜之。見《淮南子．道應訓》。」

3 注 《廣雅．釋詁》云：「漸，漬也。」

4 注 王云：「自『而天下和』至此，凡三十七字，舊本誤入下文『國家百姓之利』之下，今移置於此。」

▲案：王校是也，今依乙正。粒食，謂食穀之人。《小爾雅．廣物》云：「穀謂之粒。」《書．益稷》云：「烝民乃粒」，《偽孔傳》云：「米食曰粒。」〈天志上〉篇云：「四海之內，粒食之民。」〈王制〉云：「西方曰戎，被髮衣皮，有不粒食者矣。北方曰狄，衣羽毛穴居，有不粒食者矣。」

5 注 王云：「自『得此莫不勸譽』至此，凡四十五字，舊本誤入上文『而天下和』之上，今移置於此。『得此莫不勸譽』，舊本脫『莫』字，今補。『求為上士』，舊本脫『上』字，今據各篇補。」

▲案：王校是也，今依乙補。

6 注 《治要》作「是故尚賢之為說，不可不察也」。

卷三

題解

本卷包括〈尚同〉上、中、下三篇，「同」就是「眾口一致」，大家意見相同，形成共識，「尚同」是指同於上。墨子主張，國家之所以會亂的重要原因之一，就在於每一個人對於世事都有不同的意見，每一個社會的階層都有不同的想法，而且往往都自以為是，而缺乏一種客觀正確的標準。因此他認為，必須要以「尚同」的方式來統一國家。在社會階層中居於下位的，要認同居於上位的管理者。他將當時國家的幾種不同階層，最高的是天子，再來是三公、諸侯、宰相、將軍、大夫、各級政長等，每一個階層，在上位所肯定的理念、政策，在下位的也必須要肯定、遵從；在上位所反對的事情，在下位也必須要反對。但是，層層向上認同的最高指導原則必須要認同於「天」，唯有天子及在上位者認同於「天」，才是在下位者必須認同於上的根據和基礎。

〈尚同中〉篇較〈尚同上〉篇的文字長了許多，前半段與上篇相同，後半段強調聖王上同於天，必須敬天事鬼。〈尚同下〉篇與前兩篇的不同在於強調「下情必須上達」。國家能夠治理得好的兩個條件：一是在上位的執政者能夠得下之情，二是依照所得的下情來賞善罰暴。所謂的「下之情」就是在下位的人善與不善，而善與不善的分野就涉及價值判準。在上位的執政者賞賢罰暴而能收到治理的效果，必須得到人民的認同，而人民能否認同的根據，又在於管理者和被管理者是否具有同樣的評價標準，於是從此又可見尚同的重要。

尚同之所「同」就在於被管理者要愛利家、國、天下，而在管理者而言則必須要愛護百姓，謀求國家百姓的利益。如果在上位者的思想偏邪、不同於「天志」而有過犯時，在下位者可以規勸他改正。在〈墨經〉中也曾經提到：「勉強國君去做對國家有利的事才叫做忠」；從墨家來看，忠於國家並不是樣樣都要服從國君才是「忠」。因此，「尚同」的根本精神在同於天；而天，又是要人從事公義的、兼愛的活動，如此「尚同」才能夠達成墨子「興天下之利，除天下之害」的理想。

「尚同」的理論基礎，奠基在「天志」與「尚賢」的思想上，因為只有在每一個階層的管理者都是賢能者，且認同於「天」的前提之下，墨子天下太平的願景才能夠達成。

尚同上第十一[1]

1 注 「尚」亦與「上」通，《漢書・藝文志》作「上同」，注「如淳云：言皆同，可以治也。」趙岐《孟子章指》云：「墨子元同質而違中」，亦指此。畢云：「楊倞注《荀子》『尚』作『上』。」

子墨子言曰：「古者民始生未有刑政之時，[1]蓋其語，人異義。[2]是以一人則一義，二人則二義，十人則十義，其人茲眾，其所謂義者亦茲眾。[3]是以人是其義，以非人之義，故文相非也。是以內者父子兄弟作怨惡，[4]離散不能相和合。天下之百姓，皆以水火毒藥相虧害，[5]至有餘力不以相勞，[6]腐㱙餘財不以相分，[7]隱匿良道不以相教，天下之亂，若禽獸然。」

1 注 《道藏》本「刑」作為「形」，字通。

2 注 俞云：「此本作『古者民始生，未有政長之時，蓋其語曰：天下之人異義』。中篇文同，可據訂。」

3 注 蘇云：「『茲』、『滋』古通用，是書皆作『茲』。」

▲詒讓案：《說文·艸部》云：「茲，艸木多益」，〈水部〉云：「滋，益也」。古正作「茲」，今相承作「滋」。

4 注 畢云：「『非也是』，舊作『非是也』，字倒，今以意改。」

5 注 《小爾雅·廣言》云：「虧，損也。」

6 注 《爾雅·釋詁》云：「勞，勤也。」《孟子·滕文公》篇趙注云：「共井之家，各相營勞也」，即此「相勞」之義。

7 注 〈尚賢下〉作「腐臭餘財」，「臭」、「㱙」亦聲近。畢云：「舊本『㱙』俱作『列』，非。《說文》云：『㱙，腐也』。」

夫明虖天下之所以亂者，[1]生於無政長。[2]是故選天下之賢可者，[3]立以爲天子。天子立，以其力爲未足，又選擇天下之賢可者，置立之以爲三公。天子三公既以立，[4]以天下爲博大，遠國異土之民、是非利害之辯，不可一二而明知，故畫分萬國，[5]立諸侯國君。諸侯國君既已立，以其力爲未足，又選擇其國之賢可者，置立之以爲正長。[6]正長既已具，天子發政於天下之百姓，言曰：「聞善而不善，[7]皆以告其上。上之所是，必皆是之；所非，必皆非之。上有過則規諫之，下有善則傍薦之。[8]上同而不下比者，[9]此上之所賞，而下之所譽也。意若聞善而不善，不以告其上。上之所是，弗能是；上之所非，弗能非。上有過弗規諫，下有善弗傍薦。下比不能上同者，此上之所罰，而百姓所毀也。」[10]上以此爲賞罰，甚明察以審信。[11]

1 **注** 《說文·虍部》云：「虖，哮虖也。」此借為「乎」字。

2 **注** 畢云：「『政』當為『正』。」

3 **注** 王云：「『選』下有『擇』字，而今本脫之，下文及中、下二篇皆作『選擇』。《太平御覽·皇王部一》引此同。」

4 **注** 「以」、「已」通。

5 注 畢云：「《說文》云：『畫，界也。』」

6 注 《爾雅·釋詁》云：「正，長也」。《書·立政》云：「立民長伯，立政。」「政」與「正」同。此「正長」，即中篇所云左右將軍、大夫及鄉里之長，與上文「正長」通天子諸侯言者異。《淮南子·脩務訓》云：「且古之立帝王者，非以奉養其欲也；聖人踐位者，非以逸樂其身也。為天下強掩弱、衆暴寡、詐欺愚、勇侵怯、懷知而不以相教、積財而不以相分，故立天子以齊一之。為一人聰明而不足以遍燭海內，故立三公九卿以輔翼之。絕國殊俗，僻遠幽閒之處，不能被德承澤，故立諸侯以教誨之。是以地無不任，時無不應，官無隱事，國無遺利」，蓋本此書。

7 注 畢云：「『而』與『如』同。」王引之云：「而，猶『與』也。言善與不善也。『而』、『與』聲之轉。故《莊子·外物》篇『與其譽堯而非桀』，〈大宗師〉篇『與』作『而』。」

8 注 畢云：「『則』，一本作『必』。」

▲案：「傍」與「訪」通，王訓為「遍」，非也。義詳中篇。

9 注 〈樂記〉鄭注云：「比，猶同也。」

10 注 《韓非子·難三》篇云：「明君求善而賞之，求姦而誅之，其得之一也。故以善聞之者，以說善同於上者也；以姦聞之者，以惡姦同於上者也。此宜賞譽之所及也。不以姦聞，是異於上而下比周於姦者也，此宜毀罰之所及也」，與此說略同。

11 注 「甚」，舊本譌「其」，王云：「『其』當為『甚』，『甚明察以審信』，見中篇。」

▲案：王校是也，今據正。

是故里長者，里之仁人也。[1]里長發政里之百姓，言曰：「聞善而不善，必以告其鄉長。鄉長之所是，必皆是之，鄉長之所非，必皆非之。去若不善言，學鄉長之善言；去若不善行，學鄉長之善行」，則鄉何說以亂哉？察鄉之所治何也？[2]鄉長唯能壹同鄉之義，[3]是以鄉治也。鄉長者，鄉之仁人也。鄉長發政鄉之百姓，言曰：「聞善而不善者，必以告國君。國君之所是，必皆是之，國君之所非，必皆非之。去若不善言，學國君之善言；去若不善行，學國君之善行」，則國何說以亂哉？察國之所以治者何也？國君唯能壹同國之義，是以國治也。國君者，國之仁人也。國君發政國之百姓，言曰：「聞善而不善，必以告天子。天子之所是，皆是之，天子之所非，皆非之。去若不善言，學天子之善言；去若不善行，學天子之善行」，則天下何說以亂哉？察天下之所以治者何也？天子唯能壹同天下之義，是以天下治也。

1 注 此「里」為鄉之屬別，與《周禮・地官・六遂》所屬「里」異。

2 注 「所」下，據下文當有「以」字。

3 注 「壹」，中、下篇並作「一」，字通。

天下之百姓皆上同於天子，而不上同於天，[1]則菑猶未去也。[2]今若天飄風苦雨，[3]溱溱而至者，[4]此天之所以罰百姓之不上同於天者也。

1 注 「子」，舊本作「一」。蘇云：「『一』當作『子』。」俞云：「『而』字乃『夫』字之誤，『夫』字篆書作『夵』，與『而』相似，故誤。『一夫不上同於天』，謂有一夫不與天同也。〈尚同下〉篇『使天下之民，若使一夫』，以『一夫』對『天下之民』言，與此一律，可證。」戴云：「依中篇『夫既上同乎天子』云云，當如蘇說。」

▲案：蘇、戴校是也，今據正。

2 注 「菑」上，依中篇當有「天」字。畢云：「『菑』，『𢦏』字之假音。菑，不耕田也，見《說文》。」

3 注 王云：「『今若天』，『天』當為『夫』。『夫』與『天』字相似，篇內又多『天』字，故『夫』誤為『天』。『今若夫』，猶言『今夫』。〈兼愛〉篇曰：『今若夫攻城野戰，殺身而為名，此天下百姓之所皆難也』，又曰：『今若夫兼相愛、交相利，此自先聖六王者親行之』，又曰：『今若夫兼相愛、交相利，此其有利且易為也，不可勝計也』，《鴻烈．覽冥》篇曰『今若夫申、韓、商鞅之為治也』，皆其證矣。」

▲案：王說亦通。但中篇云：「故當若天降寒熱不節，雪霜雨露不時，五穀不孰，六畜不遂，疾菑戾疫，飄風苦雨，荐臻而至者，此天之降罰也」，則此「天」字似非譌文。《爾雅．釋言》云：「迴風為飄。」《詩．大雅．何人斯》毛《傳》云：「飄風，暴起之風」，《釋文》云：「疾風也。」《左．莊四年傳》云：「春無凄風，秋無苦雨」，杜注云：「霖雨為人所患苦。」《禮記．月令》云：「苦雨數至，五穀不滋。」

4 注 畢云：「『溱』同『臻』。《太平御覽》作『臻』。《史記．三王世家》云：『西溱月氏』，《正義》云：『溱，音臻』。」

▲詒讓案：溱溱，言風雨之盛也。《詩．小雅．無羊》云：「室家溱溱」，毛《傳》云：「溱溱，衆也。」《廣雅．釋言》云：「蓁蓁，盛也。」「溱」、「蓁」聲同字通，中篇作「薦臻」。

是故子墨子言曰：「古者聖王爲五刑，請以治其民。[1] 譬若絲縷之有紀，[2] 罔罟之有綱，[3] 所連收天下之百姓不尚同其上者也。」[4]

1 注 俞云：「『請』字衍文。『古者聖王為五刑以治其民』，十一字為一句。中篇曰：『昔者聖王制為五刑以治天下』，是其證也。」

▲案：「請」與「誠」通，此書「誠」多作「請」，詳下篇。俞以為衍文，非。

2 注 畢云：「《說文》云：『紀，絲別也。』」

▲詒讓案：紀，本義為絲別，引申之，絲之統總亦為「紀」。《說文．糸部》云：「統，紀也。」《禮記．樂記》鄭注云：「紀，總要之名也。」〈禮器〉云：「紀散而眾亂」，注云：「絲縷之數有紀」。

3 注 畢云：「《說文》云：『綱，維紘繩也』。」

4 注 俞云：「『所』下奪『以』字，『所以連收天下之百姓不尚同其上者也』，若無『以』字，則不成義，中篇曰『將以運役天下淫暴，而一同其義也』，彼云『將以』，此云『所以』，文法雖異而實同。」

尚同中第十二

子墨子言曰：「方今之時，復古之民始生，未有正長之時，[1]蓋其語曰『天下之人異義』。是以一人一義，十人十義，百人百義，其人數茲眾，其所謂「義」者亦茲眾。是以人是其義，而非人之義，故相交非也。[2]內之父子兄弟作怨讎，皆有離散之心，不能相和合。至乎舍餘力不以相勞，隱匿良道不以相教，腐㱙餘財不以相分，[3]天下之亂也，至如禽獸然。無君臣上下長幼之節，父子兄弟之禮，是以天下亂焉。」

1 注 《易．雜卦傳》云：「復，反也。」謂反而考之古之民始生之時。

2 注 戴云：「當從上篇作『交相非也』。」

3 注 畢云：「『歺』，舊作『列』，見上。」

明乎民之無正長以一同天下之義，而天下亂也。是故選擇天下賢良聖知辯慧之人，立以爲天子，使從事乎一同天下之義。天子既已立矣，以爲唯其耳目之請，1不能獨一同天下之義，是故選擇天下贊閱賢良聖知辯慧之人，2置以爲三公，與從事乎一同天下之義。天子三公既已立矣，以爲天下博大，山林遠土之民不可得而一也，是故靡分天下，3設以爲萬諸侯國君，使從事乎一同其國之義。國君既已立矣，又以爲唯其耳目之請，不能一同其國之義，是故擇其國之賢者，置以爲左右將軍大夫，4以遠至乎鄉里之長，5與從事乎一同其國之義。天子諸侯之君，6民之正長，既已定矣，天子爲發政施教曰：「凡聞見善者，必以告其上，聞見不善者，亦必以告其上。上之所是，必亦是之，上之所非，必亦非之。已有善傍薦之，7上有過規諫之。尙同義其上，8而毋有下比之心，9上得則賞之，萬民聞則譽之。意若聞見善，不以告其上，聞見不善，亦不以告其上——上之所是不能是，上之所非不能非，已有善不能傍薦之，10上有過不能規諫之。下比而非其上者，上得則誅罰之，萬民聞則非毀之」。故古者聖王之爲刑政賞譽也，甚明察以審信。

1 注 畢云：「『請』當為『情』，下同。」顧云：「《史記．樂書》『情文俱盡』，徐廣曰：『古「情」字或假作「請」，諸子中多有此比』。」洪云：「《列子．說符》篇：『發於此而應於外者唯請』，張湛注『請當作情』。《荀子．成相》篇『聽之經，明其請』，楊倞注『請當為情』。『言』古文『[illegible]』，與『心』字篆文『[illegible]』，字形近，故『情』字多為『請』。」

2 注 《漢書．東方朔傳》顏注云：「贊，進也。」《太玄經》范望注云：「閱，簡也。」

3 注 俞云：「『靡』當為『歷』，字之誤也。《大戴記．五帝德》篇『歷離日月星辰』，是『歷』與『離』同義。此云『歷分天下』，與彼云『歷離日月星辰』，文義正同。若作『靡』字則無義矣。〈非攻下〉篇『禹既已克有三苗焉，磨為山川，別物上下』，〈天志中〉篇『磨為日月星辰，以昭道之』，兩『磨』字皆『磿』字之誤，『磿』即『歷』之叚字也。」

4 注 將軍，謂卿也。《周禮．夏官》「軍將皆命卿」。春秋戰國時，侯國亦皆以卿為將，通謂之將軍。〈非攻中〉篇云：「晉有六將軍」，即六卿也。《管子．立政》篇云：「將軍大夫以朝」，《水經．河水》酈注引《竹書紀年》云：「邯鄲命將軍大夫、適子、戍吏，皆貂服」，並稱卿大夫為將軍大夫。

5 注 「遠」當為「逮」，形近而誤。後文云：「逮至有苗之制五刑，以亂天下」，〈尚賢上〉篇云：「逮至遠鄙郊外之臣、門庭庶子、國中之衆、四鄙之萌人，聞之皆競為義」，與此文例正同。

6 注 天子，「子」疑當作「下」。

7 注 〈祭義〉云：「卿大夫有善，薦於諸侯」，鄭注云：「薦，進也。」謂在位之人，己有善，則告進之於上也。「傍」，當為「訪」之借字，二字皆從「方」得聲，古多通用。〈魯問〉篇云：「所謂忠臣者，上有過則微之以諫，己有善，則訪之上，而無敢以告外。匡其邪而入其善，尚同而無下比」，與此上下文義並略同，可證。「傍薦」之義，上篇亦同。王云：「『己』字義不可通。『己』當為『民』字之誤也。傍者，溥也，遍也。《說文》『旁，溥也』。『旁』與『傍』通，言民有善則衆共薦之，若〈堯典〉所云『師錫』也。上篇曰：『上有過則規諫之，下有善則傍薦之』，下，亦民也。」

▲案：此「己」字可通，不必與上篇同義，王失檢〈魯問〉篇文，故不得其解。

8 注 「義」當作「乎」，下文云：「尚同乎鄉長，尚同乎國君」，可證。

9 注 《管子．小匡》篇云：「公又問焉曰：於子之鄉有不慈孝於父母，不長弟於鄉里，驕躁淫暴，不用上令者，有則以告，有而不以告謂之下比」，尹注云：「下與有衆者比，而掩蓋之」。

10 注 王云：「『己』亦『民』之誤」，非。

是以舉天下之人，皆欲得上之賞譽，而畏上之毀罰。是故里長順天子政，而一同其里之義。里長既同其里之義，率其里之萬民以尚同乎鄉長，曰：「凡里之萬民，皆尚同乎鄉長，而不敢下比。鄉長之所是，必亦是之，鄉長之所非，必亦非之。去而不善言，學鄉長之善言；去而不善行，學鄉長之善行。」鄉長固鄉之賢者也，舉鄉人以法鄉長，夫鄉何說而不治哉？察鄉長之所以治鄉者，何故之以也？曰：「唯以其能一同其鄉之義，是以鄉治。」

鄉長治其鄉，而鄉既已治矣，[1]有率其鄉萬民，[2]以尚同乎國君，曰：「凡鄉之萬民，皆上同乎國君，而不敢下比。國君之所是，必亦是之，國君之所非，必亦非之。去而不善言，學國君之善言；去而不善行，學國君之善行。」國君固國之賢者也，舉國人以法國君，夫國何說而不治哉？察國君之所以治國而國治者，何故之以也？曰：「唯以其能一同其國之義，是以國治。」

1 **注** 王云：「舊本脫『鄉長治』三字，下文曰：『國君治其國，而國既已治矣』，今據補」。

▲案：王校是也，蘇說同。

2 **注** 「有」讀為「又」，下並同。

國君治其國，而國既已治矣，[1]有率其國之萬民，以尚同乎天子，曰：「凡國之萬民上同乎天子，而不敢下比。天子之所是，必亦是之，天子之所非，必亦非之。去而不善言，學天子之善言；去而不善行，學天子之善行。」天子者，固天下之仁人也，舉天下之萬民以法天子，夫天下何說而不治哉？[2]察天子之所以治天下者，何故之以也？曰：唯以其能一同天下之義，是以天下治。

1 **注** 舊本「而」下脫「國」字，今據王校補。

2 **注** 畢云：「『下』，舊作『子』，一本如此。」

夫既尚同乎天子，而未上同乎天者，則天菑將猶未止也。故當若天降寒熱不節，[1]雪霜雨露不時，五穀不孰，[2]六畜不遂，[3]疾菑戾疫、[4]飄風苦雨，荐臻而至者，[5]此天之降罰也，將以罰下人之不尚同乎天者也。故古者聖王，明天鬼之所欲，而避天鬼之所憎，[6]以求興天下之利，除天下之害。是以率天下之萬民，齊戒沐浴[7]，潔爲酒醴粢盛，[8]以祭祀天鬼。其事鬼神也，酒醴粢盛不敢不蠲潔，[9]犧牲不敢不腯肥，[10]珪璧幣帛不敢不中度量，[11]春秋祭祀不敢失時幾，聽獄不敢不中，[12]分財不敢不均，居處不敢怠慢。曰：其爲正長若此，是故上者天鬼有厚乎其爲政長也，[13]下者萬民有便利乎其爲政長也。天鬼之所深厚而能彊從事焉，則[14]天鬼之福可得也。萬民之所便利而能彊從事焉，則萬民之親可得也。其爲政若此，是以謀事得，[15]舉事成，入守固，出誅勝者，何故之以也？曰：唯以尚同爲政者也。

1 注 王云：「『天』，亦『夫』字之誤。『降』字則因下文『降罰』而衍。」

▲案：「天降」二字，蓋通貫下文言之，王說未塙。

2 注 《道藏》本作「熟」，非。

3 注 《國語・齊語》云：「犧牲不略，則牛羊遂」，韋注云：「遂，長也」。

4 注 《漢書・食貨志》顏注云：「戾，惡氣也。」

▲案：「戾疫」，即〈兼愛下〉篇之「癘疫」，「戾」、「癘」一聲之轉。畢云：「戾，『沴』字之假音」，亦通。

5 注 「荐」、「薦」同。《毛詩・大雅・節南山》傳云：「薦，重也。」《爾雅・釋詁》云：「臻、仍，乃也。」「仍」與「重」義亦同。《易・坎象》「水荐至」，《釋文》引京房「荐」作「臻」。

6 注 「而」，舊本誤「不」，今據《道藏》本正，〈天志中〉篇同。

7 注 「齊」，《道藏》本作「齋」。

8 注 畢云：「本書多作『絜』，俗從『水』。」

9 注 《周禮・宮人》鄭注云：「蠲，猶絜也。」《呂氏春秋・尊師》篇云：「臨飲食，必蠲絜。」

10 **注** 〈曲禮〉云：「豚曰腯肥」，鄭注云：「腯，亦肥也。腯，充貌也。」《左．桓六年傳》云：「吾牲牷肥
腯」，又云：「奉牲以告曰：博碩肥腯」。

11 **注** 珪璧有度，若《考工記．玉人》云：「四圭尺有二寸以祀天，兩圭五寸有邸以祀地」之屬是也。幣帛有
度，若《漢書．食貨志》云：「周法，布帛廣二尺二寸為幅」，《周禮．內宰》鄭注引天子巡守禮云：「制幣
丈八尺純四㹢」，是也。王制云：「布帛幅廣狹不中度量，不粥於市。」

12 **注** 畢云：「幾，讀如『關市譏』。」俞云：「畢以『幾』字屬下『聽獄不敢不中』讀，然『關市』與『獄
訟』不當并為一事，殆失之矣，『幾』字仍當屬上讀。幾者，期也。《詩．楚茨》篇『如幾如式』，毛《傳》
訓幾為『期』，是也。『不敢失時幾』者，『不敢失時期』也。《國語．周語》注曰：『期，將事之日也』，
是期以日言，不敢失時，并不敢失日，故曰『不敢失時幾』。」

13 **注** 下云：「天鬼之所深厚」，則此「厚」上疑脫「深」字。

14 **注** 王云：「自『上者天鬼』以下至此，凡三十八字，舊本誤入下文『入守固』之下，今移置於此。『而能彊
從事焉』，舊本脫『能』字，今據下文補。」
▲案：王校是也，蘇說同，今從乙補。

15 **注** 畢云：「舊脫此字，據後文增。」

故古者聖王爲政若此。今天下之人曰：「方今之時，[1]天下之正長猶未廢乎天下也，而天下之所以亂者，何故之以也？」子墨子曰：「方今之時之以正長，則本與古者異矣，譬之若有苗之以五刑然。[2]昔者聖王制爲五刑，[3]以治天下，[4]逮至有苗之制五刑，[5]以亂天下。[6]則此豈刑不善哉？用刑則不善也。是以先王之書〈呂刑〉之道[7]曰：『苗民否用練，折則刑，[8]唯作五殺之刑，曰法。』[9]則此言善用刑者以治民，不善用刑者以爲五殺，則此豈刑不善哉？用刑則不善。故遂以爲五殺。是以先王之書《術令》之道曰：『唯口出好興戎。』[10]則此言善用口者出好，不善用口者以爲讒賊寇戎。則此豈口不善哉？用口則不善也，故遂以爲讒賊寇戎。」

1 **注** 王云：「自『出誅勝』以下至此，凡三十八字，舊本誤入上文『上者天鬼』之上，今移置於此。」

▲案：王校是也，蘇說同，今從乙正。

2 **注** 畢云：「『苗』，舊作『量』，據下改。」

3 **注** 《書．舜典》偽孔傳云：「五刑：墨、劓、剕、宮、大辟。」

4 **注** 畢云：「《文選注》引此云：『畫衣冠，異章服，而民不犯』，疑此閒脫文。」

5 **注** 此即下「五殺之刑」。

6 注 俞云：「『之』衍字。」

7 注 畢云：「當云『道之』。」

▲案：下文兩云「之道」，此疑不倒。

8 注 畢云：「孔《書》作『弗用靈制以刑』，『靈』『練』、『否』『弗』、『折』『制』音同。」錢大昕云：「古書『弗』與『不』同，『否』即『不』字，『靈』、『練』聲相近。〈緇衣〉引作『匪用命』，『命』當是『令』之譌，『令』與『靈』古文多通用，『令』、『靈』皆有善義。鄭康成注《禮》，解為『政令』，似遠。」王鳴盛云：「古音『靈』讀若『連』，故轉為『練』也。『折』為『制』，古字亦通。古文《論語》云：『片言可以折獄』，《魯論》『折』作『制』，是也。」段玉裁云：「『靈』作『練』者，雙聲也。依《墨子》上下文觀之，『練』亦訓『善』，與孔正同。」

▲詒讓案：《偽孔傳》云：「三苗之主，習蚩尤之惡，不用善化民，而制以重刑。」三苗，帝堯所誅，〈呂刑〉及〈緇衣〉孔《疏》引《書》鄭注云：「苗民，謂九黎之君也。九黎之君於少昊氏衰而棄善道，上效蚩尤重刑。必變九黎言苗民者，有苗，九黎之後，顓頊代少昊誅九黎，分流其子孫，為居於西裔者三國。至高辛之衰，又復九黎之君，惡。堯興，又誅之。堯末又在朝，舜時又竄之。後禹攝位，又在洞庭逆命，禹又誅之。後王深惡此族三生凶惡，故著其氏，而謂之民。民者，冥也，言未見仁道。」又鄭〈緇衣注〉云：「命，謂政令也。高辛氏之末，諸侯有三苗者作亂，其治民不用政令，專制御之以嚴刑，乃作五虐蚩尤之

刑，以是為法。」

▲案：鄭《書》、《禮》二注不同，《書》注與此合，於義為長。《戰國策・魏策》「吳起云：昔者三苗之居，左彭蠡之波，右洞庭之水，文山在其南，而衡山在其北，恃此險也，為政不善，而禹放逐之」，《史記・吳越傳》作「左洞庭右彭蠡」，《五帝本紀》張守節《正義》據彼云：「今江州、鄂州、岳州，三苗之地也。」案古三苗國當在今湖南、湖北境。

9 **注** 《偽孔傳》云：「惟為五虐之刑，自謂得法。」畢云：「孔書『殺』作『虐』。」孫星衍云：「虐、殺，義相同。」

▲詒讓案：〈呂刑〉下文云：「殺戮無辜，爰始淫為刵、劓、椓、黥」，則止四刑。《書・堯典》孔《疏》引今文夏侯等《書》作「臏、宮割、劓、頭鹿剠」，臏一，宮割二，劓三，頭鹿剠四，亦無五刑。以〈呂刑〉五刑之辟校之，惟少「大辟」，蓋即以「殺戮」晐大辟矣。

10 **注** 蘇云：「出《書・大禹謨》。」

▲詒讓案：「術令」，當是「說命」之叚字。《禮記・緇衣》云：「〈兌命〉曰：惟口起羞，惟甲冑起兵，惟衣裳在笥，惟干戈省厥躬」，鄭注云：「『兌』當為『說』。謂殷高宗之臣傳說也，作書以命高宗，《尚書》篇名也。羞，猶辱也，惟口起辱，當慎言語也。」

▲案：此文與彼引〈兌命〉辭義相類，「術」「說」、「令」「命」，音並相近，必一書也。晉人作偽古文

《書》不悟，乃以竄入〈大禹謨〉，疏繆殊甚。近儒辯古文《書》者，亦皆不知其為說命佚文，故為表出之。《偽孔傳》云：「好謂賞善，戎謂伐惡。言口榮辱之主。」

故古者之置正長也，將以治民也，譬之若絲縷之有紀，而罔罟之有綱也，將以運役天下淫暴而一同其義也。[1]是以先王之書《相年》之道曰：[2]「夫建國設都，乃作后王君公，否用泰也，[3]輕大夫師長，[4]否用佚也，維辯使治天均。」[5]則此語古者上帝鬼神之建設國都，立正長也，非高其爵、厚其祿、富貴佚而錯之也，[6]將以爲萬民興利除害、富貴貧寡、[7]安危治亂也。

1 注 王云：「『運役』二字，義不可通，當依上篇作『連收』，字之誤也。『連收』二字，正承『絲縷』、『罔罟』而言。」

2 注 畢云：「『相年』，當為『拒年』。」

3 注 《論語．子罕》皇疏云：「泰，驕泰也。」王引之云：「否，非也。」

4 注 畢云：「『輕』當為『卿』。」盧云：「下篇作『奉以卿』，字誤也。」

5 注 「辯」、「辨」字通。《周易集解》引《易》鄭注云：「辯，分也」，謂分授以職，使治天均。王念孫釋「辯」為「遍」，未塙，詳下篇。《詩．大雅．節南山》「秉國之均」，毛《傳》云：「均，平也。」《莊子．寓言》篇云：「天均者，天倪也」，非此義。下篇作「治天明」。

▲又案：王引之《尚書述聞》據《廣雅．釋詁》訓此「辯」為「使」，則辭義重複，亦不可從。

6 注 王云：「『佚』上有『游』字，而今本脫之，則語意不完。下篇曰：『非特富貴游佚而擇之也』，是其證。『游佚』，即『淫佚』，語之轉耳。」畢云：「錯，讀如『舉措』。」

7 注 此與上下文例不合，疑當作「富貧衆寡」。

故古者聖王之爲若此。[1]今王公大人之爲刑政則反此——[2]政以爲便譬，[3]宗於父兄故舊，[4]以爲左右，置以爲正長。[5]民知上置正長之非正以治民也，[6]是以皆比周隱匿，[7]而莫肯尙同其上。是故上下不同義。若苟上下不同義，賞譽不足以勸善，而刑罰不足以沮暴。何以知其然也？曰：上唯毋立而爲政乎國家，爲民正長，[8]曰「人可賞，吾將賞之」。若苟上下不同義，上之所賞，則衆之所非，曰人衆與處，於衆得非。則是雖使得上之賞，未足以勸乎！上唯毋立而爲政乎國家，爲民正長，曰「人可罰，吾將罰之」。若苟上下不同義，上之所罰，則衆之所譽，曰人衆與處，於衆得譽。則是雖使得上之罰，未足以沮乎！若立而為政乎國家，為民正長，賞譽不足以勸善，而刑罰不沮暴，[9]則是不與鄉吾本言民「始生，未有正長之時」同乎？若「有正長」與「無正長」之時同，則此非所以治民一衆之道。

1 注 戴云：「『為』下疑脫『政』字。」

2 注 戴云：「『刑』字衍。」

3 注 「政」與「正」同。畢云：「譬，讀如『僻』。」洪云：「《論語》『季氏友便辟』，馬、鄭皆讀『辟』為『譬』，謂巧為譬諭，以求容媚。義即本此。」

4 注 「宗於」，疑「宗族」之誤。

5 注 戴云：「『政以為便譬』三句，當作『宗於便譬父兄故舊，立以為左右，置以為正長』，『便譬』誤寫在『宗』字上，『以為左右』上之『立』字又誤作『政』，『政以為』三字又誤在句首，故不可通。便譬，謂巧為譬喻，見《公羊．定四年》疏引《論語》鄭注。或當為『便嬖』，亦通。『宗』讀為『是崇』，『立』字與『正』相似，故誤為『正』，又誤沾『攴』旁耳。」

▲案：戴說未塙。

6 注 戴云：「『非』下，『正』字衍。」

7 注 比周，詳前篇。

8 注 王云：「『唯』與『雖』同。」

▲詒讓案：毋，語詞，詳〈尚賢中〉篇。

9 注 「沮暴」上，亦當有「足以」二字。

故古者聖王唯而審以尚同，[1]以爲正長，是故上下情請爲通。[2]上有隱事遺利，[3]下得而利之；下有蓄怨積害，上得而除之。是以數千萬里之外有爲善者，其室人未徧知，鄉里未徧聞，天子得而賞之。數千萬里之外有爲不善者，其室人未徧知，鄉里未徧聞，天子得而罰之。是以舉天下之人皆恐懼振動惕慄，不敢爲淫暴，曰「天子之視聽也神」。[4]先王之言曰：「非神也，夫唯能使人之耳目助己視聽，使人之吻助己言談，[5]使人之心助己思慮，使人之股肱助己動作」。助之視聽者衆，則其所聞見者遠矣；助之言談者衆，則其德音之所撫循者博矣；[6]助之思慮者衆，則其談謀度速得矣；[7]助之動作者衆，即其舉事速成矣。[8]

1 注 畢云：「『而』讀與『能』同。舊脫『審』字，《文選注》引作『能審以尚同』，今據增。」

2 注 畢云：「《文選注》引作『是故上下通情』，舊脫『故』字，今據增。」王云：「此本作『是故上下請通』，『請』即『情』字也。《墨子》書多以『請』為『情』，今作『情請為通』者，後人旁記『情』字，而寫者遂誤入正文，又涉上文『以為正長』而衍『為』字耳。《文選·東京賦》注引『情通』作『通情』者，乃涉賦文『上下通情』而誤。」顧校同。俞云：「惟『以為正長』句亦有衍字，下文曰『故古者聖王之所以濟事成功，垂名於後世者，無它故異物焉，曰唯能以尚同為政者也。』然則此文當云：『唯而審以尚同為政』，上下文義始相應。因涉上文屢言『正長』，遂誤作『以為正長』，上下不應矣。且既云『審以尚同』，又云『以為正長』，一句中兩用『以』字，義亦未安。上文曰『其為正長若此，是故出誅勝者，何故之以也？曰：唯以尚同為政者也』，然則『為正長』以人言，『為政』以事言，明為正長者當以尚同為政也，若作『尚同以為正長』，即失其義矣。下篇云『聖王皆以尚同為政，故天下治』，亦其證也。」

▲案：俞校未塙。

3 注 隱事遺利，與〈節葬〉篇「隱謀遺利」義同。

4 注 畢云：「『子』，舊作『下』，一本如此。」

5 注 《說文·口部》云：「吻，口邊也。」以上句文例校之，「吻」上疑有「脣」字。〈非命下〉篇云：「今天下之士君子之為文學出言談也，非將勤勞其喉舌，而利其脣呡也。」「呡」與「吻」字同。

6 注 《荀子·富國》篇云：「拊循之」，楊注云：「『拊』與『撫』同，撫循，慰悅之也。」

7 注 王云：「『謀度』上不當有『談』字，蓋涉上文『言談』而衍。」

▲案：王說是也，蘇說同。

8 注 舊本「其」在「舉」下。蘇云：「當作『則其舉事速成矣』。」俞云：「此本作『即其舉事速成矣』，上文言『則其』，此言『即其』，『即』、『則』古通用也。今作『即舉其事』，誤。」

▲案：俞說是也，今據乙。

故古者聖人之所以濟事成功，垂名於後世者，無他故異物焉，[1]曰：唯能以尚同為政者也。是以先王之書〈周頌〉之道之曰：[2]「載來見彼王，[3]聿求厥章。」[4]則此語古者國君諸侯之以春秋來朝聘天子之廷，受天子之嚴教，退而治國，政之所加，莫敢不賓。[5]當此之時，本無有敢紛天子之教者。[6]《詩》曰：「我馬維駱，[7]六轡沃若，[8]載馳載驅，周爰咨度。」[9]又曰：「我馬維騏，[10]六轡若絲，[11]載馳載驅，周爰咨謀。」[12]即此語也。[13]古者國君諸侯之聞見善與不善也，皆馳驅以告天子，是以賞當賢，罰當暴，不殺不辜，不失有罪，則此尚同之功也。

1 注 異物，猶言「異事」。《韓非子．右儲說上》篇云：「晉文公一舉而八有功，所以然者，無他故異物，從狐偃之謀，假顚頡之脊也。」

2 注 古書，《詩》、《書》多互偁。

3 注 《詩．載見敘》云：「諸侯始見乎武王廟也」，毛《傳》云：「載，始也」，鄭《箋》云：「諸侯始見君子，謂見成王也。」畢云：「一本作『載見辟王』，同《詩》。」

4 注 《道藏》本「聿」字缺。蘇云：「『聿』，詩作『曰』。」

▲詒讓案：「聿」、「曰」古通用。鄭《箋》云：「求車服禮儀之文章制度也。」

5 注 《爾雅．釋詁》云：「賓，服也。」

6 注 《廣雅．釋詁》云：「紛，亂也。」謂不敢變亂天子之教令。

7 注 《爾雅．釋畜》云：「白馬黑鬣，駱。」

8 注 《毛詩．衛風．氓》傳云：「沃若，猶沃沃然。」

9 注 《毛詩．小雅．皇皇者華》傳云：「咨禮義所宜為度。」

10 注 《毛詩．魯頌．駉》傳云：「蒼綦曰騏。」

11 注 毛《傳》云：「言調忍也。」蘇云：「『若』，《詩》作『如』。」

12 注 毛《傳》云：「咨事之難易為謀。」

13 注 王云：「『即』與『則』同，『語』猶『言』也。『則此語』三字文義直貫至『以告天子』而止。則

『語』下不當有『也』字。凡《墨子》書用『則此語』三字者，『語』下皆無『也』字，此蓋後人不曉文義而妄加之。」

是故子墨子曰：「今天下之王公大人士君子，請將欲富其國家，[1]**衆其人民，治其刑政，定其社稷，當若尚同之不可不察，此之本也。」**[2]

1 **注** 王云：「『請』即『誠』字。」

▲案：說詳〈節葬下〉篇。俞云：「『請』上奪『中』字，《墨子》書多以『請』為『情』，『中請』即『中情』也。下篇曰『今天下王公大人士君子，中情將欲為仁義』，是其證也。後人不知『請』之當讀為『情』，故誤刪『中』字耳，〈尚賢〉篇曰：『且今天下之王公大人士君子，中實將欲為仁義』『中實』亦即『中情』也。」

2 **注** 畢云：「當云『此為政之本也』。」俞云：「『若』字衍文，『不可不察』上奪『說』字『此』下奪『為政』二字，當據下篇補。」

▲案：畢、俞校是也。惟「若」字實非衍文，當若，猶言『當如』。〈尚賢中〉篇云：「故當若之二物者，王公大人未知以尚賢使能為政也」，〈兼愛下〉篇云：「當若兼之不可不行也，此聖王之道而萬民之大利也」，〈非攻下〉篇云：「當若繁為攻伐，此實天下之巨害也」，又云：「故當若非攻之為說，而將不可不

察者，此也」，〈節葬下〉篇云：「故當若節喪之為政，而不可不察此者也」，〈明鬼下〉篇云：「當若鬼神之有也，將不可不尊明也」，〈非命下〉篇云：「當若有命者之言，不可不強非也」，皆其證。俞以「若」為衍文，失之。

尚同下第十三[1]

1 注 畢云：「《中興書目》云：『一本自〈親士〉至〈上同〉凡十三篇』者，即此已上諸篇，非有異本。」

子墨子言曰：「知者之事，必計國家百姓所以治者而爲之，必計國家百姓之所以亂者而辟之。[1]然計國家百姓之所以治者，何也？上之爲政，得下之情則治，不得下之情則亂。何以知其然也？上之爲政得下之情，則是明於民之善非也。若苟明於民之善非也，[2]則得善人而賞之，得暴人而罰之也。善人賞而暴人罰，則國必治。上之爲政也，不得下之情，則是不明於民之善非也。若苟不明於民之善非，則是不得善人而賞之，不得暴人而罰之。善人不賞而暴人不罰，爲政若此，國衆必亂。故賞不得下之情，[3]而不可不察者也。」[4]

1 注 畢云：「辟，同『避』。」

2 注 畢云：「『若苟』二字舊倒，據下文改。」

3 注 蘇云：「『賞』下當脫『罰』字。」俞校同。

4 注 俞云：「『而不可』當作『不可而』，猶言『不可以』也。」

然計得下之情將柰何可？故子墨子曰：唯能以尚同一義爲政，然後可矣。何以知尚同一義之可而爲政於天下也？[1]然胡不審稽古之治爲政之說乎？[2]古者，天之始生民，未有正長也，百姓爲人。[3]若苟百姓爲人，是一人一義，十人十義，百人百義，千人千義，逮至人之衆不可勝計也，則其所謂義者，亦不可勝計。此皆是其義，而非人之義，是以厚者有鬭，而薄者有爭。[4]是故天下之欲同一天下之義也，[5]是故選擇賢者，立爲天子。[6]天子以其知力爲未足獨治天下，是以選擇其次，立爲三公。三公又以其知力爲未足獨左右天子也，是以分國建諸侯。諸侯又以其知力爲未足獨治其四境之內也，是以選擇其次，立爲卿之宰。[7]卿之宰又以其知力爲未足獨左右其君也，是以選擇其次，立而爲鄉長家君。是故古者天子之立三公、諸侯、卿之宰、鄉長家君，非特富貴游佚而擇之也，[8]將使助治亂刑政也。[9]故古者建國設都，乃立后王君公，奉以卿士師長，此非欲用說也，[10]唯辯而使助治天明也。[11]

1 注 而，陳壽祺讀為「能」。今案，「而」亦猶「以」也，說詳〈尚賢下〉篇。下文「諸侯可而治其國」、「家君可而治其家」，同。

2 注 王云：「『然』，猶『則』也。『然胡不』，『則胡不』也。」俞云：「『治』字乃『始』字之誤，下文曰『古者天之始生民，未有正長也』云云，是從古之始為政者說，故此云『胡不審稽古之始為政之說乎』。」

3 注 戴云：「此『人』字，讀如『人偶』之『人』。」

4 注 畢云：「『薄』，舊作『蕩』，一本如此。」

5 注 上「天下」二字，疑當作「天」。畢云：「《文選注》引作『古者同天之義』。」

6 注 《文選．王元長三月三日曲水詩序》注，引此作「上聖立為天子」，蓋李善所改易。又〈袁彥伯三國名臣序贊〉注引，則竝與此同。

7 注 之，猶「與」也。

8 注 「擇」，當依中篇讀為「措」。

9 注 「治」下「亂」字疑衍。

10 注 王云：「『說』字義不可通，『說』當為『逸』字之誤也。中篇曰：『夫建國設都，乃作后王君公，否用泰也。卿大夫師長，否用佚也」，『否用佚』，即『非用逸』，是其證。『否』猶『非』也，說見〈尚賢下〉。偽古文〈說命〉「建邦設都，樹后王君公，承以大夫師長，不惟逸豫」，即用《墨子》而小變其文。」

▲案：王說是也。《偽孔傳》云：「言立國設都，立君臣上下，不使有位者逸豫民上，言立之主使治民。」

11 **注** 舊本「助治天」下有「助」字。王云：「下『助』字衍。『唯辯而使助治天明』者，『辯』，讀為『徧』，古『徧』字多作『辯』。天明，天之明道也，哀二年《左傳》曰：『二三子順天明』。言所以設此卿士師長者，唯徧使助治天道也。中篇作『維辯使治天均』。」

▲案：王謂下「助」字衍，是也，今據刪。「辯」當訓為「分」，王讀為「徧」，尚未得其義。《左傳．哀二年》孔《疏》釋「天明」為「天之明道」，即王說所本。《大戴禮記．虞戴德》篇云：「法于天明，開施教于民」，《左．昭二十五年傳》云：「則天之明」，義並略同。偽古文《書．說命》作「惟以亂民」，疑偽孔讀「天明」為「天民」。

今此何爲人上而不能治其下，爲人下而不能事其上？則是上下相賊也，[1]何故以然？則義不同也。若苟義不同者有黨，上以若人爲善，將賞之，[2]若人唯使得上之賞，[3]而辟百姓之毀，[4]是以爲善者，必未可使勸，見有賞也。上以若人爲暴，將罰之，若人唯使得上之罰，而懷百姓之譽，是以為暴者，必未可使沮，見有罰也。故計上之賞譽，不足以勸善，計其毀罰，不足以沮暴。此何故以然？則義不同也。

1 注 「賊」，舊本譌「賤」，今依王校正，說詳〈尚賢中〉篇。蘇云：「『賤』當作『殘』，或『殘賊』二字各脫其偏傍」，非。
2 注 畢云：「『賞』，舊作『毀』，一本如此。」
3 注 「唯」、「雖」字通。
4 注 「辟」、「避」字亦同，後文「辟」、「避」錯出。

然[1]則欲同一天下之義，將柰何可？故子墨子言曰：然胡不賞使家君試用家君，發憲布令其家，[2]曰：「若見愛利家者，必以告，若見惡賊家者，亦必以告。若見愛利家以告，亦猶愛利家者也，上得且賞之，眾聞則譽之；若見惡賊家不以告，亦猶惡賊家者也，上得且罰之，眾聞則非之。」是以徧若家之人，[3]皆欲得其長上之賞譽，辟其毀罰。是以善言之，不善言之，[4]家君得善人而賞之，得暴人而罰之。善人之賞，而暴人之罰，則家必治矣。然計若家之所以治者何也？唯以尚同一義為政故也。

1 注 舊本脫此六字。王云：「『此何故以然』是問詞，『則義不同也』是答詞，『然則欲同一天下之義，將柰何可』，又是問詞，舊脫中六字，則上下文皆不可通矣。今據上文補。」

▲案：王校是也，今從之。

2 注 王云：「『賞』字義不可通，『賞』當為『嘗』。『嘗』、『賞』字相似，又涉上下文『賞罰』而誤。『使家君』三字，則涉下文『使家君』而衍。既言『用家君』，則不得又言『使家君』。『胡不嘗試用家君發憲布令其家』作一句讀。」

▲案：王校是矣。然下文說國君發憲布令，則云：「故又使家君總其家之義，以尚同於國君」，說天子發憲布令，則云：「故又使國君選其國之義，以尚同於天子」，則此文疑亦當云：「胡不嘗使家人總其身之義，以尚同於家君，試用家君發憲布令其家」，前後文例乃相應。蓋今本「胡不嘗使家」下脫十一字，「使家君」三字非衍文也。「發憲」，猶言「布憲」。憲者，法也。〈非命上〉篇云：「先王之書，所以出國家布施百姓者，憲也。」

3 注 畢云：「『徧』，舊作『禍』，一本如此。下同。」

4 注 畢云：「舊脫四字，一本有。」

家既已治，國之道盡此已邪？則未也。國之爲家數也甚多，[1]此皆是其家，而非人之

家，是以厚者有亂，而薄者有爭，故又使家君總其家之義，[2]以尚同於國君。國君亦爲發憲布令於國之衆，曰：「若見愛利國者，必以告，若見惡賊國者，亦必以告。若見愛利國以告者，亦猶愛利國者也，上得且賞之，衆聞則譽之；若見惡賊國不以告者，亦猶惡賊國者也，上得且罰之，衆聞則非之。」是以徧若國之人，皆欲得其長上之賞譽，避其毀罰。是以民見善者言之，見不善者言之，國君得善人而賞之，得暴人而罰之。善人賞而暴人罰，則國必治矣。然計若國之所以治者何也？唯能以尚同一義爲政故也。

1 注 「國之」，舊本作「天下」。畢云：「『天下』下，當脫『之』字，一本『天下』作『國之』。」

▲詒讓案：「國之」是，下文云：「天下之為國數也甚多」，則此不當作「天下」明矣，今據正。

2 注 畢云：「舊脫此字，一本有。」

國既已治矣，天下之道盡此已邪？則未也。天下之爲國數也甚多，此皆是其國，[1]而非人之國，是以厚者有戰，而薄者有爭。故又使國君選其國之義，以尚同於天子。[2]天子亦爲發憲布令於天下之衆，曰：「若見愛利天下者，必以告，若見惡賊天下者，亦以告。若見愛利天下以告者，亦猶愛利天下者也，上得則賞之，衆聞則譽之；若見惡賊天下不以告者，亦猶惡賊天下者也，上得且罰之，[3]衆聞則非之。」是以偏天下之人，皆欲得其長上之賞譽，避其毀罰，是以見善、不善者告之。天子得善人而賞之，得暴人而罰之，善人賞而暴人罰，天下必治矣。然計天下之所以治者何也？唯而以尚同一義爲政故也。[4]

1 **注** 畢云：「舊脫『其』字，一本有。」

2 **注** 舊本「以」下有「義」字，畢云：「一本無此字，是。」俞云：「下『義』字衍文，上文云：『故又使家君總其家之義，以尚同於國君』，下文云：『天子又總天下之義，以尚同於天』，竝無下『義』字，是其證也。上下文竝言『總』，而此言『選』，『選』亦『總』也。《詩．猗嗟》篇『舞則選兮』，毛《傳》訓『選』為『齊』。『選其國之義』，猶『齊其國之義』。曰總，曰選，文異而義同也。《史記．仲尼弟子列傳》『任不齊，字選』，是『選』有『齊』義。《賈子．等齊》篇曰：『撰然齊等』，『撰』與『選』通。」戴說同。

▲案：一本是也，今據刪。

3 **注** 畢云：「『且』，一本作『則』。」

4 **注** 畢云：「一本無『而』字，非，『而』同『能』。」

天下既已治，[1]天子又總天下之義，以尚同於天。[2]故當尚同之爲說也，[3]尚用之天子，[4]可以治天下矣；中用之諸侯，可而治其國矣；[5]小用之家君，可而治其家矣。[6]是故大用之，治天下不窕，小用之，治一國一家而不橫者，[7]若道之謂也。

1 注 畢云：「『既』，一本作『計』，非。」

2 注 舊本「天下」亦作「天子」。俞云：「當作『天子又總天下之義，以尚同於天』，義見上下文。」

▲案：俞校是也，今據正。

3 注 「同」，舊本作「用」，蓋與下文互譌。蘇云：「『用』當作『同』」，是也，今據正。

4 注 舊本「用」作「同」，畢云：「一本作『上同』。」王改「尚用」，云：「舊本『用』作『同』，涉上句而誤，今據下文改。」

▲案：王校是也，今從之。蘇云：「當作『上用』。」

5 注 王引之云：「『而』與『以』同義，故二字可以互用。」

▲案：王說是也，詳〈尚賢下〉篇。

6 注 王引之云：「『小用之』，當作『下用之』，與『尚用之』、『中用之』對文，下文『小用之』則與『大用之』對文，今本『下用』作『小用』者，即涉下文『小用之』而誤。」

7 注 畢云：「《爾雅》云：『窕，閒也。』猶云無閒。」王云：「畢說非也。窕，不滿也；橫，充塞也。〈孔子閒居〉『以橫於天下』，鄭注『橫，充也。』〈祭義〉曰：『置之而塞乎天地，溥之而橫乎四海。』以小居大則窕，以大入小則塞。唯此尚同之道，則大用之，治天下而不窕，小用之，治一國一家而不塞也。《大戴記．王言》篇曰：『布諸天下而不窕，內諸尋常之室而不塞。』」又云：「《廣雅》曰『窕，寬也。』昭二十一年《左傳》『鍾小者不窕』，杜注曰：『窕，細不滿也。』《呂氏春秋．適音》篇『不詹則窕』，高注云：『窕，不滿密也。』」

故曰治天下之國若治一家，使天下之民若使一夫。意獨子墨子有此，而先王無此其有邪？[1]則亦然也。聖王皆以尚同為政，故天下治。何以知其然也？於先王之書也〈大誓〉之言然，[2]曰：「小人見姦巧乃聞，不言也，發罪鈞。」[3]此言見淫辟不以告者，其罪亦猶淫辟者也。

1 注 疑當作「無有此邪」，「其」字衍。

2 注 《書敘》云：「惟十有一年，武王伐殷，一月戊午，師渡孟津，作〈泰誓〉。」古書「泰」皆作「大」，《偽孔傳》云：「大會以誓衆」，則作「大」是。

3 注 畢云：「孔《書》無此文。」蘇云：「『發』當作『厥』，今〈泰誓〉云：『厥罪惟鈞』。」江聲云：

「發，謂發覺也。鈞，同也。言知姦巧之情而匿不以告，比事發覺，則其罪與彼姦巧者同。」

故古之聖王治天下也，其所差論，以自左右羽翼者皆良，[1]外爲之人，[2]助之視聽者衆。故與人謀事，先人得之；與人舉事，先人成之；光譽令聞，先人發之。[3]唯信身而從事，故利若此。古者有語焉，曰：「一目之視也，[4]不若二目之視也。一耳之聽也，不若二耳之聽也。[5]一手之操也，不若二手之彊也。」[6]夫唯能信身而從事，故利若此。是故古之聖王之治天下也，千里之外有賢人焉，其鄉里之人皆未之均聞見也，[7]聖王得而賞之。千里之內有暴人焉，其鄉里[8]未之均聞見也，聖王得而罰之。故唯毋以聖王爲聰耳明目與？[9]豈能一視而通見千里之外哉！一聽而通聞千里之外哉！聖王不往而視也，不就而聽也。然而使天下之爲寇亂盜賊者，周流天下無所重足者，[10]何也？其以尚同爲政善也。

1 **注** 王云：「『差』、『論』，皆擇也。《爾雅》曰：『既差我馬』，差，擇也。〈所染〉篇曰『故善為君者，勞於論人，而佚於治官』，《呂氏春秋．當染》篇同，高注『論猶擇也』。〈非攻〉篇『差論其爪牙之士，比列其舟車之衆』，義與此同。」

2 **注** 「外為」二字疑誤。

3 注 「光」，舊本作「先之」。畢云：「二字一本作『光』，是，今據改。」俞云：「『光』、『廣』古通用，光譽，即『廣譽』。《孟子》曰：『令聞廣譽施於身。』」案：俞校是也。〈非命下〉篇作「光譽令問」，「問」與「聞」字通。《禮記．孔子閒居》鄭注云：「令，善也，言以名德善聞。」

4 注 畢云：「舊脫『之』字，一本有。」

5 注 以下二句文例校之，疑「二目之視」，「視」當作「覿」；「二耳之聽」，「聽」當作「聰」，今本皆傳寫掍之。

6 注 畢云：「舊脫『之』字，一本有。」

7 注 《說文．土部》云：「均，平徧也」，此與中篇云：「室人未徧知，鄉里未徧聞」，義同。

8 注 畢云：「據上文，當有『之人』二字。」

9 注 王云：「『唯』亦與『雖』同。」

▲案：「毋」，語詞，詳〈尚賢中〉篇。

10 注 《詩．無將大車》鄭《箋》云：「重，猶『累』也。」

是故子墨子曰：「凡使民尚同者，愛民不疾[1]，民無可使，曰必疾愛而使之，致信而持之，[2]富貴以道其前，明罰以率其後。爲政若此，唯欲毋與我同，[3]將不可得也。」

1 注 以下文校之，「不疾」疑當作「必疾」，或當云：「不可不疾。」《呂氏春秋．尊師》篇高注云：「疾，力也。」

2 注 「致」，舊本譌「畋」，今據《道藏》本正。蘇云：「『畋』當作『敬』」，非。《國語．越語》韋注云：「持，守也。」

3 注 「唯」，畢本作「雖」，云：「舊作『唯』，以意改。」王云：「古者『雖』與『唯』通，不煩改字。」王引之云：「《禮記．少儀》『雖有君賜』，鄭注曰：『雖，或為唯』。《說文》『雖』字以『唯』為聲，故『雖』可通作『唯』，『唯』亦可通作『雖』。」

是以子墨子曰：「今天下王公大人士君子，中情將欲爲仁義，[1]求爲上士，[2]上欲中聖王之道，下欲中國家百姓之利，故當尙同之說，而不可不察[3]尙同爲政之本，而治要也。」[4]

1 注 王云：「『情』即『誠』字。言誠將欲為仁義，則尚同之說不可不察也。〈尚賢〉篇曰：『且今天下之王公大人士君子，中實將欲為仁義』，實亦誠也。〈非攻〉篇曰：『情不知其不義也，故書其言以遺後世。若知其不義也，夫奚說書其不義，以遺後世哉』，『情不知』即誠不知。凡《墨子》書中，『誠』、『情』通用者不可枚舉。又〈齊策〉『臣知誠不如徐公美』，劉本『誠』作『情』。《呂氏春秋．具備》篇『三月嬰兒，慈母之愛諭焉，誠也」，《淮南．繆稱》篇『誠』作『情』。《漢書．禮樂志》『正人足以副其誠』，《漢紀》『誠』作『情』。此皆古書『誠』、『情』通用之證。」洪云：『中情欲』三字，書中屢見，或作『中請欲』，『請』即『情』字；或作『中實欲』，情，實也，其義並同。」

2 注 「士」上，舊本無「上」字，王據各篇補。

3 注 舊本作「而不察」，畢云：「當云『不可不察』。」王亦據補。

4 注 畢云：「當云『治之要也』。」

卷四

題解

本卷包括〈兼愛〉上、中、下三篇，上篇以「兼相愛」三字相連呈現，中、下篇則以「兼相愛、交相利」連讀。「兼愛」二字相連的表述，僅出現在〈兼愛下〉篇。從政治觀點考察，兼愛與政治理想有關，三篇是墨家政治思想的構想、發展與完成。從體用觀，張純一認為「兼」即「愛」之體，「愛」即「兼」之用。

〈兼愛上〉篇無「子墨子曰」，可能為墨子自著。〈兼愛中〉篇前半段基本論點與上篇相同，推論次序改為由大到小：天下、國、家、父子。並提出反對兼愛者指出兼愛實行之困難，但墨子從聖王事例加以反駁。〈兼愛下〉篇部分觀點與上、中兩篇相同，但更詳細地駁斥非兼者之詰難。

「兼愛」是墨子所提出來有別於儒家等差親疏之愛的理論。他認為，當時天下的亂象，主要的原因就是來自於人與人的不相愛。擴大來看，國與國、家與家之間的相攻伐，也都和人與人之間的不相愛有關；為了解決當時社會的亂源，因此，他提出了兼愛的思想。兼愛的意義，就是普遍而平等的愛。墨子為什麼要提出普遍而又平等的愛呢？因為墨家是站在平民百姓的立場，希望執政者能有所改革。然而，當時的王公貴族，他們待人處事，是以血緣關係的遠近來作為施愛厚薄的標準，一般的平民百姓就沒有辦法被這些王公貴族所照顧到。因此，墨子從「天」這個高度指出，天是普遍的愛所有的人，因此，人也應該要普遍的愛所有的人。

那麼，要如何來實踐兼愛呢？墨子提出了要「愛人若己」。如果大家能夠愛別人就像愛自己，愛別人的家就像愛自己的家，愛別人的國就像愛自己的國，這樣天下就能夠太平了。並且，「兼相愛」常和「交相利」是連結在一起的。因為，當人與人彼此互相幫助、互相合作、互相關愛的時候，彼此就能夠獲得最大的利益，也可以達到墨家的最高理想：「興天下之利」。

就理論結構來看，理論基礎在於天志，因為「天」兼愛全天下的人，因此在人際關係上推導出「人我之間應該彼此互愛」，再進一步，從個體面對整體人類而言，人也應該效法天志，提升至超越時空的整體人類之愛，也就是不分社會階級、遠近關係的平等之愛。

兼愛上第十四[1]

1 注 邢昺《爾雅疏》引《尸子・廣澤》篇云：「墨子貴兼。」畢云：「『㤅好』之字作㤅，從『夊』者，行皃。經典通用此。」

聖人以治天下爲事者也，必知亂之所自起，[1]焉能治之，[2]王不知亂之所自起，則不

能治。譬之如醫之攻人之疾者然，[3]必知疾之所自起，[4]焉能攻之；不知疾之所自起，則弗能攻。治亂者何獨不然？必知亂之所自起，[5]焉能治之；不知亂之所自起，則弗能治。

1 注 句。

2 注 引之云：「言知亂之所自起，乃能治之也。」顧云：「三『焉』字皆下屬。」

▲案：王、顧讀是也。「焉」訓「乃」，說詳〈親士〉篇。

3 注 《小爾雅．廣詁》云：「攻，治也。」

4 注 句。

5 注 句。

聖人以治天下爲事者也，不可不察亂之所自起，當察亂何自起？[1]起不相愛。臣子之不孝君父，所謂亂也。子自愛不愛父，故虧父而自利；[2]弟自愛不愛兄，故虧兄而自利；臣自愛不愛君，[3]故虧君而自利，此所謂亂也。雖父之不慈子，兄之不慈弟，君之不慈臣，此亦天下之所謂亂也。父自愛也不愛子，故虧子而自利；兄自愛也不愛弟，故虧弟而自利；君自愛也不愛臣，故虧臣而自利。是何也？皆起不相愛。雖至天下之爲盜賊者亦然，盜愛其室，不愛其異室，[4]故竊異室以利其室；賊愛其身，不愛人，故賊人以利其身。[5]此何也？皆起不相愛。雖至大夫之相亂家，諸侯之相攻國者亦然。大夫各愛其家，[6]不愛異家，故亂異家以利其家；[7]諸侯各愛其國，不愛異國，故攻異國以利其國，天下之亂物具此而已矣。[8]察此何自起？皆起不相愛。

1 注 當，讀為「嘗」，同聲叚借字。《荀子·君子》篇「先祖當賢」，楊注云：「當，或為嘗。」《孟子·萬章》篇「是時孔子當阸」，《說苑·至公》篇引「當阸」作「嘗阸」，是其證。嘗，試也。下篇云：「姑嘗本原若衆害之所自生」，語意與此同。

2 注 「故」，《意林》引作「欲」，下同。

3 注 「不」下，舊衍「自」字，今依《道藏》本刪。上下文凡言「不愛」者，「不」下皆無「自」字。

4 注 王云：「下句不當有『其』字，蓋涉上下文而衍，下文『不愛異家』，『不愛異國』，皆無『其』字，是其證。《意林》引無『其』字。」

5 注 俞云：「兩『人』字下並奪『身』字，本作『賊愛其身，不愛人身，故賊人身以利其身』，方與上句一律。下文云：『視人身若其身，誰賊』，亦以『人身』、『其身』對言。中篇云：『今人獨知愛其身，不愛人之身，是以不憚舉其身以賊人之身』，竝可證人下當有『身』字也。」

6 注 舊本無「其」字。畢云：「一本云『愛其家』。」

▲詒讓案：以下文校之，有者是也，今據增。

7 注 舊本無「其」字。畢云：「一本云『利其家』。」

▲詒讓案：以下文校之，亦當有「其」字，今據增。

8 注 物亦事也，言天下之亂事畢盡於此。

若使天下兼相愛，愛人若愛其身，[1]猶有不孝者乎？視父兄與君若其身，[2]惡施不孝？猶有不慈者乎？視弟子與臣若其身，惡施不慈？故不孝不慈亡有。[3]猶有盜賊乎？故視人之室若其室，[4]誰竊？視人身若其身，誰賊？故盜賊亾有。[5]猶有大夫之相亂家、諸侯之相攻國者乎？視人家若其家，誰亂？視人國若其國，誰攻？故大夫之相亂家、諸侯之相攻國者亡有。若使天下兼相愛，國與國不相攻，家與家不相亂，盜賊無有，君臣父子皆能孝慈，若此則天下治。故聖人以治天下爲事者，惡得不禁惡而勸愛？故天下兼相愛則治，交相惡則亂。[6]故子墨子曰：「不可以不勸愛人者」，此也。

1 注 句首「愛」字舊本脫，今依盧校補。

2 注 舊本脫「猶有」以下十四字，王據下文校補「猶有不孝者乎？視父若其身」十一字。

▲今案：當於「父」下，更補「兄與君」三字，蓋《墨子》此文，以「無不孝」晐「無不忠不弟」，猶下文以「無不慈」晐「無不惠不和」也。上文亦云：「臣子之不孝君父，所謂亂也」，可證。王因下云「不孝」，故但補「父」，而不及「兄與君」，則與下「無不慈」之兼子弟臣言者，不相對矣。

3 注 王云：「舊本脫『故』、『不』、『慈』、『有』四字，畢據下文補『有』字。今以上下文考之，當作『故不孝不慈亾有』。『不孝不慈亾有』，總承上文而言。下文曰『故盜賊亾有，故大夫之相亂家、諸侯之相攻國者亡有』，與此文同一例，今補。」

4 注 「故」字疑衍。

5 注 畢云：「二字舊倒，非，下同。」

6 注 舊本脫「交」字，王據下二篇補。

兼愛中第十五

子墨子言曰：「仁人之所以爲事者，必興天下之利，除去天下之害，以此爲事者也。」然則天下之利何也？天下之害何也？子墨子言曰：「今若國之與國之相攻，家之與家之相篡，[1]人之與人之相賊，君臣不惠忠，父子不慈孝，兄弟不和調，此則天下之害也。」

1 **注** 《說文．厶部》云：「屰而奪取曰『篡』。」

然則崇此害亦何用生哉？[1]以不相愛生邪？[2]子墨子言：「以不相愛生。今諸侯獨知愛其國，不愛人之國，是以不憚舉其國以攻人之國。今家主獨知愛其家，[3]而不愛人之家，是以不憚舉其家以篡人之家。今人獨知愛其身，不愛人之身，是以不憚舉其身以賊人之身。是故諸侯不相愛則必野戰。家主不相愛則必相篡，人與人不相愛則必相賊，君臣不相愛則不惠忠，父子不相愛則不慈孝，兄弟不相愛則不和調。天下之人皆不相愛，強必執弱，[4]富必侮貧，貴必敖賤，[5]詐必欺愚。凡天下禍篡怨恨，其所以起者，以不相愛生也，是以仁者非之。」

1 **注** 俞云：「『崇』字無義，乃『察』字之誤。『何用生』者，『何以生』也。《一切經音義》卷七引《蒼頡篇》曰：『用，以也』，《詩．桑柔》篇『逝不以濯』，〈尚賢〉篇引作『鮮不用濯』，即其證也。言國與國相攻，家與家相篡，人與人相賊，以及君臣父子兄弟之不惠忠，不慈孝，不和調，當察其害之何以生，故曰：

『然則察此害亦何用生哉』。上篇曰：『當察亂何自起』，與此同義。」

▲案：俞說是也，蘇云：「『用』疑當作『由』」，非。

2 注 俞云：「『以不相愛生邪』，當作『以相愛生邪』，乃反言以問之，起子墨子之正對也。下篇云：『姑嘗本原若衆害之所自，此胡自生？此自愛人利人生與？即必曰非然也，必曰從惡人賊人生』，又云：『姑嘗本原若衆利之所自生，此胡自生？此自惡人賊人生與？即必曰非然也，必曰從愛人利人生』，皆以反言發問，而起正對，正與此同，若如今本，則文義複沓矣。」

3 注 家主，謂卿大夫也。《周禮．春官．敘官》鄭注云：「家，謂大夫所食采地。」又〈大宰〉鄭衆注云：「主，謂公卿大夫世世食采不絕者。」

4 注 以下文校之，此下疑脫「衆必劫寡」四字。

5 注 畢云：「『敖』，一本作『傲』，此『傲』字假音。」

既以非之，何以易之？子墨子言曰：「以兼相愛、交相利之法易之。」然則兼相愛、交相利之法將柰何哉？子墨子言：「視人之國若視其國，視人之家若視其家，視人之身若視其身。是故諸侯相愛則不野戰，家主相愛則不相簒，人與人相愛則不相賊，君臣相愛則惠忠，父子相愛則慈孝，兄弟相愛則和調。天下之人皆相愛，強不執弱，衆不劫寡，富不侮貧，[1]貴不敖賤，詐不欺愚。凡天下禍篡怨恨可使毋起者，以相愛生也，是以仁者譽之。」

1 注 自「君臣相愛」以下至此，凡四十字，舊本誤入下文「今天下之士」之下，王移置於此，是也，今從之。

然而今天下之士[1]君子曰：[2]「然，[3]乃若兼則善矣，[4]雖然，天下之難物于故也。」[5]子墨子言曰：「天下之士君子，特不識其利，辯其故也。[6]今若夫攻城野戰，殺身爲名，此天下百姓之所皆難也，苟君說之，則士衆能爲之。況於兼相愛、交相利，則與此異。夫愛人者，人必從而愛之；利人者，人必從而利之；惡人者，人必從而惡之；害人者，人必從而害之。此何難之有！特上弗以爲政，士不以爲行故也。

1 注 自「貴不敖賤」以下至此，凡三十八字，舊本誤入上文「君臣相愛」之上，王移置於此，又「凡天下禍篡怨恨，可使毋起者，以相愛生也，是以仁者譽之」，舊本脫去「以相愛生也是」六字，王據上文云：「凡天下禍篡怨恨，其所以起者，以不相愛生也，是以仁者非之」補六字，是也，今並從之。

2 注 王云：「『然而今天下之士君子曰』為一句，舊本『君子曰』作『子墨子曰』，此因與下文『子墨子言曰』相涉而誤。下文云『然而今天下之士君子曰』，今據改。」

▲案：王校是也，畢本作「子墨子言曰」，尤誤，《道藏》本無「言」字。

3 注　句。

4 注　王引之云：「乃若，轉語詞也。」

5 注　「于」，舊本作「於」，今據《道藏》本正。俞云：「『於故』二字，當為衍文。下文云：『然而今天下之士君子曰：然，乃若兼則善矣。雖然，不可行之物也』，正與此文一律。惟其為難物，故為不可行之物也，今衍『於故』二字，則無義矣。」

▲案：「于故」雖難通，然非衍文也。竊疑「于」即「迂」之借字，〈文王世子〉云：「況于其身以善其君乎」，鄭注「于，讀為迂」是其證。故者，事也，迂故，言迂遠難行之事。〈尚同中〉篇云：「故古者聖人之所以濟事成功，垂名於後世者，無他故異物焉」，此云「難物迂故」，與「他故異物」，文例正同。

6 注　俞云：「『辯其』下脫『害』字，下文『愛人者人必從而愛之，利人者人必從而利之，是其利也；惡人者人必從而惡之，害人者人必從而害之，是其害也』。」

▲案：「害」字似不必增。

昔者晉文公好士之惡衣，[1]故文公之臣[2]皆牂羊之裘，[3]韋以帶劍，[4]練帛之冠，[5]入以見於君，出以踐於朝。[6]是其故何也？君說之，故臣爲之也。[7]

1 注　畢云：「《太平御覽》引作『服』。」

2 注 畢云：「《太平御覽》引作『大夫』二字。」

3 注 《詩．小雅．苕之華》云：「牂羊墳首」，毛《傳》云：「牂羊，牝羊也。」畢云：「《爾雅》云：『羊，牝，牂』。」

4 注 畢云：「舊作『錢』，據《太平御覽》改。」

▲詒讓案：〈公孟〉篇正作「劍」。《漢書．東方朔傳》云：「孝文皇帝以韋帶劍」，顏注云：「但空用韋，不加飾。」

5 注 練帛，詳〈辭過〉篇。畢云：「《太平御覽》引此『練』作『大』。」

▲詒讓案：「練帛」蓋即「大帛」，《左．閔二年傳》「衛文公大帛之冠」，杜注云：「大帛，厚繒。」《後漢書．馬皇后傳》李注云：「大練，大帛也。」

6 注 舊本「踐」下脫「於」字，王據上句補。畢云：「《淮南子．齊俗訓》云：『晉文君大布之衣，牂羊之裘，韋以帶劍，威立于海內』。」王云：「『練帛之冠』下，當有『大布之衣，且苴之屨』八字，而今本脫之。上文曰：『晉文公好士之惡衣』，此但言冠而不言衣，則與上文不合。『入以見於君』是總承上文而言，『出以踐於朝』則專指『且苴之屨』而言，今本脫『且苴之屨』四字，則『踐』字義不可通。下篇曰：『大布之衣，牂羊之裘，練帛之冠，且苴之屨，入見文公，出以踐之朝』，是其證。」

7 注 王云：「『為』上脫『能』字。下文『君說之，故臣能之也』，『能』下脫『為』字。前文曰：『苟君說之，則士衆能為之』，後文曰：『若苟君說之，則衆能為之』，皆其證。」

昔者楚靈王好士細要，[1]故靈王之臣[2]皆以一飯爲節，[3]脇息然後帶，扶墻然後起。[5]比期年，朝有黧黑之色。[6]是其故何也？[7]君說之，故臣能之也。[8]昔越王句踐好士之勇，教馴其臣，[9]和合之[10]焚舟失火，[11]試其士曰：「越國之寶盡在此！」越王親自鼓其士[12]而進之。[13]士聞鼓音，破碎亂行，[14]蹈火而死者左右百人有餘。[15]越王擊金而退之。

1 **注** 畢云：「舊作『腰』，俗寫。《後漢書》注引此云：『楚靈王好細腰，而國多餓人』。」

▲詒讓案：《晏子春秋．外篇》云：「楚靈王好細腰，其朝多餓死人。」《韓非子．二柄》篇云：「楚靈王好細腰，而國中多餓人。」《後漢書》注疑涉彼二書而誤。

2 **注** 「故」字畢本脫，今據《道藏》本補。

3 **注** 畢云：「《太平御覽》引此『一』作『三』。」

▲詒讓案：《戰國策．楚策》「莫敖子華曰：昔者先君靈王好小腰，楚士約食，馮而後能立，式而後能起」，吳師道校注引此云：「楚靈王好士細腰，故其臣皆三飯為節」，與《御覽》同。

4 **注** 畢云：「『脇』，舊作『肱』，據《太平御覽》改。」

▲案：《戰國策校注》引亦不誤。

5 注 兩「然」字，《戰國策校注》引並作「而」。

6 注 畢云：「『黧』非古字，當為『黎』。《呂氏春秋．行論》云：『禹官為司空，以通水潦，顏色黎黑』，只作『黎』。《玉篇》云：『黧，亦作黎』。」「色」，舊本作「危」，王引之云：「『危』與『黧黑』二字，義不相屬，『危』當為『色』。人瘦則面色黧黑，義見上文。」

▲案：王校是也，蘇說同，今據正。

7 注 「何」，舊本譌「是」。蘇云：「當作『何』」，今據正。

8 注 「能」下，王校補「為」字，說詳上。

9 注 「馴」讀為「訓」，詳〈脩身〉篇。

10 注 此三字無義，疑當作「私令人」，屬下讀。

11 注 舟非藏寶之所，《御覽．宮室部》引《墨子》作「自焚其室」。疑「舟」當作為「內」，內謂寢室。《呂氏春秋．用民》篇云：「句踐試其民於寢宮，民爭入水火，死者千餘矣，遽擊金而卻之」，劉子《新論．閱武》篇同。《韓非子．內儲說上》篇亦云：「焚宮室」，並與此事同。「內」、「舟」形近而譌。〈非攻中〉篇「徙大舟」，「舟」譌作「內」，與此可互證。下篇亦同。黃紹箕云：「《御覽》引作『焚其室』，竊疑本當作『焚舟室』。《越絕外傳．記越地傳》云：『舟室者，句踐船宮也』，蓋即教舟師之地，故下篇云：『伏水火而死者，不可勝數也』，言或赴火、或蹈水，死者甚衆也。後人不喻舟室之義，則誤刪『舟』字，校本書者又刪『室』字，遂致歧互矣。」

▲案：黃說亦通。

12 注 畢本「鼓」改為「鼓」，云：「『鼓擊』之字從『攴』，鐘『鼓』之字從壴。」

▲案：《周禮·小師》鄭注云：「出音曰鼓」，此與「六鼓」之「鼓」字同，而義小異。經典凡「鍾鼓」與「鼓擊」字，通如此作。《說文·攴部》雖別有「鼓」字，而音義殊異，畢從宋·毛晃說，強為分別，非也。

13 注 畢云：「舊此下有『曰』字，衍文。」

14 注 「碎」，疑「萃」之借字，「萃」亦行列之謂。《穆天子傳》「七萃之士」，郭璞注云：「萃，集也，聚也。」蓋凡卒徒聚集部隊，謂之萃。破萃亂行，皆謂凌躐其曹伍，爭先赴火也。

15 注 畢云：「《太平御覽》引云：『越王好士勇，自焚其室，曰：越國之寶悉在此中，王自鼓，蹈火而死者百餘人』。」

是故子墨子言曰：「乃若夫少食惡衣，殺身而爲名，[1]此天下百姓之所皆難也，若苟君說之，則衆能爲之。況兼相愛、交相利，與此異矣。夫愛人者，人亦從而愛之；利人者，人亦從而利之；惡人者，人亦從而惡之；害人者，人亦從而害之。此何難之有焉？特上不以爲政，而士不以爲行故也。」

1 注 王引之云：「乃若，發語詞也。」

然而今天下之士君子曰：「然，乃若兼則善矣。雖然，不可行之物也，譬若挈太山越河濟也。」[1]子墨子言：「是非其譬也。夫挈太山而越河濟，可謂畢劫有力矣，[2]自古及今未有能行之者也。況乎兼相愛、交相利則與此異，古者聖王行之。何以知其然？古者禹治天下，西爲西河、漁竇，[3]以泄渠孫皇之水；[4]北爲防原泒，[5]注后之邸、[6]嘑池之竇，[7]洒爲底柱，[8]鑿爲龍門，[9]以利燕、代、胡、貉與西河之民；[10]東方漏之陸，[11]防孟諸之澤，[12]灑爲九澮，[13]以楗東土之水，[14]以利冀州之民；[15]南爲江、漢、淮、汝，東流之，注五湖之處，[16]以利荊、楚、干、越[17]與南夷之民。[18]此言禹之事，吾今行兼矣。昔者文王之治西土，若日若月，乍光于四方，于西土，[19]不爲大國侮小國，不爲衆庶侮鰥寡，不爲暴勢奪穡人黍、稷、狗、彘。[20]天屑臨文王慈，[21]是以老而無子者，有所得終其壽；連獨無兄弟者，[22]有所雜於生人之閒；[23]少失其父母者，有所放依而長。[24]此文王之事，[25]則吾今行兼矣。昔者武王將事泰山隧，[26]傳曰：『泰山，有道曾孫周王有事，[27]大事既獲，[28]仁人尚作，29以祗商、夏，蠻夷醜貉。30雖有周親，不若仁人，萬方有罪，維予一人。』31此言武王之事，吾今行兼矣。」

1 注 《淮南子．俶真訓》高注云：「挈，舉也。」《孟子．梁惠王》篇云：「挾泰山以超北海，語人曰『我不能』，是誠不能也」，與此語意相類。畢云：「此『濟』字當為『泲』，即出山西垣曲縣王屋山之沇水也。從『齊』者，石濟水，出直隸贊皇縣也。」

2 注 《淮南子．覽冥訓》云：「體便輕畢」，高注云：「畢，疾也。」「劫」於義無取，疑當為「劼」之誤。《廣韻．十八黠》云：「劼，用力也。」或當為「勁」，下篇及〈非樂上〉篇並有「股肱畢強」之文，「勁」與「強」義亦同。

3 注 《書．禹貢》：「黑水、西河惟雍州」，又云：「浮于積石，至於龍門西河，會於渭汭」。《偽孔傳》云：「龍門之河在冀州西」，孔《疏》云：「在冀州西界，故謂之西河。〈王制〉云：『自東河而東，至於西河，千里而近』，是河相對而為東西也」。畢云：「西河在今山西陝西之界。漁竇，疑即龍門。」

▲詒讓案：「漁」疑即「渭」之譌。

4 注 畢云：「未詳其水。」

▲詒讓案：此章所舉江、河、淮、漢、嘑池、孟諸、五湖，皆《周禮．職方氏》九州川浸澤藪之名，此渠孫皇亦必雍州大川澤之一。以〈職方〉攷之，疑當作蒲弦澤，即雍州澤藪之弦蒲也。鄭注云：「弦蒲在汧。」

鄭衆云：「弦或為汧，蒲或為浦。」《漢書．地理志》云：「右扶風汧北有蒲谷鄉弦中谷，雍州弦蒲藪。汧水出西北，入渭」，「蒲」、「渠」字竝從「水」旁，因而致誤。「弦」正字作「弜」，亦類「孫」字。「澤」作「皇」者，「澤」從「睪」聲，古書「睪」或揑作「皋」，《史記．天官書》「澤」字作「滜」，封禪書「澤山」，《集解》引徐廣云：「澤，一作『皋』」，《左．襄十七年傳》「澤門」，《釋文》云：「澤或作皋」，皆其證也。顏元孫《干祿字書》云：「皋，俗作『睾』，通作『皋』。」漢〈孔彪碑〉又作「皋」，與「皇」字竝絕相似，故傳寫譌互矣。據〈漢志〉，弦即汧水，入渭，渭復入河，故西河、渭瀆，可泄此澤之水。而蒲谷鄉與弦中谷合而名「澤」，故「弦蒲」亦可倒稱「蒲弦」。參互審校，似無疑義。弦蒲藪在今陝西隴州西四十里。

5 **注** 《說文．𨸏部》云：「防，隄也。」《周禮．稻人》云：「以防止水。」原，亦水名，無考。畢云：「泒，疑即雁門泒水也。」

▲詒讓案：《說文．水部》云：「泒水，起鴈門葰人戍夫山，東北入海」，即嘑池之原，此舉其原，下又詳其委也。

6 **注** 畢讀「注」屬上句，非，此與下「注五湖之處」文例正同。后之邸，疑即〈職方氏〉并州澤藪之昭余祁也。《爾雅．釋地》十藪，燕有昭餘祁，《釋文》引孫炎本，「祁」作「底」，「祁」、「底」、「邸」並音近相通。「昭」作「后」者，疑省「昭」為「召」，又誤作「后」。「之」、「余」音亦相轉，《漢書．地理志》「太原郡鄔九澤在北，是為昭余祁，并州藪」，在今山西太原府祁縣東七里。

7 注 《職方氏》：「并州其川虖池」，鄭注云：「虖池出鹵城。」

▲案：《漢書．地理志》亦作「虖池」。《禮記．禮器》作「惡池」，注云：「『惡』當為『呼』，聲之誤也。」《戰國策．秦、韓、中山策》並作「呼池」。畢云：「即虖沱河，出今山西繁時縣，古無『池』字，即『沱』異文，故此亦以『池』為『沱』也。」顧云：「『竇』即『瀆』字，《周禮．大宗伯》注『四竇』，《釋文》：『本亦作「瀆」』。」

8 注 「洒」與下文「灑」同，當讀「所宜反」。「底」當作「底」，〈禹貢〉「東至于底柱」，《偽孔傳》云：「底柱，山名。河水分流，包山而過，山見水中，若柱然，在西虢之界。」「洒」即謂分流也。畢云：「《說文》云『灑，汛也』，『洒』假音字。《水經》云：『砥柱山在河東大陽縣東河中。』《括地志》云：『底柱山俗名三門山，硤石縣東北五十里黃河之中』。案：在今山西平陸縣東五十里，三門山東。」

9 注 畢云：「《水經》云：『龍門山在河東皮氏縣西。』《括地志》云：『龍門山在同州韓城縣北五十里』，山在今河津、韓城二縣界。」

10 注 畢云：「『貉』，〈非攻中〉作『貊』，是。疑《左傳》云：『狄之廣莫，于晉為都』，『廣』即『少廣』，『莫』即『貊』也。」

▲案：畢說非也。貊，「貉」之俗，《說文．豸部》云：「貉，北方豸種也。」〈職方氏〉有九貉，《漢書．

高帝紀》顏注云：「貉在東北方，三韓之屬皆貉類也。」《考工記》鄭注云：「胡，今匈奴。」

11 **注** 以上下文例校之，東方，「方」當作「為」，與「西為」、「北為」、「南為」文正同。「漏之陸」，疑當作「漏大陸」。《淮南子．本經訓》說禹治水云：「鴻水漏，九州乾」，言大陸之水漏而乾也。畢讀「漏之陸防」句，云：「陸防疑即大陸，在今山東鉅鹿縣。」

▲案：畢說不誤，而讀則非。

12 **注** 〈禹貢〉「豫州：導菏澤，被孟豬」，《史記．夏本紀》作「明都」，《漢書．溝洫志》作「盟諸」，〈職方氏〉云：「青州，其澤藪曰望諸」，《爾雅．釋地》云：「宋有孟諸」，此與《爾雅》字同。《漢書．地理志》云：「孟豬在梁國睢陽縣東北。」畢云：「澤在今山東虞城縣西北十里，有孟諸臺，接商邱縣界。《水經》云：『明都澤在梁郡睢陽縣東北』。『明』、『孟』，『諸』、『都』，音相近。」

13 **注** 畢云：「此『巜』字之假音，《爾雅》云：『水注溝曰澮』，《說文》以『澮』為水名。案：九巜即九河也。」

▲詒讓案：「灑」、「釃」字通。《漢書．溝洫志》云：「禹迺釃二渠，以引其河」，注「孟康云：釃，分也，分其流，泄其怒也。」《史記．河渠書》「釃」作「廝」，《索隱》云：「廝，《漢書》作『灑』。」《史記》舊本亦作「灑」，字從「水」。韋昭云：「疏決為灑」，此與《史》、《漢》舊本字正同。《漢書．司馬相如傳》「決江疏河，灑沈澹災」，顏注云：「灑，分也，所宜反」。《淮南子．要略》云：「禹

剔河而道九岐。」

14 注 畢云：「《說文》云：『楗，門限』，則此蓋言限也。《玉篇》：『渠偃切』。」

▲詒讓案：《呂氏春秋．愛類》篇云：「禹於是疏河決江，為彭蠡之障，乾東土，所活者千八百國。」

15 注 《爾雅．釋地》云：「兩河間曰冀州。」《說文．北部》云：「冀，北方州也。」

▲案：古通以中土為冀州。《穀梁．桓五年傳》云：「鄭，同姓之國也，在乎冀州」，楊士勛疏云：「冀州者，天下之中州，唐、虞、夏、殷皆都焉」。《逸周書．嘗麥》篇云：「在大國有殷，是威厥邑，無類於冀州。」《晏子春秋．問上》篇云：「桓公撫存冀州。」《淮南子．墬形訓》云：「正中冀州曰中土」，高注云：「冀，大也，四州之主，故曰中土」，又〈覽冥訓〉注云：「冀，九州中，謂今四海之內」。《山海經．大荒北經》郭注云：「冀州，中土也」。

16 注 《玉海．地理門》引作「東流注之五湖」。范成大《吳郡志》同。《淮南子．要略》云：「禹鑿江而通九路，辟五湖而定東海。」《職方氏》「揚州其浸五湖」，鄭注云：「五湖，在吳南」。《國語．越語》韋注云：「五湖，今太湖。」此云：「注五湖」，蓋專據江、漢言之。《水經．沔水》酈注云：「南江東注於具區，謂之五湖口。五湖，謂長蕩湖、太湖、射湖、貴湖、滆湖也」，又引虞翻說太湖云：「是湖有五道，故曰五湖」。

▲案：晉、唐人釋五湖名多差異，要不出太湖之枝別，今不具論。畢云：「《文選注》云：『張勃《吳錄》

曰：五湖者，太湖之別名也，周行五百餘里。」今案：江南吳吳江、宜興、武進、無錫，浙江烏程、長興七縣，皆瀕此湖也。」

17 **注** 「干」，畢本作「于」，云：「四字舊作『楚、荊、越與』，據《文選注》改。」王云：「畢改非也，《文選．江賦》注，本作『荊、楚、干、越之民』，干，古寒反。今本《墨子》作『楚、荊、越與南夷之民』也，誤倒『荊、楚』二字，又脫『干』字耳。若『與南夷』之『與』，則不誤也。上文云『燕、代、胡、貉與西河之民』，此文云『荊、楚、干、越，與南夷之民』，『與』非誤字明矣。南夷，謂荊、楚、干、越以南之夷，故曰『荊、楚、干、越與南夷』，《文選注》無『與南夷』三字，省文耳，畢誤以『楚荊越與』連讀，故刪去『與』字耳。『干越』即『吳越』，非《春秋》所謂『於越』也。畢改『干越』為『于越』，亦非。」又云：「《莊子．刻意》篇曰『夫有干越之劍者』，《釋文》『司馬彪云：干，吳也。吳、越出善劍也。』案：吳有谿名干谿。《荀子．勸學》篇曰：『干、越、夷、貉之子』，楊倞曰：『干、越，猶言吳、越』。《淮南．原道》篇曰：『干越生葛絺』，高注曰：『干，吳也』。是『干越』即『吳越』也。干、越為二國，若《春秋》之『於越』即是越而以『於』為發聲，與『干越』不同。」劉台拱云：「『干』與哀九年《左傳》『吳城邗溝通江淮』之『邗』同。」

▲案：王、劉說是也。干，「邗」之借字。《說文．邑部》云：「邗，國也，今屬臨淮，一曰邗本屬吳。」《管子．內業》篇云：「昔者吳、干戰」，據《管子》說，則吳、干本二國，後干為吳所滅，遂通稱「吳」

為「干」，故此云「干、越」矣。

18 注 畢云：「江、淮、汝在荊，五湖在越也。」

19 注 下篇引作〈泰誓〉。蘇云：「此與〈泰誓〉略同，疑有脫誤。」
▲詒讓案：今偽古文即采此書。《偽孔傳》云：「言其明德，充塞四方，明著岐周。」義互詳下篇。

20 注 畢云：「《說文》云：『嗇，㤅濇也，從來從㐭。來者，㐭而臧之，故田夫謂之嗇夫』，『穡』與『嗇』通。」

21 注 以上疑並出古〈泰誓〉，今偽古文止采下篇，故無之。《後漢書·馬廖傳》李注云：「屑，顧也。」畢云：「《漢書·武帝紀》云：『屑然如有聞』。」

22 注 畢云：「『連』同『鰥』，音相近，字之異也。經典或作『煢』，或作『惸』，皆假音。」王引之云：「無兄弟不得謂之鰥，『鰥』、『煢』、『惸』三字，聲與『連』皆不相近，畢說非。『連』與『獨』文義不倫，『連』疑當作『逴』，與『連』相似而誤。逴，猶獨也，故以『逴獨』連文。《莊子·大宗師》篇『彼特以天為父，而身猶愛之，而況其卓乎』，郭注曰：『卓者，獨化之謂也。』《秋水》篇『吾以一足趻卓而行。』《玉篇》『逴，敕角切，蹇也。』蹇者，獨任一足，故謂之『逴』，『逴』與『卓』通。《漢書·河間獻王傳》『卓爾不群』。《說苑·君道》篇『踔然獨立』。《說文》『𥟖特止』，徐鍇曰：『特止，卓立也。』『卓』、『踔』、『𥟖』並與『逴』同聲，皆獨貌也。」洪云：「《爾雅·釋畜》『未成雞，僆』，郭璞注：『江東呼雞少者曰健』。『連』與『健』同，連獨，猶言『幼獨』也。」俞云：「『連』當讀為『離』，『連』與『離』一聲之轉，《淮南子．原道》篇『終身運枯形于連嶁列埒之門』，高注曰：『連嶁，猶離嶁也』，是其證也。又〈本經〉篇『愚夫惷婦皆有流連之心』，注曰『流連，猶爛漫，失其職業也』，然則『流連』即『流離』也，亦其證也。」

▲詒讓案：「連」疑當讀為「矜」，一聲之轉，猶《史記．龜策傳》以苓葉為蓮葉。《爾雅．釋詁》云：「矜，苦也。」《詩．小雅．鴻鴈》云：「爰及矜人」，毛《傳》云：「矜，憐也」，又〈何草不黃〉云：「何人不矜。」連獨，猶言窮苦煢獨耳。「矜」從「令」聲，今經典並從「今」，誤。

23 注 雜，讀為「集」。《廣雅．釋詁》云：「集，成也，就也。」言連獨之人得以成就其生業。

24 注 「放」、「依」義同。〈檀弓〉：「子貢曰：哲人其萎，則吾將安放？」

25 注 以上下文校之，「此」字下亦當有「言」字。

26 注 《廣雅．釋詁》云：「將，行也。」《周禮．小宗伯》云：「將事于四望」。畢云：「『隧』，或為『隊』。《穆天子傳》云『鈃山之隊』。《玉篇》云：『隊，以醉切，掘地通路也，或作隧』。案：『隊』、『隧』字，皆《說文》『𨽍』字之省。」閻若璩云：「玩其文義，乃是武王既定天下後，望祀山川，或初巡守岱宗禱神之辭，非伐紂時事也。」

27 注 偽古文《書．武成》襲此文云：「告于皇天后土，所過名山大川，曰：惟有道曾孫周王發。」孔《疏》

云：「自稱『有道』者，聖人至公，為民除害，以紂無道，言己有道，所以告神求助，不得飾以謙辭也。稱『曾孫』者，〈曲禮〉說諸侯自稱之辭，云『臨祭祀外事，曰曾孫某侯某』。哀六年《左傳》蒯聵禱祖，亦自稱曾孫，皆是己承籍上祖奠享之意。」

28 注 《小爾雅．廣言》云：「獲，得也。」

29 注 《說文．人部》云：「作，起也。」

30 注 偽〈武成〉云：「予小子既獲仁人，敢祗承上帝，以遏亂略，華夏、蠻貊，罔不率俾」，《偽孔傳》云：「仁人，謂太公、周、召之徒。言誅紂敬承天意，以絕亂路。」

▲案：「祗」當讀為「振」。〈內則〉「祗見孺子」，鄭注云：「『祗』或作『振』」。《國語．周語》云：「以振救民」，韋注云：「振，拯也」。此謂得仁人，以拯救中國及四夷之民。偽《書》改為「祗承上帝」，失其恉矣。醜貉者，九貉類衆多，《爾雅．釋詁》云：「醜，衆也。」

31 注 蘇云：「《書．泰誓》篇『若』作『如』，『萬方有罪』作『百姓有過』。『維』作『在』。」

▲詒讓案：偽古文〈泰誓〉即誤采此文。《偽孔傳》云：「周，至也。言紂至親雖多，不如周家之少仁人。民之有過，在我教不至。」又《論語．堯曰》篇云：「雖有周親，不如仁人，百姓有過，在予一人」，《集解》孔安國云：「親而不賢不忠，則誅之，管、蔡是也。仁人，謂箕子、微子，來則用之。」又《說苑．貴德》篇云：「武王克殷，問周公曰：『將柰其士衆何』？周公曰：『使各宅其宅，田其田，無變舊新，惟仁

是親，百姓有過，在予一人』。」《尚書大傳》、《韓詩外傳》、《淮南子．主術訓》文並略同。《群書治要》引《尸子．綽子》篇云：「文王曰：苟有仁人，何必周親」，則以為文王語，與《墨子》、《韓詩》、《說苑》並異。

是故子墨子言曰：「今天下之君子，忠實欲天下之富，[1]而惡其貧；欲天下之治，而惡其亂，當兼相愛，交相利。此聖王之法，天下之治道也，不可不務爲也。」

1 **注** 畢云：「『忠』，一本作『中』。舊云『士富』，『士』字衍。」

▲詒讓案：「忠」、「中」通。

兼愛下第十六

子墨子言曰：「仁人之事者，必務求興天下之利，除天下之害。」然當今之時，天下之害孰爲大？曰：「若大國之攻小國也，大家之亂小家也，強之劫弱，衆之暴寡，詐之謀愚，貴之敖賤，[1]此天下之害也。」[2]又與爲人君者之不惠也，[3]臣者之不忠也，父者之不慈也，子者之不孝也，此又天下之害也。又與今人之賤人，[4]執其兵刃、毒藥、水、火，以交相虧賊，此又天下之害也。姑嘗本原若衆害之所自生，[5]此胡自生？此自愛人利人生與？即必曰非然也，必曰從惡人賊人生。分名乎天下惡人而賊人者，兼與？別與？即必曰[6]別也。然即之交別者，[7]果生天下之大害者與？是故別非也。子墨子曰：[8]「非人者必有以易之，若非人而無以易之，譬之猶以水救火也，[9]其說將必無可焉。」是故子墨子曰：「兼以易別。」

1 注 畢云：「『敖』，一本作『傲』。」

2 注 《呂氏春秋．侈樂》篇云：「故彊者劫弱，衆者暴寡，勇者淩怯，壯者傲幼，從此生矣」，語意與此同。

3 注 「又與」，舊本作「人與」。王云：「『人與』，當依下文作『又與』，《廣雅》『與，如也』。上文『若大國之攻小國也』云云，若，如也。此文兩言『又與』，亦謂『又如』也。畢反欲改下『又與』為『人與』，傎矣。」

▲案：王校是也，蘇說同。

4 注 王云：「『今』下衍『人』字。」

5 注 舊脫此字，今依下文「衆利」章補。

6 注 畢云：「舊脫此字，據上文增。」

7 注 「即」、「則」同。交別，猶言「交相別」。

8 注 俞云：「此本作『是故子墨子曰：別非也』，下文『是故子墨子曰：兼是也』，與此為對文，可證。」

9 注 畢云：「一本作『火救水』。」顧校季本同。蘇云：「『火救水』是也，當據改。」俞云：「『以水救火』，何不可之有？畢校云：『一本作「火救水」』，然墨子此譬，本明無以易之之不可，若水、火是相反之物，無論以水救火、以火救水，皆是有以易之，與設喻之旨不合。疑《墨子》原文本作『猶以水救水，以火救火也』，故曰『其說將必無可』，今本作『水救火』，別本作『火救水』，皆有脫文。」

▲案：俞說近是。

然即兼之可以易別之故何也？曰：「藉爲人之國，若爲其國，夫誰獨舉其國以攻人之國者哉？爲彼者由爲己也。[1]爲人之都，若爲其都，夫誰獨舉其都以伐人之都者哉？爲彼猶爲己也。爲人之家，若爲其家，夫誰獨舉其家以亂人之家者哉？爲彼猶爲己也。然即國、都不相攻伐，人家不相亂賊，此天下之害與？天下之利與？即必曰天下之利也。」姑嘗本原若衆利之所自生，此胡自生？此自惡人賊人生與？即必曰非然也，必曰從愛人利人生。分名乎天下愛人而利人者，別與？兼與？即必曰兼也。然即之交兼者，果生天下之大利者與？是故子墨子曰：「兼是也。」且鄉吾本言曰：「[2]仁人之事者，[3]必務求興天下之利，除天下之害。」今吾本原兼之所生，天下之大利者也；[4]吾本原別之所生，天下之大害者也。是故子墨子曰：「別非而兼是者，出乎若方也。」[5]

1 注 畢云：「『由』同『猶』。」

2 注 畢云：「鄉，『曏』字省文。《說文》云：『曏，不久也。』鄭君注《儀禮》云：『曏，曩也』。」

3 注 舊本「事」譌「是」，今據《道藏》本正。

4 注 舊本脫，今據《道藏》本補。

5 注 《樂記》鄭注云：「方，猶道也。」畢云：「『乎』，舊作『平』，以意改。」

今吾將正求與天下之利而取之，[1]以兼爲正，是以聰耳明目相與視聽乎，[2]是以股肱畢強[3]相爲動宰乎，[4]而有道肆相教誨。[5]是以老而無妻子者，有所侍養以終其壽；[6]幼弱孤童之無父母者，有所放依以長其身。今唯毋以兼爲正，[7]即若其利也，[8]不識天下之士，[9]所以皆聞兼而非者，[10]其故何也？

1 注 蘇云：「『與』，當作『興』。」

2 注 舊本「是」下衍「故」字，今據《道藏》本刪，與下句文例正同。

3 注 畢，與中篇云「畢劫有力」義同。

4 注 畢云：「舊『動』下有『為』字，一本無。」

▲詒讓案：「宰」疑當作「舉」，〈尚同中〉篇云：「使人之股肱助己動作」，『動舉』與『動作』義同。

5 注 《爾雅．釋言》云：「肆，力也」。《文選．東京賦》「厥庸孔肆」，薛綜注云：「肆，勤也」。言勤力相教誨。

6 注 俞云：「『侍』，當作為『持』，古書多言『持養』，淺人不達而改為『侍』，非是。」

▲案：俞校是也，詳〈七患〉及〈非命下〉篇，下並同。

7 注 舊本「今」譌「令」，蘇云：「『令』當作『今』。」戴云：「『毋』，語詞。」

▲案：《道藏》本作「今」，今據正。

8 注 戴云：「若，此也。」

9 注 畢云：「舊作『事』，一本如此。」

10 注 「非」下當有「之」字。

然而天下之士非兼者之言，猶未止也。曰：「即善矣。雖然，豈可用哉？」子墨子曰：「用而不可，雖我亦將非之。[1]且焉有善而不可用者？」姑嘗兩而進之。誰以爲二士，[2]使其一士者執別，使其一士者執兼。是故別士之言曰：「吾豈能爲吾友之身，若爲吾身，爲吾友之親，若爲吾親。」是故退睹其友，飢即不食，寒即不衣，[3]疾病不侍養，死喪不葬埋。[4]別士之言若此，行若此。兼士之言不然，行亦不然，曰：「吾聞爲高士於天下者，必爲其友之身，若爲其身，爲其友之親，若爲其親，然後可以爲高士於天下。」[5]是故退睹其友，飢則食之，寒則衣之，疾病侍養之，死喪葬埋之。兼士之言若此，行若此。若之二士者，言相非而行相反與？[6]當使若二士者，[7]言必信，行必果，使言行之合猶合符節也，無言而不行也。然即敢問，今有平原廣野於此，被甲嬰冑[8]將往戰，死生之權[9]未可識也；又有君大夫之遠使於巴、越、齊、荊，[10]往來及否未可識也，[11]然即敢問不識將惡也？[12]家室，奉承親戚，[13]提挈妻子，而寄託之，不識於兼之有是乎？於別之有是乎？[14]我以爲當其於此也，[15]天下無愚夫愚婦，雖非兼之人，必寄託之於兼之有是也。此言而非兼，擇即取兼，即此言行費也。[16]不識天下之士，所以皆聞兼而非之者，其故何也？

1 注 「雖我」，舊本作「難哉」。王云：「『難哉』二字與下文義不相屬，『難哉』當為『雖我』，字之誤也。言兼愛之道，如其用而不可，則雖我亦將非之也。下文曰『我以為當其於此也，天下無愚夫愚婦，雖非兼者，必從兼君是也』，是其證。」

▲案：王說是也，蘇校同，今據正。

2 注 王引之云：「『誰』字義不可通，『誰』當為『設』，言設為二士於此，而使之各執一說也。隸書『設』字作『設』，『誰』字作『誰』，二形略相似，故『設』誤為『誰』。」

3 注 陳澧云：「此謂友飢而不餽以食，友寒而不贈以衣也。」

4 注 畢云：「當為『薶』，《說文》云『薶，瘞也』。《玉篇》云『埋與薶同』。本書或作『貍』。」

5 注 舊脫「於」字，畢云：「一本有。」

▲案：有者是也，今據增。

6 注 舊本無「士」字，畢云：「一本有『士』字，是。」今據增。

7 注 王引之云：「『當』與『儻』同，若，此也。言儻使此二士之言行相合，則無言而不行也。」

▲詒讓案：「當」，疑當為「嘗」之借字，詳上篇。戴云：「依下文『當』宜作『常』」，非。

8 注 《漢書．賈誼傳》顏注云：「嬰，加也。」畢云：「《說文》云『嬰，頸飾也』。」

9 注 「權」，疑當作「機」。

10 注 《左傳・桓九年》杜注云：「巴國，在巴郡江州縣。」常璩《華陽國志》云：「巴，黃帝、高陽之支庶，世為侯伯。周武王克商，封其宗姬於巴，爵之以子。七國稱王，巴亦稱王，周慎王五年，秦遣張儀、司馬錯伐蜀，滅之，因取巴，執王以歸，置巴郡。」

11 注 舊本重「及否未」三字，王云：「此當作『往來及否未可識也』。」

▲案：王校是也，今據刪。

12 注 俞云：「『惡』下脫『從』字。『將惡從也』，猶云『將何從也』。下文曰『不識將擇之二君者，將何從也』，是其證。」蘇云：「句有脫誤，『也』字疑當作『託』。」戴云：「『也』字乃『宅』之誤，二形相似。宅，居也。或云『侂』字誤，『侂』即『託』。」

▲案：俞校近是，據此，則下文「家室」上當有脫文。下云「寄託」，則此不當云「託」。蘇、戴說非。

13 注 錢大昕云：「古人稱父母為親戚，《大戴禮記・曾子疾病》篇『親戚既沒，雖欲孝，誰為孝？』《孟子・盡心》篇『人莫大焉，亡親戚君臣上下』。」

▲案：錢說是也，亦見〈節葬下〉、〈非命上、中〉篇。

14 注 戴云：「有字皆友之聲」，誤。

15 注 「我」，舊本譌「哉」。王云：「『哉』亦當為『我』。」蘇校同，今據正。

16 注 畢本「費」改「拂」，云：「舊作『兼費』，一本如此。」王云：「古者『拂』與『費』通，不煩改字。《大雅．皇矣》篇『四方以無拂』，鄭《箋》曰『拂，猶佹也』。《中庸》『君子之道費而隱』，注曰：『費，猶佹也』，《釋文》『費，本又作拂，同，扶弗反』，是其證。」顧說同。

然而天下之士非兼者之言猶未止也。曰：「意可以擇士，而不可以擇君乎？」[1]姑嘗兩而進之。誰以爲二君，[2]使其一君者執兼，使其一君者執別，[3]是故別君之言曰：「[4]吾惡能爲吾萬民之身，若爲吾身，[5]此泰非天下之情也。[6]人之生乎地上之無幾何也，譬之猶駟馳而過隙也。」[7]是故退睹其萬民，飢即不食，寒即不衣，疾病不侍養，死喪不葬埋。別君之言若此，行若此。兼君之言不然，行亦不然。曰：「吾聞爲明君於天下者，必先萬民之身，[8]後爲其身，然後可以爲明君於天下。」是故退睹其萬民，[9]飢即食之，寒即衣之，疾病侍養之，死喪葬埋之。兼君之言若此，行若此。然即交若之二君者，[10]言相非而行相反與？常使若二君者，[11]言必信，行必果，使言行之合猶合符節也，無言而不行也。然即敢問，今歲有癘疫，萬民多有勤苦凍餒，[12]轉死溝壑中者，[13]既已衆矣。不識將擇之二君者，將何從也？我以爲當其於此也，天下無愚夫愚婦，雖非兼者，[14]必從兼君是也。言而非兼，擇即取兼，[15]此言行拂也。不識天下所以皆聞兼而非之者，其故何也？

1 注 舊本作「子」，王云：「『子』當為『乎』字之誤也，『乎』與『意』文義相承。下文曰『意不忠親之利而害為孝乎』，是其證。」

▲案：王校是也，今據正。

2 注 「誰」，亦當依上文王校作「設」。

3 注 「其」字舊本脫，《道藏》本有，與上句同，今據補。

4 注 舊本脫，今據《道藏》本補。

5 注 舊本脫「若」字，今據《道藏》本補。

6 注 畢云：「『泰』，一本作『大』。」

7 注 〈三年問〉云：「若駟之過隙」，鄭注云：「喻疾也」。《莊子‧知北遊》篇云：「人生天地之間，若白駒之過郤，忽然而已」，《釋文》云：「郤，本亦作『隙』。隙，孔也。」又〈盜跖〉篇云：「天與地無窮，人死者有時，操有時之具，而託於無窮之間，忽然無異騏驥之馳過隙也。」畢本「隙」改「郤」，云：「『郤』舊作『隙』，據《文選注》引作『郄』，云『古隙字』，『郄』即『郤』也。《說文》云：『隙，壁際孔也。』『郤，節郤也。』節郤，言節之會，亦際縫之意，皆通。」

▲詒讓案：「隙」、「郤」通，不必改。

8 注 畢云：「『先』，舊作『萬』，一本如此。」

9 注 畢云：「舊脫『其』字，以意增。」

10 注 戴云：「『然即交』三字無義，當是衍文。」

▲案：以上文校之，疑當作「然即交兼交別，若之二君者」，今本「交」下脫三字耳，戴校未塙。

11 注 蘇云：「據上文，『常』宜作『當』。」

▲案：常，王亦讀為「儻」，疑當讀為「嘗」，詳前。

12 注 畢云：「當作『餧』。」

13 注 《孟子．公孫丑》篇云：「凶年饑歲，子之民，老羸轉於溝壑」，趙注云：「轉，轉尸於溝壑也。」《國語．吳語》云：「子之父母將轉於溝壑」，韋注云：「轉，入也。」《逸周書．大聚》篇云：「死無傳尸」，《淮南子．主術訓》作「轉尸」，高注云：「轉，棄也」。

▲案：高說為允。

14 注 「者」，舊本作「君」，王校改「者」，云：「涉上下文『兼君』而誤」。

▲案：王校是也，今據正。

15 注 畢云：「二字舊脫，據上文增。」

▲案：畢校是也，然以上文校之，下句首仍當有「即」字，因兩「即」相涉而誤脫耳。

然而天下之士非兼者之言也，猶未止也。[1]曰：「兼即仁矣，義矣。雖然，豈可爲哉？吾譬兼之不可爲也，猶挈泰山以超江、河也。[2]故兼者直願之也，夫豈可爲之物哉？」子墨子曰：「夫挈泰山以超江、河，自古之及今，[3]生民而來未嘗有也。今若夫兼相愛、交相利，此自先聖六王者親行之。」[4]何知先聖六王之親行之也？[5]子墨子曰：「吾非與之並世同時，親聞其聲，見其色也。以其所書於竹帛，鏤於金石，琢於槃盂，[6]傳遺後世子孫者知之。」[7]〈泰誓〉曰：[8]「文王若日若月乍照，光于四方，于西土。」[9]即此言文王之兼愛天下之博大也，譬之日月兼照天下之無有私也——即此文王兼也。雖子墨子之所謂兼者，[10]於文王取法焉。

1 注 畢云：「『猶』，舊作『獨』，一本如此。」

2 注 畢云：「『泰』一本作『太』。」

▲詒讓案：中篇作「譬若挈泰山，越河濟也」，「泰」亦作「太」。〈非攻中〉篇、〈備梯〉篇又並作「大山」。

3 注 戴云：「『之』字衍。」

4 注 下文止有四王，此「六」疑「四」篆文之誤，下同。

5 注 畢云：「『何』下，《太平御覽》引有『以』字。」

6 注 《文選．廣絶交論》李注引云：「琢之盤盂，銘於鍾鼎，傳於後世」，疑兼用〈魯問〉篇文。《呂氏春秋．求人》篇云：「功績銘乎金石，著於盤盂」，高注云：「金，鍾鼎也；石，豐碑也。盤盂之器，皆銘其功。」

7 注 畢云：「『遺』，劉逵注左思賦引作『于』。」

▲詒讓案：〈天志中〉、〈非命下〉及〈貴義〉、〈魯問〉四篇，皆作「遺」，劉引非。

8 注 〈尚同下〉篇、〈天志中〉篇、〈非命上、中、下〉篇，並作「大誓」，此作「泰」，與今僞孔本同，疑後人所改。

9 注 「于」舊本並作「於」，今據《道藏》本改。畢云：「孔《書》云『唯我文考，若日月之照臨，光於四方，顯於西土』。」孫星衍云：「『乍』，古與『作』通。」

10 注 「雖」與「唯」通，下並同。

且不唯〈泰誓〉爲然，[1]雖〈禹誓〉[2]即亦猶是也。禹曰：「濟濟有衆，[3]咸聽朕言，[4]非惟小子，敢行稱亂，[5]蠢茲有苗，[6]用天之罰，[7]若予既率爾群對諸群，以征有苗。」[8]禹之征有苗也，非以求以重富貴、[9]干福祿、[10]樂耳目也，以求興天下之利，除天下之害——即此禹兼也。雖子墨子之所謂兼者，於禹求焉。11

1 注 「唯」，舊本作「惟」，今據《道藏》本改。

2 注 畢云：「〈大禹謨〉文。云〈禹誓〉者，禹之所誓也。」

▲詒讓案：今〈大禹謨〉出偽古文，即采此書為之。惠棟云：「〈皋陶謨〉言苗頑勿即功，則舜陟後，禹當復有征苗誓師之事。」

3 注 孔安國云：「濟濟，衆盛之貌。」

4 注 畢云：「孔書作『命』。」

5 注 孔安國云：「稱，舉也。」畢云：「孔《書》無此八字。」蘇云：「二語今見〈湯誓〉，『惟』作『台』。」

6 注 《爾雅．釋訓》云：「蠢，不遜也」。孔安國云：「蠢，動也」。

7 注 畢云：「孔《書》無此四字。」

8 注 畢云：「孔《書》作『肆予以爾衆士，奉辭伐罪』。群，猶『衆』。」惠棟云：「群，猶『君』也。《周書》大子晉云：『侯能成群，謂之君』。〈堯典〉言『群后』。」蘇云：「『群』字疑誤，或為『辟』，辟，君也。」

▲案：惠說近是。此「群對諸群」，當讀為「群封諸君」，「封」與「邦」古音近，通用。「封」、「對」形

近而誤。群封諸君，言衆邦國諸君也。

9 注 戴云：「下『以』字衍。」

10 注 《詩．小雅．假樂》篇「干祿百福」，鄭《箋》云：「干，求也」。

11 注 「求」，以上下文校之，當作「取法」。

且不唯〈禹誓〉爲然，[1]雖〈湯說〉即亦猶是也。[2]湯曰：「[3]惟予小子履，[4]敢用玄牡，告於上天后[5]曰：『今天大旱，即當朕身履，[6]未知得罪于上下，[7]有善不敢蔽，有罪不敢赦，簡在帝心。[8]萬方有罪，即當朕身，朕身有罪，無及萬方』。」[9]即此言湯貴爲天子，富有天下，然且不憚以身爲犧牲，以祠說于上帝鬼神——[10]即此湯兼也。雖子墨子之所謂兼者，於湯取法焉。

1 注 「唯」，舊本亦作「惟」，今據《道藏》本改。

2 注 《周禮．大祝》六祈，「六曰說」，鄭注云：「說，以辭責之，用幣而已」。此下文亦云：「以祠說於上帝鬼神」，若然，則說禮殷時已有之。《論語．堯曰》篇《集解》孔安國云：「墨子引〈湯誓〉」，《國語．周語》內史過引〈湯誓〉，與此下文畧同，韋注云：「〈湯誓〉，〈商書〉伐桀之誓也」。今〈湯誓〉無此言，則已散亾矣。

▲案：孔安國引此作〈湯誓〉，或兼據《國語》文。〈尚賢中〉篇引〈湯誓〉，今書亦無之。

3 注 畢云：「今〈湯誥〉文。」

4 注 《論語・堯曰》篇無「惟」字。孔注云：「履，殷湯名。此伐桀告天之文」。

▲案：孔以此為伐桀時事，《白虎通義・三正》篇及〈周語〉韋注說同。然據此後文，則是湯禱旱之辭，孔說蓋誤。《大戴禮記・少閒》篇云：「乃有商履伐興」。《白虎通義・姓名》篇云：「湯王後更名，為子孫法，本名履也。」畢云：「孔《書》作『肆台小子』。」

5 注 《論語》作「敢昭告于皇皇后帝」，孔注云：「殷家尚白，未變夏禮，故用玄牡。皇，大；后，君也。大大君帝，謂天帝也」。《白虎通義・三正》篇云：「《論語》曰『予小子履』云云，此湯伐桀，告天以夏之牲也」，與《論語》孔注說同。《書・湯誥》孔《疏》云：「鄭玄解《論語》云：『用玄牡者，為舜命禹事，於時總告五方之帝，莫適用，用皇天大帝之牲』，其意與孔異。」《國語・周語》「皇天嘉禹，胙以天下」，韋注亦引《論語》「帝臣不蔽」二語。又《詩・閟宮》孔《疏》云：「《論語》曰：皇皇后帝。《論語》說帝受終文祖，宜總祭五帝也」，並從鄭以此為禹事，與《墨子》、《尸子》說異。《御覽》八十三，引《帝王世紀》載此文作「告于上天后土」，疑此「后」下亦脫「土」字。畢云：「孔《書》作『上天神后』。」

6 注 《帝王世紀》云：「湯自伐桀後，大旱七年，禱于桑林之社，其辭如此。」畢云：「詳此文，是湯禱旱文，孔《書》亦無此十字。」

7 注 畢云：「孔《書》作『未知獲戾於上下』。」

8 注 《論語集解》包咸云：「順天奉法，有罪者不敢擅赦」，何晏云：「言桀居帝臣之位，罪過不可隱蔽，以其簡在天心故」。

▲案：《論語》作「帝臣不蔽」，何氏以為指桀，與此義不合，非也。偽〈湯誥〉云：「爾有善，朕弗敢蔽，罪當朕躬，弗敢自赦。惟簡在上帝之心」，孔《傳》云：「所以不蔽善人，不赦己罪，以其簡在天心故也。」孔《疏》云：「鄭玄注《論語》云：『簡閱在天心，言天簡閱其善惡也』。」畢云：「皆與孔《書》微異。」

9 注 孔安國云：「無以萬方，萬方不與也。萬方有罪，我身之過」，《群書治要》引《尸子·綽子》篇云：「湯曰：朕身有罪，無及萬方，萬方有罪，朕身受之」，《帝王世紀》云：「萬方有罪，罪在朕躬，朕躬有罪，無及萬方。無以一人之不敏，使上帝鬼神傷民之命」，並與此文小異。畢云：「俱與孔《書》微異。孔安國注《論語》『有罪不敢赦，帝臣不蔽，簡在帝心，朕躬有罪，無以萬方，萬方有罪，罪在朕躬』，云：『《墨子》引〈湯誓〉，其辭若此。』《國語·周語》內史過引〈湯誓〉云『余一人有辠，無以萬夫，萬夫有辠，在余一人』。」

▲詒讓案：偽〈湯誥〉云：「其爾萬方有罪，在予一人，予一人有罪，無以爾萬方」，孔傳云：「在予一人，自責化不至；無用爾萬方，言非所及」。

10 注 《呂氏春秋·順民》篇云：「昔者湯克夏而正天下，天大旱，五年不收，湯乃以身禱於桑林，曰：余一人有罪，無及萬夫，萬夫有罪，在余一人。無以一人之不敏，使上帝鬼神傷民之命。於是翦其髮，𨟖其手，以身為犧牲，用祈福於上帝」，與此文合。則〈湯說〉即禱桑林之辭也。《御覽·八十三》引《尸子》及《帝王世紀》說，與《呂》畧同。

且不惟〈誓命〉與〈湯說〉爲然，[1]〈周詩〉即亦猶是也。〈周詩〉曰：「王道蕩蕩，不偏不黨，王道平平，不黨不偏。[2]其直若矢，其易若厎，君子之所履，小人之所視」，[3]若吾言非語道之謂也，古者文、武爲正，[4]均分賞賢罰暴，勿有親戚弟兄之所阿——[5]即此文、武兼也。雖子墨子之所謂兼者，於文、武取法焉。不識天下之人，所以皆聞兼而非之者，其故何也？

1 注 誓命，依上文當作〈禹誓〉。《漢書·藝文志》「禹」作「禼」，顏注云：「古禹字」。此書多古字，蓋亦作「禼」，與「命」相似而譌，校者不悟，又移著「誓」下，遂與上文不合矣。

2 注 蘇云：「見書〈洪範〉篇，四『不』字作『無』。茲稱〈周詩〉，或有據。」

▲詒讓案：〈洪範〉云：「無偏無黨，王道蕩蕩，無黨無偏，王道平平」，《偽孔傳》云：「蕩蕩，言開闢；平平，言辯治」。《呂氏春秋·貴公》篇高注云：「蕩蕩，平易也」。《史記·張釋之馮唐傳》，《說苑·

至公》篇，引《書》，「無」並作「不」，與此同。古《詩》、《書》亦多互稱，《戰國策·秦策》引《詩》云：「大武遠宅不涉」，即《逸周書·大武》篇所云：「遠宅不薄」，可以互證。

3 **注** 蘇云：「《詩·大東》篇作『周道如砥，其直如矢』，下無兩『之』字。」

▲詒讓案：〈親士〉篇云：「其直如矢，其平如砥」，「厎」仍作「砥」，與《毛詩》同。《小雅·大東》毛《傳》云：「如砥，貢賦平均也。如矢，賞罰不偏也」，鄭《箋》云：「此言古者天子之恩厚也，君子皆法傚而履行之，其如砥、矢之平，小人又皆視之、共之無怨」。《孟子·萬章》篇引《詩》，「砥」亦作「厎」，字通。趙注云：「厎平，矢直，視，比也。周道平直，君子履直道，小人比而則之」。

▲案：「厎」，《道藏》本作「底」，譌。《說文·厂部》云：「厎，柔石也」，重文作「砥」。又〈广部〉云：「底，山居也，下也」，二字迥別，今經典多互譌。

4 **注** 「正」與「政」同。

5 **注** 《呂氏春秋·高義》篇，高注云：「阿，私也。」

然而天下之非兼者之言猶未止，曰：「意不忠親之利，而害爲孝乎？」[1]子墨子曰：姑嘗本原之孝子之爲親度者。吾不識孝子之爲親度者，亦欲人愛利其親與？意欲人之惡賊其親與？[2]以說觀之，即欲人之愛利其親也。然即吾惡先從事即得此？若我先從事乎愛利人之親，然後人報我愛利吾親乎？[3]意我先從事乎惡人之親，[4]然後人報我以愛利吾親乎？即必吾先從事乎愛利人之親，然後人報我以愛利吾親也。然即之交孝子者，[5]果不得已乎毋先從事愛利人之親者與？意以天下之孝子爲遇[6]而不足以爲正乎？姑嘗本原之[7]先王之所書，[8]〈大雅〉之所道曰：「無言而不讎，無德而不報，[9]投我以桃，報之以李。」[10]即此言愛人者必見愛也，而惡人者必見惡也。不識天下之士所以皆聞兼而非之者，其故何也？[11]

1 注 蘇云：「『忠』當作『中』，讀去聲。」戴云：「『中』當訓為『得』。」

2 注 蘇云：「『意』讀如『抑』，下文亦然。」

3 注 「愛利」上當有「以」字。

4 注 俞云：「『惡』下脫『賊』字，當據上文補。」

5 注 「之交孝子」，猶上云「交兼」、「交別」。

6 注 「遇」當為「愚」，同聲叚借字。畢云：「一本作『偶』。」

7 注 舊本脫此字，今據《道藏》本補。

8 注 「所」字疑衍，〈尚同中〉篇云：「是以先王之書，〈周頌〉之道之曰」，是其證。

9 注 《大雅．抑》毛《傳》云：「讎，用也」，鄭《箋》云：「教令之出如賣物，物善則其售賈貴，物惡則其售賈賤」。蘇云：「《大雅．抑》篇無兩『而』字。」

10 注 鄭《箋》云：「此言善往則善來，人無行而不得其報也。投，猶擲也。」

11 注 舊本「兼」作「愛」，誤，今據《道藏》本正。

意以爲難而不可爲邪？嘗有難此而可爲者。昔荊靈王好小要，[1]當靈王之身，荊國之士飯不踰乎一，固據而後興，[2]扶垣而後行。故約食爲其難爲也，[3]然後爲而靈王說之，[4]未踰於世而民可移也，[5]即求以鄉其上也。[6]昔者越王句踐好勇，教其士臣三年，以其知爲未足以知之也，[7]焚舟失火，[8]鼓而進之，其士偃前列，[9]伏水火而死有不可勝數也。[10]當此之時，不鼓而退也，[11]越國之士可謂顫矣。[12]故焚身爲其難爲也，[13]然後爲之越王說之，[14]未踰於世而民可移也，即求以鄉上也。昔者晉文公好苴服，[15]當文公之時，晉國之士，大布之衣，[16]牂羊之裘，練帛之冠，[17]且苴之屨，[18]入見文公，出以踐之朝。故苴服爲其難爲也，[19]然後爲而文公說之，未踰於世而民可移也，即求以鄉其上也。是故約食、焚舟、苴服，[20]此天下之至難爲也，然後爲而上說之，未踰於世而民可移也。何故也？即求以鄉其上也。今若夫兼相愛，交相利，[21]此其有利且易爲也，不可勝計也，我以爲則無有上說之者而已矣。苟有上說之者，勸之以賞譽，威之以刑罰，我以為人之於就兼相愛、交相利也，22譬之猶火之就上、水之就下也，不可防止於天下。

1 注 畢云：「舊作『腰』，非。」

2 注 畢云：「『固』，一本作『握』。」

▲詒讓案：「固據」屬下讀。《說文·手部》云：「據，杖持也。」別本蓋讀「一握」句，非。

3 注 俞云：「『甚』當作『其』，下二句並同。甚難為，即至難為也。下文曰『是故約食、焚舟、苴服，此天下之至難為也』，是其證。」

4 注 「後」，疑當作「衆」。中篇云：「若苟君說之，則衆能為之」，是其證，下並同。

5 注 「踰」，當作「渝」，下並同。《爾雅·釋言》云：「渝，變也。」言世未變而民俗已為之移也。〈非命上〉篇云：「此世未易，民未渝，在於桀、紂則天下亂，在於湯、武則天下治。」又中篇云：「此世不渝而民不改，上變政而民易教」。又下篇云：「此世不渝而民不易，上變政而民改俗。」此云「未渝於世」，猶彼云「世不渝」也。

6 注 「鄉」與「向」字通。

7 注 蘇云：「上『知』字，當讀如『智』。」

8 注 「舟」，疑當作「內」，詳上篇。

9 注 《廣雅·釋詁》云：「偃，僵也」。《儀禮·鄉射禮》鄭注云：「偃，猶仆也。」

10 注 王云：「『有』字文義不順，『有』當為『者』字之誤也。中篇曰『士聞鼓音，破碎亂行，蹈火而死者左右百人有餘』，是其證。」

▲案：王說是也，蘇校同。

11 注 「退」上，疑脫「不」字。謂士爭進前赴火，雖止不鼓，而仍不肯退也。

12 注 顫，當讀為「憚」。〈非攻下〉篇云：「以譂其衆。」「顫」、「譂」並與「憚」同。畢云：「《玉篇》云：『顫，動也』，言其驚畏。」

13 注 「其」，亦當作「甚」。

14 注 畢云：「上『之』字，據前後文當為『而』。」

15 注 「苴」、「粗」字通，猶中篇云「惡衣」。

16 注 《左·閔二年傳》「衛文公大布之衣」，杜注云：「大布，麤布」。《淮南子·齊俗訓》許注義同。

17 注 二句中篇同。

18 注 畢云：「且，當為粗」。王云：「『且苴』即『麤粗』。麤，倉胡反。粗，才戶反。《廣雅·釋詁》『粗，麤大也』。」

▲案：王說是也。《春秋繁露·俞序》篇云：「始於麤粗，終於精微。」《晏子春秋·諫下》篇云：「縵密

不能麤苴。」《論衡·量知》篇云：「夫竹木，麤苴之物也。」《說文·角部》云：「觕，角長貌」，讀若「麤」，「觕」與「且」、「苴」，並聲近字通。

19 注 「其」，亦當作「甚」也。

20 注 「焚舟」，依上文當作「焚身」。

21 注 舊本脫「愛交相」三字，今依王校補。

22 注 蘇云：「『於就』，當作『就於』。」

▲案：「於就」不誤，蘇校非。

故兼者聖王之道也，王公大人之所以安也，萬民衣食之所以足也。故君子莫若審兼而務行之，爲人君必惠，爲人臣必忠，爲人父必慈，爲人子必孝，爲人兄必友，爲人弟必悌。[1]故君子莫若欲爲惠君、忠臣、慈父、孝子、友兄、悌弟，[2]當若兼之不可不行也，[3]此聖王之道而萬民之大利也。

1 注 畢云：「當為『弟』，此俗寫。」

2 注 王云：「『若欲為惠君、忠臣』云云，『若』上不當有『莫』字，蓋涉上文『莫若』而衍。」

3 注 當若，猶言「當如」，詳〈尚同中〉篇。戴云：「『若』字疑『知』字誤」，非。

卷五

題解

本卷包括〈非攻〉上、中、下三篇。「非攻」的思想是由「兼愛」的思想衍生出來，因為效法「天志」，要有普遍之愛兼及所有的人，須以平等的眼光看待每一個人，所有因侵略攻伐對百姓造成的傷害，都必須加以譴責。墨家雖然反對攻伐侵略之戰，但是他並不反對在防守上的防禦之戰，因為這是小國為求生存，不得已的自衛行為。因此在墨子〈備城門〉以下共有十一篇的文字說明如何守備的防禦方法。

〈非攻上〉篇墨子用小偷偷別人東西分量的多少、物品貴重的程度，類比的說明奪取別人的東西越多、越貴重，所應承擔的責任、接受的處罰也就越大。戰爭在這一系列的推理中要比偷盜的行為嚴重得多，如果偷盜的行為是錯誤的、應受制裁的，為何戰爭的行為卻是可被容許的呢？因此，墨子稱這種不一致的態度根本不能分辨義與不義。

〈非攻中〉篇也介紹了那些主張攻占者的言論，指出歷史上有荊、吳、齊、晉各國戰爭前後的狀況，這些相似的歷史例證。這些戰爭的國家從土地、人口的增加來看，皆有所獲利。但是從墨子的觀察而言，即使得利，相對於天下各國也是極其微小，不過萬分之四、五而已；整體觀察，戰爭所造成人民生命財產的損失，及生產力的破壞，遠大於少數國家所獲之利。

其實，能否以戰爭的手段解決問題，要以「義」——也就是公利為標準。在〈非攻下〉篇有反對墨子「非攻」思想的人提問：「昔者禹征有苗，湯伐桀，武王伐紂，此皆立為聖王，是何故也？」墨子的回答指出：同樣是戰爭，但是有不同的性質，這些聖王是站在正義的一方誅伐傷害百姓無義的一方；而墨子的「非攻」則是反對以大欺小、侵略性的不義之戰，並主張若有大國攻小國，則應幫助弱小的一方，抵抗強暴的侵略者。因此，墨子並非全面性的反對所有戰爭，當國家人民受到欺壓時，是允許用戰鬭的方式予以反擊的。

非攻上第十七[1]

1 注 《淮南子．氾論訓》高注云：「非，猶譏也。」

今有一人，入人園圃，[1]竊其桃李，衆聞則非之，上爲政者得則罰之。此何也？以虧人自利也。至攘人犬豕雞豚者，[2]其不義又甚入人園圃竊桃李。是何故也？以虧人愈多，[3]其不仁茲甚，[4]罪益厚。至入人欄廏，[5]取人馬牛者，其不仁義又甚攘人犬豕雞豚。[6]此何故也？以其虧人愈多。苟虧人愈多，其不仁茲甚，罪益厚。至殺不辜人也，扡其衣裘，[7]取戈劍者，其不義又甚入人欄廏取人馬牛。此何故也？以其虧人愈多。苟虧人愈多，其不仁茲甚矣，罪益厚。當此，天下之君子[8]皆知而非之，謂之不義。今至大爲攻國，[9]則弗知非，[10]從而譽之，謂之義。此可謂知義與不義之別乎？[11]

1 注 畢云：「《說文》云：『園所以樹果』，『種菜曰圃』。」

2 注 《穀梁·成五年》范甯注云：「攘，盜也。」

3 注 依下文，當有「苟虧人愈多」五字。

4 注 「茲」、「滋」古今字，詳〈尚同上〉篇。

5 注 欄，即「闌」之借字。《說文·門部》云：「闌，門遮也。」《廣雅·釋室》云：「欄，牢也」。畢云：「《說文》無欄字。《玉篇》云『木欄也』。」

6 注 依上下文，此句疑不當有「仁」字。

7 注 畢云：「『扡』，讀如『終朝三拕』之『拕』。陸德明《易音義》云：『褫，鄭本作「拕」，徒可反。』『扡』即『拕』異文。」王云：「『也』，即『扡』字之誤而衍者。」

▲詒讓案：《說文·手部》云：「拕，曳也。」《淮南子·人間訓》云：「秦牛缺逕於山中而遇盜，拖其衣被」，許注云：「拖，奪也」，「拖」即「拕」之俗。

8 注 畢云：「舊脫此字，據後文增。」

9 注 畢云：「據後文云『大為不義攻國』。」

10 注 畢云：「『知』，一本作『之』。舊脫『非』字，據後文增。」
▲案：《道藏》本、季本並不脫。

11 注 「可」，舊本作「何」。畢云：「一本作『可』，是。」今據正。

殺一人謂之不義，必有一死罪矣，[1]若以此說往，殺十人十重不義，必有十死罪矣；殺百人百重不義，必有百死罪矣。當此，天下之君子皆知而非之，謂之不義。今至大爲不義攻國，則弗知非，[2]從而譽之，謂之義，情不知其不義也，[3]故書其言以遺後世。若知其不義也，夫奚說書其不義以遺後世哉？[4]今有人於此，少見黑曰黑，多見黑曰白，則以此人不知白黑之辯矣；[5]少嘗苦曰苦，多嘗苦曰甘，則必以此人爲不知甘苦之辯矣。今小爲非，則知而非之。大爲非攻國，則不知非，[6]從而譽之，謂之義。[7]此可謂知義與不義之辯乎？[8]是以知天下之君子也，[9]辯義與不義之亂也。

1 注 《荀子．正論》篇云：「殺人者死，傷人者刑，是百王之所同也。」

2 注 舊本「知」作「之」，下又衍「而」字。畢云：「一本無『而』字，是。」王云：「『之』當為『知』，俗音『知』、『之』相亂，故『知』誤為『之』。上文『皆知而非之』正與『弗知非』相對，且上下文皆作

「弗知非』，則『之』為『知』之誤明矣。」

▲案：王校是也，今據正。

3 注 王云：「『情』、『誠』通用。」

4 注 奚說，言何辭以解說也。畢云：「『奚說』猶言『何樂』」，失之。

5 注 依下文，「則」下當有「必」字，「人」下當有「為」字。

6 注 舊本「不知」下衍「而」字，今據王、蘇校刪。

7 注 畢云：「舊『之謂』二字倒，一本如此。」

8 注 舊本「可」上脫「此」字，又「謂」誤「為」。畢云：「一本作『謂』，是。」

▲案：《道藏》本「可」上有「此」字，「為」正作「謂」，今據補正。季本「謂」亦不誤。

9 注 「也」字疑衍。

非攻中第十八

子墨子言曰：「古者王公大人爲政於國家者，情欲譽之審，賞罰之當，刑政之不過失。」[1]

1 注 「情」亦與「誠」通，下並同。王云：「『古者』當為『今者』，說見〈尚賢〉篇。『譽』上有『毀』字，而今本脫之，則文義不明。〈尚同〉篇『舉天下之人，皆欲得上之賞譽，而畏上之毀罰』，是其證。『過失』下有脫文，下文曰『今者王公大人，情欲得而惡失，欲安而惡危，故當攻戰而不可不非。』」

是故子墨子曰：「古者有語：『謀而不得，則以往知來，[1]以見知隱』。謀若此，可得而知矣。」今師徒唯毋興起，[2]冬行恐寒，夏行恐暑，此不可以冬夏爲者也。春則廢民耕稼樹藝，秋則廢民穫斂。[3]今唯毋廢一時，則百姓飢寒凍餒而死者，不可勝數。今嘗計軍上，[4]竹箭、羽旄、幄幕，[5]甲盾、撥劫，[6]往而靡弊腑冷不反者，[7]不可勝數；又與矛戟戈劍乘車，[8]其列住碎折靡弊而不反者，[9]不可勝數；與其牛馬肥而往，瘠而反，往死亡而不反者，[10]不可勝數；與其涂道之脩遠，糧食輟絕而不繼，[11]百姓之道死者，不可勝數也；與其居處之不安，食飯之不時，[12]飢飽之不節，百姓疾病而死者，不可勝數。喪師多不可勝數，喪師盡不可勝計，則是鬼神之喪其主后，[13]亦不可勝數。

1 注 《論語．學而》篇云：「告諸往而知來者。」

2 **注** 「徒」，舊本誤「徙」，今據《道藏》本正。「唯毋」，毋，語詞，詳〈尚賢中〉篇。

3 **注** 此下依上文，或當有「此不可以春秋為者也」句。

4 **注** 「嘗」，猶「試」也，下同。「上」字誤，疑當作「出」。《國策．齊策》云：「軍之所出，矛戟折，鐶弦絶，傷弩、破車、罷馬，亡矢之大半。」

5 **注** 畢云：「《說文》云『楃，木帳也』，『幄』當從『木』。」

▲詒讓案：「幄」，〈節葬下〉篇作「屋」，此俗作。《周禮．幕人》鄭注云：「在旁曰『帷』，在上曰『幕』，四合象宮室曰『幄』。」

6 **注** 《史記．孔子世家》索隱云：「撥音伐，謂大盾也。」「劫」未詳，疑當作「㓨」古書從「缶」從「去」之字多互譌。〈備蛾傳〉篇「法」譌作「涻」，此「㓨」譌作「劫」，可以互證。《說文．刀部》云：「㓨，刀把也」，即《禮記．少儀》之「拊」也。刀把或以木為之，故有靡敝腐爛之患。

7 **注** 畢云：「『往』，舊作『住』，一本如此。『腑』即『腐』字異文。『冷』、『爛』音相近，當為『爛』。」

▲詒讓案：《戰國策．秦策》高注云：「獘，壞也」，此與〈少儀〉「國家靡敝」義微異。

8 **注** 「與」下，當依下文補「其」字。

9 **注** 「列住」二字誤。畢以意改「歾往」，蓋以「往」屬下為句，與上文同。然「其歾」二字，仍與上下文並不屬，竊疑當作「往則」，讀「其往則碎折靡弊而不反者」十一字句。今本「往」譌「住」，「則」譌「列」，又倒其文，遂不可通耳。

10 **注** 王云：「下『往』字涉上『往』字而衍。」

▲詒讓案：「往」字似不必刪。

11 **注** 畢云：「『粮』，俗。《玉篇》云『粮，同糧』。」

▲詒讓案：《周禮．廩人》「凡邦有師役之事，則治其糧，與其食」，鄭注云：「行道曰糧，謂糒也。止居曰食，謂米也。」《孟子．梁惠王》篇云：「師行而糧食，飢者弗食，勞者弗息」，趙注云：「行軍皆遠轉糧食而食之」。

12 **注** 王云：「『食飯』當為『食飲』之誤。食飲不時，見下篇。」

13 **注** 「后」與「後」字通。〈王制〉云：「天子諸侯，祭因國之在其地而無主後者」，鄭注云：「絕無後為之祭主者」，即此義。洪云：「『后』當作『石』，即『祏』字省文。《左氏．昭十八年傳》：『使祝史徙主祏于周廟』，杜預注：『祏，廟主石函』。《說文》：『祏，宗廟主也。《周禮》有郊宗石室，一曰：大夫以石為主。從示從石，石亦聲』。」

▲案：洪說未塙。

國家發政，奪民之用，廢民之利，若此甚衆，然而何爲爲之？曰：「我貪伐勝之名，及得之利，故爲之。」子墨子言曰：「計其所自勝，無所可用也。計其所得，反不如所喪者之多。」今攻三里之城，七里之郭，[1]攻此不用鋭，且無殺而徒得，此然也。殺人多必數於萬，寡必數於千，然後三里之城、七里之郭且可得也。今萬乘之國，虛數於千，[2]不勝而入；[3]廣衍數於萬，[4]，不勝而辟。[5]然則土地者，所有餘也，王民者，所不足也。[6]今盡王民之死，嚴下上之患，以爭虛城，則是棄所不足，而重所有餘也。爲政若此，非國之務者也。

1 注 〈褍守〉篇云：「率萬家而城方三里」。《孟子・公孫丑》篇亦云：「三里之城，七里之郭。」《戰國策・齊策》云：「即墨，三里之城，七里之郭」，又作「三里之城，五里之郭」。

2 注 畢云：「虛，『墟』字正文，俗從『土』。」

▲詒讓案：「虛」下疑脫「城」字，下文云：「以爭虛城」。

3 注 畢云：「舊作『人』，以意改。」

4 注 畢云：「王逸注《楚辭》曰：『衍，廣大也』。」

5 注 畢云：「此『闢』字之假音，『入』、『辟』為韻。」

6 注 王云：「『王民』二字，義不可通，當是『士民』之誤。『士民』與『土地』對文，下文『王民』同。」

飾攻戰者言曰：[1]「南則荊、吳之王，[2]北則齊、晉之君，始封於天下之時，其土地之方，[3]未至有數百里也；人徒之衆，未至有數十萬人也。以攻戰之故，土地之博至有數千里也；人徒之衆至有數百萬人。故當攻戰而不可爲也。」[4]子墨子言曰：「雖四五國則得利焉，猶謂之非行道也。譬若醫之藥人之有病者然。[5]今有醫於此，和合其祝藥之于天下之有病者而藥之，[6]萬人食此，若醫四五人得利焉，猶謂之非行藥也。[7]故孝子不以食其親，忠臣不以食其君。古者封國於天下，尚者以耳之所聞，[8]近者以目之所見，以攻戰亡者，不可勝數。何以知其然也？東方有莒之國者，[9]其爲國甚小，閒於大國之閒，不敬事於大國，大國亦弗之從而愛利。是以東者越人夾削其壤地，[10]西者齊人兼而有之。計莒之所以亡於齊、越之閒者，以是攻戰也。[11]雖南者陳、蔡，其所以亡於吳、越之閒者，[12]亦以攻戰。雖北者且不一著何，[13]其所以亡於燕、代、胡、貊之閒者，[14]亦以攻戰也。」是故子墨子言曰：「古者王公大人，情欲得而惡失，[15]欲安而惡危，[16]故當攻戰而不可不非。」

1 **注** 畢云：「舊作『也言』，一本如此。」

2 **注** 「吳」當作「越」，墨子時吳已亡，故下文以夫差亡吳事為戒，不宜此復舍越而舉吳也。下篇云：「今天下好戰之國：齊、晉、楚、越」，〈節葬下〉篇云：「諸侯力征，南有楚、越之王，而北有齊、晉之君」，皆其證也。

3 **注** 舊脫「地」字，今據《道藏》本補。

4 **注** 俞云：「『不可為也』，當作『不可不為也』，方與上文語意相屬，此是飾攻戰者之言，非子墨子之言也，今脫『不』字，義不可通。」

▲案：下文云：「故當攻戰而不可不非」，則此文當作「故當攻戰而不可非也」，俞校未塙。

5 **注** 句。

6 **注** 畢云：「『祝』謂『祝由』，見〈素問〉。或云『祝藥』猶言『疰藥』，非。一本無『祝』字，非也。」

▲案：畢說非也，《周禮．瘍醫》「掌腫瘍、潰瘍、金瘍、折瘍之祝藥」，鄭注云：「『祝』當為『注』，讀如『注病』之『注』，聲之誤也。注，謂附著藥。」彼「祝」藥，為劍瘍附著之藥，此下文云「食」，則與彼義異。畢云「祝由」，又與此書及《周禮》義並不合，不可信也，惠士奇謂「祝藥」猶「行藥」，亦未知是否。

7 **注** 蘇云：「食者多而利者少，則非常行之藥。」

8 注 畢云：「〈尚同上〉。」

9 注 畢云：「今山東莒州。」

10 注 《國策·齊策》云：「莒恃越而滅」，與此異。

11 注 杜預《春秋釋例》云：「莒國嬴姓，少昊之後，周武王封茲輿期於莒。十一世茲平公方見《春秋》，共公以下微弱，不復見，四世楚滅之。」蘇云：「《史記》云：『楚簡王元年，北伐滅莒』。據此則莒實為齊滅，故其地在戰國屬齊。」

▲詒讓案：《戰國策·西周策》云：「邾、莒亡於齊」，亦其證。

12 注 《左傳》魯哀公十七年，楚滅陳。《史記·管蔡世家》：「蔡侯齊四年，楚惠王滅蔡。」

▲案：在貞定王二十二年。

13 注 《道藏》本如此，畢本作「中山諸國」，云：「四字舊作『且一不著何』五字，一本如此。《史記·趙世家》云：『惠文王三年滅中山，遷其王於膚施』，〈表〉作四年。《元和郡縣志》云：『定州，戰國時為中山國。中山之地方五百里，城中有山，故曰中山。』今直隸定州是。」蘇云：「中山之亡，當魏文侯世，墨子與子夏子門人同時，此事猶當及見之。畢引《史記》趙惠文王三年滅中山，非是。」

▲詒讓案：中山初滅於魏，後滅於趙，詳〈所染〉篇。然此「中山諸國」四字，乃後人肊改，實當作「且不著何」四字，舊本作「且一」，《道藏》本作「且不一」，並衍「一」字。「且」疑「柤」之借字，《國語·

晉語》「獻公田見翟柤之氛」，韋注云：「翟柤，國名是也」。「不著何」亦北胡國，《周書．王會》篇云：「不屠何青熊」，孔晁注云：「不屠何，亦東北夷也」。《管子．小匡》篇「敗胡貉，破屠何」，尹注云：「屠何，東胡之先也」。劉恕《通鑑外紀》「周惠王三十三年，齊桓公救燕，破屠何」。「屠」、「著」聲類同，「不著何」，即「不屠何」也。又〈王會〉「伊尹獻令，正北有且略、豹胡」，且略，即此且及《左傳》「翟柤」，豹胡，亦即不屠何。「豹」、「不」，「胡」、「何」，並一聲之轉。不屠何，漢為徒何縣，屬遼西郡，故城在今奉天錦州府錦縣西北。柤，據《國語》為晉獻公所滅，所在無考。

14 注 貊，「貉」之俗，詳〈兼愛中〉篇。

15 注 「古者」，亦當從王校作「今者」，說見前。「情」與「誠」通，詳〈非攻下〉篇。

16 注 畢云：「『欲』，舊作『故』，以意改。」

飾攻戰者之言曰：「彼不能收用彼衆，是故亡。我能收用我衆，以此攻戰於天下，誰敢不賓服哉？」子墨子言曰：「子雖能收用子之衆，子豈若古者吳闔閭哉？[1]古者吳闔閭教七年，[2]奉甲執兵，奔三百里而舍焉，[3]次注林，出於冥隘之徑，[4]戰於柏舉，[5]中楚國而朝宋與及魯。[6]至夫差之身，北而攻齊，舍於汶上，戰於艾陵，[7]大敗齊人而葆之大山；[8]東而攻越，濟三江、五湖，[9]而葆之會稽。[10]九夷之國莫不賓服。[11]於是退不能賞孤，[12]施舍群萌，[13]自恃其力，伐其功，譽其智，怠於教，遂築姑蘇之臺，七年不成。[14]及若此，則吳有離罷之心。[15]越王句踐視吳上下不相得，收其衆以復其讎，入北郭，徙大內，[16]圍王宮，[17]而吳國以亡。[18]昔者晉有六將軍，[19]而智伯莫爲強焉。計其土地之博，人徒之衆，欲以抗諸侯，以爲莫若攻戰之速，故差論其爪牙之士，皆列其舟車之衆，[20]以攻中行氏而有之。以其謀爲既已足矣，又攻茲范氏而大敗之，[21]并三家以爲一家，而不止，又圍趙襄子於晉陽。[22]及若此，則韓、魏亦相從而謀曰：『古者有語：脣亡則齒寒』。[23]趙氏朝亡，我夕從之，趙氏夕；亡，我朝從之。[24]《詩》曰『魚水不務，[25]陸將何及乎！』[26]是以三主之君，一心戮力，[27]辟門除道，[28]奉甲興士，韓、魏自外，趙氏自內，擊智伯大敗之。」[29]

1 **注** 「闔」。《左傳．昭二十七》年作「廬」，字通，詳〈所染〉篇。

2 **注** 畢云：「案《史記》『闔閭九年入郢』。《吳越春秋》云『九年十月，楚二師陳於柏舉』，即此是也。」

俞云：「『教』下疑脫『士』字。」

3 **注** 《呂氏春秋．簡選》篇云：「吳闔廬選多力者五百人，利趾者三千人，以為前陳」，此云：「奉甲執兵，奔三百里而舍」，即多力利趾者也。俞云：「『奉甲執兵奔三百里而舍』，即教士之法，乃古所謂武卒者。《荀子．議兵》篇『魏氏之武卒，以度取之，衣三屬之甲，操十二石之弩，負矢五十箇，置戈其上，冠軸帶劍，贏三日之糧，日中而趨百里，中試則復其戶、利其田宅』。今據《墨子》之言，則闔閭先有此法矣。」

4 **注** 《左傳．定四年》「吳伐楚，舍舟於淮汭，自豫章與楚夾漢。左司馬戌謂子常曰：我悉方城外，以毀其舟，還塞大隧、直轅、冥阨」，《釋文》云：「阨，本或作隘」，杜注云：「三者漢東之隘道」。

▲案：此「冥隘」，即《左傳》之「冥阨」。《史記．蘇秦傳》云：「塞鄳阨」，亦即此。《集解》引徐廣云：「鄳，江夏鄳縣。」注林地無考，以《左傳》校之，疑當作「淮汭」。「淮」、「注」形近，「汭」篆文作「汭」，與「林」亦相近，因而致誤。畢云：「《淮南子．地形訓》作『澠阸』，高誘曰『澠阸，今宏農澠池是也』，則在今河南永寧縣。《史記．魏世家》云『秦攻冥阸之塞』，《集解》云『徐廣曰：或以為江夏鄳縣』。又杜預注《左傳》云『漢東之隘道』，《括地志》云：『石城山在申州鍾山縣東南二十一里。魏攻冥阸，即此山』。《呂氏春秋》、《淮南子》『九塞』，此其一也。《玉海》『在信陽軍東南五十里』，今在河南信陽州東南九十里。」

5 **注** 事見《春秋．定四年經》。「柏舉」，杜注云：「楚地」。《呂氏春秋．首時》篇高注云：「柏舉，楚南鄙邑。」畢云：「在今湖北麻城縣。《元和郡縣志》云『麻城縣龜頭山，在縣東南十八里，舉水之折出也。春秋吳、楚戰於柏舉，即此地也』。」

6 注 蘇云：「『及魯』二字誤倒，『魯』字屬上句，『及』字屬下句也，」

▲案：蘇校近是。《左傳》闔閭時無宋、魯朝吳事，疑因哀七年夫差會魯於鄫，徵宋、魯百牢事傳會之。

7 注 見《春秋．哀十一年經》。畢云：「在今山東泰安縣東南。《史記．吳太伯世家》云『夫差七年，北伐齊，敗齊師於艾陵，至繒』。」

8 注 蘇云：「大山，即太山，篇中『太』多作『大』。〈魯問〉篇『齊太王』作『大王』是也。」

9 注 畢云：「《史記索隱》云：『韋昭云：三江，謂松江、錢塘江、浦陽江』。《史記正義》云：『顧夷《吳地記》云：松江東北行七十里，得三江口，東北入海為婁江，東南入海為東江，并松江為三江』。」

▲詒讓案：《漢書．地理志》云：「會稽郡吳：南江在南，東入海，毗陵：北江在北，東入海」；「丹陽郡蕪湖：中江出西南，東至陽羨入海」，此即《書．禹貢》、《周禮．職方氏》揚州之三江也。《國語．越語》云：「吳之與越也，三江環之」，韋昭別據松江、浙江、浦陽江為釋，即張守節所引是也。《水經．沔水》酈注云：「松江自太湖東北流逕七十里，江水奇分，謂之三江口。《吳越春秋》稱范蠡去越乘舟，出三江之口，入五湖之中者也」，此與顧夷說同，要皆非古之三江。竊謂禹貢中江、北江，並於吳境入海，南江入海又兼涉越境，則三江下流自足環吳、越。《水經注》又引郭璞云：「三江者，岷江、松江、浙江也」，此即據禹蹟下流言之。近代胡渭、金榜並援以說〈越語〉之三江，最為塙當，畢攷之未審。五湖，詳前〈兼愛中〉篇。

10 **注** 《左傳》哀元年，吳王夫差敗越于夫椒，遂入越。越子以甲楯五千，保於會稽」，杜注云：「上會稽山也，在會稽山陰縣南」。「葆」、「保」字通。會稽山，詳〈節葬下〉篇。畢云：「今浙江山陰會稽山。」

11 **注** 《爾雅．釋地》云：「九夷八狄七戎六蠻，謂之四海。」〈王制〉孔《疏》云：「九夷，依〈東夷傳〉九種曰：畎夷、于夷、方夷、黃夷、白夷、赤夷、玄夷、風夷、陽夷。李巡注《爾雅》云：一曰玄菟，二曰樂浪，三曰高驪，四曰滿飾，五曰鳧臾，六曰索家，七曰東屠，八曰倭人，九曰天鄙。」

▲案：〈王制〉疏所云，皆海外遠夷之種別，此九夷與吳、楚相近，蓋即「淮夷」，非海外東夷也。《書敘》云：「成王伐淮夷，遂踐奄。」《韓非子．說林上》篇云：「周公旦攻九夷，而商蓋服。」「商蓋」即「商奄」，則「九夷」亦即「淮夷」。故《呂氏春秋．古樂》篇云：「成王立，殷民反，王命周公踐伐之。商人服象，為虐於東夷，周公遂以師逐之，至於江南」。又〈樂成〉篇云：「猶尚有管叔、蔡叔之事，與東夷八國不聽之謀」，高注云：「東夷八國附從二叔，不聽王命。周公居攝，三年伐奄，八國之中最大，著在《尚書》，餘七國小又先服，故不載於經也」。

▲案：東夷八國，亦即九夷也。春秋以後蓋臣屬楚、吳、越三國，戰國時又專屬楚。《說苑．君道》篇說越王句踐與吳戰，大敗之，兼有九夷。《淮南子．齊俗訓》云：「越王句踐霸天下，泗上十二諸侯，皆率九夷以朝」。《戰國策．秦策》云：「楚苞九夷，方千里」。〈魏策〉云：「張儀曰；楚破南陽、九夷，內沛，許、鄢陵危」。《文選．李斯上秦始皇書》說秦伐楚，包九夷，制鄢、郢。李注云：「九夷，屬楚夷也」。

若然，九夷實在淮、泗之間，北與齊、魯接壤，故《論語》「子欲居九夷」。參互校覈，其疆域固可攷矣。

12 注 《說文·子部》云：「孤，無父也。」〈月令〉「立冬賞死事，恤孤寡」，鄭注云：「死事，謂以國事死者。孤寡，其妻子也」。

13 注 畢云：「此『氓』字之假音。」

▲詒讓案：〈尚賢中〉篇云：「四鄙之萌人」。「舍」、「予」聲近字通，施舍，猶賜予也。《左·昭十三年傳》云：「施舍寬民」，又云：「施舍不倦」，杜注云：「施舍，猶云布恩德」。

14 注 《國語·吳語》說吳王夫差云：「高高下下，以罷民於姑蘇」，韋注云：「姑蘇，臺名，在吳西，近湖」。

▲案：《國語》以築姑蘇為夫差事，與此書正合。畢云：「《史記集解》云『《越絕書》曰：闔閭起姑蘇之臺，三年聚材，五年乃成，高見三百里』，顏師古注《漢書·伍被傳》云『《吳地記》云：因山為名，西南去國三十五里，今江南蘇州府治』。」

▲詒讓案：《越絕》以姑蘇為闔閭所築，疑誤。

15 注 蘇云：「罷，讀如『疲』。」

16 注 王云：「『徙大內』三字，義不可通。『大內』，當為『大舟』。隸書『舟』字或作『[illegible]』，與『內』相似而誤。〈吳語〉『越王句踐襲吳，入其郛，焚其姑蘇，徙其大舟』，韋注曰『大舟，王舟』。《吳越春秋·夫差內傳》亦作『徙其大舟』。」

▲案：王說是也。〈吳語〉韋注云：「郛，郭也。徙，取也」。此哀十三年越入吳事，與二十年圍吳事不相涉，此類舉之耳。

17 注 《國語．吳語》云：「越師入吳國，圍王宮」，韋注云：「王宮，姑蘇」。

18 注 《左傳》哀二十年十一月，越圍吳。二十二年十一月，越滅吳。

19 注 六將軍，即六卿為軍將者也，春秋時通稱「軍將」為「將軍」。《穀梁．文六年傳》云：「晉使狐射姑為將軍」，是也。《淮南子．道應訓》云：「趙文子問於叔向曰：晉六將軍其孰先亡乎？」又〈人間訓〉云：「張武為智伯謀曰：晉六將軍，中行文子最弱」，許注云：「六將軍：韓、趙、魏、范、中行、智伯也」。

20 注 王云：「『皆』當為『比』。〈天志〉篇『比列其舟車之卒』是其證。下篇『皆列』同。」

▲案：王說是也，又舊本「列」下脫「其」字，王據上句補，今從之。

21 注 「茲」字疑衍。中行氏即荀氏，范氏即士氏。《左傳》定十三年「晉逐荀寅、士吉射」，乃知伯瑤祖文子躒事。此及〈魯問〉篇並通舉不復析別。《淮南子．人間訓》亦謂張武為智伯謀伐范、中行，滅之。

22 注 事在魯悼公十五年。

23 注 《戰國策．趙策》、《淮南子．人間訓》並以此為張孟談說韓、魏之君語。《穀梁．僖二年傳》「虞宮之奇曰：語曰『脣亡則齒寒』」，《左．僖五年傳》「語」作「諺」。

24 注 畢云：「『我』，舊作『吾』，一本如此。」

25 注 「務」疑當讀為「鶩」，東魏〈嵩陽寺碑〉「朝野傾務」，「務」、「鶩」字通。《淮南子．主術訓》云：「魚得水而鶩」，高注云：「鶩，疾也」。又或當作「斿」即「游」之省。

26 注 王云：「『陸將何及乎』，不類《詩》詞。『乎』字蓋淺人所加。」蘇云：「此蓋逸《詩》。」

27 注 畢云：「戮，『勠』字假音。」

28 注 蘇云：「辟，同『闢』。」

29 注 畢云：「事俱見《韓非子》。」

是故子墨子言曰：「古者有語曰：『君子不鏡於水而鏡於人，鏡於水，見面之容，鏡於人，則知吉與凶。』[1]今以攻戰爲利，則蓋嘗鑒之於智伯之事乎？[2]此其爲不吉而凶，既可得而知矣。」

1 注 蘇云：「《書．酒誥》篇云『古人有言曰，人無於水監，當於民監』，《太公金匱．陰謀》有〈武王鏡銘〉云『以鏡自照見形容，以人自照見吉凶』，二書所云與此合，蓋古語也。」

▲詒讓案：《國語．吳語》云：「申胥曰：王盍亦鑑於人，無鑑於水。」

2 注 畢云：「蓋，同『盍』。」

非攻下第十九

子墨子言曰：「今天下之所譽善者，其說將何哉？」[1]爲其上中天之利，而中中鬼之利，而下中人之利，故譽之與？[2]意亡非爲其上中天之利，而中中鬼之利，而下中人之利，故譽之與？[3]雖使下愚之人，[4]必曰：「將爲其上中天之利，而中中鬼之利，而下中人之利，故譽之」。今天下之所同義者，[5]聖王之法也。今天下之諸侯將猶多皆免攻伐并兼，[6]則是有譽義之名，而不察其實也。此譬猶盲者之與人同命白黑之名，而不能分其物也，則豈謂有別哉？是故古之知者之爲天下度也，必順慮其義，而後爲之行，是以動則不疑，速通成得其所欲，[7]而順天鬼百姓之利，則知者之道也。[8]是故古之仁人有天下者，必反大國之說，[9]一天下之和，總四海之內，[10]焉率天下之百姓，[11]以農臣事上帝山川鬼神。[12]利人多，功故又大，[13]是以天賞之，鬼富之，[14]人譽之，使貴爲天子，富有天下，名參乎天地，至今不廢。此則知者之道也，先王之所以有天下者也。

1 注 舊本脫「哉」字。王云：「〈天志〉篇曰『天下之所以亂者，其說將何哉？』」今據補。

2 注 舊本作「譽」，王引之據下改「與」，是也，今從之。蘇云：「下『譽』當作『與』，讀平聲。」

3 注 王引之云：「『意』與『抑』同，『亡』與『無』同，皆詞也。〈非命〉篇曰『不識昔也三代之聖善人與，意亡昔三代之暴不肖人與？』」蘇說同。

4 注 畢云：「舊『愚之』二字倒，以意移。」

5 注 畢云：「『義』，舊作『養』，一本如此。」

6 注 俞云：「『皃』字衍文。〈天志〉篇云『今天下之諸侯，將猶皆侵凌攻伐兼并』，無『皃』字，可證。」

7 注 戴云：「『成』下當脫『則』字。」

▲案：戴說未塙，「速通成得其所欲」，疑當作「遠邇咸得其所欲」。

8 注 畢云：「知，讀『智』。」

9 注 「反」當作「交」，二字形近，詳〈七患〉篇。此謂與大國交相說。下文云：「以此效大國，則小國之君說」。「交」、「效」字通。

10 注 句。

11 注 戴云：「焉，猶乃也。」

12 注 洪云：「《左氏．襄十三年傳》『小人農力以事其上』。《管子．大匡》篇『耕者用力不農，有罪無赦』。《廣雅．釋詁》『農，勉也』。」

13 注 戴云：「『故』即『功』之衍文，蓋『功』一本作『攻』，因誤為『故』，而寫者合之耳。」

14 注 畢云：「『鬼』，舊作『愚』，以意改。」

今王公大人、天下之諸侯則不然，將必皆差論其爪牙之士，皆列其舟車之卒伍，[1]於此爲堅甲利兵，以往攻伐無罪之國。入其國家邊境，芟刈其禾稼，斬其樹木，墮其城郭[2]以湮其溝池，[3]攘殺其牲牷，[4]燔潰其祖廟，[5]勁殺其萬民，[6]覆其老弱，[7]遷其重器。[8]卒進而柱乎鬬，[9]曰「死命爲上，多殺次之，身傷者爲下，又況失列北橈乎哉，罪死無赦」，[10]以譂其衆。[11]夫無兼國覆軍，[12]賊虐萬民，以亂聖人之緒。[13]意將以爲利天乎？夫取天之人，以攻天之邑，此刺殺天民，剝振神之位，傾覆社稷，攘殺其犧牲，[14]則此上不中天之利矣。意將以爲利鬼乎？夫殺之人，[15]滅鬼神之主，廢滅先王，賊虐萬民，百姓離散，則此中不中鬼之利矣。意將以爲利人乎？夫殺之人，爲利人也博矣。[16]又計其費，此爲周生之本，[17]竭天下百姓之財用，不可勝數也，則此下不中人之利矣。

1 注 「皆」，亦當作「比」，詳上篇。

2 注 《說文・𨸏部》云：「敗城𨸏曰隓」，篆文作𡐦。「墮」即「𡐦」之變體。《左傳・僖三十二年》杜注云：「墮，毀也」。畢云：「『墮』，一本作『墜』。」

3 注 畢云：「『湮塞』之字當為『堙』。」

4 注 《周禮·牧人》「掌牧六牲，而阜蕃其物，以共祭祀之牲牷」，鄭注云：「六牲，謂牛、馬、羊、豕、犬、雞。牷，體完具」，鄭衆云：「牷，純色」。

5 注 王引之云：「『燔』與『潰』義不相屬，『燔潰』當為『燔燎』。隸書『尞』字或作『𡘋』，與『賁』字相似，故字之從『尞』者或誤從『賁』。《史記·仲尼弟子傳》，《索隱》引《家語》有『申繚』，今本《家語·七十二弟子》篇作『申續』。〈趙策〉『魏殺呂遼』，下文又作『呂遺』，皆其類也。『尞』與『賁』隸相似，故『燎』誤為『燌』，又誤為『潰』耳。此篇云『攘殺其牲牷，燔燎其祖廟』，〈天志〉篇云『焚燒其祖廟，攘殺其犧牷』，文異而義同也。」

6 注 《左傳·定四年》杜注云：「剄取其首」。《史記·陳涉世家》索隱引《三蒼》郭璞注云：「剄，刺也」。下文云：「刺殺天民」，與此義同。畢云：「『剄』字從『刀』。」

7 注 《逸周書·周祝》篇孔注云：「覆，滅也。」

8 注 《孟子·梁惠王》篇文同，趙注云：「寶重之器」。

9 注 戴云：「『杜』乃『極』字誤，草書『極』與『杜』相似。『乎』字衍。極，『亟』字之借。」

10 注 舊本「失」作「先」，「赦」作「殺」。王云：「『先列』二字義不可通，當是『失列』之誤，謂失其行列也。『罪死無殺』，義亦不可通，當作『罪死無赦』，此涉上下文『殺』字而誤。」畢本「橈」作「撓」，云：「『北』謂奔北也，北之言背馳，撓之言曲行，謂逗撓。」

▲案：王校是也，今據正。「撓」俗字，據《道藏》本正。《國語・吳語》韋注云：「軍敗奔走曰北。」《左・成二年傳》「師徒橈敗」，杜注云：「橈，曲也」。

11 注 畢云：「《說文》、《玉篇》無『譂』字。古字『言』、『心』相近，即『憚』字。」

▲案：畢說是也。《國語・周語》韋注云：「憚，懼也」。《國策・秦策》云：「王之威亦憚矣。」賈子《新書・解縣》篇云：「陛下威憚大信。」

12 注 《漢書・貨殖傳》注「孟康云：無，發聲助也。」

▲案：「無」與「唯無」辭意同，蘇云：「『無』疑當作『務』」，非。

13 注 《廣雅・釋詁》云：「緒，業也。」

14 注 王云：「『剝』與『振』義不相屬『振』當為『挀』字之誤也。《說文》：『剝，裂也』。《廣雅》：『挀，裂也。』曹憲音『必麥反』。是『剝』、『挀』皆裂也，故曰『剝挀神位』。自『刺殺天民』以下，皆以四字為句，今本作『剝振神之位』，『之』字涉上文『取天之人，攻天之邑』而衍。『攘殺其犧牲』，『其』字亦涉上文『攘殺其牲牷』而衍。」

15 注 畢云：「舊作『神』，據後文改。」戴云：「『殺』下脫『天』字。」

16 注 戴云：「『殺』下脫『天』字。」俞云：「『博』，疑當作『薄』。言殺人以利人，其利亦薄也。若作

「博」字，則不可通。」

▲案：俞校是也。此疑當作「夫殺人之為利人也，薄矣」，與上文不同，戴說非。

17 注 王云：「『周』字義不可通，『周』當為『害』，財者生之本也，用兵而費財，故曰害生之本。隸書『害』字或作『[illegible]』，與『周』相似而誤。」

今夫師者之相爲不利者也，曰：將不勇，士不分，[1]兵不利，教不習，師不衆，率不利和，[2]威不圉，[3]害之不久，[4]爭之不疾，孫之不強。[5]植心不堅，與國諸侯疑，與國諸侯疑，則敵生慮而意羸矣。偏具此物[6]而致從事焉，則是國家失卒[7]而百姓易務也。今不嘗觀其說好攻伐之國？若使中興師，君子[8]庶人也，必且數千，徒倍十萬，然後足以師而動矣。久者數歲，速者數月，是上不暇聽治，士不暇治其官府，農夫不暇稼穡，婦人不暇紡績織紝，[9]則是國家失卒，而百姓易務也，然而又與其車馬之罷弊也，幔幕帷蓋，[10]三軍之用，甲兵之備，五分而得其一，則猶爲序疏矣。[11]然而又與其散亡道路，道路遼遠，[12]粮食不繼傺，食飲之時，[13]廁役以此飢寒凍餒疾病，而轉死溝壑中者，[14]不可勝計也。此其爲不利於人也，天下之害厚矣。而王公大人樂而行之。則此樂賊滅天下之萬民也，豈不悖哉！今天下好戰之國，齊、晉、楚、越，若使此四國者得意於天下，此皆十倍其國之衆，而未能食其地也。15是人不足而地有餘也。今又以爭地之故而反相賊也，然則是虧不足而重有餘也。16

1 注 畢云：「同『忿』。」

▲詒讓案：「分」疑「奮」，聲近叚借字。

2 注 俞云：「率，讀為『將率』之『率』。『利』，即『和』字之誤而衍者。」

3 注 「圉」與「彊圉」義同。《逸周書·謚法》篇云：「威德剛武曰圉」，孔注云：「圉，禦也」。

4 注 「害」，疑當作「圍」，形近而誤。

5 注 「孫」無義，疑當作「係」。《國語·吳語》韋注云：「係，縛也」，蓋謂係纍民人。

6 注 畢云：「『偏』當為『徧』。」王云：「古多以『偏』作為『徧』，不煩改字。〈非儒〉篇『遠施周偏』，〈公孟〉篇『今子偏從人而說之』，皆是『偏』之借字。〈益·象傳〉『莫益之偏辭也』，本或作『徧』。〈檀弓〉『二名不偏諱』，《大戴記·勸學》篇『偏與之而無私』，〈魏策〉『偏事三晉之吏』，《漢書·禮樂志》『海內偏知上德』，皆以『偏』為『徧』。又《漢書·郊祀志》『其遊以方偏諸侯』〈張良傳〉『天下不足以偏封』，〈張湯傳〉『偏見貴人』，《史記》並作『徧』。若諸子書中以『偏』為『偏』

者，則不可枚舉。漢〈三公山碑〉『興雲膚寸，偏雨四海』，亦以『偏』為『徧』，然則『偏』之為『徧』，非傳寫之譌也。

7 注 畢云：「一本作『足』。」

8 注 此下有脫字，疑當云：「君子數百」。

9 注 畢云：「《說文》云：『紡，網絲也』，『績，緝也』，『織，作布帛之總名也』，『紝，機縷也。絫或字。』」

10 注 《說文．巾部》云：「幔，幕也。」《廣雅．釋器》云：「幔，帳也」。幕帷，詳中篇。

11 注 「序疏」二字義不可通，疑當為「厚餘」，皆形之誤。厚餘，言多餘也。《孫子．作戰》篇「國之貧於師者，力屈財殫，中原內虛於家。百姓之費，十去其七，公家之費，破車罷馬，甲冑、矢弓、戟、楯、矛、櫓、丘牛大車，十去其六」，此說與彼略同。

12 注 疑衍「道路」二字，《說文．辵部》云：「遼，遠也。」

13 注 畢云：「王逸注《楚辭》云：『傺，住也。楚人名「住」曰「傺」』。」王云：「『傺』字與上下文義不相屬，未詳。『之時』，當為『不時』，『食飲不時』與『糧食不繼』對文。」俞云：「『傺』即『際』字，〈張遷碑〉『臘正之傺』是也。昭四年《左傳》『爾未際』，《孟子．萬章》篇『敢問交際何心也』，杜預、趙岐注竝曰『際，接也』。疑《墨子》原文本作『糧食不傺』，『不傺』，即不接也，與中篇所云『糧食輟絕而不繼』，文異義同，後人不達『傺』字之義，據中篇改為『不繼』，而寫者兩存之，遂作『不繼傺』耳。」

▲案：王、俞說近是。

14 注 王云：「『廁役』二字，義無所取，當為『廝役』之誤。宣十二年《公羊傳》『廝役扈養死者數百人』，是其證。」

15 注 食，謂治田以耕者，《周禮．遂師》云：「經牧其田野，辨其可食者」。言四國荒土多，民不能盡耕之也。

16 注 「重」，舊本譌「動」，《道藏》本作「重」，與中篇合，今據正。

今遝夫好攻伐之君，[1]又飾其說以非子墨子曰：「以攻伐之爲不義，[2]非利物與？昔者禹征有苗，湯伐桀，武王伐紂，此皆立爲聖王，是何故也？」子墨子曰：子未察吾言之類，未明其故者也。[3]彼非所謂「攻」，謂「誅」也。[4]昔者三苗大亂，[5]天命殛之，日妖宵出，[6]雨血三朝，[7]龍生於廟，犬哭乎市，[8]夏冰，地坼及泉，[9]五穀變化，民乃大振。[10]高陽乃命玄宮，[11]禹親把天之瑞令[12]以征有苗，四電誘祇，[13]有神人面鳥身，若瑾以侍，[14]搤矢有苗之祥，[15]苗師大亂，後乃遂幾。[16]禹既已克有三苗，[17]焉磨爲山川，別物上下，[18]

卿制大極，[19]而神民不違，天下乃靜。則此禹之所以征有苗也。遝至乎夏王桀，[20]天有𨋢命，[21]日月不時，寒暑雜至，[22]五穀焦死，[23]鬼呼國，[24]鸖鳴十夕餘。[25]天乃命湯於鑣宮，[26]用受夏之大命：「夏德大亂，予既卒其命於天矣，往而誅之，必使汝堪之。」[27]湯焉敢奉率其衆，是以鄉有夏之境，[28]帝乃使陰暴毀有夏之城。[29]少少有神來告曰：「夏德大亂，往攻之，予必使汝大堪之。予既受命於天，天命融隆火，[30]于夏之城閒西北之隅。」[31]湯奉桀衆以克有，[32]屬諸侯於薄，[33]薦章天命，[34]通于四方，而天下諸侯莫敢不賓服。則此湯之所以誅桀也。遝至乎商王紂，[35]天不序其德，[36]祀用失時。[37]兼夜中，[38]十日雨土于薄，[39]九鼎遷止，婦妖宵出，有鬼宵吟，[40]有女爲男，天雨肉，[41]棘生乎國道，[42]王兄自縱也。[43]赤鳥銜珪，[44]降周之岐社，[45]曰：「天命周文王伐殷有國。」[46]泰顛來賓，[47]河出綠圖，[48]地出乘黃。[49]武王踐功，[50]夢見三神曰：「[51]予既沈漬殷紂于酒德矣，[52]往攻之，予必使汝大堪之。」[53]武王乃攻狂夫，反商之周，[54]天賜武王黃鳥之旗。[55]王既已克殷，成帝之來，[56]分主諸神，祀紂先王，[57]通維四夷，[58]而天下莫不賓，[59]焉襲湯之緒，[60]此即武王之所以誅紂也。若以此三聖王者觀之，則非所謂「攻」也，所謂「誅」也。

1 注　舊本「遝」作「還」，洪云：「〈明鬼下〉篇『逮至昔三代』，文與此同，『還』當是『遝』之譌。

『逕』、『逮』古字通用」。戴云：「『還』，當是『儇』字之誤。王逸注《楚詞》云『儇，佞也』，則『儇夫』猶『佞人』也。」

▲案：洪說是也，今據正。下文云：「則夫好攻伐之君」，可證。

2 **注** 畢云：「『以攻伐之』，據後文，當云『子以攻伐』。」

3 **注** 〈大取〉篇云：「辭以故生，以理長，以類行。」《荀子．非十二子》篇楊注云：「類，謂比類。」

4 **注** 依下文，「謂」上亦當有「所」字。《說文．言部》云：「誅，討也。」謂「討有罪」與「攻戰無罪之國」異。

5 **注** 舊本「者」下有「有」字，王云：「即『者』字之誤而衍者。今據《開元占經》、《太平御覽》引刪」。

6 **注** 「日妖」，不可通。「日」，疑當為「有」之譌。下云：「婦妖宵出，有鬼宵吟」。《通鑑外紀》引《隨巢子》、《汲冢紀年》云：「三苗將亡，日夜出，晝日不出」，則疑「妖」是衍文。

7 **注** 《開元占經．三》引《太公金匱》云：「有苗時，天雨血，沾衣。」

8 **注** 舊本脫「於」字，又「犬」作「大」。王云：「『龍生廟』，當作『龍生於廟』，方合上下句法。《太平御覽．禮儀部十》引此正作『龍生於廟』。『大哭乎市』，文義不明，『大』當為『犬』。『犬哭乎市』與『龍生於廟』對文，《開元占經．犬占》引《墨子》曰『三苗大亂，犬哭于市』。《太平御覽．獸部十七》引《隨巢子》曰『昔三苗大亂，龍生於廟，犬哭于市』，皆其證。」

▲案：王校是也，今據正。《通鑑外紀》引《隨巢子》、《汲冢紀年》云：「青龍生於廟」。

9 注 畢云：「《太平御覽》引此云『三苗欲滅時，地震坼，泉湧』。」

10 注 畢云：「同『震』。」

11 注 畢云：「舜，高陽第六世孫，故云。」王云：「此當作『高陽乃命禹於玄宮』，下文禹征有苗正承此文而言，又下文『天乃命湯於鑣宮』，與此文同一例，今本脫『禹於』二字，則文義不明。」

▲詒讓案：《藝文類聚・符命部》引《隨巢子》云：「天命夏禹於玄宮，有大神人面鳥身」云云，則非高陽所命也，此文疑有脫誤。今本《竹書紀年》：「帝舜三十五年，帝命夏后征有苗，有苗氏來朝。」

12 注 畢云：「『把』，《文選注》引作『抱』。《說文》云『瑞，以玉為信也』。」

▲詒讓案：「令」，《文選・東京賦》李注引作「命」。《說文・手部》云：「把，握也。」

13 注 未詳，疑當為「雷電誖振」，「雷」壞字為「田」，又誤為「四」。「誖」、「誘」，「振」、「祇」，形並相近，「誖」、「勃」，「振」、「震」，字通。《書・無逸》云：「治民祗懼」，《史記・魯世家》「祗」作「震」，是其證也。

14 注 人面鳥身之神，即〈明鬼下〉篇秦穆公所見之「句芒」也。「若瑾以侍」義不可通。「若瑾」，疑「奉珪」之誤。「若」。鐘鼎古文作「□」；「奉」，篆文作「□」，二形相似。「珪」、「瑾」亦形之誤。《儀禮・覲禮》記方明六玉云：「東方圭」，《周禮・大宗伯禮四方玉云：「東方以青圭」，《白虎通義文質》篇云：「珪位在東方」，是珪於方位屬東，句芒亦東方之神，故奉珪，猶《國語．晉語》說西方之神蓐收執鉞矣。或云：「瑾」當作「璜」，於形亦近，但於四方之玉不合。《藝文類聚．符命部》引《隨巢子》云：「有大神人面鳥身，降而福之：司祿益富，而國家實。司命益年，而民不夭」，疑即指此事。

15 **注** 疑當作「將」，「將」或通作「牂」，與「祥」形近而譌，《玉篇．手部》云：「牂，今作『將』」，同」。「搤矢」，未詳。

16 **注** 《道藏》本「後」作「后」。《說文．𢆶部》云：「幾，微也」。言三苗之後世，遂衰微也。

17 **注** 句。

18 **注** 王云：「『焉』字下屬為句，『焉』猶於是也，乃也。下文『湯焉敢奉率其眾』，『武王焉襲湯之緒』，義並與此同」。又云：「『磨』字義不可通，『磨』當為『磿』。『磿』與『歷』通。《周官．遂師》注曰『磿者，適歷』。〈中山經〉『歷石之山』，郭注『或作磿』。《史記．高祖功臣侯表》『磿簡侯程黑』，漢表作『歷』。〈春申君傳〉『濮磿之北』，《新序．善謀》篇作『歷』。〈樂毅傳〉『故鼎反乎磿室』，〈燕策〉作『歷』。『歷』之言『離』也。《大戴．五帝德》篇曰『歷離日月星辰』，是『歷』與『離』同義。《淮南．精神》篇曰『別為陰陽，離為八極』，然則『磿為山川』，亦謂『離為山川』也。『離』與『磿』皆分別之義，故曰『磿為山川，別物上下』。世人多見『磨』，少見『磿』，故書傳中『磿』字多譌作『磨』。《史記》及《山海經》注『磿』字，今本皆偽作『磨』。又《逸周書．世俘》篇作『伐磿』，〈楚策〉『遠自棄於磿山之中』，今本亦譌作『磨』。《顏氏家訓·勉學》篇曰『太山羊肅讀《世本》「容成造磿」，以磿為碓磨之磨』，則以『磿』為『磨』，自古已然矣。」

19 注 畢云：「《說文》云『卿，章也』。」

▲詒讓案：疑當為「鄉制四極」，「鄉」與「卿」形近。「四」，篆文作「[illegible]」，與「大」篆文亦近，故互譌。「鄉」即「嚮」之省。《爾雅·釋地》云：「東至於泰遠，西至於邠國，南至於濮鈆，北至於祝栗，謂之四極」，郭注云：「皆四方極遠之國」。

20 注 畢云：「《文選注》引作『夏桀時』。」「遝」，舊本作「還」。王云：「『還』字義不可通，或曰『還』即『旋』字。」

▲案：禹、桀相去甚遠，不得言旋至乎桀。『還』當為『遝』，『遝』與『逮』同。逮，及也。『遝』與『還』字形相似而誤，下文「還至乎商王紂」同。又云：「『遝』之誤為『還』，猶『鰥』之誤為『鱞』。《漢書·律麻志》『丙午遝師』，今本誤作『還』。《中庸》『所以逮賤也』，《釋文》『逮』作『遝』。哀十四年《公羊傳》『祖之所逮聞也』，漢石經『逮』作『遝』。」

▲案：王說是也，洪說同，今據正。

21 注 畢云：「『⿰車告』當是『誥』字。」

▲詒讓案：「⿰車告」，疑當為「酷」，謂嚴命也。《說文·告部》云：「嚳，急告之甚也。」《白虎通義·號》

篇云：「嚳者，極也。」「嚳」、「酷」字亦通。《一切經音義》云：「酷，古文『告』、『嚳』、『焅』三形」。

22 **注** 《易》釋文引孟喜云：「雜，亂也」。謂寒暑錯亂而至，失其恒節。

23 **注** 《史記·龜策傳》說桀紂云：「天數枯旱，國多妖祥，螟蟲歲生，五穀不成。」

24 **注** 王云：「『呼』下當有『於』字，方合上下句法。」

▲詒讓案：《御覽·八十三》引《帝王世紀》亦云：「鬼呼於國」。

25 **注** 「鸖」，舊本作「鸛」。盧云：「『鸛』字未詳，若作『鸖』與『鶴』同。」

▲案：盧說是也，《道藏》本、季本並作「鸖」，今據改。「鶴」字，唐〈姚元景造象記〉作「鸖」，〈楚金禪師碑〉作「鸛」，並俗書譌變。《通鑑外紀·夏紀》云：「鶴鳴於國，十日十夕不止」，即本此文。《通志·夏紀》「鶴」作「鸛」，疑誤。

26 **注** 畢云：「舊脫『天』字，據《文選注》增。『鑣』，《藝文類聚》引作『驪』，《文選注》作『鑣』。」王紹蘭云：「鑣宮，即《孟子》『牧宮』。天乃命湯於鑣宮，往而誅之，即『天誅造攻自牧宮』也。」

▲案：《孟子·萬章》篇趙注云：「牧宮，桀宮。」似與此「鑣宮」異，王說未塙。

27 **注** 畢云：「《文選注》、《藝文類聚》引作『戡』，此『㦰』字之假音。《說文》云『㦰，殺也』。《爾雅》云『堪，勝也』。」

▲案：「夏德大亂」以下四句，文義與下文重複，疑校書者附記異同，遂與正文淆混。《文選・辯命論》、〈褚淵碑文〉注兩引，亦無此數語。畢所校乃下文之異文也。

28 注 王引之云：「『焉』猶『乃』也。言湯既受天命，乃敢伐夏也。」王紹蘭云：「『焉』之為言『於是』也。」

29 注 「陰」，疑「降」之誤。

30 注 畢云：「『隆』，疑作『降』，言命祝融降火。」王云：「『降』與『隆』通，不煩改字，詳〈尚賢中〉篇。」

▲詒讓案：《國語・周語》內史過說夏亡，「回祿信於聆隧」，韋注云：「回祿，火神；聆隧，地名」。《左・昭十八年傳》「鄭災，禳火於玄冥、回祿」，孔《疏》云：「楚之先吳回為祝融，或云『回祿』即『吳回』也」。是「融」即「回祿」，此與周語所云即一事也。

31 注 〈備城門〉篇云：「城四面四隅，皆為高磿撕」。《考工記・匠人》「城隅之制九雉」，鄭注云：「城隅，謂角浮思也」。《詩・邶風・靜女》篇「俟我于城隅。」

32 注 蘇云：「『有』下脫『夏』字。」

33 注 《禮記・經解》鄭注云：「屬，猶合也」。畢云：「此作『薄』是也。《管子・地數》云『湯有七十里之薄』，《周書・殷祝解》云『湯放桀而復薄』，《荀子・議兵》云『古者湯以薄，武王以滈』，《呂氏春秋》

云『湯嘗約于亳薄』，皆作『薄』。〈地理志〉云『河南偃師尸鄉，殷湯所都』，是今河南偃師也。《史記集解》云『皇甫謐曰：梁國穀孰為南亳，即湯都也』。《括地志》云『宋州穀孰縣西南三十五里南亳故城，即南亳，湯都也。宋州北五十里大蒙城為景亳，湯所盟地，因景山為名。河南偃師為西亳，帝嚳及湯所都，盤庚亦從都之』。又案：『薄』，惟孟子作『亳』，非正字也。亳，京兆杜陵亭，見《說文》。別有亳王號湯，在今陝西三原縣，地各不同。」

34 **注** 《爾雅・釋詁》云：「薦，進也」。《儀禮・士冠禮》鄭注云：「章，明也。」

35 **注** 「遝」，舊本亦作「還」，今依王校正，詳上。畢云：「《文選注》引作『商王紂時』。《太平御覽》作『紂之時』。」

36 **注** 王云：「序，順也，言天不順紂之德。〈非樂〉篇引湯之《官刑》曰『上帝不順』，是也。《爾雅》曰『順，敘也』。『敘』與『序』同。《法言・問神》篇曰『事得其序之謂訓』，『訓』與『順』同。〈周語曰『周旋序順』，『序』亦『順』也。《逸周書》序曰『文王告武王以序德之行』。」俞云：「『序』乃『享』字之誤。《莊子・則陽》篇『隨序之相理』，《釋文》曰『序，一本作「享」』，是其例也。『天不享其德』，文義甚明，字誤作『序』，不可通矣。」

▲案：俞說是也，〈尚賢中〉篇云：「則天鄉其德」，鄉，亦與「享」通。

37 **注** 《史記・龜策傳》說桀、紂云「逆亂四時，先百鬼嘗」，蓋言祭祀不以時舉也，

38 注 有脫誤。

39 注 畢云：「《太平御覽》引作『亳』，假音字。」

▲詒讓案：李淳風《乙巳占》亦引《墨子》曰：「商紂不德，十日雨土於亳」。今本《紀年》「帝辛五年，雨土于亳。」

40 注 《文選．蘇子卿古詩》李注引《蒼頡篇》云：「吟，歎也」。

41 注 《呂氏春秋．慎大》篇說殷亡之妖，云：「天雨血」。

42 注 國道，謂道中九經緯之涂也。

43 注 王云：「兄，與『況』同。況，益也。言紂益自放縱也。〈小雅．常棣〉篇『況也永嘆』，毛《傳》曰：『況，茲也』。茲，與『滋』同，滋，益也。〈晉語〉『衆況厚之』，韋注曰『況，益也』。〈無逸〉『則皇自敬德』，《漢石經》『皇』作『兄』，王肅本作『況』，云『況滋益用敬德』。〈大雅．桑柔〉篇『倉兄填兮』，〈召閔〉篇『職兄斯引』，傳竝曰『兄，茲也』。」

▲案：王說是也，顧說同，蘇謂即微子出奔之事。誤。

44 注 畢云：「『鳥』，《太平御覽》引作『雀』。『珪』，初學記引作『書』。」

▲詒讓案：《太平御覽．時序部》，引《尚書中候》云：「周文王為西伯，季秋之月甲子，赤雀銜丹書入豐，止于昌戶。王乃拜稽首受取，曰：姬昌蒼帝子，亡殷者紂也」，《宋書．符瑞志》同。《史記．周本紀》正

義引《尚書帝命驗》云：「季秋之月甲子，赤爵銜丹書入于酆，止于昌戶，其書云『敬勝怠者吉』云云，與《大戴禮記》武王踐阼篇丹書文同，與此異。以上諸書，並作「銜書」，與《初學記》同。《呂氏春秋．應同》篇云：「文王之時，赤烏銜丹書，集之周社」，亦與此書「降岐社」事同，疑皆一事，而傳聞緣飾不免詭異耳。

45 **注** 今本《紀年》：「帝辛三十二年，有赤烏集于周社。」

46 **注** 畢云：「《太平御覽》云『命曰：周文王伐殷』，《事類賦》云『命伐殷也』。」

47 **注** 蘇云：「《孟子》云：『太公避紂，居北海之濱，聞文王作興，曰：盍歸乎來』，即來賓之事也。」

▲案：「泰顛」與「太公」非一人，詳〈尚賢上〉篇。

48 **注** 《北堂書鈔．地部》引《隨巢子》云：「姬氏之興，河出《綠圖》」。《呂氏春秋．觀表》篇云：「《綠圖》幡薄從此生矣」。《淮南子．淑真訓》云：「至德之世，洛出《丹書》，河出《綠圖》」。《易緯乾鑿度》云：「昌以西伯受命，改正朔，布王號於天下，受籙應《河圖》」。「綠」、「籙」通。

49 **注** 《周書．王會》篇云：「白民乘黃。乘黃者似狐，其背有兩角」，《山海經．海外西經》同。《宋書．符瑞志》云：「帝舜即位，地出乘黃之馬」。劉賡《稽瑞》引《孫氏瑞應圖》云：「王者德御四方，輿服有度，秣馬不過所業，則地出乘黃」。《淮南子》云：「黃帝治天下，飛黃服皁」，高注云：「飛黃，乘黃」。

50 **注** 「踐功」，疑「踐阼」之誤。

51 注 畢云：「舊脫此字，據《文選注》、《藝文類聚》增。」

52 注 《書．微子》「我用沈酗于酒」，孔《疏》云：「人以酒亂，若沈於水。故以耽酒為沈也」。《史記．宋世家》「紂沈湎于酒」。《詩．小雅》釋文云：「漬，淹也」。《一切經音義》引《通俗文》云：「水浸曰『漬』」。畢云：「『漬』，《藝文類聚》引作『瀆』。」

53 注 畢云：「『堪』，《藝文類聚》、《文選注》引作『戡』。」

54 注 「攻狂夫」，疑當作為「往攻之」，上文屢見。「往」、「狂」，「之」、「夫」形近而誤，「攻」字又誤移著「乃」下，遂不可通。戴云：「『狂夫』疑『獨夫』之誤」，非。

55 注 畢云：「『賜』，《太平御覽》引作『錫』。《北堂書鈔》引《隨巢子》云『天賜武王黃鳥之旗』。《抱朴子》云『武王時興，天給之旗』。」

▲詒讓案：黃鳥之旗，疑即《周禮．巾車》之「大赤」，亦即〈司常〉之「鳥隼為旗」，《考工記．輈人》云：「鳥旟七斿，以象鶉火也」，《國語．吳語》謂之「赤旟」。〈曲禮〉云：「行前朱雀而後玄武」，朱雀，即指鳥旟言之，黃與朱色近，故赤旟謂之「黃鳥之旗」。大赤為周正色之旗，流俗緣飾，遂以為天錫之祥矣。

56 注 《周書．商誓》篇云：「武王曰：予惟甲子，克致天之大罰，□帝之來，革紂之□□，予亦無敢違大命」，與此文意略同。畢云：「『來』當為『賚』。」

57 注 〈明鬼下〉篇云：「昔者武王之攻殷誅紂也，使諸使分其祭，曰：使親者受內祀，疏者受外祀」，是其事也。

58 注 「維」，當作「于」，上文說湯云：「通于四方」。

59 注 句。

60 注 《詩．魯頌．閟宮》云：「纘禹之緒」，毛《傳》云：「緒，業也」。王引之云：「言武王乃襲湯之緒也。」

則夫好攻伐之君，又飾其說以非子墨子曰：「子以攻伐爲不義，非利物與？昔者楚熊麗[1]始討此睢山之閒，[2]越王繄虧，[3]出自有遽，[4]始邦於越，唐叔與呂尚邦齊、晉。此皆地方數百里，今以并國之故，四分天下而有之。[5]是故何也？」子墨子曰：「子未察吾言之類，未明其故者也。古者天子之始封諸侯也，萬有餘，[6]今以并國之故，萬國有餘皆滅，[7]而四國獨立。此譬猶醫之藥萬有餘人，而四人愈也，則不可謂良醫矣。」

1 注 畢云：「《史記．楚世家》云『鬻熊子事文王，蚤卒，其子曰熊麗』。」

2 注 畢云：「『討』字當為『封』。睢山，即江漢沮漳之沮。」

▲詒讓案：《史記．楚世家》「熊繹，當周成王之時，舉文、武勤勞之後嗣，而封熊繹於楚蠻」，是始封楚者，為熊麗之孫繹，與此書不同。梁玉繩云：「麗是繹祖，雖為楚望，然則繹之前已建國楚地，成王蓋因而封之，非成王封繹始有國耳。」

3 **注** 盧云：「即無餘也。『繄』，舊作『緊』，非，以意改。」

▲案：畢本亦依盧校，今從之。《史記．周本紀》「共王名繄扈」，與此相類。「無餘」見《越絕書．外傳記地篇》，《吳越春秋．越王無余外傳》字作「余」，同。依盧校，「繄虧」即「無餘」，疑「無餘」本名「無虧」。《左傳》僖十七年，齊有公子無虧，越王名或與彼同。古語「無」，長言之或曰「繄無」。《周禮．職方氏》「幽州鎮山醫無閭」，「醫」亦與「繄」音同。《續漢書．郡國志》遼東屬國無慮縣，有醫無閭山。是醫無閭，短言之曰「無慮」。則無虧，長言之亦可云「繄無虧」，短言之又可云「繄虧」。「虧」、「餘」亦聲相轉也。但無餘遠在夏世，而《史記．越世家》則謂句踐始為越王。《史記正義》引《輿地志》云：「周敬王時，有越侯夫譚，子曰允常，拓土始大，稱王」。案允常為句踐父，《漢書．古今人表》亦云：「越王允常」，並與《史記》不同。此越王或當是允常，亦未能決定也。又案《國語》、《世本》並以越為「芈」姓，則疑「繄虧」或即「執疵」，詳後。

4 **注** 《史記．越世家》云：「其先禹之苗裔，而夏后帝少康之庶子也，封於會稽，以奉守禹之祀。」《吳越春秋》云：「少康恐禹迹宗廟祭祀之絕，乃封其庶子於越，號曰無餘。」《水經．漸江水》注云：「夏后少康封少子杼，以奉禹祠，為越」，則與帝杼同名，疑誤。《水經注》又云：「秦望山，南有嶕峴，峴裏有大城，越王無餘之舊都也。故《吳越春秋》『句踐語范蠡曰：先君無餘，國在南山之陽』。」則酈氏亦兼據趙說矣。但此云：「出自有遽」，古籍無徵。《國語・鄭語》云：「羋姓夔、越」，與《史記》不同。〈吳語〉韋注云：「越王句踐，祝融之後，允常之子，羋姓也」，又引《世本》亦云「越羋姓也」。《漢書・地理志》顏注引臣瓚，亦據《世本》明越非禹後。《大戴禮記・帝繫》篇云：「陸終產六子，其六曰季連，是為羋姓。季連產付祖氏，付祖氏產穴熊，九世至于渠。婁鯀出自熊渠，有子三人，其孟之名為無康，為句亶王；其中之名為紅，為鄂王；其季之名為疵，為戚章王」。《史記・楚世家》云：「熊渠立其長子康為句亶王，中子紅為鄂王，少子執疵為越章王」，孔廣森云：「『婁鯀』或當為『夔越』，『越』即『越章』也，『戚章』字形之誤」。

▲詒讓案：以《世本》、《帝繫》證之，則《國語》之說不為無徵。《左・僖二十六年傳》「夔子曰：我先王熊摯」，《漢書・古今人表》及《史記正義》引宋均《樂緯注》，並謂熊摯亦熊渠子。竊疑夔、越同出，孔說似可通，若然，此「出自有遽」，或當云：「出自熊渠」，猶《帝繫》云：「婁鯀出自熊渠」也。「渠」、「遽」聲近，古通用。

5 **注** 蘇云：「墨子當春秋後，其時越方強盛，而晉尚未亡，故以荊、越、齊、晉為四大國。不數秦者，時秦方衰亂故也。此可徵墨子在孔子後而未及戰國也。凡書中涉戰國時事者，皆其徒為之爾。」

6 **注** 畢云：「《呂氏春秋・用民》云『當禹之時，天下萬國，至於湯而三千餘國』。」戴云：「當補『國』

字，文義始足。」

7 注 戴云：「『萬國有餘』，當作『萬有餘國』。」

則夫好攻伐之君又飾其說曰：「我非以金玉、子女、壤地爲不足也，我欲以義名立於天下，以德求諸侯也。」[1]子墨子曰：「今若有能以義名立於天下，以德求諸侯者，天下之服可立而待也。夫天下處攻伐久矣，譬若傅子之爲馬然。[2]今若有能信効先利天下諸侯者，[3]大國之不義也，則同憂之；大國之攻小國也，則同救之；小國城郭之不全也，必使修之；布粟之絕，則委之；[4]幣帛不足，則共之。[5]以此効大國，則小國之君說，[6]人勞我逸，則我甲兵強。寬以惠，緩易急，民必移。[7]易攻伐以治我國，攻必倍。[8]量我師舉之費，以爭諸侯之斃，[9]則必可得而序利焉。[10]督以正，[11]義其名，[12]必務寬吾衆，信吾師，以此授諸侯之師，[13]則天下無敵矣。其爲下不可勝數也。[14]此天下之利，而王公大人不知而用，則此可謂不知利天下之巨務矣。」[15]

1 注 畢云：「『求』，一本作『來』，下同。」

2 注 「傅」，畢本改「傳」，云：「傳子，言傳舍之人」。王云：「畢說非也。『傅』當為『僮』，字之誤也。僮，今『童』字也。《說文》『僮，未冠也』，〈魯語〉曰『使僮子備官』，《史記．樂書》曰『使僮男、僮女七十人，俱歌』，〈宋世家〉曰『彼狡僮兮』，《玉篇》曰『僮，今為童』。〈耕柱〉篇曰『大國之攻小國，譬猶童子之為馬也。童子之為馬，足用而勞。今大國之攻小國也，攻者農夫不得耕，婦人不得織，以守為事。攻人者亦農夫不得耕，婦人不得織，以攻為事。故大國之攻小國也，譬猶童子之為馬也』，是其證。」洪云：「『傳』子，當是『侲子』之譌，《方言》『燕、齊之間養馬者，謂之侲』，《後漢書．杜篤傳》李注引《方言》『侲，養馬人也』。」

▲案：《道藏》本、季本作「傳」，王說近是，蘇校同。「傳」或當為「孺」，「孺」俗作「⿰子專」，與「傳」形近。孺子、僮子義同。

3 注 効，讀為「交」，同聲叚借字，信交，謂相交以信。《周禮．大行人》云：「凡諸侯之邦交，歲相問也，殷相聘也，世相朝也。」

4 注 王云：「『之絕』二字不詞，當是『乏絕』之誤。〈月令〉曰『賜貧窮，振乏絕』是也。委，讀『委輸』之『委』，《後漢書．千乘貞王伉傳》『租委鮮薄』，注：『委，謂委輸也』。」

▲案：王說是也，《周禮．小行人》云：「若國凶荒，則令賙委之。」

5 注 畢云：「共，同『供』。」

6 注 効，亦讀為「交」。此云「交大國」，則不宜云「小國之君說」，疑「小國」亦當為「大國」。上文云：

「是故古之仁人有天下者，必交大國之說」，是其證。

7 注 《呂氏春秋．義賞》篇云：「賞重則民移之」，高注云：「移猶歸也」。

8 注 攻，當為「功」之借字。

9 注 「爭」，舊本作「諍」。王云：「涉下文諸字從『言』而誤，今改。」蘇云：「諍，義與『征』同。」

▲案：王校是也。《說文．犬部》云：「獘，頓仆也」，或作「斃」，從死。《左．襄二十七年傳》「以誣道蔽諸侯」，《釋文》引服虔作「獘」，云：「獘，踣也。一日罷也」。

10 注 王引之云：「『序利』，當為『厚利』，隸書『厚』字或作『厚』，見〈漢荊州刺史度尚碑〉，又作『厚』，見〈三公山碑〉，形與『序』相似而誤。〈詩序〉『厚人倫』，《釋文》『厚，本或作「序」，非』。《荀子．王霸》篇『桀紂即厚於有天下之埶』，《鹽鐵論．國病》篇『無德厚於民』，今本『厚』字竝譌作『序』。此言量我興師之費，以爭諸侯之斃者，則厚利必可得也。〈明鬼〉篇曰『豈非厚利哉』，今本『厚』作『序』，則義不可通。」俞云：「『序』亦『享』字之誤。」

▲案：俞說是也，詳前。

11 注 《說文．目部》云：「督，察也」，《爾雅．釋詁》云：「督，正也」，郭注云：「督謂御正」。

12 注 即上文云：「我以義名立於天下也」。

13 注 「授」字無義，疑當為「援」。《禮記．儒行》鄭注云：「援，猶引也，取也」。

14 注 蘇云：「句有脫字，當作『其為利天下，不可勝數也』。」

15 注 畢云：「『巨』，舊作『臣』，以意改。」

▲案：顧校季氏本正作「巨」。

是故子墨子曰：「今且天下之王公大人士君子，[1]中情將欲求興天下之利，除天下之害，當若繁爲攻伐，此實天下之巨害也。今欲爲仁義，求爲上士，尚欲中聖王之道，[2]下欲中國家百姓之利，故當若非攻之爲說，而將不可不察者此也。」[3]

1 注 王引之云：「今且，今夫也。」

2 注 「尚」、「上」字通。

3 注 畢云：「舊脫下『不』字，以意增。」王云：「『不可不察者此也』，本作『不可不察此者也』。『此』字指非攻之說而言，言欲為仁義，則不可不察此非攻之說也。今本『此者』二字倒轉，則與上文『今欲』二字義不相屬矣。〈節葬〉篇『故當若節喪之為政，而不可不察者此也』，『者此』亦『此者』之誤。〈尚賢〉篇『故尚賢之為說，而不可不察此者也』，〈明鬼〉篇『故當鬼神之有與無之別，以為將不可以不明察此者也』，『此者』二字皆不誤。」

卷六

題解

本卷現存三篇，包括：〈節用上、中〉篇及〈節葬下〉篇。「節用」是「墨子十論」中的重要主張之一，可與〈辭過〉篇對照閱讀；簡單的說就是為了大多數人民的生活需要開源節流，減少不必要的消費。〈節用上〉篇指出衣服、宮室、甲兵、舟車的製作以實用為目的，排除那些不能增加效益的浪費。此篇也主張男女可以早婚，以增加勞動力、生產力。從兼愛的觀點來看，執政者要能普遍的愛及每一個人民，就要為他們生活的基本需求設想；在古代農耕獵牧的生活方式下，物資非常有限，節省用度、簡約生活，是為顧及每一個人的生存必須採取的治理方法。

墨子在〈節用中〉這一篇指出：在生活的食、衣、住、行、喪葬各方面，不求華服美食的奢華享受，但求夠用就好。這也是古代聖王能夠受到百姓愛戴、統一天下的重要原因。節省用度簡約生活，可從興天下之利的「天下」視野來看，因為天下的物資有限，如果大家不斷浪費，那麼必然會有人飢餓凍寒。其原則是有利於百姓的才可以做，當然對百姓的利益可因時代的不同有不同的理解。墨家的興天下之利不只顧念大多數的人民生存上的基本需要滿足，謀求大多數人的利益，同時也關心那些少數人的生活欠缺，因此節約用度是墨家實踐兼愛必然的思考。

在《淮南子．要略訓》中提到：墨子原本學習儒家的思想，但是後來發現儒家所教導的「厚葬久喪」，使得一般老百姓為了遵從這些古禮，而浪費損耗了許多財物；為了盡孝道長期守喪，而耽誤農時，影響了許多耕作、紡織的生產工作，使得原本貧困的百姓，更加困頓，難以生活。因此，墨家的節葬思想，有其現實的觀察與考慮，儒家的那一套「厚葬久喪」的禮儀，表達對父母親人的長期追思感懷，在王公貴族、富有人家不成問題，不會構成生活上的困難，但是對一般平民百姓而言，若要遵從此價值觀所形成的風俗習慣，則會造成一種貧困的惡性循環，這就是墨子為什麼要強調「節葬」的理由。《莊子．列禦寇》篇中莊子也反對厚葬。

在〈節葬下〉篇，墨子所思考的標準是在於，一種禮儀風俗對絕大多數人的生活所造成的影響，能否符合大衆的利益？一種政策的推動，也必須考慮是否符合古代聖王施政的成功案例。

節用上第二十

聖人爲政一國，一國可倍也；[1]大之爲政天下，天下可倍也。其倍之，非外取地也，因其國家，去其無用之費，[2]足以倍之。聖王爲政，其發令興事、使民用財也，[3]無不加用而爲者，是故用財不費，民德不勞，[4]其興利多矣。其爲衣裘何？以爲冬以圉寒，夏以圉暑。[5]凡爲衣裳之道，冬加溫、夏加清者，芊䱉不加者去之。[6]其爲宮室何？以爲冬以圉風寒，夏以圉暑雨，有盜賊加固者，芊䱉不加者去之。其爲甲盾五兵何？[7]以爲以圉寇亂盜賊，若有寇亂盜賊，有甲盾五兵者勝，無者不勝。[8]是故聖人作爲甲盾五兵。凡爲甲盾五兵加輕以利、堅而難折者，芊䱉不加者去之。其爲舟車何？以爲車以行陵陸，舟以行川谷，以通四方之利。凡爲舟車之道，加輕以利者，芊䱉不加者去之。凡其爲此物也，無不加用而爲者，[9]是故用財不費，民德不勞，其興利多矣。有去大人之好聚珠玉、鳥獸、犬馬，[10]以益衣裳、宮室、甲盾、五兵、舟車之數於數倍乎？若則不難。[11]故孰爲難倍？唯人爲難倍。

1 注 畢云：「言利可倍。」

2 注 舊本脫「用之費」三字，王據下文及中篇補。

3 注 「使」，舊本作「便」。王云：「『便民』二字與下句文意不合『便民』當為『使民』，言必有用之事，然後使民為之也。」

▲案：王校是也，今據正。

4 注 「德」與「得」通，下同。

5 注 「圉」、「禦」字通，詳〈辭過〉篇。

6 注 畢云：「『芊䱉』二字凡四見，疑一『鮮』字之誤。鮮，少也，言少有不加於溫清者去之，即下篇云『諸加費不加于民利者，聖王弗為」是也。不加，猶云無益。」洪云：「篇中言為宮室、甲盾、五兵、舟車，『芊䱉』字凡四見，其文義皆同。以中篇言衣服、舟楫、宮室句證之，『芊䱉』當是『則止』二字之譌，『則』譌為『鮮』，『止』譌為『且』，傳寫者又割裂譌為『芊䱉』。俞云：「『芊䱉』二字凡四見，疑當作『鮮且』。蓋『鮮』字左旁之『魚』，誤移在『且』字左旁耳，且讀為𪓐，鮮且者，鮮𪓐也。《說文．黹部》『𪓐，合五采鮮色，從黹，虘聲，《詩》曰：衣裳𪓐𪓐』。鮮色謂之『𪓐』，故合而言之曰『鮮𪓐』。今《詩》作『楚楚』，毛《傳》曰：『楚楚，鮮明貌』，然則鮮𪓐連言，正古義也。鮮且不加。謂徒為華美而無益於用。畢云『不加猶言無益』，是也。𪓐從虘聲，虘從且聲，故𪓐得以且為之。如籀文『遣』，小篆作『追』，或作『徂』，而《詩．溱洧》篇『士曰既且』，《釋文》曰『且，往也』。則即以且為之，是其例矣。」

▲案：俞說近是。〈公孟〉篇云：「楚莊王鮮冠組纓」，「芊䱉」、「鮮組」，並「鮮𪓐」之異文。又疑當為「華駔」，《晏子春秋．諫下》篇云：「今君之服駔華，不可以導衆」，又云：「聖人之服，中侻而不駔」。此「駔」字從魚，且聲，舊本並同。俞正燮謂「羊」乃「善」脫，「䱉」乃「但」誤，則誤仞為從旦，又讀「羊」屬上為句，並謬。蘇云：「或作『鮮有』二字」，亦非。

7 注 《周禮．司兵》云：「掌五兵五盾」，又「軍事建車之五兵」。鄭衆注云：「五兵者，戈、殳、戟、酋矛、夷矛」。鄭康成云：「步卒之五兵，則無夷矛而有弓矢」。《司馬法．定爵》篇云：「弓矢圍，殳矛守，戈戟助。凡五兵，當長以衛短，短以救長。」

▲案：五兵，古說多差異，惟鄭君與《司馬法》合，當為定論。此甲盾、五兵並舉，而衛宏《漢舊儀》說五兵有甲鎧。《周禮．肆師》賈疏引《五經異義》公羊說、《穀梁．莊二十五年》范甯注、〈曾子問〉孔《疏》引《禮記隱義》、揚雄《大玄經．玄數》，說五兵並有盾，皆非也。

8 注 畢云：「『者』，舊作『有』，以意改。」

9 注 舊無「不」字。俞云：「上文云『無不加用而為者』，此脫『不』字。」

▲案：俞校是也，今據補。

10 注 舊本無「矣」字。戴云：「『多』下當依上文補『矣』字。『有』，疑『者』字之誤，『者』上脫『今』字。『去』字乃『王公』二字之誤。」

▲案：戴校「多」下補「矣」字，是也，今據增。有，當讀為「又」，此承上文，言聖人為衣裳、宮室、甲盾、五兵、舟車，既去其芉䱹不加者而不為，又去珠玉、鳥獸、犬馬之玩好，以益為衣裳五者，故其數自倍增也，戴說並非。

11 注 戴云：「若，猶『此』也。『則不難』下，有脫文。」

▲案：審校文義，似無脫文。

然人有可倍也。昔者聖王為法曰：「丈夫年二十，毋敢不處家。[1]女子年十五，[2]毋

敢不事人。」[3]此聖王之法也。[4]聖王即沒，于民次也，[5]其欲蚤處家者，有所二十年處家；其欲晚處家者，有所四十年處家。[6]以其蚤與其晚相踐，[7]後聖王之法十年。若純三年而字，子生可以二三年矣。[8]此不惟使民蚤處家[9]而可以倍與？且不然已。[10]

1 注 明·吳寬鈔本作「不敢毋處家」。《左·文十八年傳》云：「男有家」，《周禮·大司徒》鄭注云：「有夫有婦，然後為家」。

2 注 吳鈔本作「二十」，誤。

3 注 《周禮·媒氏》「令男三十而娶，女二十而嫁」，賈疏引王肅〈聖證論〉云：「前賢有言：丈夫二十不敢不有室，女子十五不敢不有其家」。王肅語本於此。

4 注 《韓非子·外儲說右》篇「齊桓公下令於民曰：丈夫二十而室，婦人十五而嫁」，亦見《說苑·貴德》篇，《墨子》此說與彼同。《國語·越語》亦云：「女子十七不嫁，其父母有罪；丈夫二十不娶，其父母有罪。」齊、越之令，或亦本聖王之法與？

5 注 次，讀為「恣」，言恣民之所欲。

6 注 王云：「所，猶時也。言有時二十年，有時四十年也。文十三年《公羊傳》注曰『所，猶時也』。」

7 注 《玉藻》鄭注云：「踐，當為『翦』，聲之誤也。」《呂氏春秋·制樂》篇，高注云：「翦，除也。」戴云：「踐，讀如『籩豆有踐』之『踐』，傳曰『踐，行列皃』，行列有比校之義。」

▲案：戴說未允。

8 **注** 《周禮・玉人》注云：「純，猶皆也。」《說文・子部》云：「字，乳也。」蘇云：「字，猶養也。下『年』字疑當作『人』，蓋聖王之法，二十而處家，今後十年，彼早處家者當有二三子也。」戴云：「虞氏注《易・屯卦》云『字，妊娠也』，下『年』字，乃『人』字之誤。」

9 **注** 「惟」，吳鈔本作「唯」。

10 **注** 此文未足，必有脫字。〈明鬼下〉篇云：「且不惟此為然」，此「且不」下，疑亦脫「惟此為」三字。

今天下爲政者，其所以寡人之道多，其使民勞，其籍斂厚，[1]民財不足，凍餓死者不可勝數也。且大人惟毋興師以攻伐鄰國，[2]久者終年，速者數月，男女久不相見，此所以寡人之道也。與居處不安、飲食不時、作疾病死者，有與侵就僾橐，[3]攻城野戰死者，不可勝數。此不令爲政者，所以寡人之道數術而起與？[4]聖人爲政特無此，[5]不聖人爲政，其所以衆人之道亦數術而起與？故子墨子曰：「去無用之費，[6]聖王之道，天下之大利也。」

1 **注** 王引之云：「籍斂，稅斂也。《大雅・韓奕》篇『實畝實籍』，箋曰『籍，稅也』。《正義》引宣十五年

《公羊傳》曰『什一而籍』。」

2 注 「惟毋」吳鈔本作「唯無」。畢本「毋」改「毌」，云：「毌」同「貫」。

▲案：畢校非也，「唯毋」，毋，語詞，說詳〈尚賢中〉篇。

3 注 有，讀為「又」。「侵就」未詳。橐，以舉火攻城之具，見〈備穴〉篇。《韓非子．八說》篇云：「干城距衝，不若堙穴伏橐」，疑此「僾」字，亦當為「伏」之譌。畢云：「『僾』，即『援』字異文。」

4 注 畢云：「『令』，當為『今』。」戴云：「不，猶非也。」

5 注 「此」字疑當重，誤脫其一。

6 注 王云：「舊本脫『費』字，中篇曰『諸加費不加于民利者，聖王弗為』，今據補。」

節用中第二十一

子墨子言曰：古者明王聖人所以王天下、正諸侯者，彼其愛民謹忠，[1]利民謹厚，忠信相連，又示之以利，是以終身不饜，[2]歿世而不卷。[3]古者明王聖人，其所以王天下、正諸侯者，此也。[4]

1 注 《說文·言部》云：「謹，慎也」，此蓋與信義近。

2 注 吳鈔本作「猒」。

3 注 「歿」，吳鈔本作「沒」。「世」，舊本作「二十」二字。盧云：「二字疑當為『世』」，今據正。蘇云：「『卷』，當為『倦』。」

▲詒讓案：正字當作「券」，《說文·力部》云：「券，勞也」。《考工記·輈人》鄭注云：「券，今『倦』字也」。「卷」即「券」之叚字。

4 注 正，長也，詳〈親士〉篇。

是故古者聖王制爲節用之法曰：「凡天下羣百工，輪、車、鞼、匏、[1]陶、冶、梓、匠，使各從事其所能」，曰：「凡足以奉給民用，則止。」諸加費不加于民利者，聖王弗爲。[2]

1 注 畢云：「鞼，《說文》云『韋繡也』。『匏』當為『鞄』，《說文》云『柔革工也，讀若朴』。」王云：「『鞼』，即《攷工記》『函鮑韗韋裘』之『韗』，非謂韋繡也。輪、車、梓、匠為攻木之工，陶為摶埴之工，冶為攻金之工，然則『鞼、匏』即『韗、鮑』，為攻皮之工也。凡文、吻、問，與脂、旨、至，古音多互相轉，故『鞸』字或作『韇』，『鞄』之為『皰』，亦借字耳。故《攷工記》又借作『鮑』。」

▲案：王說近是。《說文．革部》云：「鞸，攻皮治鼓工也，或從韋作『韗』」，又云：「鞄，柔革工也，《周禮》曰：柔皮之工鮑氏」。「鞄」，即「鮑」也，此假「韇」、「皰」字為之。〈非儒〉篇有「鮑函車匠」，字亦作「鮑」。或云《考工記》「設色之工畫績」，「韇」即「績」之借字，亦通。

2 注 畢云：「舊『民用』下，作『諸加費不加民利則止』，今據後文改。《史記．李斯列傳》『李斯曰：凡古聖王，飲食有節，車器有數，宮室有度，出令造事加費而無益於民利者，禁』，即用此義。」

古者聖王制為飲食之法曰：「足以充虛繼氣，強股肱，[1]耳目聰明，則止。」不極五味之調、芬香之和，[2]不致遠國珍怪異物。[3]何以知其然？古者堯治天下，南撫交阯，[4]北降幽都，[5]東西至日所出入，[6]莫不賓服。逮至其厚愛，黍稷不二，羹胾不重，[7]飯於土塯，[8]啜於土形，[9]斗以酌。[10]俛仰周旋威儀之禮，[11]聖王弗為。[12]

1 注 畢云：「《太平御覽》引有『使』字。」

2 注 畢云：「芬字同『芬』。」

3 注 「怪」，舊本作「恢」。畢云：「『恢』，一本作『怪』。《太平御覽》引同。《說文》云『恢，大也』，亦通。」

▲詒讓案：作「怪」是也，今據正。「恢」篆文相近而譌。《公羊．昭三十一年傳》「有珍怪之食」，何注云：「珍怪，猶奇異也」。《荀子．正論》篇云：「食飲則重大牢而備珍怪」。《淮南子．精神訓》云：「珍怪奇異，人之所美也，而堯糲粢之飯，藜藿之羹。」

4 **注** 吳鈔本作「趾」。

▲案：阯，「趾」之叚字。《大戴禮記．少閒》篇、《韓非子．十過》篇、《淮南子．脩務訓》並作「趾」。高注云：「交趾，南方之國。」《荀子》楊注引《尸子》及《賈子新書》並作「阯」。

▲案：交阯，即今越南國。

5 **注** 王云：「『降』字，義不可通，『降』當為『際』。《爾雅》『際，接捷也』，郭注曰『捷，謂相接續也』。『際』、『降』字形相似，故傳寫易譌。《周易集解．豐．象傳》『天降祥也』，王弼本『降祥』作『際翔』。」

▲案：王校是也。《淮南子．脩務訓》高注云：「陰氣所在，故曰幽都，今雁門以北是。」《莊子．在宥》篇云：「堯流共工於幽都」，《釋文》引李頤云：「即幽州也。《尚書》作幽州，北裔也。」

6 **注** 畢云：「謂暘谷、昧谷。」

▲詒讓案：《荀子．王霸》篇楊注引《尸子》云：「堯南撫交阯，北懷幽都，東西至日月之所出入」，《韓非

子·十過》篇云：「昔者堯有天下，其地南至交趾，北至幽都，東西至日月之所出入者，莫不賓服」，文並略同。又《大戴禮記·少閒》篇云：「昔虞舜以天德嗣堯，朔方幽都來服，南撫交趾，出入日月，莫不率俾」，《淮南子·脩務訓》云：「堯北撫幽都，南通交趾」，賈誼《新書·脩政語上》云：「堯撫交阯，北中幽都」，亦與此文大同小異。

7 注 《說文·肉部》云：「胾，大臠也」。《詩·魯頌·閟宮》「毛炰胾羹」，毛《傳》云：「胾，肉也；羹，大羹，鉶羹也。」《管子·弟子職》「羹胾中別」，尹注云：「胾，謂肉而細切。」

▲案：不重，謂止一品，不多重也。

8 注 「飯」，舊本譌「飲」。王云：「土塯乃飯器，非飲器，『飲』乃『飯』字之誤。」

▲案：王校是也，今據正。畢云：「『塯』當為『溜』」，《太平御覽》引此云『飯土軌』」，《史記·李斯列傳》二世責問李斯曰：『吾有所聞於韓子也，曰堯飯土匭，啜土鉶』，徐廣曰『匭，一作溜』。《說文》無『塯』字。《玉篇》云：『力又切，瓦飯器也』。」

▲詒讓案：《史記·秦始皇本紀》云：「飯土簋」，《索隱》本「簋」作「塯」，云：「如字，一音鏤，一作簋」。又〈敘傳〉云：「食土簋」。《集解》：「徐廣云：一作『塯』」，與此字並同。《韓非子·十過》篇云：「堯飯於土簋，飲於土鉶」，即李斯所本。《韓詩外傳·三》又云：「舜飯乎土簋，啜乎土型」，文並大同小異。

9 注 畢云：「《太平御覽》引作『鉶』。鄭君注《周禮》云『鉶，羹器也』，《後漢書》注引此云：「堯舜堂高三尺，土階三等，茅茨不翦，采椽不斲，飲土簋，歠土鉶，糲粱之飯，藜藿之羹，夏日葛衣，冬日鹿裘。是約己也。」《文選注》亦以為此文。案，出《韓非子》。」顧云：「〈秦本紀〉正作『土形』，〈太史公自序〉作『刑』。」

▲詒讓案：《說文．口部》云：「啜，嘗也。」「形」、「刑」並「鉶」之叚字。《史記．敘傳．司馬談論六家要指》云：「墨者亦尚堯、舜道，言其德行，曰：堂高三尺，土階三等，茅茨不翦，采椽不刮，食土簋，啜土刑，糲粱之食，藜藿之羹，夏日葛衣，冬日鹿裘。」《後漢書》注所引疑即本《史記》文。《史記正義》引顏氏云：「刑所以盛羹也。土，謂燒土為之，即瓦器也。」〈秦始皇本紀〉作「啜土刑」，《集解》引如淳云：「土刑，飯器之屬，瓦器也」，〈李斯傳〉作「鉶」，《韓非子．十過》篇同，《韓詩外傳》又作「型」。

10 注 王云：「『斗』上脫一字，此與下文義不相屬。『酌』下必多脫文，不可考。」

▲詒讓案：《詩．大雅．行葦》云：「酌以大斗」。《說文．木部》云：「枓，勺也」，〈勺部〉云：「勺，挹取也」。此「斗」、「酌」，即「枓」、「勺」之叚借字，謂以枓挹酒漿也。

11 注 畢云：「《說文》云：『頫，低頭也，或從人免』。」

12 注 此句上，以上下文例校之，當亦有「諸加費不加於民利者」九字。

古者聖王制爲衣服之法曰：「冬服紺緅之衣，輕且暖；[1]夏服絺綌之衣，輕且清，則止。」諸加費不加於民利者，聖王弗爲。

1 **注** 畢云：「《說文》云『紺，帛深青揚赤色』。《玉篇》『紺，古憾切』。案：『緅』非古字，當為『纔』。《考工記》云：『五入為緅』，鄭君注云：『今禮俗文作爵，言如爵頭色。』《說文》「纔」云：『帛雀頭色』，與鄭注『緅』義合，《說文》無『緅』字，是知當為『纔』。」

古者聖人爲猛禽狡獸暴人害民，[1]於是教民以兵行，日帶劍，爲刺則入，[2]擊則斷，旁擊而不折，此劍之利也。甲爲衣則輕且利，動則兵且從，[3]此甲之利也。車爲服重致遠，乘之則安，引之則利，安以不傷人，利以速至，此車之利也。古者聖王爲大川廣谷之不可濟，於是利爲舟楫，[4]足以將之則止。[5]雖上者三公諸侯至，[6]舟楫不易，津人不飾，[7]此舟之利也。

1 **注** 《廣雅．釋詁》云：「狡，健也。」《呂氏春秋．恃君》篇「服狡蟲」，高注云：「狡蟲，蟲之狡害者。」此「狡獸」與彼「狡蟲」義同。

2 **注** 「日」疑當為「曰」。

3 注 「兵」字無義，疑當作「弁」，與「兵」形近而誤。弁者，「變」之叚字。《書．堯典》「於變時雍」，漢〈孔宙碑〉作「於亓時癰」，「亓」即「弁」之隸變，是其證也。《考工記．函人》為甲，衣之無齗，則變也」，鄭注云：「變，隨人身便利」，此「變且從」之義。

4 注 王云：「『利』字義不可通，『利』當為『制』，隸書『制』字或作『[illegible]』，與『利』相似而誤。」

5 注 《廣雅．釋詁》云：「將，行也」。「止」，舊譌「上」，今據《道藏》本正。

6 注 畢云：「『上』舊作『止』，以意改。」

7 注 《說文．水部》云：「津，水渡也。」津人，蓋掌渡之吏士。《左傳》云：「二十四年，王子朝用成周之寶珪于河。甲戌，津人得諸河上」。《列子．黃帝》篇云：「津人操舟若神」，劉向《列女傳．辯通》篇「趙津女娟者，趙河津吏之女」。

古者聖王制為節葬之法曰：「衣三領，[1]足以朽肉，棺三寸，[2]足以朽骸，[3]堀穴深不通於泉，[4]流不發洩，則止。[5]死者既葬，生者毋久喪用哀。」

1 注 《意林》作「三領之衣」，《荀子．正論篇》，楊注云：「三領，三稱也。《禮記》：『君陳衣於序東，西領南上』，故以領言。」

2 注 《意林》作「三寸之棺」，說詳〈節葬下〉篇。

3 注 《荀子．正論》篇云：「世俗之為說者曰：太古薄葬，棺厚三寸，衣衾三領，葬田不妨田，故不掘也。」蓋戰國時相傳有是語，不獨墨家言也。

4 注 《意林》「不」作「則」，誤。「堀」，吳鈔本作「掘」，下同。畢云：「《說文》云『堀，兔窟也』，此『竈』字假音。」

▲案：畢說非也。《說文．土部》別有「堀」字，訓「突也」，引《詩》曰：「蜉蝣堀閱」。段玉裁注本校改「堀」篆作「堀」，而刪「堀，兔窟也」一條，最為精審。此「堀穴」則借為「窟」字。《戰國策．楚策》云：「堀穴窮巷」。《漢書．鄒陽傳》「則士有伏死堀穴巖藪之中耳」，顏注云：「堀，與『窟』同」。

5 注 畢云：「『流』，疑當為『氣』，據下篇有云『氣無發洩於上』。」

古者人之始生，未有宮室之時，因陵丘堀穴而處焉。聖王慮之，以爲堀穴曰：「冬可以辟風寒」，[1]逮夏，[2]下潤溼，上熏烝，[3]恐傷民之氣，于是作爲宮室而利。[4]然則爲宮室之法將柰何哉？子墨子言曰：「其旁可以圉風寒，上可以圉雪霜雨露，其中蠲潔，可以祭祀，[5]宮牆足以爲男女之別，則止，諸加費不加民利者，聖王弗爲。」[6]

1 注 畢云：「辟，同『避』，言堀穴但可以避冬日風寒而已。」

2 注 畢云：「『逮』，舊作『建』，以意改」。

3 注 「熏」，《道藏》本、吴鈔本作「重」，誤。

4 注 「于」，吴鈔本作「於」。戴云：「下有脫文。」

5 注 蠲潔，詳〈尚同中〉篇。

6 注 下疑有脫文。

節用下第二十二[1]

1 注 闕。

節葬上第二十三[1]

1 注 闕。

節葬中第二十四[1]

1 注 闕。

節葬下第二十五[1]

1 注 畢云：「《說文》云『葬，臧也，從死在茻中。一其中，所以薦之。《易》曰：『古之葬者，厚衣之以薪』，又云：『節，竹約也』，經典借為『約』之義。」

子墨子言曰：仁者之爲天下度也，辟之無以異乎孝子之爲親度也。[1]今孝子之爲親度也，將柰何哉？曰：「親貧則從事乎富之，人民寡則從事乎衆之，衆亂則從事乎治之。」當其於此也，亦有力不足、財不贍、智不智，[2]然後已矣。無敢舍餘力，隱謀遺利，而不爲親爲之者矣。[3]若三務者，[4]孝子之爲親度也，既若此矣。雖仁者之爲天下度，[5]亦猶此也。曰：「天下貧則從事乎富之，人民寡則從事乎衆之，衆而亂則從事乎治之。」當其於此，亦有力不足、財不贍、智不智，然後已矣。無敢舍餘力，隱謀遺利，而不爲天下爲之者矣。若三務者，此仁者之爲天下度也，[6]既若此矣。

1 注 畢云：「辟，同『譬』。」

2 注 此字與「知」通，下同。畢云：「一本作『知』。」

3 注 隱謀，謂隱匿其智謀，猶〈尚同上〉篇云：「隱匿良道，不以相教」也。《荀子．王制》篇云：「無隱謀，無遺善，而百事無過，非君子莫能。」

4 注 畢云：「舊脫此字，據後文增。」

5 注 畢云：「舊脫『為』字，一本有。」

6 注 句首「此」字，據上文不當有。畢云：「舊脫『也』字，據上文增。」

今逮至昔者三代聖王既沒，[1]天下失義，後世之君子，或以厚葬久喪以爲仁也、義也、孝子之事也；或以厚葬久喪以爲非仁義、非孝子之事也。曰二子者，言則相非，[2]行即相反，[3]皆曰：「吾上祖述堯舜禹湯文武之道者也。」而言即相非，行即相反，於此乎後世之君子，皆疑惑乎二子者言也。若苟疑惑乎之二子者言，然則姑嘗傳而爲政乎國家萬民而觀之。[4]計厚葬久喪，奚當此三利者？我意若使法其言，用其謀，厚葬久喪實可以富貧衆寡、定危治亂乎？此仁也、義也、孝子之事也，[5]爲人謀者不可不勸也。[6]仁者將興之天下，[7]誰賈而使民譽之，終勿廢也。[8]意亦使法其言，用其謀，厚葬久喪實不可以富貧衆寡、定危理亂乎？[9]此非仁非義，非孝子之事也，爲人謀者不可不沮也。仁者將求除之天下，[10]相廢而使人非之，[11]終身勿爲。[12]

1 注　盧云：「『今逮至昔者』連下為文，亦見下篇。」

2 注　畢云：「『則』字，據下當為『即』。」

▲詒讓案：二字古通。

3 注　「即」，吳鈔本作「則」。

4 注　「傳」，《道藏》本、吳鈔本並同。畢本作「傳」。王云：「『傳』字義不可通，當依舊本作『傳』，『傳』與『轉』通。《呂氏春秋．必己》篇『若夫萬物之情，人倫之傳』，高注曰『傳猶轉』，《莊子．天運》篇『無方之傳，應物而不窮』，《漢書．劉向傳》『禹、稷與咎繇，傳相汲引』，『傳』並與『轉』同。《淮南．主術》篇『生無乏用，死無轉尸』，《逸周書．大聚》篇『轉』作『傳』。襄二十五年《左傳》注

『傳寫失之』，《釋文》『傳，一本作轉』。言若疑惑乎二子之言，則試轉而為政乎國家萬民，以觀之也。」

5 **注** 畢云：「舊脫此字，據前後文增。」

6 **注** 畢云：「此下舊有『仁者將求興天下，誰霸而使民譽之』云云，共六十四字，與下文複出，今刪。」

▲案：吳鈔本亦衍。「霸」作「伯」。

7 **注** 「將」下，當依俞校補「求」字。

8 **注** 「誰賈」義不可通，當為「設置」之誤。〈兼愛下〉篇「設以二士」，「設」，今本亦譌作「誰」，可證。「置」與「賈」亦形近而譌。畢校一本作「霸」，尤譌謬不可據也。下文云：「仁者將求除之天下，相廢而使人非之。」「興」與「除」，「置」與「廢」，「譽」與「非」，文並相對也。俞云：「此上舊有『仁者將求興天下，誰霸而使民譽之』云云，畢氏刪之，是也。惟『將』下當有『求』字，下文云『仁者將求除天下之相廢而使人非之，終身勿為』，與此為對文，可證也。此當云『仁者將求興天下之利，而使民譽之，終身勿廢』也。」

▲案：「將」下，俞校補「求」字，是也，餘並非。

9 **注** 畢云：「『理』，前作『治』。」

▲詒讓案：唐人避諱改。

10 **注** 畢本作「除天下之」，今據《道藏》本、吳鈔本乙正，與上文「仁者將興之天下」句法正同。

11 注 「相廢」義難通。「相」疑當為「措」，與「廢」義同。《書．微子之命》敘云：「殷既錯天命」，《釋文》引馬融云：「錯，廢也。」〈非命上〉篇云：「今雖毋求有命者之言不必得不亦可錯乎？」「措」、「錯」字通，今本作「相」，形近而譌。

12 注 俞云：「此當云：『仁者將求除天下之害，而使人非之，終身勿為也』。」

▲案：句末當依俞校補「也」字，餘並非是。

且故興天下之利，[1]除天下之害，令國家百姓之不治也，自古及今，未嘗之有也。[2]何以知其然也？今天下之士君子，將猶多皆疑惑厚葬久喪之爲中是非利害也。[3]故子墨子言曰：「然則姑嘗稽之，今雖毋法執厚葬久喪者言，[4]以爲事乎國家。」此存乎王公大人有喪者，曰棺槨必重，[5]葬埋必厚，衣衾必多，[6]文繡必繁，[7]丘隴必巨；[8]存乎匹夫賤人死者，[9]殆竭家室；[10]乎諸侯死者，[11]虛車府，然後金玉珠璣比乎身，[12]綸組節約，車馬藏乎壙，[13]又必多爲屋幕。[14]鼎鼓、几梴、壺濫、[15]戈劍、羽旄、齒革，[16]寢而埋之，[17]滿意。[18]若送從，[19]曰：「天子殺殉，[20]衆者數百，寡者數十。將軍大夫殺殉，[21]衆者數十，寡者數人。」處喪之法將柰何哉？曰：哭泣不秩，聲翁，[22]縗絰，[23]垂涕，處倚廬，寢苫枕凷，[24]又相率強不食而爲飢，[25]薄衣而爲寒，使面目陷陽，[26]顏色黧黑，[27]耳目不聰明，手足不勁強，不可用也。又曰：「上士之操喪也，必扶而能起，杖而能行，[28]以此共三年。」若法若言，行若道，[29]使王公大人行此，則必不能蚤朝，[30]五官六府，[31]辟草木，[32]實倉廩。使農夫行此，則必不能蚤出夜入，[33]耕稼樹藝。[34]使百工行此，則必不能修舟車爲器皿矣。使婦人行此，[35]則必不能夙興夜寐，紡績織紝。[36]細計厚葬爲多埋賦之財者也。[37]計久喪爲久禁從事者也。財以成者，[38]扶而埋之，[39]後得生者而久禁之，[40]以此求富，此譬猶禁耕而求穫也，富之說無可得焉。

1 **注** 王云：「『且故』二字，文義不順，當為『是故』之誤，興利除害，正承上文而言。」

▲案：王說是也，俞謂「終身勿為」下舊有「也」字，「且」即「也」字之誤，失之。

2 **注** 當作「未之嘗有也」。

3 **注** 《穆天子傳》郭璞注云：「中，猶合也。」

4 **注** 毋，語詞，畢改「毋」，非，詳〈尚賢中〉篇。王云：「『雖』與『唯』同。」蘇云：「『雖』字誤，當從下文作『唯』。」

▲案：王說是也。

5 注 畢云：「『槨』舊作『椁』，以意改。」

▲詒讓案：《檀弓》云：「天子之棺四重，柏槨以端長六尺」，鄭注云：「諸公三重，諸侯再重，大夫一重，士不重。」《荀子．禮論》篇云：「天子棺椁十重，諸侯五重，大夫三重，士再重」，楊注云：「《禮記》云『天子之棺四重』，今云『十重』，蓋以棺椁與抗木合為十重也。諸侯以下，與《禮記》多少不同，未詳也。」

▲案：《莊子．天下》篇述喪禮作「天子棺椁七重」，餘與《荀子》同。

6 注 《喪大記》云：「小斂：君錦衾，大夫縞衾，士緇衾，皆一衣十有九稱。大斂：君陳衣百稱，大夫五十稱，士三十稱。」

7 注 「文繡」，謂棺飾，若帷荒之屬。《周禮．縫人》鄭注云：「孝子既啟見棺，猶見親之身，既載飾而以行，遂以葬。若存時居於帷幕而加文繡」，是也。

8 注 《說文．土部》云：「壟，丘壠也」。《禮記．曲禮》鄭注云：「丘，壟也。壟，冢也」。隴，「壟」之叚字。《淮南子．說林訓》云：「或謂冢，或謂隴，名異實同也。」《呂氏春秋．安死》篇云：「世俗之為丘壟也，其大若山，其樹之若林。」

9 注 「匹」舊本譌作「正」。畢云：「正，同征。」王云：「畢說非也，正當為『匹』。《白虎通義》曰『庶人稱匹夫』。上文『王公大人』為一類，此文『匹夫賤人』為一類，無取於征夫也。隸書『匹』字或作

『疋』，與『正』相似而誤。禮器『匹士大牢而祭謂之攘』，《釋文》『匹，本或作「正」』。〈緇衣〉『唯君子能好其正』注『正當為匹』。」

▲案：王說是也，今據正。

10 注 《莊子．養生主》釋文引向秀云：「殆，疲困也」。

11 注 畢云：「『乎』，當云『存乎』。」

12 注 「比」，舊本譌「北」，今依《道藏》本、吳鈔本正。俞云：「『車』乃『庫』字之誤。《漢書．王尊傳》師古注曰『比，周也』。比乎身，猶言『周乎身』。」

13 注 《淮南子．齊俗訓》云：「古者非不能竭國麋民，虛府殫財，含珠鱗施，綸組節束，追送死也」，許注云：「綸，絮也。束，縛也」。

▲案：節約，與《淮南》書「節束」義同。

14 注 吳鈔本作「幄幙」。

▲案：「屋」，〈非攻中〉篇亦作「幄」，「幄」俗字，古止作「屋」。《詩．大雅．抑》「尚不愧于屋漏」，鄭《箋》云：「屋，小帳也」，《史記．周本紀》云：「有火自上復於下，至於王屋」，並以「屋」為「幄」。「幙」，俗「幕」字。

15 注 「梴」，《道藏》本、吳鈔本並作「挻」，從手，誤。畢云：「梴，同『筵』。《呂氏春秋．節喪》有云『壺濫』，高誘曰：『以冰置水漿於其中為濫，取其冷也』。」盧文弨云：「壺濫，蓋器名，高注似臆說。《呂覽．慎勢》篇云：『功名著乎盤盂，銘篆著乎壺鑑』。」梁履繩云：「《周禮》『春始治鑑』，《集韻》『鑑』或從『水』。」

▲案：盧、梁說是也。

16 **注** 《呂氏春秋．節喪》篇云：「國彌大，家彌富，葬彌厚。含珠鱗施，夫玩好貨寶，鍾鼎壺鑑，轝馬衣被戈劒，不可勝其數，諸養生之具，無不從者。」

17 **注** 後文云：「扶而埋之。」「扶」，王引之校改「挾」，此「寢」字疑亦「挾」字之誤。

18 **注** 「滿」、「蕙」義同。《說文．心部》云：「蕙，滿也。」

19 **注** 此當從〈公孟〉篇作「送死若徙。」《荀子．禮論》篇云：「具生器以適墓，象徙道也」。此脫「死」字，「送」字誤箸「若」字之下，「徙」又誤「從」，遂不可通。

20 **注** 畢云：「古只為『彴』。」

▲詒讓案：「天子」下，疑當有「諸侯」二字。

21 **注** 將軍大夫，即卿大夫，詳〈尚同中〉篇。

22 **注** 《爾雅．釋詁》云：「秩，常也。」《儀禮．士喪記》云：「哭晝夜無時」。〈襍記〉云：「中路嬰兒失其母焉，何常聲之有？」畢云：「言聲無次第。『翁』義未詳。」洪云：「畢讀作『翁縗絰』句。案『翁』字屬『聲』為句，『聲翁』，當是『聲嗌』之譌。《說文》『嗌，咽也，籀文作𦏧』，與『翁』字形相近。」

▲案：洪說是也。

23 注 畢云：「《說文》云『縗服長六寸，博四寸，直心』。鄭君注《儀禮》云『麻在首、在要，皆曰「絰」』。《說文》云：『絰，喪首戴也』。」

24 注 《禮．喪服傳》及〈士喪記〉云：「居倚廬，寢苫枕塊」，鄭注云：「倚本為廬，在中門外東方北戶。苫，編稾。塊，塇也。」《釋文》：「塊，本又作凷」。

▲案：「凷」本字，「塊」或體。

25 注 〈閒傳〉云：「斬衰三日不食，齊衰二日不食，大功三不食，小功、緦麻再不食。」

26 注 畢云：「當為『陬』。陬之訓阪隅，言面瘦棱棱也。」盧云：「《玉篇》有『𣩘』字，先外切，云『瘦病也』。則當為『𣩘』。」

▲詒讓案：《莊子．天地》篇云：「卑陬失色」，《釋文》云：「李云：卑陬，愧懼貌。一云『顏色不自得也』」。此「𣩘」，疑亦與「陬」同，皆形容阻喪之貌，與瘦異也。

27 注 黧，黎之俗，詳〈兼愛中〉篇。

28 注 〈喪服四制〉云：「百官備，百物具，不言而事行者，扶而起，言而后事行者，杖而起」，鄭注云：「扶而起，謂天子、諸侯也；杖而起，謂大夫、士也」。

29 注 王引之云：「若，猶此也。」

30 注 俞云：「『蚤朝』下，脫『宴退』二字。『蚤朝晏退』與下『蚤出夜入，夙興夜寐』對文。若無『宴退』二字，文義未完。〈尚賢中〉篇、〈非樂上〉篇、〈非命下〉篇並有『蚤朝晏退』之文。〈尚賢〉篇與『夜寢夙興、蚤出莫入』相對，〈非樂〉篇、〈非命〉篇與『蚤出暮入，夙興夜寐』相對，是其證也。」

▲案：俞說是也，但此處脫文尚不止此二字，今未敢肊補。

31 注 此當作「使士大夫行此，則必不能治五官六府」。蓋上「王公大人」指天子、諸侯言，此「治五官六府，辟草木，實倉廩」，指卿大夫言也。〈非樂上〉篇云：「王公大人，蚤朝晏退，聽獄治政，此其分事也。士君子內治官府，外收斂關市、山林、澤梁之利，以實倉廩府庫，此其分事也」。此與彼正同。今本「五官」上有脫文，遂以「五官六府」以下，並為王公大人之事，非也。

▲又案：五官者，殷、周侯國之制也。《史記．周本紀》云：「古公作五官有司」。《大戴禮記．千乘》篇云：「千乘之國列其五官」。〈曾子問〉「諸侯適天子，乃命國家五官而後行」，鄭注云：「五官，五大夫典事者」。《管子．大匡》篇云：「乃令五官行事」。《商子．君臣》篇云：「地廣民衆，故分五官而守之」。《戰國策．齊策》云：「五官之計，不可不曰聽也」。〈曲禮〉「天子之五官，曰司徒、司馬、司空、司士、司寇，典司五衆。天子之六府，曰司土、司水、司木、司草、司器、司貨，典司六職」。鄭注云：「此亦殷時制也。府，主藏六物之稅者」。《周禮．大宰》說邦國官制云：「設其參，傅其伍」，鄭注

云：「伍，謂大夫五人」。〈檀弓〉孔《疏》引崔靈恩說，謂小宰、小司徒、小司馬、小司寇、小司空是也。蓋諸侯雖止三卿，然亦備五官，但其二官無卿耳。戰國時，諸侯蓋猶沿其制，至《淮南子·天文訓》云：「何謂五官？東方為田，南方為司馬，西方為理，北方為司空，中央為都」，《春秋繁露·五行相生》篇云：「司馬者，火也；司營者，土也；司徒者，金也；司寇者，水也；司農者，木也」，《左·昭二十九年傳》云：「五行之官，是謂五官。木正曰句芒，火正曰祝融，金正曰蓐收，水正曰玄冥，土正曰后土」，此並古五官之別制，與周侯國五官之名不甚合也。六府，古籍無明文。〈曲禮〉六府，鄭君以為殷制，則非周法。《左傳·文七年》、《大戴禮記·四代》篇並以水、火、金、木、土、穀為六府，亦非官府。《漢書·食貨志》說太公為周立九府圜法，顏注謂即《周官》大府、玉府、內府、外府、泉府、天府、職內、職金、職幣等官。若然，天子有九府，「六府」或亦諸侯制與？

32 注 畢云：「『辟』同『闢』，『草』即『艸』字假音。」

33 注 畢云：「『夜』，一本作『晚』。」

34 注 《說文·丮部》云：「埶，穜也。」「藝」即「埶」之俗。

35 注 「婦」，吳鈔本作「媍」。

36 注 畢云：「『紝』、『絍』二字皆通。」

37 注 蘇云：「『之』字衍。」俞云：「『細』字無義，蓋即上句『絍』字之誤而衍者。『絍』，本作『紝』，因誤為『細』矣。『埋賦』二字，亦不可通。『賦』當作『贓』。《玉篇．貝部》『贓，作郎切，藏也』。是『埋贓』即『埋藏』也。『贓』、『賦』相似，因而致誤耳。」

▲案：俞以「細」為衍文，是也。而破『賦』為「贓」，則非。此當云：「計厚葬，為多埋賦財者也」，與下文云：「計久喪，為久禁從事者也」，文例同。

38 **注** 畢云：「『以』同『已』。」

39 **注** 王引之云：「『扶』字義不可通，『扶』當為『挾』，謂挾已成之財而埋之也。隸書『挾』字或作『抉』，與『扶』相似而誤。」俞云：「『扶』乃『抉』字之誤。《廣雅．釋詁》『抉，穿也』。抉而埋之，謂穿地而埋之也。《說文．穴部》『𥥛，穿也』，又曰『䆕，深抉也』，義並與『抉』相近。」

▲案：王說近是。

40 **注** 畢云：「言厚葬，則埋已成之財；久喪，則禁後生之財。」

▲案：此謂死者之親屬得生而禁其從事耳，非謂財也，畢失其義。

是故求以富家，[1]而既已不可矣，欲以眾人民，意者可邪？其說又不可矣。今唯無以厚葬久喪者爲政，[2]君死，喪之三年；父母死，喪之三年；[3]妻與後子死者，[4]五皆喪之三年；[5]然後伯父、叔父、兄弟、孽子其；[6]族人五月；[7]姑、姊、甥、舅皆有月數。[8]則毀瘠必有制矣，使面目陷陬，顏色黧黑，耳目不聰明，手足不勁強，不可用也。又曰：「上士操喪也，必扶而能起，杖而能行，以此共三年。」若法若言，行若道，苟其飢約，又若此矣。是故百姓冬不仞寒，[9]夏不仞暑，作疾病死者不可勝計也。此其爲敗男女之交多矣。以此求衆，譬猶使人負劒，而求其壽也。[10]衆之說無可得焉。

1 **注** 畢云：「舊『求以』二字倒，據後文改。」

2 **注** 「唯」，舊本作「惟」，今據吳鈔本改，下文亦作「唯」。「唯無」、「唯毋」義同。畢本並改「無」為「毋」，非，詳前。吳鈔本，「喪」下無「者」字。

3 **注** 〈喪服經〉：「為父斬衰三年，父卒，為母齊衰三年。」《說苑．修文》篇「齊宣王謂田過曰：吾聞儒者喪親三年，喪君三年」，則戰國時，非儒者蓋不盡持三年服也。

4 **注** 孔廣森云：「後子者，為父後之子，即長子也，《戰國策》謂齊大子申為後子，《荀子》謂丹朱為堯後子，其義並同。」畢云：「後子，嗣子適也。」

5 **注** 畢云：「《左傳》曰：『王一歲有三年之喪二』，《周禮》如此。」

▲案：〈喪服經〉：「父為長子，斬衰三年；夫為妻，齊衰期。」畢據《左．昭十五年傳》證此文，是也。彼

叔向語，指景王有穆后、太子壽之喪，而云「有三年之喪二」，是妻亦有三年之義。杜注云：「天子絕期，唯服三年。故后雖期，通謂之三年喪。」孔《疏》云：「〈喪服傳〉曰：父必三年然後娶，達子之志也。父以其子有三年之戚，為之三年不娶，則夫之於妻，有三年之義，故可通謂之三年之喪。」孔廣森云：「〈襍記〉云：期之喪，十一月而練，十三月而祥，十五月而禫。有練有祥有禫，故妻喪禫期，兼得三年之稱也。假令遭喪於甲年之末，除禫於丙年之首，前後已涉三年。」王云：「『者五』，當為『五者』，謂君、父、母、妻與後子也。〈非儒〉篇曰『妻、後子三年』。今本『五者』二字倒轉，則義不可通」。俞云：「上文君死、父母死，既已別而言之，此不當總數為五，『五』疑『二』字之誤。」

▲案：王、俞二說不同，未知孰是。

6 **注** 畢云：「其，同期。」

▲詒讓案：〈公孟〉篇正作「期」。〈非儒〉篇作「其」，與此同。〈喪服經〉：「為世父母、叔父母、昆弟、衆子，並齊衰期。」《說文．子部》云：「孽，庶子也」。「孽子」即「衆子」，對前「後子」為家嫡也。

7 **注** 〈喪服經〉：「為從祖祖父母從祖父母報從祖昆弟，並小功五月」。王云：「『族人』，當為『戚族人』，謂族人之近者也。〈非儒〉篇正作『戚族人五月』，見《儀禮．喪服》。今本脫『戚』字，則義不可通。〈公孟〉篇『戚族人五月』，今本亦脫『戚』字。」

8 **注** 〈喪服〉：「為姑姊妹，在室，期；適人，大功九月；甥舅相為緦麻三月。」王云：「『月數』，當為

『數月』。〈公孟〉篇正作『姑、姊、舅、甥皆有數月之喪』。亦見〈喪服〉。今本『數月』二字倒轉，則文義不明。」

9 **注** 畢云：「伆，『忍』字假音。」

10 **注** 「負」、「伏」通。《左傳．襄三年》「魏絳將伏劍」。孔《疏》云：「謂仰劍刃，身伏其上，而取死也。」

是故求以衆人民，而既以不可矣，[1]欲以治刑政，意者可乎？其說又不可矣。今唯無以厚葬久喪者爲政，[2]國家必貧，人民必寡，刑政必亂。若法若言，行若道，使爲上者行此，則不能聽治；使爲下者行此，則不能從事。上不聽治，刑政必亂；下不從事，[3]衣食之財必不足。若苟不足，爲人弟者，求其兄而不得，不弟弟必將怨其兄矣；爲人子者，求其親而不得，不孝子必是怨其親矣；[4]爲人臣者，求之君而不得，不忠臣必且亂其上矣。是以僻淫邪行之民，[5]出則無衣也，入則無食也，內續奚吾，[6]並爲淫暴而不可勝禁也。是故盜賊衆而治者寡。夫衆盜賊而寡治者，[7]以此求治，譬猶使人三睘而毋負己也，[8]治之說無可得焉。

1 注 畢云：「『以』同『已』。」

2 注 「唯」，舊本作「惟」，今從吳鈔本改。

3 注 畢云：「『不』下舊有『行』字，衍文。」

4 注 「是」，據下文疑當作「且」。

5 注 「僻淫」，吳鈔本作「淫辟」。

6 注 俞云：「四字不可解，疑當為『內積奚后』，皆字之誤也，『奚后』，即『謑詬』之叚音。《說文·言部》『謑，恥也』。重文『𧩉』，曰：『謑，或從奊』，又曰『詬，謑詬，恥也』。重文『訽』，曰：『詬或從句』。《荀子·非十二子》篇作『謑訽』，是其本字。《漢書·賈誼傳》作『奊詬』。『奊』即『𧩉』之省。《墨子》作『奚后』，『奚』即『謑』之省，『后』即『詬』之省。古文以聲為主，故省不從『言』耳。『內積謑詬』者，內積恥辱也。蓋出則無衣，入則無食，不勝其恥辱，故並為淫暴而不可勝禁也。」

7 注 王云：「『夫』字承上文而言，舊本『夫』譌作『先』，今改正。」

8 注 王引之云：「『睘』與『還』同，『還』讀『周還、折還』之『還』，謂轉折也。使人三轉其身於己前，則或轉而向己，或轉而背己，皆勢所必然。如此，而欲使其毋背己，不可得也。故曰『以此求治，譬猶使人三睘而毋負己也』，亦言求治之必不可得也。負，亦背也。〈明堂位〉『天子負斧依』，注『負之言背也』。〈秦策〉『齊東負海，北倚河』，高注『負，背也』。『負』與『背』古同聲，而字亦相通。《史記·主父偃傳》『南面負扆』，《漢書》『負』作『背』。《漢書．高紀》『項羽背約』，《史記》『背』作『負』。」

▲案：王說是也。《莊子．說劍》篇，說趙文王宰人上食，王三環之。《釋文》云：「環，繞也」。「睘」、「環」義同。

是故求以治刑政，而既已不可矣，欲以禁止大國之攻小國也，意者可邪？其說又不可矣。是故昔者聖王既沒，天下失義，諸侯力征。[1]南有楚、越之王，而北有齊、晉之君，此皆砥礪其卒伍，[2]以攻伐并兼爲政於天下。是故凡大國之所以不攻小國者，積委多，[3]城郭修，[4]上下調和，是故大國不耆攻之。[5]無積委，城郭不修，上下不調和，是故大國耆攻之。[6]今唯無以厚葬久喪者爲政，[7]國家必貧，人民必寡，刑政必亂。若苟貧，是無以爲積委也；若苟寡，是城郭溝渠者寡也；[8]若苟亂，是出戰不克，入守不固。

1 **注** 《國語．吳語》云：「以力征一二兄弟之國」。《大戴禮記．用兵》篇云：「諸侯力政，不朝於天子」，盧注云：「言以威力侵爭」。

▲案：「征」、「正」、「政」通。〈天志上〉篇作「力政」，下篇及〈明鬼下〉篇並作「力正」。

2 **注** 畢云：「『礪』，當為『厲』。」

3 注　《說文．禾部》云：「積，聚也。」《周禮．大司徒》鄭注云：「少曰委，多曰積」。《左傳．僖三十三年》杜注云：「積芻米禾薪。」

4 注　吳鈔本作「脩」。

5 注　《漢書．景帝紀》顏注云：「耆，讀曰『嗜』。」畢云：「『之』，舊作『者』，據後文改。」

6 注　畢云：「『耆』，舊作『者』，據上文改。」

7 注　「唯無」，舊本作「惟毋」，今據吳鈔本改。

8 注　王云：「『城郭溝渠』上，當有『脩』字，而今本脫之，則義不可通。此『脩』字正承上文『城郭脩』、『城郭不脩』而言」。蘇校同。

此求禁止大國之攻小國也，而既已不可矣。欲以干上帝鬼神之福，意者可邪？其說又不可矣。今唯無以厚葬久喪者爲政，[1]國家必貧，人民必寡，刑政必亂。若苟貧，是粢盛酒醴不淨潔也；若苟寡，是事上帝鬼神者寡也；若苟亂，是祭祀不時度也。今又禁止事上帝鬼神，爲政若此，上帝鬼神始得從上撫之曰：「我有是人也，與無是人也，孰愈？」曰：「我有是人也，與無是人也，無擇也。」則惟上帝鬼神[2]降之罪厲之禍罰而棄之，[3]則豈不亦乃其所哉！[4]

1 注 「唯」，舊本作「惟」，今據吳鈔本改。

2 注 「惟」，吳鈔本作「唯」。王云：「『惟』與『雖』同。」

3 注 王云：「『之禍罰』，之，猶與也，謂罪厲與禍罰也。『之』字，古或訓為『與』。」

4 注 「乃」，畢本作「反」，云：「舊作『乃』，以意改」。王云：「畢改非也。『乃其所』，猶言『固其宜』，言以不事上帝鬼神而獲禍，固其宜也。襄二十一年《左傳》曰『若上之所為，而民亦為之，乃其所也』，是其證。文二年《傳》『吾以勇求右，無勇而黜，亦其所也』，哀十六年《傳》『克則為卿，不克則烹，固其所也』，若改為『反其所』，則義不可通。」

故古聖王[1]制爲葬埋之法，[2]曰：「[3]棺三寸，[4]足以朽體；衣衾三領，足以覆惡。[5]以及其葬也，下毋及泉，上毋通臭，壟若參耕之畝，[6]則止矣。」死則既以葬矣，生者必無久哭，[7]而疾而從事，人爲其所能，以交相利也。此聖王之法也。

1 注 畢云：「《後漢書．趙咨傳》注引作『古者聖人』。」

▲詒讓案：《北堂書鈔．禮儀部十三》引亦同。

2 注 《宋書．禮志》引《尸子》「禹治水，為喪法」，《墨子》所述或即夏法與？

3 注 畢云：「《初學記》引作『桐』，餘書亦多作『臼』。」

4 注 「棺」上，當有「桐」字。《左傳．哀二年》云：「桐棺三寸，不設屬辟，下卿之罰也」，《釋文》云：「棺用難朽之木，桐木易壞，不堪為棺，故以為罰。墨子尚儉，有桐棺三寸」。《荀子．禮論》篇說刑餘罪人之喪，棺厚三寸，衣衾三領，《呂氏春秋．高義》篇云楚子囊死，為之桐棺三寸，是皆示罰之法。墨子制為恆典，則太儉矣。〈檀弓〉云：「夫子制於中都，四寸之棺，五寸之椁」，鄭注云：「為民作制」。《荀子》楊注引《墨子》曰：「桐棺三寸，葛以為緘」，蓋兼用下文。《孟子．公孫丑》篇云：「古者棺椁無度，中古棺七寸，椁稱之，自天子達於庶人」，並與此異。

5 注 畢云：「死者為人惡之，故云『覆惡』。」

6 注 『參耕之畝』，謂三耦耕之畝也。《考工記．匠人》「為溝洫，耜廣五寸，二耜為耦，一耦之伐，廣尺深尺，謂之甽」，鄭注云：「古者耜一金，兩人併發之，其壟中曰甽，甽上曰伐。今之耜歧頭兩金，象古之耦也。」《說文．耒部》云：「耕廣五寸為伐，二伐為耦」，與《考工》說同。若然，一耦之甽，其廣一尺，則三耦之甽，其廣三尺也。

7 注 王云：「『久哭』，當為『久喪』。『喪』字從『哭』，『亾』聲。《墨子》原文蓋本作『喪』，見《玉篇》、《廣韻》而傳寫脫去『亾』字耳。〈節用〉篇曰『死者既葬，生者毋久喪用哀』，是其證。『久喪』二字，見於本篇及它篇者多矣，若作『久哭』，則語不該備。」

今執厚葬久喪者之言曰：「厚葬久喪雖使不可以富貧衆寡、定危治亂，然此聖王之道也。」[1]子墨子曰：「不然。昔者堯北教乎八狄，[2]道死，葬蛩山之陰，[3]衣衾三領，穀木之棺，[4]葛以緘之，[5]既泌而後哭，[6]滿埳無封。[7]已葬，而牛馬乘之。舜西教乎七戎，[8]道死，葬南己之市，[9]衣衾三領，穀木之棺，[10]葛以緘之。已葬，而市人乘之。[11]禹東教乎九夷，[12]道死，葬會稽之山，[13]衣衾三領，[14]桐棺三寸，[15]葛以緘之，[16]絞之不合，通之不埳，[17]土地之深，[18]下毋及泉，[19]上毋通臭。[20]既葬，收餘壤其上，[21]壟若參耕之畝，[22]則止矣。[23]若以此若三聖王者觀之，[24]則厚葬久喪果非聖王之道。故三王者，皆貴爲天子，富有天下，豈憂財用之不足哉？以爲如此葬埋之法。」[25]

1 **注** 畢云：「『之』，舊作『也以』二字，據後文改。」

2 **注** 《藝文類聚・十一》引《帝王世紀》：「舜攝政二十八年，堯與方回遊陽城而崩。」畢云：「《北堂書鈔》引作『北狄』。」

▲案：畢據《書鈔・九十二》引校，然《書鈔・二十五》又引，仍作「八狄」。《爾雅・釋地》有八狄。《詩・小雅・蓼蕭》孔《疏》引李巡本《爾雅》云：「五狄，在北方。」《周禮・職方氏》又云：「六狄」，《禮記・王制》孔《疏》引李巡云：「五狄「：一曰月支，二曰穢貊，三曰匈奴，四曰單于，五曰白屋。」

3 注 畢云：「『蛩』，《初學記》引作『鞏』，一本亦作『鞏』，《北堂書鈔》、《後漢書》注、《太平御覽》俱引作『卬』。《呂氏春秋·安死》云『堯葬於穀林』，高誘曰：『堯葬成陽，此云穀林，成陽山下有穀林』。」

▲詒讓案：《後漢書·趙咨傳》注作「堯葬卬之山」。《水經·瓠子河》注引《帝王世紀》云：「《墨子》：堯北教八狄，道死，葬鞏山之陰」，《山海經》曰：「堯葬狄山之陽，一名崇山」，二說各殊，以為成陽近是堯冢也。《史記·五帝本紀》集解云：「《皇覽》曰『堯冢在濟陰城陽』。劉向曰『堯葬濟陰，丘壟皆小』。《呂氏春秋》曰『堯葬穀林』。皇甫謐曰『穀林即城陽』」。《正義》云：「《括地志》云：堯陵在濮州雷澤縣西三里。郭緣生《述征記》云『城陽東有堯冢，亦曰堯陵，有碑』是也。」

4 注 《說文·木部》云：「穀，楮也。」《毛詩·小雅·鶴鳴》傳云：「穀，惡木也」。禮，天子棺用梓椑，此用穀，尚儉。畢云：「『穀』字從木。」

5 注 《釋名·釋喪制》云：「棺束曰『緘』。緘，函也。古者棺不釘也。」〈喪大記〉云：「凡封，用綍，去碑負引，君封以衡，大夫士以咸」，鄭注云：「『咸』，讀為『緘』。凡柩車及壙說載除飾，而屬紼於柩之緘。今齊人謂棺束為緘繩」，又〈檀弓〉云：「棺束縮二衡三」。

▲案：禮，棺束用皮，此用葛，亦尚儉也。《漢書·楊王孫傳》云：「昔帝堯之葬也，窾木為匵，葛藟為緘，其穿下不亂泉，上不泄殠。」

6 注 畢云：「『氾』，當為『犯』，『窆』字之假音也。」

7 注 畢云：「古無『埳』字，當為『坎』。《北堂書鈔》、《後漢書》注、《太平御覽》俱引作『坎』。《玉篇》云『埳，苦感切』，亦與『坎』同。『封』，《後漢書》注引作『窆』，『封』、『窆』聲相近。」俞云：「上云『既氾』，畢云『「氾」當為「犯」，「窆」字之假音也』，則此不當云『無窆』矣。且窆者，葬下棺也，葬雖至薄，亦必下棺，而云『無窆』，理不可通。『封』仍當讀如本字。《禮記．王制》篇『不封不樹』，鄭注曰：『封，謂聚上為墳』。無封，言不為墳也。〈檀弓〉曰：『古也墓而不墳』。」

8 注 畢云：「《北堂書鈔》、《太平御覽》引，俱作『犬戎』。」

▲詒讓案：《爾雅．釋地》有「七戎」。《詩．蓼蕭》孔《疏》引李本《爾雅》云：「六戎在西方」。《周禮．職方氏》又云「五戎」。〈王制〉孔《疏》引李注云：「六戎，一曰僥夷，二曰戎夷，三曰老白，四曰耆羌，五曰鼻息，六曰天剛」。

9 注 《書鈔．九十二》、《御覽．八十一》引《帝王世紀》云：「舜南征，崩於鳴條，年百歲，殯以瓦棺，葬於蒼梧九疑山之陽，是為零陵，謂之紀市，在今營道縣」。《孟子．離婁》篇云：「舜卒於鳴條」，《史記．五帝本紀》「舜踐帝位三十九年，南巡狩，崩於蒼梧之野，葬於江南九疑，是為零陵」，《集解》：「《皇覽》曰：舜冢在零陵營浦縣」。畢云：「《後漢書注》，引作『舜葬紀市』，又一引作『葬南巴之中』，《太平御覽》亦作『紀』。《呂氏春秋．安死》云『舜葬于紀市，不變其肆』，高誘曰：『傳曰：舜葬蒼梧九疑之山，此云于紀市。九疑山下亦有紀邑』。按：『南己』，實當作『南巴』，形相近，字之譌也。高誘以為『紀邑』，非。九疑，古巴地。《史記正義》云『《周地志》云：南渡老子水，登巴領山，南回記大江。此南是古巴國，因以名山』，是已。」王云：「南己，《後漢書·王符傳》注引作『南巴』，『巴』即『己』之誤。畢以作『巴』者為是，且云『九疑古巴地』。案：《北堂書鈔》及《初學記·禮部下》引《墨子》並作『南己』，《後漢書·趙咨傳》注及《太平御覽》並引作『南紀』，《呂氏春秋·安死》篇『舜葬於紀市』，即所謂『南紀之市』，則『己』非誤字也。若是，『巴』字則不得與『紀』通矣。《墨子》稱舜所葬地，本不與諸書同，不必牽合『舜葬九疑』之文也。至謂九疑為古巴地，以牽合南巴，則顯與上文『西教乎七戎』不合，此無庸辯也。」

▲案：王說是也。舜葬，古書多云在蒼梧，《孟子》又云「卒鳴條」，與此云「葬南己」，並不相涉。《困學紀聞》引薛季宣謂蒼梧山在海州界近莒之紀城，羅泌《路史》注又謂「紀」即「冀」，河東皮氏東北有冀亭，鳴條在安邑西北，其地相近。斯並欲傅合諸說為一，實不可通。近何秋濤又謂《周書·王會》篇「正西枳己」，即此南己，云：「紀市」與「枳己」聲近，蓋即一地，尤肊說不足據。劉賡《稽瑞》引《墨子》曰：「舜葬於蒼梧之野，象為之耕」，與此不同，疑誤以他書之文改此書。

10 注　畢云：「《後漢書注》引『穀』作『款』，非。」

11 注　《淮南子·齊俗訓》云：「昔舜葬蒼梧，市不變其肆。」

12 **注** 九夷，詳〈非攻中〉篇。畢云：「《太平御覽》引作『教于越』者，以意改之。」王云：「鈔本《北堂書鈔》及《初學記》引此，並作『於越』，非作《御覽》者以意改也。今本作『九夷』者，後人因上文『七戎』、『八狄』而改之，不知此說堯、舜、禹所至之地，初非以七戎、八狄、九夷為次序也。據下文云『葬會稽之山』會稽正在越地，則當以作『於越』者為是。」

13 **注** 《稽瑞》引《墨子》云：「禹葬會稽，鳥為之耘」，疑此佚文。《史記．夏本紀》云：「或云禹會諸侯，計功而崩，因葬焉，命曰『會稽』。會稽者，會計也」，《集解》云：「《皇覽》曰：禹冢在山陰縣會稽山上。『會稽山』本名『苗山』，在縣南，去縣七里。《越傳》云：禹到大越，上苗山，大會計，爵有德，封有功，因而更名『苗山』曰『會稽』。因病死，葬，葦棺，穿壙深七尺，上無瀉泄，下無邸水，壇高三尺，土階三等，周方一畝」。《正義》：「《括地志》云：禹陵在越州會稽縣南十三里」。

▲案：《越傳》即《越絕書》今本《越絕．記地傳》文，與裴駰所引略同。

14 **注** 畢云：「《史記集解》引『衾』作『裘』，非。」

▲詒讓案：《周禮．職方氏》賈疏引亦作「裘」，與〈夏本紀〉集解同。〈七患〉篇云：「死又厚為棺槨，多為衣裘」，則葬有用裘者。

15 **注** 畢云：「《後漢書》注引《尸子》云：『禹之葬法，死於陵者葬於陵，死於澤者葬於澤，桐棺三寸，制喪三日。』」

▲詒讓案：《宋書．禮志》引《尸子》云：「禹治水，為喪法，曰：使死於陵者葬於陵，死於澤者葬於澤，桐棺三寸，制喪三月。」《越絕書．記地外傳》、《吳越春秋．越王無余外傳》並云「禹葬會稽，葦槨桐棺」。

16 注 「緘」，當作「繃」。《說文．糸部》云：「繃，束也」，引《墨子》曰：「禹葬會稽，桐棺三寸，葛以繃之」，即此文。《藝文類聚．十一》、《御覽．三十七》引《帝王世紀》亦云：「禹葬會稽，葛以繃之」。段玉裁云：「『繃』，今《墨子》此句三見，皆作『緘』。古蒸、侵二部音轉最近也。」畢云：「《太平御覽》引『緘』作『繃』，注云『補庚切』，則此『緘』字俗改。」

17 注 《道藏》本、吳鈔本「通」並作「道」。

18 注 王云：「『土地』二字文義不明。『土地』，當為『掘地』，寫者脫其右半耳。下文曰『掘地之深，下無菹漏，氣無發泄於上』，〈節用〉篇曰『堀穴深不通於泉』，皆其證。」

19 注 「毋」，吳鈔本作「無」，下同。

20 注 《後漢書．趙咨傳》注引作「皆下不及泉，上無遺臭」。《書鈔》「無」作「不」，餘並與李引同。

21 注 《說文．土部》云：「壤，柔土也」。《九章算術．商功》篇「穿地四，為壤五，為堅三」，劉徽注云：「壤謂息土，堅謂築土」。畢云：「《太平御覽》引作『收餘壤為壟』，則當云『為其上壟』。」

▲詒讓案：以上文校之，「壟」不得屬上為句，畢說非。

22 注 《藝文類聚．十一》、《御覽．三十七》引《帝王世紀》文略同，蓋即本此書。《吳越春秋．越王無余外傳》「禹命羣臣曰：吾百世之後，葬我會稽之山，葦椁桐棺，穿壙七尺，下無及泉，墳高三尺，土階三等。葬之後，田無改畝」，即其事也。畢云：「『壟』，《前漢書注》作『隴』。」

23 注 畢云：「『則』，舊作『取』，據《前漢書注》改。」

24 注 此若，若亦即此也，詳〈尚賢上〉篇，後同。

25 注 畢云：「《太平御覽》引作『以為葬埋之法也』。」王云：「《北堂書鈔》、《初學記》亦如是，於義為長。」

今王公大人之爲葬埋，則異於此。必大棺中棺，[1]革闠三操，[2]璧玉即具，[3]戈劒、鼎鼓、壺濫、[4]文繡素練、大鞅萬領、[5]輿馬、女樂皆具，曰必捶塗[6]差通，壟雖凡山陵。[7]此爲輟民之事，靡民之財，不可勝計也，其爲毋用若此矣。是故子墨子曰：「鄉者，[8]吾本言曰，意亦使法其言，[9]用其謀，[10]計厚葬久喪，請可以富貧衆寡，定危治亂乎？[11]則仁也，義也，孝子之事也，爲人謀者，不可不勸也；意亦使法其言，用其謀，若人厚葬久喪，實不可以富貧衆寡、定危治亂乎，則非仁也，非義也，非孝子之事也，爲人謀者，不可不沮也。」是故求以富國家，甚得貧焉；欲以衆人民，甚得寡焉；欲以治刑政，甚得亂焉。求以禁止大國之攻小國也，而既已不可矣；欲以干上帝鬼神之福，又得禍焉。上稽之堯、舜、禹、湯、文、武之道而政逆之，[12]下稽之桀、紂、幽、厲之事，猶合節也。若以此觀，則厚葬久喪，其非聖王之道也。

1 **注** 《禮記．喪大記》云：「君大棺八寸，屬六寸，椑四寸；上大夫大棺八寸，屬六寸；下大夫大棺六寸，屬四寸；士棺六寸」，鄭注云：「大棺，檀之在表者也。〈檀弓〉曰『天子之棺四重，水兕革棺被之，其厚三寸。杝棺一，梓棺二，四者皆周』。此以內說而出也，然則大棺及屬用梓，椑用杝，以是差之。上公革棺不被，三重也。諸侯無革棺，再重也。大夫無椑，一重也。士無屬，不重也。庶人之棺四寸」。

▲案：此云「大棺中棺」，即大棺與屬。下云：「革闠三操」，疑即所謂「水兕革棺被之」也。

2 **注** 畢云：「『闠』同『鞼』，『操』同『繅』，假音字。」

▲案：《說文．革部》云：「鞼，革繡也。」《國語．齊語》「鞼盾」，韋注云：「綴革有文如繢也。」若然，革棺或亦有文飾與？「操」，畢讀為「繅」，義亦難通，疑當為「襍」，《淮南子．詮言訓》高注云：「襍，帀也」，「襍」、「操」形近而誤。

3 **注** 王云：「『即』字文義不順，『即』當為『既』，言璧玉既具，而戈劍等物又皆具也。」

4 **注** 並詳前。

5 注 《說文．革部》云：「鞅，頸靼也」。《釋名．釋車》云：「鞅，嬰也。喉下稱『嬰』，言纓絡之也。」

▲案：鞅為馬鞁具之一，無大小之分，此「大」字疑誤。又不當云「萬領」，所未詳也。

6 注 吴鈔本無「必」字。畢云：「『捶』，當為『埵』，《說文》云『堅土也』。『垛』當為『涂』，《說文》、《玉篇》無『垛』字。言築涂使堅。」

▲詒讓案：疑當讀為「捶除」。〈內則〉鄭注云：「捶，擣之也。」《說文．手部》云：「擣，一曰築也」，則「捶」亦有堅築之義。「垛」、「除」聲義亦通，謂除道也。

7 注 「差通」，疑當作「羨道」。《周禮．冢人》鄭注云：「隧，羨道也」。《九章算術．商功》篇云：「今有羨除」，劉注云：「羨除，隧道也，其所穿地，上平下邪」。《史記．衛世家》「共伯入釐侯羨自殺」，《索隱》云：「羨，墓道也」。竊疑此當讀「必捶垛羨道」為句，即《九章》所謂「羨除」也。「壟雖凡山陵」為句，大意蓋謂丘壟之高如山陵耳。然「雖凡」二字必誤，無以正之，今姑從舊讀。戴云：「疑當作『雖凡山陵差通為壟』，脫『為』字，又倒其文耳。」

▲案：戴校義仍不可通，今不據改。

8 注 畢云：「鄉，『曏』省文。」

9 注 畢云：「舊脫『法』字，一本有。」

10 注 句。

11 注 畢本「請」改作「誠」，云：「舊作『請』，一本如此」。王云：「古者『誠』與『請』通，不煩改字。〈尚同〉篇『今天下之王公大人、士君子，請將欲富其國家，衆其人民，治其刑政，定其社稷』，『請』即『誠』字也。」《墨子》書「情」、「請」二字並與「誠」通，說見〈尚同〉篇。

12 注 「政」、「正」通。

今執厚葬久喪者言曰：「厚葬久喪果非聖王之道，夫胡說中國之君子，爲而不已、[1]操而不擇哉？」[2]子墨子曰：「此所謂便其習而義其俗者也。[3]昔者越之東有輆沭之國者，[4]其長子生，則解而食之，[5]謂之『宜弟』；其大父死，負其大母而棄之，[6]曰『鬼妻不可與居處』。此上以爲政，不以爲俗，爲而不已，操而不擇——則此豈實仁義之道哉？此所謂便其習而義其俗者也。楚之南有炎人之國者，[7]其親戚死，[8]朽其肉而棄之，[9]然後埋其骨，乃成爲孝子。秦之西有儀渠之國者，[10]其親戚死，聚柴薪而焚之，燻上，謂之登遐，[11]然後成爲孝子。[12]此上以爲政，下以爲俗，[13]爲而不已，操而不擇——則此豈實仁義之道哉？此所謂便其習而義其俗者也。若以此若三國者觀之，則亦猶薄矣。若以中國之君子觀之，[14]則亦猶厚矣。[15]如彼則大厚，如此則大薄，然則葬埋之有節矣。故衣食者，人之生利也，然且猶尚有節；葬埋者，人之死利也，[16]夫何獨無節於此乎？」

1 注 畢云：「猶言『何說』。」

2 注 畢云：「擇，同『釋』。」

▲詒讓案：《淮南子·說山訓》高注云：「釋，舍也。」

3 注 「習」，吳鈔本作「事」，下同。俞云：「義猶善也，謂善其俗也。《禮記·緇衣》篇『章義癉惡』，《釋文》曰：《尚書》作善，皇云：『義，善也』。是『義』與『善』同義。」

▲案：「義」當讀為「宜」，俞說未塙。

4 注 畢云：「『輆』，舊作『[illegible]』，不成字，據《太平廣記》引作『輆』，音善愛反，今改。」盧云：「《列子·湯問》篇作『輒才』，《新論》作『軫沐』。」顧云：「世德堂《列子》作『木』，影宋本作『沐』。」

▲詒讓案：《意林》引《列子》及《道藏》本《劉子·風俗》篇，並作「輒博」。《博物志》五，引作「駭沐」。宋本《列子》作「輆沐」，注云：「又『休』」。《道藏》本殷敬順《釋文》及盧重元注本，並作「輒休」。殷云：「『輒』，《說文》作『耴』，諸涉切，耳垂也。休，美也，蓋儋耳之類是也。諸家本作『輆沭』者，誤耳。」

▲案：諸文舛互，此無文義可校。《集韻·十九代》云：「輆沐，國名，在越東」，是北宋本實作「輆沐」，依殷說則「輆」當作「輒」。後〈魯問〉篇「以食子為啖人國俗」，與此復不同。《後漢書·南蠻傳》說噉

人國在交阯西。交阯即南越，而國名及方域並異，未知孰是。

5 注 盧云：「『解』，〈魯問〉作『鮮』，與《列子》同。杜預注《左傳》云『人不以壽死曰鮮』。」顧云：「此《列子釋文》之謬說。」

▲詒讓案：殷敬順《列子釋文》引杜說而釋之云：「謂少也」，即盧說所本。盧校《列子》則謂「鮮」、「析」一聲之轉，引「析支」亦作「鮮支」為證，說較此為長，蓋「解」、「鮮」、「析」義並同。《新論》作「其長子生，則解肉而食其母」。

6 注 《博物志》引作「父死則負其母而棄之」，《新論》作「其人父死，即負其母而棄之」。

▲案：此不必定為大父母，疑張、劉所引近是。

7 注 顧云：「季本『炎』作『啖』。」盧云：「《列子》作『炎』。殷敬順《釋文》讀去聲。」

▲詒讓案：〈魯問〉篇亦作「啖人」，《新論》同，《博物志》引作「炎」。《道藏》本《列子釋文》作「啖人」，云：「『啖』去聲，本作『炎』」，《後漢書》亦作「噉人國」，疑當從「啖」為是，詳〈魯問〉篇。

8 注 親戚，謂父母也。詳〈兼愛下〉篇。

9 注 畢云：「《列子》『朽』作『㱙』同，《太平廣記》引作『刳』。」

▲詒讓案：《御覽．七百九十》引《博物志》亦作「刳」。《列子釋文》云：「『㱙』，本作『咼』，音寡，剮肉也。又音朽。」殷作「咼」，蓋「冎」之譌。《說文．冎部》云：「冎，剮人肉，置其骨也。」《新

論》作「拆」，尤誤。

10 注 畢云：「『渠』，舊作『秉』，據《列子》及《太平廣記》改。《史記正義》：『《括地志》云：寧、原、慶三州，秦北地郡，戰國及春秋時為義渠戎國之地』，今甘肅慶陽府也，在陝西之西。」

▲詒讓案：「渠」吳鈔本作「秉」，不成字。《博物志》引作「義渠」，《新論》同。宋本《列子》「渠」下注云「又『康』」。「康」與「秉」並「渠」之形誤。《周書．王會》篇云：「義渠以茲白」，孔晁注云：「義渠，西戎國」，《後漢書．西羌傳》云：「涇北有義渠之戎」。俞云：「《史記．秦本紀》『厲共公三十三年，伐義渠，虜其王』，即此國也。」

11 注 畢云：「『燻』即『熏』字俗寫。《太平廣記》引作『熏其煙上，謂之登煙霞』。」

▲詒讓案：《列子》亦作「燻則煙上，謂之登遐。」《新論》作「煙上燻天，謂之昇霞。」《博物志》作「勳之即煙上，謂之登遐。」《呂氏春秋．義賞》篇云：「氐羌之民，其虜也，不憂其係累，而憂其死不焚也」。《荀子．大略》篇說同。義渠在秦西，亦氐羌之屬。登遐者，《禮記．曲禮》云：「天子崩，告喪曰：天王登假」，鄭注云：「登，上也。假，已也。上已者，若僊去云耳」。《釋文》云：「『假』音『遐』」。《漢書．郊祀志》云：「世有僊人，登遐倒景」，顏注云：「遐亦遠也」。

▲案：依《廣記》所引及《新論》，似皆以「遐」為「霞」之叚字，非古義也。

12 注 「成為」，吳鈔本作「謂之」。

13 注 畢云：「《太平廣記》引有云『而未足為非也』。」

▲詒讓案：《博物志》引，有「中國未足為非也」七字，《列子》作「而未足為異也」。

14 注 舊本脫「以」字，王據上文補。

15 注 王云：「《爾雅》：『猶，已也』，言亦已薄，亦已厚也。」

16 注 吳鈔本無「者」字。

子墨子制爲葬埋之法曰：「棺三寸，足以朽骨；衣三領，足以朽肉；[1]掘地之深，下無菹漏，[2]氣無發洩於上，壟足以期其所，[3]則止矣。哭往哭來，反從事乎衣食之財，佴乎祭祀，[4]以致孝於親。」[5]故曰子墨子之法，不失死生之利者，此也。

1 注 《韓非子·顯學》篇云：「墨者之葬也，冬日冬服，夏日夏服，桐棺三寸，服喪三月。」

2 注 「菹」與「沮」通，《廣雅·釋詁》云：「沮，溼也」。

3 注 畢云：「言期會。」

4 注 畢云：「《說文》『佴，佽也』，『佽』訓『便利』。」

▲案：佴者，次比之義。言不疏曠也，畢說非。

5 注 「於」，吳鈔本作「乎」。

故子墨子言曰：「今天下之士君子，中請將欲為仁義，[1]求為上士，上欲中聖王之道，下欲中國家百姓之利，故當若節喪之為政，而不可不察此者也。」[2]

1 注 「請」，舊本作「謂」，畢本改「誠」，云：「舊作『謂』，以意改」。王云：「『謂』即『請』之譌，『請』與『誠』通，畢徑改為『誠』，未達假借之旨。」

▲案：王校是也，顧說同，今據正。

2 注 「此者」二字，舊本倒，今依王校乙，詳〈非攻下〉篇。

卷七

題解

本卷包括〈天志〉上、中、下三篇，是墨家的核心篇章，因為其他各篇的思想都是奠基於「天志」而成立，「志」有意、識之意。我們在讀此篇時，要透過內容的描述而掌握「天」的性質以及天人之間的關係。

《墨子·天志上》篇是以層層推理的方式來表現墨子的思想，在中國古代流傳至今的許多推理文字，其目的在於說服君王，或者說服王公貴族或士人採行某種學說。從《墨子·天志上》：「天下士君子知小而不知大也」的例子來看，其中的情境構作有：處家者、處國者及處天下者，其情境處理是：有罪而欲逃者，其中的「小」為處家、處國，而「大」則為處天下，從家長、國君類比於天的最高權威性、有好惡、能賞罰，以及「天」的無所不知，與無事不能的特性。由這三個部分的情境處理，構成一相互聯繫的思想單位，進而指出今日士君子知小也必須知大，所謂的「知大」，即在於了解天的特性、天與人的關係、以及人面對天的態度、應有的作為等等。

〈天志中〉篇有更進一步的發揮，說明天對於百姓的愛，日月星辰、四季運轉、氣候變化、山川地形、五穀生長，使民獲得財利，以及設置賞賢罰暴的管理制度等等，都是天對人之愛的表現。文中引用《詩經》、《尚書》論述天與文王及天與紂王之事，說明「天」才是最高的管理者，天子必須順從天志，否則必受懲罰。

〈天志下〉篇前半部內容在上篇、中篇已經出現過，其他內容強調天志的標準性、公義性，不能容許虧人而自利的偷盜、攻伐行為；與〈兼愛〉、〈法儀〉、〈非攻〉等篇思想皆有關係。

「天志」為「墨學十論」的思想基礎，如人為了趨利避害必須知天之所欲，天所欲為「義」，而「義」則「必從上之正下」，此與〈尚同〉篇思想相關。又從「順天之意者，兼相愛，交相利」，此與〈兼愛〉篇思想相關。又從「順天之意者，義政也」，而義政即「處大國不攻小國，處大家，不篡小家」，此與〈非攻〉篇思想相關。再從「我有天志，譬若輪人之有規，匠人之有矩，輪匠執其規矩，以度天下之方圜」，此與〈法儀〉篇思想也相互關聯。本卷是研究墨子一書必須仔細研讀的重要思想。

天志上第二十六[1]

1 **注** 《春秋繁露．楚莊王》篇云：「事君者儀志，事父者承意，事天亦然」，此天志之義也。畢云：「《玉篇》云：『志，意也』，《說文》無『志』字。鄭君注《周禮》云：『志，古文識』，則『識』與『志』同。又篇中『多』或作『之』，疑古文『志』亦只作『之』也。」

子墨子言曰：今天下之士君子，知小而不知大。何以知之？以其處家者知之。若處家得罪於家長，猶有鄰家所避逃之。[1]然且親戚、兄弟、所知識[2]共相儆戒，[3]皆曰：「不可不戒矣！不可不愼矣！惡有處家而得罪於家長而可爲也！」非獨處家者爲然，雖處國亦然。處國得罪於國君，猶有鄰國所避逃之，然且親戚、兄弟、所知識共相儆戒，皆曰：「不可不戒矣！不可不愼矣！誰亦有處國得罪於國君而可爲也！」此有所避逃之者也，相儆戒猶若此其厚，況無所避逃之者，相儆戒豈不愈厚，然後可哉？且語言有之曰：「焉而晏日，焉而得罪，將惡避逃之？」[4]曰：無所避逃之。夫天不可爲林谷幽門無人，[5]明必見之。然而天下之士君子之於天也，[6]忽然不知以相儆戒，此我所以知天下之士君子知小而不知大也。

1 注 畢云：「《廣雅》云『所，凥也』，《玉篇》云『處所』。」王云：「所，猶可也，言有鄰家可避逃也，下文同，畢引《廣雅》『所，凥也』，失之。」

▲案：此當從畢說，下文云：「此有所避逃之者也」，又云：「無所避逃之」，即承此文。

2 注 親戚，即父母也。下篇云：「父以戒子，兄以戒弟。」

3 注 畢云：「『共』，舊作『其』，一本如此，下同。」

4 注 「日」，舊本作「曰」，畢校并上「曰」字，皆改為「日」，云：「猶云日暮途遠，兩『日』字舊作

「曰」，以意改。」俞云：「畢改兩『曰』字皆作『日』，然上『曰』字實不誤。『且語有之曰』，蓋述古語也。『言』字即『語』字之誤而衍者，下『曰』字當從畢改作『日』。『焉而』字疊出，文義難通，疑上『焉而』字亦為衍文。《墨子》本作『且語有之曰：晏日焉而得罪，將惡避逃之』。晏者，清也，明也。《說文．日部》『晏，天清也』，《小爾雅．廣言》『晏，明也』，《文選．羽獵賦》『于是天清日晏』，《淮南子．繆稱》篇『暉日知晏，陰蜡知雨』，竝其證也。此謂人苟於昏暮得罪，猶有可以避逃之處，若晏日，則人所共覩，無所逃避矣。下文曰『夫天不可為林谷幽門無人，明必見之。』然則《墨子》正以晏日之不可避逃，起下文『明必見之』之意，『晏』之當訓『明』無疑矣。畢注謂『猶云日暮途遠』，是但知『晏晚』之義，而忘『天清』之本訓，宜於《墨子》之意不得矣。」

▲案：俞說「晏日」之義是也，此當以「焉而晏日，焉而得罪」八字為句，上「焉」與「於」同義，「焉而」，猶言「於而」，言於此晴晏之日，焉而得罪也。俞以上「焉而」二字為衍文，則尚未得其義。

5 **注** 畢云：「『門』，當為『澗』」。王云：「畢據〈明鬼〉篇文也。余謂『門』當為『閒』，『閒』讀若『閑』。言天監甚明，雖林谷幽閒無人之處，天必見之也。《賈子．耳痺》篇曰『故天之誅伐，不可為廣虛幽閒、攸遠無人，雖重襲石中而居，其必知之乎！』《淮南．覽冥》篇曰『上天之誅也，雖在壙虛幽閒，遼遠隱匿，重襲石室，界障險阻，其無所逃之，亦明矣』，義皆本於《墨子》。則『幽門』為『幽閒』之誤明矣。〈明鬼〉篇『雖有深谿博林、幽澗毋人之所』，『幽澗』，亦『幽閒』之誤。」

▲案：王校是也，但讀「閒」為「閑」，尚未得其義。「閒」當讀為「閒隙」之「閒」，《荀子．王制》篇云：「無幽閒隱僻之國，莫不趨使而安樂之」，楊注云：「幽，深也。閒，隔也」。

6 注 舊本脫「士」字及「之於」二字，王據上下文補「士」字，又以意補「之於」二字，今從之。

然則天亦何欲何惡？天欲義而惡不義。然則率天下之百姓以從事於義，則我乃爲天之所欲也。我爲天之所欲，天亦爲我所欲。然則我何欲何惡？[1]我欲福祿而惡禍祟。若我不爲天之所欲，而爲天之所不欲，[2]然則我率天下之百姓以從事於禍祟中也。然則何以知天之欲義而惡不義？[3]曰：天下有義則生，無義則死；有義則富，無義則貧；有義則治，無義則亂。然則天欲其生而惡其死，欲其富而惡其貧，欲其治而惡其亂，此我所以知天欲義而惡不義也。[4]

1 注 舊本無「我」字，畢云：「一本『則』下有『我』字。」

▲案：有者是也，王亦據增。

2 注 舊本脫此十五字，王據中篇補。

3 注 吳鈔本無「以」字。

4 注 畢云：「『我』，舊作『義』，以意改。」顧云：「季本『我』。」

曰：且夫義者，政也，[1]無從下之政上，必從上之政下。是故庶人竭力從事，未得次己而爲政，[2]有士政之；士竭力從事，未得次己而爲政，有將軍大夫政之；[3]將軍大夫竭力從事，未得次己而爲政，有三公、諸侯政之；三公、諸侯竭力聽治，未得次己而爲政，有天子政之；天子未得次己而爲政，有天政之。天子爲政於三公、諸侯、士、庶人，天下之士君子固明知，天之爲政於天子，天下百姓未得之明知也。[4]故昔三代聖王禹、湯、文、武，欲以天之爲政於天子，明說天下之百姓，故莫不犓牛羊、豢犬彘，潔爲粢盛酒醴，[5]以祭祀上帝鬼神，而求祈福於天。我未嘗聞天下之所求祈福於天子者也，[6]我所以知天之爲政於天子者也。

1 注 王云：「『政』與『正』同，下篇皆作『正』。」

▲詒讓案：《意林》引下篇，「正」皆作「政」，二字互通。「義者，正也」，言義者所以正治人也。

2 注 畢云：「『次』，『恣』字省文，下同，一本作『恣』，俗改。」王引之云：「畢說非也。次猶即也，下文諸『次』字竝同。此言士在庶人之上，故庶人未得即己而為正，有士正之也。『次』、『即』聲相近，而字亦相通。〈康誥〉『勿庸以次女封』，《荀子·致士》、〈宥坐〉二篇，竝作『勿庸以即女』，《家語·始誅》篇作『勿庸以即女心』，皆其證。《說文》『垐，古文作「堲」』，亦其例也。」

▲案：《意林》引下篇，「次」並作「恣」，則畢說亦通。〈節用上〉篇云：「聖王既沒，于民次也」，「恣」亦作「次」，可證。

3 注 將軍大夫，即卿大夫也，詳〈尚同中〉篇。

4 注 畢云：「當云『明知之也』。」俞云：「上『之』字，當在『天』字上，屬上為句。本云『天子為政於三公、諸侯、士、庶人，天下之士君子固明知之』，今『之』字誤在『天』字下，則『固明知』句文氣未足，且『天為政』與『天子為政』相對，不當作『天之為政』也。」

▲案：「固明知」下，當有「之」字，至「天之為政於天子」，下文屢見，「之」字似不當刪。

5 注 畢云：「『為粢』二字舊脫，據後文增。」

6 注 顧云：「據中、下二篇，『下』字衍」，蘇校同。戴云：「案中篇云『吾未知天之祈福於天子也』，則此文衍『下』字，及『所求』二字，及『者』字。」

故天子者，天下之窮貴也，天下之窮富也，[1]故於富且貴者，[2]當天意而不可不順。順天意者，兼相愛，交相利，必得賞；反天意者，別相惡，交相賊，必得罰。然則是誰順天意而得賞者？誰反天意而得罰者？子墨子言曰：昔三代聖王禹、湯、文、武，此順天意而得賞者也；[3]昔三代之暴王桀、紂、幽、厲，此反天意而得罰者也。然則禹、湯、文、武其得賞何以也？子墨子言曰：「其事上尊天，中事鬼，下愛人，故天意曰：『此之我所愛，兼而愛之；我所利，兼而利之。愛人者此爲博焉，利人者此爲厚焉。』故使貴爲天子，富有天下，業萬世子孫，傳稱其善，[4]方施天下，[5]至今稱之，謂之聖王」。然則桀、紂、幽、厲其得罰何以也？[6]子墨子言曰：「其事上詬天，中詬鬼，[7]下賊人，[8]故天意曰：『此之我所愛，別而惡之；我所利，交而賊之。惡人者此爲之博也，賤人者此爲之厚也。』[9]故使不得終其壽，不歿其世，[10]至今毀之，謂之暴王。」

1 注 戴云：「窮，極也，此二字轉相訓。」

2 注 「於」，吴鈔本作「欲」。

3 注 畢云：「『賞』下，當有『者』字。」

4 注 業，謂子孫纂業也。《左．昭元年傳》「臺駘能業其官」，杜注釋為「纂業」。又疑當為「葉萬子孫」，「葉」與「世」同。《公孫龍子》云：「孔穿，孔子之葉也。」「萬」下「世」字衍。《古文苑．秦詛楚文》云：「葉萬子孫，毋相為不利。」〈檀弓〉云：「世世萬子孫毋變也。」《毛詩．長發》傳云：「葉，世也。」

5 注 畢云：「方猶㫄，或當為『旉』字之壞。」

▲詒讓案：方㫄古通。〈皋陶謨〉「方施象刑，惟明」，《新序．節士》篇「方」作「㫄」。《說文．丄部》云：「㫄，溥也」。方施，言施溥徧於天下也。

6 注 依上文，當作「其得罰何以也」，此誤倒。

7 注 《道藏》本、吳鈔本竝作「中誣鬼」。《大戴禮記．本命》篇云：「誣鬼神者，罪及二世」。則作「誣」義亦通。畢云：「據上，當有『神』字。」

8 注 「賊」，舊本譌「賤」，今依王校正，說詳〈尚賢中〉篇。

9 注 「賤」，亦「賊」之誤。此並家上文「別相惡」、「交相賊」而言。

10 注 「歿」，吳鈔本作「沒」。

然則何以知天之愛天下之百姓？以其兼而明之。何以知其兼而明之？以其兼而有之。何以知其兼而有之？以其兼而食焉。何以知其兼而食焉？曰：四海之內，粒食之民，[1]莫不犓牛羊，豢犬彘，潔爲粢盛酒醴，以祭祀於上帝鬼神，天有邑人，[2]何用弗愛也？且吾言殺一不辜者，必有一不祥。殺不辜者誰也？則人也。予之不祥者誰也？則天也。若以天爲不愛天下之百姓，則何故以人與人相殺，而天予之不祥？此我所以知天之愛天下之百姓也。[3]

1 注 《大戴禮記·少閒》篇云：「粒食之民，昭然明視。」

2 注 畢云：「『邑』，舊作『色』，非，以意改。」

3 注 「此我」下，吴鈔本有「之」字。

順天意者，義政也。反天意者，力政也。[1]然義政將柰何哉？[2]子墨子言曰：「處大國不攻小國，處大家不篡小家，強者不劫弱，貴者不傲賤，多詐者不欺愚。[3]此必上利於天，中利於鬼，下利於人，三利無所不利，故舉天下美名加之，謂之聖王。力政者則與此異，言非此，[4]行反此，猶倖馳也。[5]處大國攻小國，處大家篡小家，強者劫弱，貴者傲賤，多詐欺愚。此上不利於天，中不利於鬼，下不利於人。三不利無所利，故舉天下惡名加之，謂之暴王。」

1 注 「力政」，下篇作「力正」，謂以力相制，義詳〈節葬下〉篇。

2 注 畢云：「舊脫『政』字，一本有。」

3 注 中篇及〈兼愛中〉篇、下篇，文並略同，皆無「多」字，此疑衍。

4 注 畢云：「非，猶『背』。」

5 注 畢云：「『倖』，一本作『偝』。」

▲詒讓案：「倖」疑「僢」之誤。《玉篇．人部》云：「《淮南子》『分流僢馳』，僢，相背也，與『舛』同」。今《淮南子．說山訓》作「舛」。又〈氾論訓〉高注云：「舛，乖也」。「偝」與「背」同，見〈坊記〉、〈投壺〉及《荀子》與「僢」義亦同。

子墨子言曰：「我有天志，譬若輪人之有規，匠人之有矩，輪匠執其規矩，以度天下之方圜，曰：『中者是也，不中者非也。』今天下之士君子之書，不可勝載，言語不可盡計，上說諸侯，下說列士，其於仁義則大相遠也。[1]何以知之？曰我得天下之明法以度之。」

1 注 畢云：「『相』，舊作『其』，一本如此。」

天志中第二十七

子墨子言曰：「今天下之君子之欲爲仁義者，[1]則不可不察義之所從出。」既曰不可以不察義之所欲出，然則義何從出？子墨子曰：「義不從愚且賤者出，必自貴且知者出。」何以知義之不從愚且賤者出，而必自貴且知者出也？曰「義者，善政也。」何以知義之爲善政也？曰「天下有義則治，無義則亂，是以知義之爲善政也。」[2]夫愚且賤者，不得爲政乎貴且知者，[3]然後得爲政乎愚且賤者，此吾所以知義之不從愚且賤者出，而必自貴且知者出也。然則孰爲貴？孰爲知？曰「天爲貴，天爲知而已矣。」然則義果自天出矣。

1 注 吴鈔本「君子」下無「之」字。

2 注 王云：「舊本脫兩『為』字，下篇曰『何以知義之為正也？天下有義則治，無義則亂，我以此知義之為正也。』今據補。」俞云：「三『善』字，皆『言』字之誤。隸書『善』字或作『善』，見〈張遷碑〉、〈靈臺碑〉、〈孫叔敖碑〉，與『言』字相似，故『言』誤為『善』。『義者言政也，何以知義之言政也？曰：天下有義則治，無義則亂，是以知義之言政也』，語意甚明，若作『善政』，則『義之善政』不可通矣。下篇曰『義者正也，何以知義之為正也？天下有義則治，無義則亂，我以此知義之為正也』。竝無『善』字，可知此文『善』字之誤，『義之言政』，猶『義之為正』也。」

3 注 畢云：「當脫『貴且知者』四字。」

今天下之人曰：「當若天子之貴諸侯，諸侯之貴大夫，傐明知之。[1]然吾未知天之貴且知於天子也。」子墨子曰：「吾所以知天之貴且知於天子者有矣。曰：天子爲善，天能賞之；天子爲暴，天能罰之。天子有疾病禍祟，必齋戒沐浴，潔爲酒醴粢盛，以祭祀天鬼，則天能除去之，然吾未知天之祈福於天子也。此吾所以知天之貴且知於天子者。不止此而已矣，又以先王之書馴天明不解之道也知之。[2]曰：『明哲維天，[3]臨君下土。』[4]則此語天之貴且知於天子。」不知亦有貴知夫天者乎？[5]曰：「天爲貴，天爲知而已矣。」然則義果自天出矣。是故子墨子曰：「今天下之君子，中實將欲遵道利民，本察仁義之本，天之意不可不慎也。」[6]

1 注 畢云：「『傐』，當為『碻』，言確然可知。」鈕樹玉云：「『傐明』，當作『高明』。」

▲案：畢說是也，兩「貴」字下疑皆當有「於」字。

2 注 畢云：「『馴』與『訓』同，言訓釋天之明道。」

3 注 畢云：「舊作『大』，以意改。」

4 注 「土」，舊本作「出」，王引之云：「『下出』二字，義不可通，『出』當為『土』。『明哲維天，臨君下土』，猶《詩》言『明明上天，照臨下土』耳。隸書『出』字或作『𡈼』，若『敖』省作『敖』，『賣』省作『賣』，『款』省作『款』之類，形與『土』相似，故『土』譌為『出』。」

▲案：王說是也，今據正。

5 注 「夫」，吳鈔本作「于」。

6 注 「慎」與「順」同，上下文屢云「順天意」，下同。

既以天之意以為不可不慎已，然則天之將何欲何憎？[1]子墨子曰：「天之意不欲大國之攻小國也，大家之亂小家也，強之暴寡，詐之謀愚，貴之傲賤，此天之所不欲也。不止此而已，[2]欲人之有力相營，[3]有道相教，有財相分也。又欲上之強聽治也，下之強從事也。上強聽治，則國家治矣；下強從事，則財用足矣。若國家治、財用足，則內有以潔為酒醴粢盛，[4]以祭祀天鬼；外有以為環璧珠玉，以聘撓四鄰。[5]諸侯之冤不興矣，[6]邊境兵甲不作矣。內有以食飢息勞，持養其萬民，[7]則君臣上下惠忠，父子弟兄慈孝。」故唯毋明乎順天之意，[8]奉而光施之天下，[9]則刑政治，萬民和，國家富，財用足，百姓皆得煖衣飽食，便寍無憂。[10]是故子墨子曰：「今天下之君子，中實將欲遵道利民，本察仁義之本，天之意不可不慎也！」[11]

1 注 畢云：「『之』下，當有『意』字。」

2 注 舊本脫「不」字，又「止」作「上」，王校補「不」字，畢校改「上」為「止」，今並據正。

3 注 《文選．陸士衡贈從兄車騎詩》李注引鍾會《老子注》云：「經護為營」。

4 注 「潔」，吳鈔本作「絜」。

5 注 畢云：「『撓』與『交』同音。」

6 注 《一切經音義》云：「古文『冤』、『惌』二形，今作『怨』，同。」蘇云：「『冤』當讀如『怨』。」

7 注 《荀子．榮辱》篇楊注云：「持養，保養也」，義詳〈非命下〉篇。

8 注 「唯」，舊本作「惟」，今據吳鈔本改。毋，語詞，詳〈尚賢中〉篇。

9 注 「光」與「廣」通。

10 注 《廣雅．釋詁》云：「便，安也」，「寍」，舊本作「寧」，今據吳鈔本改。

11 注 「慎」，亦讀為「順」。

且夫天子之有天下也，[1]辟之無以異乎國君諸侯之有四境之內也。[2]今國君諸侯之有四境之內也，夫豈欲其臣國萬民之相爲不利哉？[3]今若處大國則攻小國，處大家則亂小家，欲以此求賞譽，終不可得，誅罰必至矣。夫天之有天下也，將無已異此。[4]今若處大國則攻小國，[5]處大都則伐小都，[6]欲以此求福祿於天，福祿終不得，而禍祟必至矣。然有所不爲天之所欲，而爲天之所不欲，則夫天亦且不爲人之所欲，而爲人之所不欲矣。人之所不欲者何也？曰：病疾禍祟也。[7]若己不爲天之所欲，而爲天之所不欲，是率天下之萬民以從事乎禍祟之中也。故古者聖王明知天鬼之所福，而辟天鬼之所憎，以求興天下之利，而除天下之害。是以天之爲寒熱也節，四時調，陰陽雨露也時，五穀孰，[8]六畜遂，疾菑戾疫凶饑則不至。[9]是故子墨子曰：「今天下之君子，中實將欲遵道利民，[10]本察仁義之本，天意不可不慎也！」

1 注 戴云：「『子』字衍。」

2 注 吴鈔本「辟」作「譬」。畢云：「『辟』同『譬』。」

3 注 俞云：「『臣國』，當為『國臣』，正對『國君』而言。君曰『國君』，故臣曰『國臣』也，今倒作『臣國』，義不可通。」

4 注 畢云：「已，同『以』。」

5 注 畢云：「舊脫『則』字，據下句增。」

6 注 吳鈔本，二句並無「則」字。

7 注 畢云：「舊脫『禍』字，據下文增。」

8 注 《道藏》本、吳鈔本作「熟」，俗字。

9 注 「戾」、「厲」字通。詳〈尚同中〉篇。

10 注 畢云：「舊脫『道』字，一本有。」

且夫天下蓋有不仁不祥者，曰當若子之不事父，弟之不事兄，臣之不事君也。故天下之君子與謂之不祥者。[1]今夫天兼天下而愛之，撽遂萬物以利之，[2]若豪之末，[3]非天之所爲也，[4]而民得而利之，則可謂否矣。[5]然獨無報夫天，而不知其爲不仁不祥也。此吾所謂君子明細而不明大也。

1 注 王云：「故，猶『則』也。」畢云：「與，同『舉』。」

2 注 「物」，吳鈔本作「民」，下同。畢云：「《說文》云『撽，㫄擊也。』但未詳『撽遂』之義。」俞云：

「『撽遂』二字，義不可通。『撽』當為『邀』，疑本作『邀』，或作『撽』，傳寫誤合之為『撽邀』，而『邀』又誤為『遂』耳。『邀』與『交』通，《莊子．庚桑楚》篇『夫至人者，相與交食乎地而交樂乎天』。《徐無鬼》篇作『吾與之邀樂於天，吾與之邀食於地』。是『交』、『邀』古通用也。『邀萬物以利』之，即交萬物以利之，與『兼天下而愛之』同義。『交』猶『兼』也。」

▲案：俞說迂曲不足據。《韓非子．說林上》篇云：「有欲以御見荊王者，曰：臣能撽鹿」。《莊子．至樂》篇云：「莊子至楚，見空髑髏，撽以馬箠」，成玄英疏云：「撽，打擊也。」依《韓子》「撽鹿」義推之，疑當為「敺御」之義。「遂」或當為「逐」之譌，然下文云：「以長遂五穀麻絲，使民得而財利之」，則「遂」字又似非誤，未能質定也。

3 注 「豪」，吴鈔本作「毫」，下同。畢云：「『豪』本作『豪』，『毫』字正文，經典或從『毛』，非。」

4 注 「為」，舊本作「謂」，今據吴鈔本正。蘇云：「『非』上，當有『莫』字，下同。『謂』，當從下文作『為』。」俞云：「『非』上脫『無』字，下文同。言雖至秋豪之末，無非天之所為也。」

5 注 蘇云：「『否』義未詳，疑當作『厚』。」俞云：「『否』字義不可通，乃『后』字之誤。『后』讀為『厚』。《禮記．檀弓》篇『后木』，《正義》曰『《世本》云「厚」，此云「后」，其字異耳。』是『后』、『厚』古通用。《說文》『厚』，古文作『垕』。本從『后』聲，故聲近而義通也。此云『若豪之末，無非天之所為也，而民得而利之，則可謂厚矣』，言天愛民之厚也。下文『且吾所以知天之愛民之厚者有矣』，又曰『此吾以知天之愛民之厚也』，竝可為證。」

▲案：俞說是也。

且吾所以知天之愛民之厚者有矣，曰：以磨爲日月星辰，[1]以昭道之；[2]制爲四時春秋冬夏，以紀綱之；雷降雪霜雨露，[3]以長遂五穀麻絲，使民得而財利之；列爲山川谿谷，播賦百事，[4]以臨司民之善否；[5]爲王公侯伯，[6]使之賞賢而罰暴；[7]賊金木鳥獸，[8]從事乎五穀麻絲，[9]以爲民衣食之財。自古及今，未嘗不有此也。今有人於此，驩若愛其子，[10]竭力單務以利之，[11]其子長，而無報子求父，[12]故天下之君子與謂之不仁不祥。[13]今夫天兼天下而愛之，撽遂萬物以利之，[14]若豪之末，非天之所爲，[15]而民得而利之，則可謂否矣，[16]然獨無報夫天，而不知其爲不仁不祥也。此吾所謂君子明細而不明大也。[17]

1 注 「以」字舊脫，今據《道藏》本、吴鈔本補。顧云：「《顏氏家訓》、《世本》『容成造曆』。以『曆』為碓磨之『磨』。」王云：「『磨』，亦當為『磿』，『磿為日月星辰』，猶《大戴記・五帝德》篇言『歷離日月星辰』也。」

▲案：王校是也，詳〈非攻下〉篇。

2 注 《說文·日部》云：「昭，明也。」

3 注 王云：「『雷降雪霜雨露』義不可通，『雷』蓋『賈』字之義，『賈』與『隕』同。《左氏春秋經》『莊七年，星隕如雨』，《公羊》『隕』作『賈』。《爾雅》『隕，降落也』，故曰『賈降雪霜雨露』。」

4 注 畢云：「播，布。」

5 注 畢云：「司，讀如『伺』，俗從『人』。」

6 注 「侯伯」，舊本作「諸伯」。吴鈔本作為「侯伯」，《道藏》本作「諸侯」，審校文義，吴本較長，今據正。

7 注 畢本「『賢』舊作『焉』，一本如此。」顧云：「《藏》本『賢』，季本同。」

▲案：吴鈔本亦作「賢」。

8 注 「賊」，當為「賦」，形近而誤，言賦斂金木鳥獸而用之也。

9 注 吴鈔本作「絲麻」。

10 注 《一切經音義》引《三蒼》云：「驩，古『歡』字。」

11 注 蘇云：「單，同『殫』。」

▲案：見〈七患〉篇。

12 注 蘇云：「當云『其子長而無報乎父』。」

13 注 畢云：「與，同『舉』。」

14 注 「以」，吳鈔本作「而」。

15 注 「非」上，亦當有「無」字。畢云：「據上文，當有『也』字。」

16 注 「否」，亦當作「后」，讀為「厚」，詳前。

17 注 吳鈔本無「君子」二字。

且吾所以知天愛民之厚者，不止此而足矣。曰「殺不辜者，天予不祥。」不辜者誰也？[1]曰「人也」。予之不祥者誰也？曰「天也」。若天不愛民之厚，夫胡說人殺不辜而天予之不祥哉？[2]此吾之所以知天之愛民之厚也。[3]

1 注 「不」上亦當有「殺」字。

2 注 「夫」，舊本亦作「天」。王云：「『天胡說』之『天』，當為『夫』，此涉上下文『天』字而誤。夫，發聲也，言若天非愛民之厚，則人殺不辜而天予之不祥者，果何說哉？〈節葬〉篇曰『厚葬久喪，果非聖王之道，夫胡說中國之君子，為而不已，操而不擇哉？』是其證。」

3 注 舊本脫「之所」二字，今據吳鈔本增。

且吾所以知天之愛民之厚者，[1]不止此而已矣。曰「愛人利人，順天之意，得天之賞者有矣；憎人賊人，[2]反天之意，得天之罰者亦有矣。」夫愛人利人，順天之意，得天之賞者誰也？曰「若昔三代聖王，堯、舜、禹、湯、文、武者是也。」堯、舜、禹、湯、文、武焉所從事？曰「從事兼，不從事別。」兼者，處大國不攻小國，處大家不亂小家，強不劫弱，衆不暴寡，詐不謀愚，貴不傲賤。觀其事，上利乎天，中利乎鬼，下利乎人，三利無所不利，是謂天德。聚斂天下之美名而加之焉，曰：「此仁也，義也，愛人利人，順天之意，得天之賞者也。」不止此而已，書於竹帛，[3]鏤之金石，琢之槃盂，[4]傳遺後世子孫。曰「將何以爲？」將以識夫愛人利人，順天之意，得天之賞者也。〈皇矣〉道之曰：「帝謂文王，予懷明德，不大聲以色，不長夏以革，不識不知，順帝之則。」[5]帝善其順法則也，故舉殷以賞之，使貴爲天子，富有天下，名譽至今不息。故夫愛人利人，順天之意，得天之賞者，既可得留而已。[6]

1 注 吴鈔本「吾」下有「之」字，「天」下無「之」字。

2 注 畢云：「二字舊脫，據下文增。」

3 注 畢云：「《後漢書》注引『書於』作『書其事』，據下文亦然。」戴云：「當依下文補脫文三字，今作

『書於竹帛』者，後人據〈兼愛下〉篇刪之。」

4 注 吳鈔本「槃」作「盤」，下同。畢云：「《後漢書注》引『槃』作『盤』。」

5 注 《詩．大雅》毛《傳》云：「懷，歸也。不大聲見於色。革，更也，不以長大有所更。」鄭《箋》云：「夏，諸夏也。天之言云，我歸人君有光明之德，而不虛廣言語以外作容貌。不長諸夏以變更王法者，其為人不識古，不知今。順天之法而行之者，此言天之道尚誠實，貴性自然。」

▲案：《墨子》說《詩》，與鄭義同。

6 注 畢云：「據下云『既可謂而知也』，此句未詳。」王云：「『既可得留而已』當作『既可得而智已』，『智』即『知』也。《墨子》書『知』字多作『智』，見於〈經說〉、〈耕柱〉二篇者，不可枚舉。言順天之意，得天之賞者，既可得而知已。〈尚賢〉篇曰『既可得而知已』，舊本作『既可得留而已者』，『智』誤為『留』，又誤在『而』字上耳。下文云『故夫憎人賊人，反天之意，得天之罰者，既可謂而知也』，亦當作『既可得而知也』，前後相證，則兩處之誤字，不辯而自明。下篇亦云『既可得而知也』。」

夫憎人賊人，[1]反天之意，得天之罰者誰也？曰「若昔者三代暴王桀、紂、幽、厲者是也。」桀、紂、幽、厲焉所從事？曰「從事別，不從事兼。」別者，處大國則攻小國，處大家則亂小家，強劫弱，眾暴寡，詐謀愚，貴傲賤。觀其事，上不利乎天，中不利乎鬼，下不利乎人，三不利無所利，是謂天賊。聚斂天下之醜名而加之焉，曰：「此非仁也，非義也。憎人賊人，反天之意，得天之罰者也。」不止此而已，又書其事於竹帛，鏤之金石，琢之槃盂，傳遺後世子孫。曰「將何以爲？」將以識夫憎人賊人，反天之意，得天之罰者也。〈大誓〉之道之[2]曰：「紂越厥夷居，[3]不肎事上帝，棄厥先神祇不祀，[4]乃曰吾有命，無廖僔務。[5]天下[6]天亦縱棄紂而不葆。」[7]察天以縱棄紂而不葆者，反天之意也。故夫憎人賊人，[8]反天之意，得天之罰者，既可得而知也。[9]

1 注 「賊」，吳鈔本作「疾」。

2 注 「誓」，《道藏》本、吳鈔本竝作「明」。莊述祖云：「墨書引〈大誓〉，有〈去發〉，有〈大明〉。〈去發〉，當為『太子發』，為〈大誓〉上篇。『大明』，即《詩》所謂會朝清明也。《詩》、《書》皆曰〈大明〉。明武王之再受命，為中篇。」

▲案：此文〈非命上、中〉二篇，並作〈大誓〉，「明」塙為譌字，蓋「誓」省為「折」，「明」即隸古「折」字之譌。顏師古《匡謬正俗》引書〈湯誓〉，「誓」字作「斷」。山井鼎《七經孟子考文》載古文〈甘誓〉，「誓」字作「斷」。蓋皆「𣃚」、「𣂪」二字傳寫譌舛，與「明」形略相類，莊說不足據。

3 注 江聲云：「夷居，倨嫚也。」《說文·尸部》云：「居，蹲也。」

4 注 「祇」，舊本譌「祗」，今據《道藏》本正。

5 注 畢云：「此句〈非命上〉作『無僇匪扁』，〈非命中〉作『毋僇其務』，據孔《書・泰誓》云『罔懲其侮』，則知『無』、『罔』音義同，『廖』、『僇』皆『懲』字之譌，『僔』則『其』字之譌，『務』音同『侮』。雖孔《書》偽作，作者取墨書時猶見善本，故足據也。」孫星衍云：「當作『無僇其務』，言不戮力其事。或孔《書》『侮』字反是『務』假音，未可知也。」江聲從「毋僇其務」，云：「『僇』，讀為戮力之『戮』，言己有命，不畏鬼神，毋為戮力於鬼神之務。〈明鬼〉篇云『古者聖王必與鬼神為其務』，又云『今執無鬼者曰：鬼神者固無有。則此反聖王之務。』此〈非命〉、〈天志〉引《書》之意，與〈明鬼〉篇大指略同。」

▲詒讓案：「無」當讀為「侮」，詳〈非命中〉篇。《書・太誓》偽孔傳云：「平居無故，廢天地百神宗廟之祀，紂言吾所以有兆民，有天命故，羣臣畏罪不爭，無能止其慢心。」孔說非《墨子》義。

6 注 畢云：「『二』字疑衍，即下『天亦』二字重文。」莊讀「無僇鼻務天下」為句，云：「僇，且也，『鼻』當為『眉』。」

▲案：莊說難通，不足據。

7 注 畢云：「孔《書・泰誓》云『紂乃夷居，弗事上帝神祇，遺厥先宗廟弗祀，乃曰吾有民有命，罔懲其侮』。」

8 注 「賊」，吳鈔本作「疾」。

9 注 「得」，舊本誤「謂」，今據吳鈔本正，王校亦改「得」。

是故子墨子之有天之，[1]辟人無以異乎輪人之有規，[2]匠人之有矩也。今夫輪人操其規，將以量度天下之圜與不圜也，[3]曰：「中吾規者謂之圜，不中吾規者謂之不圜。」是以圜與不圜，皆可得而知也。此其故何？則圜法明也。匠人亦操其矩，將以量度天下之方與不方也。曰：「中吾矩者謂之方，不中吾矩者謂之不方。」是以方與不方，皆可得而知之。此其故何？則方法明也。故子墨子之有天之意也，[4]上將以度天下之王公大人爲刑政也，[5]下將以量天下之萬民爲文學、出言談也。觀其行，順天之意，謂之善意行，反天之意，謂之不善意行；[6]觀其言談，順天之意，謂之善言談，反天之意，謂之不善言談；觀其刑政，順天之意，謂之善刑政，反天之意，謂之不善刑政。故置此以爲法，立此以爲儀，將以量度天下之王公大人、卿大夫之仁與不仁，譬之猶分黑白也。是故子墨子曰：「今天下之王公大人、士君子，中實將欲遵道利民，本察仁義之本，天之意不可不順也。順天之意者，義之法也。」

1 注 畢云：「一本作『志』，疑俗改。」

2 注 辟人，「人」當作「之」，上文云：「辟之無以異乎國君諸侯之有四境之內也」，是其證。

3 注 「量度」，吳鈔本倒，下同。

4 注 王云：「『天之意』本作『天之』，『天之』即『天志』，本篇之名也。『子墨子之有天之』，已見上文。古『志』字，通作『之』，說見〈號令〉篇，後人不達，又見上下文皆云『順天之意』、『反天之意』，故於『天』之下加『意』字耳。」

5 注 「為」上，吳鈔本有「之」字。

6 注 王校刪二「意」字，云：「舊本『謂之善』下衍『意』字，『謂之不善』下脫『行』字，又衍『意非』二字，今據下文改正。」

▲案：「意」疑當作「悳」，與「德」通。「善德行」、「不善德行」，猶下云「善言談」、「不善言談」，「善刑政」、「不善刑政」也。王謂衍文，未塙。下「行」字，舊本譌「非」，今從王校正。

天志下第二十八

子墨子言曰：「天下之所以亂者，其說將何哉？則是天下士君子，皆明於小而不明於大。」何以知其明於小不明於大也？以其不明於天之意也。何以知其不明於天之意也？以處人之家者知之。今人處若家得罪，將猶有異家所以避逃之者，[1]然且父以戒子，兄以戒弟，曰：「戒之慎之，處人之家，不戒不慎之，而有處人之國者乎？」[2]今人處若國得罪，將猶有異國所以避逃之者矣，然且父以戒子，兄以戒弟，曰：「戒之慎之，處人之國者，不可不戒慎也！」今人皆處天下而事天，得罪於天，將無所以避逃之者矣，然而莫知以相極戒也——[3]吾以此知大物則不知者也。

1 注　畢云：「據下文，當有『矣』字。」王引之云：「所以，可以也。」

▲案：此「所」當從畢訓為「處所」，王說非，詳上篇。

2 注　「有」，疑當為「可」。

3 注　王引之云：「『極』字義不可通，『極戒』，當為『儆戒』，字之誤也。上篇『相儆戒』三字凡五見。」

俞云：「『極戒』即儆戒也，『極』通作『亟』。《荀子．賦篇》『出入甚極』，又曰『反覆甚極』，楊倞注竝曰『極讀為亟』，是也。《廣雅．釋詁》『亟，敬也』。『亟』為『敬』，故亦為『儆』矣。亟又與『苟』通，見《爾雅．釋詁》篇《釋文》，而『敬』字即從『苟』，是可知其義之通。《說文．心部》『㥛，疾也，從心，亟聲。一曰謹重貌』。謹重之義，亦與『儆』相近。」

是故子墨子言曰：「戒之愼之，必爲天之所欲，而去天之所惡。」曰：天之所欲者何也？所惡者何也？「天欲義而惡其不義者也。」何以知其然也？曰「義者正也。」[1]何以知義之爲正也？「天下有義則治，無義則亂，我以此知義之爲正也。」然而正者，無自下正上者，必自上正下。是故庶人不得次己而爲正，[2]有士正之；士不得次己而爲正，有大夫正之；大夫不得次己而爲正，有諸侯正之；諸侯不得次己而爲正，有三公正之；三公不得次己而爲正，有天子正之；天子不得次己而爲政，[3]有天正之。今天下之士君子，皆明於天子之正天下也，而不明於天之正天子也。[4]是故古者聖人，明以此說人曰：「天子有善，天能賞之；天子有過，天能罰之。」天子賞罰不當，聽獄不中，天下疾病禍福，[5]霜露不時，天子必且犓豢其牛羊犬彘，絜爲粢盛酒醴，[6]以禱祠祈福於天，我未嘗聞天之禱祈福於天子也，[7]吾以此知天之重且貴於天子也。[8]是故義者不自愚且賤者出，必自貴且知者出。曰：誰爲知？「天爲知。」[9]然則義果自天出也。

1 注 正，猶言「正人」，詳上篇。

2 注 《意林》引「次」並作「恣」，「正」並作「政」。

▲案：「次」，當依馬讀為「恣」，王訓為「即」，似未塙，詳上篇。

3 注 依上下文，亦當作「正」。

4 注 王云：「舊本『不明於天』下脫『之』字，『正』下又脫『天子』二字，今補。」

5 注 王云：「『福』字義不可通，『禍福』，當為『禍祟』。下者，降也，言降之以疾病禍祟也。『疾病禍祟』，見中篇。」

6 注 「絜」，舊本作「潔」，今據吳鈔本改，下同。

7 注 畢云：「『禱』下，當有『祠』字。」

8 注 吳鈔本「此」作「是」，「重且貴」作「貴且重」，以此下文及中篇校之，「重且貴」當作「貴且知」。

9 注 俞云：「此上脫『誰為貴？天為貴』六字。中篇曰『然則孰為貴？孰為知？曰：天為貴、天為知而已矣』，是其證。」

今天下之士君子之欲為義者，則不可不順天之意矣。曰：順天之意何若？曰「兼愛天下之人。」何以知兼愛天下之人也？「以兼而食之也。」[1]何以知其兼而食之也？自古及今，無有遠靈孤夷之國，[2]皆犓豢其牛羊犬彘，絜為粢盛酒醴，以敬祭祀上帝山川鬼神，以此知兼而食之也。苟兼而食焉，必兼而愛之。譬之若楚、越之君，[3]今是楚王食於楚之四境之內，[4]故愛楚之人；越王食於越，[5]故愛越之人。[6]今天兼天下而食焉，我以此知其兼愛天下之人也。

1 注　食，謂享食其賦稅物產。

2 注　戴云：「『遠靈』二字，義不可通，『靈』疑當作『雱』。『雱』，《說文》以為籀文『旁』字，『旁』與『方』通，今文《尚書》多借『旁』為『方』。遠雱，言遠方也。」

▲詒讓案：「靈」疑「虛」之誤，北魏孝文帝〈祭比干文〉，「虛」作「虗」，南唐〈本業寺記〉作「霊」，東魏武定二年〈邑主造象頌〉「靈」作「霊」，二形並相似。〈耕柱〉篇「謼靈」亦「墟虛」之誤，與此正同。

3 注　「譬」，吳鈔本作「辟」。

4 注　王引之云：「今是，與『今夫』義同。」

5 注　戴云：「當據上文補『之四境之內』五字，《墨子》文不避重複，不得於此文獨省也。」

6 注 《道藏》本、季本、吴鈔本，並脫「楚之人」以下十字。

且天之愛百姓也，不盡物而止矣。[1]今天下之國，粒食之民，殺一不辜者，必有一不祥。[2]曰：誰殺不辜？曰「人也。」孰予之不辜？[3]曰「天也。」若天之中實不愛此民也，何故而人有殺不辜而天予之不祥哉？且天之愛百姓厚矣，天之愛百姓別矣，[4]既可得而知也。何以知天之愛百姓也？吾以賢者之必賞善罰暴也。何以知賢者之必賞善罰暴也？吾以昔者三代之聖王知之。[5]故昔也三代之聖王堯、舜、禹、湯、文、武之兼愛之天下也，[6]從而利之，移其百姓之意焉，率以敬上帝山川鬼神。天以爲從其所愛而愛之，從其所利而利之，於是加其賞焉，使之處上位，立爲天子以法也，[7]名之曰「聖人」，以此知其賞善之證。[8]是故昔也三代之暴王桀、紂、幽、厲之兼惡天下也，從而賊之，移其百姓之意焉，率以詬侮上帝山川鬼神。天[9]以爲不從其所愛而惡之，不從其所利而賊之，於是加其罰焉，使之父子離散，國家滅亡，抎失社稷，[10]憂以及其身。是以天下之庶民屬而毀之，業萬世子孫繼嗣，毀之賁不之廢也，[11]名之曰「失王」，[12]以此知其罰暴之證。今天下之士君子欲爲義者，則不可不順天之意矣。

1 **注** 王云：「『物』字義不可通，『物』當為『此』。『此』字指上文而言。中篇曰『不止此而已矣』，又曰『不止此而已』，皆其證。」

2 **注** 王云：「舊本『民』下衍『國』字，今刪。『殺一』下，脫『不辜者必有一』六字，今據上、中二篇補。」

3 **注** 依上文，當作「不祥」。

4 **注** 王引之云：「別，讀為『偏』，言天偏愛百姓也。古或以『別』為『偏』，〈樂記〉『其治辯者其禮具』，鄭注『辯，遍也』。《史記·樂書》『辯』作『辨』，《集解》『一作別』，其證也。」

5 **注** 吳本「三代之聖王」作「之三代聖王」。

6 **注** 下「之」字，吳鈔本無，疑衍。

7 **注** 戴云：「『以法』，疑當作『以為儀法』，脫二字耳，『以為儀法』，見下文。『也』，當為『世』之誤，『世名之曰聖人』句。」

▲案：以下文校之，此處脫文甚多，「以法也」三字，乃其殘字之僅存者，戴說未塙。今以此下文及〈尚賢中〉篇補之，疑當作「以為民父母，是以天下之庶民屬而譽之，業萬世子孫繼嗣，譽之者不之廢也。」此「法也」，即「廢也」之誤。鐘鼎款識皆以「灋」為「廢」。

8 **注** 畢云：「舊脫『知』字，據下文增。」

9 注 畢云：「一本有『鬼神天』三字。」

▲案：《道藏》本、季本、吳鈔本並有。

10 注 畢云：「《說文》云：『抎，有所失也。《春秋傳》曰：抎子辱矣』。《玉篇》云：『抎，于粉切』。」

11 注 業萬世，詳上篇。王云：「『賁』當為『者』，隸書『者』字或作『者』，見〈漢衛尉卿衡方部陽令曹全碑〉，與『賁』相似而誤。『不之廢』，衍『之』字。廢者，止也，見〈中庸〉、〈表記〉注。言業萬世子孫繼嗣，而毀之者猶不止也。〈尚賢〉篇云『萬民從而非之，曰暴王，至今不已』，是也。今本，『者』譌作『賁』，下文又衍『之』字，則文不成義。」

12 注 蘇云：「『失』字誤，上篇皆『暴王』。」

曰：順天之意者，兼也；反天之意者，別也。兼之爲道也，義正；別之爲道也，力正。[1]曰：義正者何若？曰：大不攻小也，強不侮弱也，衆不賊寡也，詐不欺愚也，貴不傲賤也，富不驕貧也，壯不奪老也。是以天下之庶國，莫以水火、毒藥、兵刃以相害也。若事上利天，中利鬼，下利人，三利而無所不利，是謂天德。故凡從事此者，聖知也，仁義也，忠惠也，慈孝也，是故聚斂天下之善名而加之。是其故何也？則順天之意也。曰：

力正者何若？曰：大則攻小也，強則侮弱也，衆則賊寡也，詐則欺愚也，貴則傲賤也，富則驕貧也，壯則奪老也。是以天下之庶國，方以水火、毒藥、兵刃以相賊害也。若事上不利天，中不利鬼，下不利人，三不利而無所利，是謂之賊。[2]故凡從事此者，寇亂也，盜賊也，不仁不義，不忠不惠，不慈不孝，是故聚斂天下之惡名而加之。是其故何也？則反天之意也。

1 **注** 「正」，上篇並作「政」，字通。力正，義詳〈明鬼下〉篇。

2 **注** 俞云：「『之』，當作『天』。『是謂天賊』與『是謂天德』對文，中篇正作『天賊』。」

故子墨子置天之，以爲儀法，[1]若輪人之有規，匠人之有矩也。今輪人以規，匠人以矩，以此知方圜之別矣。[2]是故子墨子置立天之，以爲儀法。[3]吾以此知天下之士君子之去義遠也。[4]何以知天下之士君子之去義遠也？[5]今知氏大國之君[6]寬者然曰：「[7]吾處大國而不攻小國，吾何以爲大哉！」是以差論蚤牙之士，[8]比列其舟車之卒，[9]以攻罰無罪之國，[10]入其溝境，[11]刈其禾稼，斬其樹木，殘其城郭，[12]以御其溝池，[13]焚燒其祖廟，攘殺其犧牷。[14]民之格者，則勁拔之，[15]不格者，則係操而歸，[16]丈夫以爲僕圉、[17]胥靡，[18]

婦人以爲春酋。[19]則夫好攻伐之君，不知此爲不仁義，以告四鄰諸侯曰：「吾攻國覆軍，殺將若干人矣。」其鄰國之君亦不知此爲不仁義也，有具其皮幣，[20]發其緫處，[21]使人饗賀焉。[22]則夫好攻伐之君，有重不知此爲不仁不義也，有書之竹帛，藏之府庫。爲人後子者，[23]必且欲順其先君之行，曰：「何不當發吾府庫，[24]視吾先君之法美。」[25]必不曰文、武之爲正者若此矣，曰：「吾攻國覆軍殺將若干人矣。」則夫好攻伐之君，不知此爲不仁不義也，其鄰國之君，不知此爲不仁不義也，是以攻伐世世而不已者——此吾所謂大物則不知也。

1 **注** 畢云：「『之』，一本作『志』，疑俗改。考古『志』字只作『之』，《說文》無『志』字。」

2 **注** 王云：「舊本脫『知』字，中篇曰『圜與不圜，方與不方，皆可得而知』。今據補。」

3 **注** 畢云：「『之』讀為『志』。」

4 **注** 《道藏》本、吴鈔本義下有「之」字。

5 **注** 吴鈔本，「義」下有「之」字。

6 **注** 俞云：「『知』字衍文，蓋涉上句『吾以知天下之士君子』、『何以知天下之士君子』兩句竝有『知』字而衍。氏，當讀為『是』。《禮記・曲禮》篇『是職方』，鄭注曰『「是」，或為「氏」。』《儀禮・覲禮》

篇『大史是右』，注曰『古文「是」為「氏」也』，《周官．射人》注，引作『大史氏右』。然則『是氏』古通用，今氏，即『今是』也。今是，即『今夫』也，《禮記．三年問》篇『今是大鳥獸』，《荀子．禮論》篇『今是』作『今夫』。《荀子．宥坐》篇『今夫世之陵遲亦久矣』，《韓詩外傳》『今夫』作『今是』，竝其證也。上文曰『今是楚王食於楚之四境之內』，此云『今氏大國之君』，文法正同。上文作『是』，此文作『氏』，則字之異耳。」

7 **注** 俞云：「『寬者』下，當有闕文。蓋言其土地之廣大也，故下文以『然』字作轉語。」

▲案：疑當作「寬然曰」，「者」乃衍文。「寬」當為「囂」之借字，聲義並與「讙」同。《說文．㗊部》云：「囂，呼也。讀若『讙』」。「寬」、「囂」同從「莧」聲，古通用。言今大國之君，皆囂然爭持攻國之論也。俞說非。

8 **注** 「蚤」，吳鈔本作「爪」，〈非攻中、下〉二篇並作「爪」。

9 **注** 俞云：「『卒』下脫『伍』字，〈非攻下〉篇作『皆列其舟車之卒伍』，是其證也。皆列，即比列。」

10 **注** 「罰」，當從〈非攻下〉篇作「伐」。

11 **注** 王云：「『溝境』二字不詞，當依〈非攻〉篇作『邊境』。此涉下文『溝池』而誤也。」

12 **注** 《史記．樊酈滕灌傳》集解引張晏云：「殘，有所毀也。」

13 **注** 王引之云：「『御』字義不可通，『御』當為『抑』，抑之言堙也。謂壞其城郭，以塞其溝池，若

《周語》所云「墮高堙庳」也。《史記．河渠書》「禹抑鴻水」，《索隱》曰：「抑，《漢書．溝洫志》作「堙」，「堙」、「抑」皆塞之也。」是「抑」與「堙」同義。〈非攻〉篇作「湮其溝池」，「湮」亦「堙」也。隸書『抑』字或作『抑』，見〈漢校官碑〉。『御』字或作『御』，見〈帝堯碑〉，二形相似而誤。」

14 注 吳鈔本作「牲」。

15 注 畢云：「『剄』，舊作『勁』，從力，非。剄拔，即『剄刜』，『拔』音同『刜』。」

▲詒讓案：「剄拔」，疑「剄殺」之誤。〈非攻下〉篇云：「剄殺其萬民」，「殺」與「拔」，篆文相近而誤。

16 注 畢云：「『係』，一本作『繫』。」王引之云：「民可係而歸，不可操而歸。古亦無以『係操』二字連文者。『操』當為『纍』，即《孟子》所謂『係累其子弟』也。『纍』誤為『喿』，後人因改為『操』耳。」

▲案：王校是也。《孟子．梁惠王》篇，趙注云：「係累，猶縛結也。」

17 注 「丈」，舊譌「大」，顧云：「當為『丈』。」王引之、宋翔鳳校並同，今據正。《左傳．文十八年》杜注云：「僕，御也」，《周禮．夏官》鄭注云：「養馬曰圉。」畢云：「『圉』，舊作『園』，以意改。」

18 注 《史記．賈誼傳》云：「傅說胥靡」，《索隱》引徐廣云：「胥靡，腐刑也」，晉灼云：「胥，相也；靡，隨也。古者相隨坐，輕刑之名。」《莊子．庚桑楚》篇《釋文》引司馬彪云：「胥靡，刑徒人也。」崔譔云：「腐刑也。」《荀子．儒效篇》楊注云：「胥靡，刑徒人也。胥，相；靡，繫也。謂鏁相聯相繫，《漢書》所謂鋃鐺者也。顏師古曰：聯繫使相隨而服役之，猶今囚徒以鎖連枷也。」

▲案：〈尚賢中〉篇說傳說「被褐帶索，庸築乎傅巖」，即《史記》所謂「胥靡」，則當為刑徒役作之名。徐、崔說誤。

19 注 吳鈔本「婦」作「媍」，「酋」作「囚」，誤。畢云：「《周禮》云『其男子入于辠隸，女子入于舂稾。』又《說文》云『酋，繹酒也，禮有大酋，掌酒官也。』未詳婦人為酋之義。『酋』與『舀』，聲形相近。《說文》云『抒臼也』，亦『舂稾』義與？」王云：「畢以『酋』為『或舂或舀』之『舀』，非也。《說文》『酋，繹酒也，從酉，水半見於上，禮有大酋，掌酒官也。』〈月令〉注『酒孰曰酋』。據此，則酒官謂之酋者，以其掌酒也。然則女奴之掌酒者，亦得謂之酋矣。《周官·酒人》『女酒三十人，奚三百人』。鄭注曰『女酒，女奴曉酒者。古者從坐男女沒入縣官為奴，其少才知以為奚』，是其證。惠士奇《禮說》曰：「酒人之奚多至三百。則古之酒，皆女子為之，即墨子所謂『婦人以為舂酋』也。」宋翔鳳云：「《呂氏春秋·精通》篇云『臣之父不幸而殺人，不得生，臣之母得生，而為公家為酒。』則此言『舂酋』者，或為舂，或為酒也。」

▲案：畢說是也。《周官·舂人》有「女舂抌二人」，鄭注云：「女舂抌，女奴能舂與抌者。抌，抒臼也。」《說文》「舀」或作「抌」。此以「舂酋」連文，則「酋」即「抌」之叚字可知。墨、呂二書義本不同，王宋說非。

20 注 「有」與「又」通，下同。

21 注 畢云：「未詳。《說文》、《玉篇》無『緫』字。」

▲詒讓案「緫」，吳鈔本作「総」，即「總」之俗，於義亦無取。疑「緫處」當作「徒遽」。「徒」，正字作「辻」，隸變或作「徒」，「彳」與「糸」相似，「止」與「心」相似，遂譌作「緫」耳。「遽」、「處」亦形近而誤。《國語．吳語》云：「徒遽來告」。韋注云：「徒，步也；遽，傳車也。」《周禮．行夫》注云：「遽，若今時乘傳騎驛而使者也。」發其徒遽，謂使人致賀於攻伐之國，必起發卒徒車馬，以從行也。或云：「緫」當為「縱」之譌，「縱」隸古或作「緃」，右半形與「忩」相類，「縱」又從之借字，「縱處」即「從遽」，亦通。

22 **注** 饗，當讀為「聘享」之「享」。《周禮．玉人》鄭注云：「享，獻也。」

23 **注** 後子，即嗣子，詳〈節葬下〉篇。

24 **注** 舊本脫「府」字，王據上文補。

25 **注** 王云：「『法美』二字，義不相屬。『美』當為『義』字之誤也。〈少儀〉『言語之美』，鄭注『「美」當為「儀」』。案：『美』乃『義』字之誤。『義』即古『儀』字。法義，即法儀也，前有〈法儀〉篇云『天下從事者，不可以無法儀。』〈非命〉篇曰『先立義法』，即儀法。當，讀為『嘗』。《荀子．性惡》篇『今當試去君上之埶，無禮義之化，去法正之治，無刑罰之禁，則天下之悖亂而相亾不待頃矣』，《呂氏春秋．疑似》篇『戎寇當至』，『當』並與『嘗』同。《史記．西南夷傳》『嘗擊南越者八校尉』，《漢書》『嘗』作『當』，嘗試也。言試發吾府庫，視吾先君之法儀也。」

所謂小物則知之者何若？今有人於此，入人之場園，取人之桃李瓜薑者，上得且罰之，衆聞則非之，是何也？曰不與其勞，獲其實，[1]已非其有所取之故，[2]而況有踰於人之牆垣，[3]抯格人之子女者乎？[4]與角人之府庫，[5]竊人之金玉蚤絫者乎？[6]與踰人之欄牢，[7]竊人之牛馬者乎？而況有殺一不辜人乎？今王公大人之爲政也，[8]自殺一不辜人者，踰人之牆垣、抯格人之子女者，與角人之府庫、竊人之金玉蚤絫者，[9]與踰人之欄牢、竊人之牛馬者，[10]與入人之場園、[11]竊人之桃李瓜薑者——[12]今王公大人之加罰此也，雖古之堯、舜、禹、湯、文、武之爲政，亦無以異此矣。今天下之諸侯，將猶皆侵凌攻伐兼并，此爲殺一不辜人者，數千萬矣；此爲踰人之牆垣、格人之子女者，[13]與角人府庫、竊人金玉蚤絫者，數千萬矣；踰人之欄牢、竊人之牛馬者，與入人之場園、竊人之桃李瓜薑者，數千萬矣，而自曰「義」也。故子墨子言曰：「是蕡我者，[14]則豈有以異是蕡黑白甘苦之辯者哉！今有人於此，少而示之黑謂之黑，[15]多示之黑謂白，必曰『吾目亂，不知黑白之別。』今有人於此，能少嘗之甘[16]謂甘，多嘗謂苦，[17]必曰『吾口亂，不知其甘苦之味。』今王公大人之政也，[18]或殺人，其國家禁之，此蚤越[19]有能多殺其鄰國之人，因以爲文義，[20]此豈有異蕡白黑、甘苦之別者哉？[21]」

1 注 言不與種植之勞，而取其實也。

2 注 此有誤，疑當云：「以非其所有取之故」，「已」、「以」同，「所有」二字誤倒，遂不可通。

3 注 以下文校之，「於」字疑衍。

4 注 蘇云：「抯，《說文》云：『挹也，從手，且聲，讀若「摣」』。格，舉持也。《爾雅．釋訓》云：『格，格舉也』。」俞云：「『抯』字無義，當為衍文。蓋即『垣』字之誤而複者。『格人之子女』，與下『竊人之金玉蚤絫』、『竊人之牛馬』一律。曰『格』曰『竊』，皆以一字為文也。下文『踰人之牆垣，抯格人之子女者』，亦衍『抯』字。又下文『此為踰人之牆垣，格人之子女者』，正無『抯』字，可證上兩處之衍矣。畢反謂其脫『抯』字，非也。『格人之子女』，謂拘執人之子女。《後漢書．鍾離意傳》注曰『格，拘執也』，是其義。」

▲案：「抯」、「摣」字通。《方言》云：「抯、摣，取也，南楚之間，凡取物溝泥中，謂之『抯』，或謂之『摣』」。《釋名．釋姿容》云：「摣，叉也，五指俱往叉取也」。俞說非。

5 注 俞云：「『角』字無義，乃『穴』字之誤。『穴』，隸書作『内』，『角』隸書作『[illegible]』，兩形相似而誤。」

6 注 王引之云：「『蚤絫』二字義不可通，『蚤絫』當為『布枲』。隸書『布』字作『[illegible]』，『蚤』字作『[illegible]』，二形相似，故『布』譌為『蚤』。《荀子．儒效篇》『必蚤正以待之也』，《新序．雜事》篇『蚤』作『布』。枲，蓋『緤』之借字，布緤即布帛。《說文》『緤，帛如紺色，或曰深繒，讀若枲。』『緤』、

『枲』同音，故字亦相通。凡書傳中，從『枲』、從『參』之字，多相亂，故〈非樂〉篇『多治麻絲葛緒綑布繰』，今本作『布縿』。而〈檀弓〉之『布幕衛也，繰幕魯也』，今本亦作『縿幕』。其它從『枲』之字，亦多變而從『參』。隸書『參』字作『⿱厽尒』，與『桼』相似，因譌為『桼』矣。〈西伯勘黎〉『乃罪多參在上』。馬融讀『參』為『桼』，亦以其字形之相似。金玉布繰皆府庫所藏，故曰『角人之府庫，竊人之金玉布枲』。」

7 注 「欄」，吳鈔本作「闌」，下同，義詳〈非攻上〉篇。《周禮．充人》鄭注云：「牢，閑也。」《說文．牛部》云：「牢，閑養牛馬圈也。」

8 注 畢云：「『人』，舊作『天』，以意改。」

▲案：《道藏》本、吳鈔本作「夫」，季本作「人」，與畢校合。

9 注 《道藏》本、吳鈔本下並有「乎」字。

10 注 畢云：「舊脫『之』字，據上文增。」

11 注 《毛詩．豳風．七月》傳云：「春夏為圃，秋冬為場」，鄭《箋》云：「場、圃同地，自物生之時耕治之，以種菜茹，至物盡成熟築堅以為場」。

12 注 王引之云：「舊脫『者與入人之場園竊人之』十字，當據上下文補。」

13 注 畢云：「據上，『格』上當脫『扡』字。」

14 注 「蕡」，畢本並改「責」，云：「舊作『蕡』，下同，以意改。」顧云：「蕡，讀若『治絲而棼』之『棼』。『我』，當為『義』。」

▲案：顧說是也，「棼」亦與「紛」同。〈尚同中〉篇云：「本無有敢紛天子之教者」，與此文例略同。《急就篇》云：「芬薰脂粉膏澤筩」，「芬」，皇象本作「蕡」。此以「蕡」為「棼」，與彼相類。

15 注 王引之《經傳釋詞》「謂」下刪「之」字。

16 注 畢云：「『能少』，當為『少而』，據上文如此。『能』、『而』音同故也。」王引之云：「『能』猶『而』也，『能』與『而』古聲相近，故義亦相通。」戴說同。

17 注 王氏《釋詞》「多嘗」下，增「之甘」二字。

18 注 戴云：「『政』上，當有『為』字。」

19 注 戴云：「三字有脫誤。」

20 注 王云：「『文義』二字，義不可通，『文』當為『大』，字之誤也。謂多殺鄰國之人，聞之者不以為不義，反以為大義也。〈非攻〉篇曰『小為非，則知而非之，大為非攻國，則不知非，從而譽之，謂之義』，此之謂也。」

▲案：王據〈非攻〉篇證此，是也。而改「文」為「大」，則非是。此當作「因以為之義」，「為」與「謂」通，「文」即「之」之譌，言因以稱之曰義也。

21 注 「別」、「辯」聲近字通。

故子墨子置天之，以爲儀法。[1]非獨子墨子以天之志爲法也，[2]於先王之書〈大夏〉之道之然：[3]「帝謂文王，予懷明德，[4]毋大聲以色，毋長夏以革，[5]不識不知，順帝之則。」[6]此誥文王之以天志爲法也，[7]而順帝之則也。且今天下之士君子，中實將欲爲仁義，求爲上士，上欲中聖王之道，下欲中國家百姓之利者，當天之志，而不可不察也。天之志者，義之經也。[8]

1 注 畢云：「『之』當為『志』。」

2 注 王云：「『志』字，亦後人所加，『之』即『志』字也。」

▲案：說詳中篇。

3 注 俞云：「〈大夏〉，即〈大雅〉也。『雅』、『夏』古字通。《荀子．榮辱》篇曰『越人安越，楚人安楚，君子安雅。』〈儒效〉篇曰『居楚而楚，居越而越，居夏而夏』，是『夏』與『雅』通也。下文所引『帝謂文王』六句，正〈大雅．皇矣〉篇文。」

4 注 吳鈔本，「懷」下有「而」字。

5 注 蘇云：「《詩．大雅．文王》篇，二『毋』字作『不』。」

▲詒讓案：中篇引「毋」並作「不」，與《詩》同。

6 注 義並詳中篇。

7 注 吴鈔本「誥」作「告」。畢云：「『誥』字，據上文當為『語』。」

▲詒讓案：「也」字疑衍。

8 注 兩「志」字，王校亦刪，詳前。

卷八

題解

此卷包含〈明鬼下〉、〈非樂上〉兩篇，〈明鬼下〉篇指出天下大亂的關鍵因素之一，在於人們不相信鬼神的存在，也不相信鬼神能夠賞善罰惡。因此，書中根據三表法，引徵歷史上的聖王之事、先王之書及相關的記載證明鬼神的存在，以及祂們賞罰的標準，說明尊敬鬼神並宣傳鬼神的存在有益於社會秩序的維持，而鬼神強大的制裁力是執政者必須順從的聖王之道。

〈大取〉篇有：「治人有為鬼焉」，張純一指出墨家乃借鬼以治人。由於「公平」是人類共同追求的價值目標。公平的裁決是制約人類行為與動機的重要因素，如何達成公平？就是不論時間的長短，只要有人行惡，必定受罰，若有善行，必定得賞。並且被裁決的對象，不論他的財富、權力、地位、名聲如何，他都必須受貫徹執行。如果沒有即時的賞罰，人們也惑於權勢足以抗衡審判的公正性，而不相信有那公平的裁決力量，可能會產生的結果就是社會的脫序，政治的混亂。墨子就是看出人的信念與社會秩序間的關係，因此藉由鬼神賞善罰惡的事例，來提醒人們鬼神是天下公義的執行者，祂們是存在且有作為的。

至於〈非樂上〉篇墨子認為仁者執政的目的在於興天下之利，除天下之害。「興利」與「除害」是一體的兩面，同時所謂的「利害」也與不同時空的環境背景有關。墨子從當時的現實生活環境中，指出人民的大患在於：吃不飽、穿不暖，以及疲累而無法休息。執政者要如何才能解除人民的三患呢？首先就在於節省執政者無必要的花費開支，而執政者明顯的浪費就在於花費公帑來製作樂器、找人演奏、舞蹈，又讓臣民來聆聽；然而這些作為對於改善人民的生活、解決人民生活上的困境毫無益處，只為滿足執政者的虛榮與享樂。當眾多百姓民不聊生時，卻有少數的王公大人為了自己的享樂，將原本有限不足的勞動力，抽調出一些人去製作樂器、去練習演奏、去排演舞蹈，並且這些不事生產者卻必須吃得好、穿得好，才美、才好看；等到音樂、舞蹈表演之時，這些王公大人及各級政府官員都要去欣賞，而荒廢了自己本分的工作。這也是墨子從社會人羣的公平正義為出發點的思考，所提出的解決之道。

明鬼上第二十九[1]

1 注 闕。

明鬼中第三十[1]

1 注 闕。

明鬼下第三十一[1]

1 注 《淮南子·氾論訓》作「右鬼」，高注云：「右，猶尊也」。《漢書·藝文志》亦同，顏注引此作「明鬼神」，疑衍「神」字。明，謂明鬼神之實有也。

子墨子言曰：「逮至昔三代聖王既沒，天下失義，諸侯力正，[1]是以存夫為人君臣上下者之不惠忠也，父子弟兄之不慈孝弟長貞良也，正長之不強於聽治，賤人之不強於從事也，民之為淫暴寇亂盜賊，[2]以兵刃毒藥水火，退無罪人乎道路率徑，[3]奪人車馬衣裘以自利者並作，由此始，是以天下亂。此其故何以然也？則皆以疑惑鬼神之有與無之別，不明乎鬼神之能賞賢而罰暴也。今若使天下之人，偕若信鬼神之能賞賢而罰暴也，[4]則夫天下豈亂哉！」

1 注 畢云：「正，同『征』。」

▲詒讓案：〈節葬下〉篇作「征」，字通。〈天志下〉篇云：「兼之為道也，義正，別之為道也，力正。」《周禮·禁暴氏》「禁庶民之亂暴力正者」，鄭注云：「力正，以力強得正也。」

2 注 畢云：「舊脫『亂』字，據下文增。」

3 注 蘇云：「『退』，疑當作『遇』，下文同。」俞云：「『退』字無義，疑『迫』字之誤。謂迫而奪其車馬衣裘也。『率徑』二字亦無義，據下文，此語兩見而皆無『率徑』二字，疑為衍文。」

▲案：二說皆非也。「退」當為「迓」字之誤，「迓」與「禦」通。《書．牧誓》「弗迓克奔」，《釋文》引馬融本「迓」作「禦」，云：「禁也」。《史記．周本紀》「弗迓」，作「不禦」，《集解》引鄭注云：「禦，彊禦，謂彊暴也。」《孟子．萬章》篇云：「今有禦人於國門之外者」，趙注云：「禦人，以兵禦人而奪之貨」，即其義也。「率徑」，當讀為「術徑」，屬上「道路」為句。「率」聲與「朮」聲古音相近。《廣雅．釋詁》云：「率，述也」，《白虎通義．五行》篇云：「律之言率，所以率氣令生也」，《周禮．典同》鄭注云：「律述氣者也」，述氣即率氣，是其證。《說文．行部》云：「術，邑中道也」。〈月令〉「審端徑術」，鄭注云：「術，《周禮》作遂。夫間有遂，遂上有徑。遂，小溝也，步道曰徑」。杜臺卿《玉燭寶典》引蔡邕《月令章句》云：「術，車道也；徑，步道也」。鄭、蔡說並通。《漢書．刑法志》亦云：「術路」，如淳注云：「術，大道也」。俞以「率徑」為衍文，亦誤。

4 注 舊本「偕」作「借」。畢云：「『借』，本書〈尚賢中〉作『藉』，此俗改。」王云：「上言『若使』，則下不得又言『借若』，余謂『若』字涉上文而衍，『借』乃『偕』字之誤。『偕』與『皆』通。〈湯誓〉『予及女皆亾』，《孟子．梁惠王》篇，『皆』作『偕』。〈周頌．豐年〉篇『降福孔皆』，《晉書．樂志》

『皆』作『偕』。言使天下之人，皆信鬼神之能賞賢而罰暴，則天下必不亂也。舊本『罰暴』二字倒轉，據上文改。」

今執無鬼者曰：「鬼神者，固無有。」旦暮以爲教誨乎天下，[1]疑天下之衆，使天下之衆皆疑惑乎鬼神有無之別，[2]是以天下亂。是故子墨子曰：「今天下之王公大人士君子，中實將欲求興天下之利，除天下之害，故當鬼神之有與無之別，以爲將不可以不明察此者也。」[3]

1 注 舊本下有「之」字，畢又以意增「人」字。王云：「畢補非也。此文本作『旦暮以為教誨乎天下』，今本『天下』下有『之』字者，涉下句『天下之衆』而衍，畢不解其故，而於『之』下補『人』字，誤矣。下文『天下之衆』，即天下之人也。」

▲案：王說是也，今據刪。

2 注 吴鈔本無「惑」字。

3 注 舊本「明」上脫「不」字，今從王校補。俞云：「此本作『故當鬼神之有與無之別，不可以不察者也』，下文曰『既以鬼神有無之別，以為不可不察已，然則吾為明察此』，此文『以為』字即涉下文而衍，『明察此』字，即涉下文而誤，下云『不可不察』，正承此而言，故知此文無『明』字也。」蘇云：「下『以』字當作『不』。」

▲案：俞說是也，今從之，此字不當刪，詳〈非攻下〉篇。

既以鬼神有無之別，以爲不可不察已，然則吾爲明察此，其說將柰何而可？子墨子曰：是與天下之所以察知有與無之道者，必以衆之耳目之實知有與亡爲儀者也。[1]請惑聞之見之，[2]則必以爲有，莫聞莫見，則必以爲無。[3]若是，何不嘗入一鄉一里而問之，自古以及今，生民以來者，亦有嘗見鬼神之物，聞鬼神之聲，則鬼神何謂無乎？若莫聞莫見，則鬼神可謂有乎？[4]

1 注 「亾」，吳鈔本作「無」。「亾」，古「無」字，篇中諸「有無」字，疑古本並作「亾」。

2 注 「請」，當讀為「誠」。《墨子》書多以「請」為「情」，又以「情」為「誠」，故此亦以「請」為「誠」，詳〈尚同中、下〉二篇。惑，與「或」通。戴云：「『請』，『諸』字之誤」，失之。

3 注 舊脫「則必以為有」以下九字，王據下文及〈非命〉篇補，今從之。

4 注 「何」、「可」錯出，義兩通，不知孰為正字。

今執無鬼者言曰：「夫天下之未聞見鬼神之物者，不可勝計也，亦孰爲聞見鬼神有無之物哉？」子墨子言曰：若以衆之所同見，與衆之所同聞，則若昔者杜伯是也。周宣王殺其臣杜伯而不辜，[1]杜伯曰：「吾君殺我而不辜，若以死者爲無知則止矣；若死而有知，不出三年，必使吾君知之。」其三年，[2]周宣王合諸侯而田於圃，田車數百乘，[3]從數千，人滿野。[4]日中，杜伯乘白馬素車，朱衣冠，[5]執朱弓，挾朱矢，追周宣王，射之車上，[6]中心折脊，殪車中，[7]伏弢而死。[8]當是之時，周人從者莫不見，遠者莫不聞，著在周之春秋。[9]爲君者以教其臣，爲父者以譤其子，[10]曰：「戒之愼之！凡殺不辜者，其得不祥，鬼神之誅，[11]若此之憯遬也！」[12]以若書之說觀之，則鬼神之有，豈可疑哉？

1 **注** 畢云：「《史記索隱》引作『不以罪』。」

2 **注** 畢云：「《文選注》引作『必死吾君之期』。韋昭注《國語》引『三』作『二』。《太平御覽》引作『後三年』」。俞云：「『必使吾君知之』絕句。『其』下，脫『後』字，本作『其後三年』。《太平御覽》引此文正作『後三年』，但刪『其』字耳。韋昭注〈周語〉引作『後二年』，雖誤『三』為『二』，而『後』字固在，皆可為證。《文選．劉孝標重荅劉秣陵書》注引作『必死吾君之期』，則誤『其』為『期』，而屬上讀，且誤『使』為『死』，又脫『知』字，文不成義，不足據也。」

▲案：宋．尤袤本《文選注》惟「其」作「期」，餘並與今本同。《國語》韋注宋明道本亦正作「三年」。畢、俞並誤據俗本，疏矣。《史記．周本紀》正義引《周春秋》，亦作「後三年」。據《史記》宣王四十六年崩，則殺杜伯當在四十四年。《通鑑外紀》載殺杜伯於四十六年，非也。今本《竹書紀年》云：「宣王四十三年，王殺大夫杜伯，其子隰叔出奔晉。」則不數所殺年，亦通。

3 **注**「田於圃」，吳鈔本作「舍於圃」。畢云：「『田』與『佃』通。《說文》云：『佃，中也。《春秋傳》曰：乘中佃一轅車』。案：今左氏作「衷佃」，同。又案：韋昭注《國語》、《文選注》、《史記索隱》引，俱無此字。顏師古注《漢書》有。」俞云：「田於圃田者，圃田，地名。《詩．車攻》篇『東有甫草，駕言行狩』，鄭《箋》以鄭有甫田說之，《爾雅．釋地》作『鄭有圃田』，即其地也。畢讀『圃』字絕句，非是。」

▲詒讓案：《周語》云：「杜伯射王於鄗」，韋注云：「鄗，鄗京也。」《史記．周本紀》集解引徐廣云：「豐在京兆鄠縣東，鎬在上林昆明北，有鎬池，去豐二十五里，皆在長安南數十里。」《周禮．職方氏》鄭注云：「圃田，在中牟。」以周地理言之，鄗在西都，圃田在東都，相去殊遠。又韋引《周春秋》「宣王會諸侯田於圃」，明道本「圃」作「囿」。《史記．封禪書》索隱、《周本紀》正義，所引並與韋同。《論衡．死偽》篇云：「宣王將田于圃」。則漢、唐舊讀，並於「圃」字斷句，皆不以「圃」為「圃田」。《荀子．王霸》篇楊注引《隨巢子》云：「杜伯射宣王於畝田」。「畝」與「牧」，聲轉字通，疑即鄗京遠郊之「牧田」，亦與圃田異。但《隨巢子》以「圃田」為「畝田」，似可為俞讀左證。近胡承珙亦謂此即圃田，

而謂《國語》「鄗」即「敖鄗」，庰韋以為「鄗京」之誤，其說亦可通。姑兩存之，竢通學詳定焉。田車者，《考工記》云：「田車之輪，六尺有六寸」，鄭注云：「田車，木路也，駕田馬」。畢引《左傳》「中佃」，非此義。

4 **注** 畢云：「《太平御覽》引作『車徒滿野』，節文。」俞云：「『從』，乃『徒』字之誤。車數百乘，徒數千人，『徒』與『車』為對文。《御覽》引作『車徒滿野』，是其證。」

▲案：俞校近是，但此當以「徒數千」為句，「人」屬下「滿野」為句，非以「徒」與「車」為對文也。

5 **注** 朱衣冠，蓋韋弁服也。《周禮．司服》「凡兵事，韋弁服」，鄭注云：「韋弁，以韎韋為弁，又以為衣裳也」。韎、朱，色近通稱。

6 **注** 舊本，「射之」作「射入」。畢云：「《文選注》引作『射之』」。

▲詒讓案：「之」字是也，今據改。

7 **注** 《後漢書．光武紀》李注云：「殪，仆也。」

8 **注** 畢云：「『弢』，《太平御覽》引作『韔』，一引作『伏弓衣』，義同。」

▲詒讓案：《史記索隱》、《文選注》引，並作「弢」，與今本同。《論衡．死偽》篇亦作「韔」。《說文．弓部》云：「弢，弓衣也」。《左．成十六年傳》「楚共王使養由基射呂錡，中項伏弢」。畢又云：「《國語》云『內史過曰：杜伯射王于鄗』，韋昭注曰：『杜，國；伯，爵，陶唐氏之後。《周春秋》曰』云云，

與此略同。〈地理志〉『杜陵，故杜伯國。有周右將軍杜主祠四所』。又《國語》『范宣子曰：昔匄之祖，在周為唐杜氏』，韋昭曰『周成王滅唐，而封弟唐叔虞，遷唐于杜，謂之杜伯』。〈封禪書〉曰『杜主，故周之右將軍』。今陝西長安縣南杜豐。」

9 **注** 《國語．晉語》：「司馬侯謂悼公曰：羊舌肸習於春秋」，韋注云：「春秋，紀人事之善惡，而目以天時，謂之春秋，周史之法也。時孔子未作《春秋》」。又〈楚語〉「莊王使士亹傅太子，申叔時告之曰：教之春秋，以感勸其心。」《公羊．莊七年傳》云：「不脩春秋曰：雨星不及地尺而復」，何注云：「謂史記也。古者謂史記為春秋」。《管子．法法》篇云：「故春秋之記，臣有弒其君，子有殺其父者矣」，尹注云：「春秋，即周公之凡例，而諸侯之國史也」。《史通．六家篇》、《隋書．李德林傳》，並引《墨子》云：「吾見百國春秋」，蓋即此。《史通》又云：「《汲瑑家語》記太丁時事，目為《夏殷春秋》」，又有《晉春秋》，記獻公十七年事。」

10 **注** 畢云：「《說文》云『警，戒也』。此異文。」

11 **注** 畢云：「舊作『謀』，據後文改。」

12 **注** 「憯」、「速」義同。《玉篇．手部》云：「撍，側林切，急疾也」。「憯」與「撍」通。《易．豫》「朋盍簪」，《釋文》云：「簪，鄭云速也，李作撍」。《淮南子．本經訓》云：「兵莫憯於志，而莫邪為下。」高注云：「憯，猶利也」，並與此義相近。《道藏》本、吳鈔本竝「也」字。畢云：「《說文》云：

『遫，籀文』。」蘇云：「『遫』與『戚』義同。」

非惟若書之說爲然也，[1]昔者鄭穆公，[2]當晝日中處乎廟，[3]有神入門而左，鳥身，[4]素服三絕，[5]面狀正方。[6]鄭穆公見之，乃恐懼，犇，神曰：「無懼！[7]帝享女明德，[8]使予錫女壽十年有九，[9]使若國家蕃昌，子孫茂，毋失。」鄭[10]穆公再拜稽首曰：「敢問神名？」[11]曰：「予爲句芒。」[12]若以鄭穆公之所身見爲儀，則鬼神之有，豈可疑哉？

1 注 《道藏》本、吳鈔本，竝無「也」字。

2 注 《史記．鄭世家》「穆公蘭，文公子」。然此實當為「秦穆公」之譌。畢云：「郭璞注《山海經》引此作『秦穆公』。又《太平御覽》、《太平廣記》引『穆』作『繆』。」

▲詒讓案：郭引作「秦」是也。《玉燭寶典》引《墨子》曰：「昔秦穆公有明德，上帝使句芒賜之壽十九年也」，即約此文。《論衡．福虛》篇云：「儒家之徒董無心，墨家之役纏子，相見講道。纏子稱墨家佑鬼神，是引『秦穆公有明德，上帝賜之十九年』。纏子難以堯、舜不賜年，桀、紂不夭死。堯、舜、桀、紂猶為尚遠，且近難以秦穆公、晉文公。夫謚者行之迹也，迹生時行，以為死謚。『穆』者誤亂之名，『文』者德惠之表。有誤亂之行，天賜之年，有德惠之操，天奪其命乎？案穆公之霸不過晉文，晉文之謚美於穆公，

天不加晉文以命，獨賜穆公以年，是天報誤亂，與穆公同也」。又〈無形〉篇云：「傳言秦穆公有明德，上帝賜之十九年」。《北齊書・樊遜傳》，遜對問禍福報應，亦云：「秦穆有道，句芒錫祥」。以諸書證之，則不當作「鄭」明矣。下文凡「鄭」字，並當作「秦」。

3 注「當」，吳鈔本作「嘗」，古字通用。

4 注 畢云：「〈海外東經〉云『東方句芒，鳥身人面』。《太平廣記》引作『人面鳥身』。」戴云：「脫『人面』二字。」

5 注「三絕」無義，疑當作「玄純」。「玄」與「三」，「純」與「絕」，艸書並相近，因而致誤。素衣玄純，蓋即深衣采純，明與凶服異也。畢引《說文》云：「絕，刀斷絲也」，非此義。

6 注 畢云：「《太平廣記》引作『而狀方正』。」戴云：「『面』乃『而』字之誤。」

▲案：《山海經》郭注引作「方面」，則「面」字非誤。

7 注 畢云：「舊脫此四字，據《太平廣記》增，《太平御覽》引作一『曰』字，一本作『神曰』二字。」

8 注「女」，吳鈔本作「汝」。

9 注「錫」，吳鈔本作「享」。

10 注 亦當作「秦」。

11 注 畢本「名」作「明」，云：「舊脫此字。《太平御覽》引云『敢問神明為何』？《太平廣記》引云『公問神明』。案：明同名也。」王云：「鈔本《御覽．神鬼部二》正作『敢問神名』，刻本『名』作『明』，誤也。『明』古讀若『芒』，不得與『名』通。」

▲案：王校是也，《楚辭．遠遊》洪興祖補注引，亦作「名」，今據補正。

12 注 句芒，地示，五祀之木神。〈月令〉「春，其神句芒」，是也。《左傳．昭二十九年》蔡墨說少昊氏之子重為句芒，此人鬼為木官，配食句芒者，非地示也。

非惟若書之說爲然也，昔者燕簡公[1]殺其臣莊子儀而不辜，[2]莊子儀曰：「吾君王殺我而不辜，[3]死人毋知亦已，[4]死人有知，不出三年，必使吾君知之」。期年，燕將馳祖，[5]燕之有祖，當齊之社稷，[6]宋之有桑林，[7]楚之有雲夢也，[8]此男女之所屬而觀也。[9]日中，燕簡公方將馳於祖塗，莊子儀荷朱杖而擊之，殪之車上。[10]當是時，燕人從者莫不見，遠者莫不聞，著在燕之春秋。諸侯傳而語之曰：[11]「凡殺不辜者，其得不祥，鬼神之誅，若此其憯遬也！」以若書之說觀之，則鬼神之有，豈可疑哉？

1 注 畢云：「案《史記》，簡公，平公子。周敬王十六年，公元年也。」

▲詒讓案：《論衡．書虛》篇說此事作「趙簡子」，〈死偽〉篇作「趙簡公」，並誤。惟〈訂鬼〉篇作「燕簡

公」，與此同。

2 注 顧云：「《論衡．訂鬼》、〈書虛〉、〈死偽〉，作『莊子義』。」

3 注 簡公時，燕尚未偁王，此「王」字疑後人所加。

4 注 「毋」，吳鈔本作「無」。

5 注 畢云：「祖道」。王云：「畢說非也。《法苑珠林．君臣》篇作『燕之有祖澤，猶宋之有桑林，國之大祀也』。據此，則『祖』是澤名，故又以雲夢比之。下文『燕簡公方將馳於祖塗』，亦謂祖澤之塗也。然則此『祖』，非『祖道』之謂。」

▲案：王說近是。顏之推《還冤記》又作「燕之沮澤，當國之大祀」。「祖」與「沮」、「菹」字通。〈王制〉云：「山川沮澤」，孔《疏》引何胤《隱義》云：「沮澤，下溼地也」。《孟子．滕文公》篇，趙注云：「菹，澤生草者也。今青州謂澤有草者為菹也」。俞正燮據《說苑．臣術》云：「魏翟璜乘軒車、載華蓋，時以閒暇祖之於野」，蓋所謂「馳祖」者也。未知是否？

6 注 王引之云：「當，猶如也。」又「齊之」下，校增「有」字。

▲詒讓案：《國語．魯語》云：「莊公如齊觀社，曹劌諫曰：齊棄太公之法，而觀民於社」。又曰：「今齊社而往觀旅，非先王之訓也」，韋注云：「旅，衆也」。襄二十四年《左傳》云：「楚子使薳啓彊如齊聘，齊社，蒐軍實，使客觀之」。

7 注 《左·襄十年傳》云：「宋公享晉侯於楚丘，請以〈桑林〉」，杜注云：「〈桑林〉，殷天子之樂名」。《淮南子·脩務訓》云：「湯旱，以身禱於桑山之林」，高注云：「桑山之林能為雲雨，故禱之」。《呂氏春秋·慎大》篇云：「武王勝殷，立成湯之後於宋，以奉桑林」，高注云：「桑山之林，湯所禱也，故所奉也」。《莊子·養生主》篇云：「合於桑林之舞」，《釋文》引司馬彪云：「桑林，湯樂名」。

▲案：杜預、司馬彪，並以「桑林」為湯樂。《左傳》孔《疏》引皇甫謐說，又以「桑林」為「大濩」別名。以此書及淮南書證之，桑林蓋大林之名，湯禱旱於彼，故宋亦立其祀。《左·昭二十一年傳》云：「宋城舊鄘及桑林之門」，當即望祀桑林之處。因湯以盛樂禱旱於桑林，後世沿襲，遂有〈桑林〉之樂矣。

8 注 《爾雅·釋地》云：「楚有雲夢」，郭注云：「今南郡華容縣東南，巴丘湖是也。」《周禮·職方氏》：「荊州，其澤藪曰雲瞢。」

9 注 《周禮·州長》鄭注云：「屬，猶合也，聚也。」

10 注 《史記·十二諸侯年表》，燕簡公在位十二年卒，當敬王二十七年，魯哀公二年。則殺莊子儀事，當在簡公十一年也。但依《左傳·昭三年》，北燕伯款，即簡公，〈史表〉則以為惠公，其元年當周景王元年，在位九年卒，歷悼、共、平三世，而後至簡公，與《左傳》殊不合。未知孰是。《論衡·死偽》篇云：「簡公將入於桓門，莊子義起於道左，執彤杖而捶之，斃於車下」，與此小異。疑兼采它書。桓，古與「和」通。桓門，當即《周禮·大司馬》中冬狩田之「和門」，與此云：「馳於祖塗」不同也。

11 注 「語」，吳鈔本作「言」。

非惟若書之說爲然也，[1]昔者宋文君鮑之時，[2]有臣曰祏觀辜，[3]固嘗從事於厲。[4]袾子杖揖出，與言曰：「[5]觀辜，是何珪璧之不滿度量？酒醴粢盛之不淨潔也？犧牲之不全肥？[6]春秋冬夏選失時？[7]豈女爲之與？意鮑爲之與？」[8]觀辜曰：「鮑幼弱在荷繈之中，[9]鮑何與識焉？[10]官臣觀辜特爲之」。[11]袾子舉揖而槀之，[12]殪之壇上。當是時，[13]宋人從者莫不見，遠者莫不聞，[14]著在宋之春秋。諸侯傳而語之曰：「諸不敬愼祭祀者，鬼神之誅，至若此其憯遬也！」[15]以若書之說觀之，鬼神之有，豈可疑哉？

1 注 「惟」，吳鈔本作「唯」。

2 注 「君」，吳鈔本作「公」。《論衡．祀義》篇云：「宋公鮑之身有疾。」

3 注 顧云：「《論衡．訂鬼》作『宋夜姑』。」

▲詒讓案：字書無「祏」字，《論衡．祀義》篇云：「祝曰夜姑」，則「祏」當即「祝」之譌。祝，即《周禮》大小祝也。「觀辜」，疑亦「夜姑」之譌。《左傳．昭二十五年》魯有「申夜姑」，《釋文》：「『夜』本或作『射』」。又文六年晉「狐射姑」，《穀梁》作「狐夜姑」。《春秋．桓九年經》有曹世子射姑。《左傳．定二年》又有邾大夫「夷射姑」。是古人多以「射姑」為名之證。

4 注 《論衡．祀義》篇云：「掌將事於厲者」，盧云：「厲，公厲、泰厲之屬也。宋歐陽士秀以『厲』為神祠，以《管子》請桓公立五厲，祀堯之五吏為證。後世統謂之廟。」

5 注 《類篇．示部》引《廣雅》云：「袾，詛也。」畢云：「『袾』，『祝』字異文。袾子，即祝史也。《玉篇》云：『袾，之俞切，呪詛也。又音注。言神馮於祝子而言也。』」蘇云：「下言『舉揖而槀之』，則『揖』宜從木為『楫』」。俞云：「下文『袾子舉揖而槀之』，揖，未知何物，疑此文本作『袾子揖杖出』，下文本作『袾子舉杖而槀之』。《尚書大傳》『八十者杖於朝，見君揖杖』，鄭注曰『揖，挾也』，此揖杖之義也。因『揖杖』誤倒為『杖揖』，後人遂改下文之『舉杖』為『舉揖』，以合之耳。舉杖而槀之猶定二年《左傳》云『奪之杖以敲之』。『槀』即『敲』之叚音。」

▲案：袾疑「裯」之異文。《說文．示部》云：「裯，禱牲馬祭也」，《周禮．甸祝》「裯牲裯馬」，鄭注云：「裯，讀如『伏誅』之『誅』，今『侏大』字也」。畢以「袾」為「祝」異文，說無所據。上觀辜已是祝，則袾子不當復為祝。竊疑當是「巫」，巫能接神，故厲神降於其身。謂之「袾子」，猶《楚辭》謂巫為「靈子」也。蘇校謂「揖」當作「楫」，近是。《論衡．祀義》篇作「厲鬼杖檝而與之言」，又云：「舉檝而掊之」，「檝」即「楫」之俗。然《說文．木部》云：「楫，舟櫂也」，於義無取。竊疑「楫」實當作「杸」，篆文形近而誤。《說文．殳部》云：「杸，軍中士所持殳也」，與「殳」音義同。《淮南子．齊俗訓》云：「搢笏杖殳」，許慎注云：「殳，木杖也」。但漢人引已作「楫」，未敢輒改。

6 **注** 《淮南子·時則訓》高注云：「全，無虧缺也。」畢云：「全，謂純色，與『牷』同。」

7 **注** 蓋言祭厲失其常時。畢云：「『選』同『算』。」

▲詒讓案：「選」下有脫字，後文云：「官府選效必先祭器」，則「選」下疑脫「效」字。「選」當讀為饌具之「饌」，畢說非，詳後。

8 **注** 王引之云：「『意』與『抑』同。《論語·學而》篇『求之與，抑與之與』，《漢石經》『抑』作『意』。」

9 **注** 畢云：「『荷』與『何』同。《漢書注》『李奇云：繈，絡也，以繒布為之，絡負小兒。師古曰：即今之小兒綳也，居丈反』。」

▲詒讓案：「繈」，吳鈔本作「襁」，「襁」正字，「繈」借字。《說文·衣部》云：「襁，負兒衣也。」《論語·子路》篇「襁負其子而至矣」，《集解》「包咸云：負者以器曰襁」。《呂氏春秋·明理》篇云：「道多褓襁」，高注云：「褓，小兒被也。襁，褸格上繩也」。孫奭《孟子音義》引《博物志》云：「襁褓，織縷為之，廣八寸，長一尺二寸，以負小兒於背上」。《史記·魯世家》云：「成王少，在強葆之中。」

10 **注** 盧云：「此云『在荷繈之中』，則非春秋時宋文公也。」

▲案：〈宋世家〉無兩文公，且不當名謚并同。此蓋墨子傳聞之誤，不得謂宋別有文公鮑也，盧說非。

11 **注** 《左·襄十八年傳》「中行獻子禱于河，偁官臣偃」，杜注云：「守官之臣」。

非惟若書之說爲然也。[1]昔者，齊莊君之臣[2]有所謂王里國、[3]中里徼者，[4]此二子者，訟三年而獄不斷。[5]齊君由謙殺之恐不辜，猶謙釋之[6]恐失有罪，乃使之人共一羊，[7]盟齊之神社，[8]二子許諾。[9]於是泏洫[10]摽羊而漉其血，[11]讀王里國之辭既已終矣，[12]讀中里徼之辭未半也，[13]羊起而觸之，[14]折其腳，祧神之[15]而槀之，殪之盟所。當是時，齊人從者

12 注 「揖」，疑亦當為「殳」。蘇校改「楫」，亦通。俞校改「杖」，未塙。《論衡·祀義》篇云：「厲鬼舉樴而掊之，斃於壇下」。此「槀」疑當讀為「敲」，同聲叚借字。《左·定二年傳》云：「奪之杖以敲之」，《釋文》云：「敲，苦孝反，又苦學反。《說文》作『毃』，云『擊頭也』。《字林》同。又一曰『擊聲也』，口交反，又口卓反，訓從『敲』，云『橫擿也』。」

▲案：今本《說文·攴部》，「擿」作「撾」。畢云：「槀，同『敲』。」

13 注 畢云：「舊脫此字，一本有。」

14 注 畢云：「舊脫『者』字，一本有。」

▲詒讓案：《道藏》本、吴鈔本並有。

15 注 《道藏》本、吴鈔本無「也」字。

莫不見，遠者莫不聞，[16]著在齊之春秋。諸侯傳而語之曰：「請品先不以其請者，[17]鬼神之誅，至若此其憯遫也。」以若書之說觀之，鬼神之有，豈可疑哉？是故子墨子言曰：「雖有深谿博林、幽澗毋人之所，[18]施行不可以不董，[19]見有鬼神視之。」

1 **注** 「惟」吳鈔本作「唯」。

2 **注** 畢云：「『君』，《事類賦》引作『公』，舊脫『臣』字，據《太平御覽》、《事類賦》增。」

3 **注** 畢云：「《太平御覽》、《事類賦》引作『王國卑』，下同，疑此非。」

4 **注** 畢云：「《太平御覽》、《事類賦》引作『檄』，下同。」

5 **注** 《公羊傳·宣元年》何注云：「古者疑獄三年而後斷」。

6 **注** 畢云：「『由』與『猶』同，故兩作。」王云：「『由』、『猶』皆欲也，『謙』與『兼』同，言欲兼殺之、兼釋之也。〈大雅·文王有聲〉篇『匪棘其欲』。〈禮器〉作『匪革其猶』。《周官·小行人》『其悖逆暴亂作慝猶犯令者』，《大戴記·朝事》篇『猶』作『欲』。是『猶』即『欲』也。『猶』、『由』古字亦通。」蘇說同。

7 **注** 畢云：「《太平御覽》、《事類賦》引『之』作『二』。」

8 **注** 畢云：「《事類賦》無『神』字。」

▲詒讓案：《周禮·司盟》云：「有獄訟者，則使之盟詛，凡盟詛各以其地域之衆庶，共其牲而致焉」，鄭注

云：「使其邑閭出牲而來盟」。此所云，與《禮》合。

9 **注** 畢云：「《太平御覽》、《事類賦》引作『二子相從』。」

10 **注** 畢云：「《說文》云『泏，水皃，讀若窋』。洫，未詳，疑『皿』字，言以水渫皿。」洪云：「『泏洫』，當是『涖盟』之譌。」

▲案：「泏皿」殊不辭，洪謂「涖盟」之譌，於字形亦遠。竊謂此當作「涵血」。「涵」、「歃」聲同，唐人書「函」字或作「凾」，與「出」形近，故譌。「血」，又涉「泏」字而誤加水也。

11 **注** 畢云：「《太平御覽》、《事類賦》引已上八字作『以羊血灑社』，則『漉』當為『灑』字之誤。『㨬』，字書無此字。」盧云：「《玉篇》有『掗』字，云磊搖也，烏可、烏寡、力可三切。」王引之云：「『㨬』，即『㓾』字也。《廣雅》曰『㓾、刑、刻，剄也』。《吳語》『自㓾於客前』，賈逵曰『㓾，剄也』。作『㨬』者，或字耳。此文本作『㨬羊出血而灑其血』，謂剄羊出血而灑其血於社也。《太平御覽．獸部十三》引作『以羊血灑社』者，省文耳。今本『出血』作『泏血』，涉下文『灑』字而誤加『氵』，又誤在『㨬羊』之上，則義不可通。」

▲案：王以「泏洫」為「出血」，未塙，而讀「㨬」為「㓾」則是也。洪說同。

12 **注** 畢云：「四字，《事類賦》作『已盡』二字。」

13 **注** 畢云：「《太平御覽》、《事類賦》引『也』作『祭』。」

14 注 畢云：「《事類賦》引作『觸中里徼』。」

15 注 此有脫誤，畢云：「疑當云『跳神之社』。」

▲案：羊跳安能毃人使殪？畢說不合事情。

16 注 畢云：「《太平御覽》引云『齊人以為有神驗』，《事類賦》引云『齊人以為有神』。疑以意改。」

17 注 畢云：「『品』，當為『盟』，下『請』當為『情』。」王引之云：「畢謂『品』當作『盟』是也。上『請』字當為『諸』，『先』當為『共』，隸書『先』字或作『𠒇』，與『共』相似而誤。『共』字當在『盟』字上。共盟，見上文。諸，猶今人言諸凡也。言凡共盟而不以其情者，必受鬼神之誅也。上文曰『諸不敬慎祭祀者，鬼神之誅至若此其憯遫也』，是其證。今本『諸』譌作『請』，『共』譌作『先』，『盟』譌作『品』，又升『品』字於『先』字上，則義不可通。下『請』字即『情』字也，墨子書通以『請』為『情』，不煩改字。」俞云：「『先』字之義尚不可曉。王氏改為『共』字，而移在『盟』字之上，似亦未安。『先』，疑『矢』字之誤。『矢』、『誓』古通用。盟矢，即盟誓也。『矢』字隸書或作『夫』，見〈孔宙碑〉，『先』字隸書或作『先』，見〈北海相景君碑〉，兩形相似而誤。」

▲案：俞說是也。

18 注 王云：「『深谿博林，幽澗毋人』，即〈天志上〉篇所謂『林谷幽閒無人』也。『幽澗』，亦『幽閒』之誤。『幽閒毋人』，正指『深谿博林』言之，若作『幽澗』，則與『深谿』相複。」

19 注 顧云：「《爾雅》：『董，正也。』」蘇云：「『董』疑『謹』字之訛。」俞云：「『董』字無義，疑『堇』字之誤。『堇』借為『謹』，言不可以不謹也。《管子．五行》篇『修豎水土，以待乎天堇』，尹知章注曰：『堇，誠也』。訓『堇』為『誠』，即讀『堇』為『謹』也。《說文》『堇，古文作𦰡』，形與『董』相似，故誤。」

▲案：俞說是也。《禮記．內則》「塗之以謹塗」，《玉篇》引作「堇涂」，亦「謹」、「堇」通用之證。

今執無鬼者曰：「夫衆人耳目之請，[1]豈足以斷疑哉？奈何其欲爲高君子於天下，[2]而有復信衆之耳目之請哉？」[3]子墨子曰：[4]若以衆之耳目之請，以爲不足信也，不以斷疑。不識若昔者三代聖王堯、舜、禹、湯、文、武者，足以爲法乎？故於此乎，自中人以上皆曰「若昔者三代聖王，足以爲法矣。」若苟昔者三代聖王足以爲法，然則姑嘗上觀聖王之事。昔者，武王之攻殷誅紂也，使諸侯分其祭曰：「使親者受內祀，[5]疏者受外祀。」[6]故武王必以鬼神爲有，是故攻殷伐紂，使諸侯分其祭。若鬼神無有，則武王何祭分哉？[7]非惟武王之事爲然也，故聖王[8]其賞也必於祖，其僇也必於社。[9]賞於祖者何也？告分之均也；僇於社者何也？告聽之中也。[10]

1 注 畢云：「當為『情』，下同。」

▲案：「請」即「情」之叚借，不必改字。〈非命中〉篇作「情」。

2 注 「高君子」無義。「高」，疑當作「尚」，下又脫「士」字，尚士，即上士也。下文云：「則非所以為君子之道也」，又云：「此非所以為上士之道也」，即遙冢此文。

3 注 有，讀為「又」。「衆之」，疑當同上文作「衆人」，下同。

4 注 畢云：「舊脫『墨子』二字，以意增。」

5 注 謂武王克殷，分命諸侯，使主殷祀也。〈非攻下〉篇云：「王既已克殷，成帝之來，分主諸神，祀紂先王」是也。受內祀，謂同姓之國，得立祖王廟也。〈郊特牲〉孔《疏》引《五經異義》云：「古《春秋左氏》說，天子之子，以上德為諸侯者，得祖所自出。魯以周公之故，立文王廟。《左傳》：宋祖帝乙，鄭祖厲王，猶上祖也」。

6 注 此謂異姓之國祭山川四望之屬。祭統說周錫魯重祭，云：「外祭則郊祀是也，內祭則大嘗禘是也。」彼大祀，非凡諸侯所得祀，蓋不在所受之列。

7 注 「祭」，吳鈔本作「祀」。

8 注 「故」，當為「古」，下文「古聖王」、「古者聖王」文屢見，可證。

9 注 詳後。

10 **注** 江聲云：「分之均，謂頒賞平均；聽之中，謂斷辠允當也。」

非惟若書之說爲然也，且惟昔者虞夏、商、周三代之聖王，其始建國營都日，必擇國之正壇，置以爲宗廟；[1]必擇木之脩茂者，[2]立以爲菆位；[3]必擇國之父兄慈孝貞良者，以爲祝宗；[4]必擇六畜之勝腯肥倅，[5]毛以爲犧牲；[6]珪璧琮璜，[7]稱財爲度；必擇五穀之芳黃，以爲酒醴粢盛，故酒醴粢盛與歲上下也。[8]故古聖王治天下也，故必先鬼神而後人者，此也。[9]故曰官府選效，[10]必先祭器祭服，畢藏於府，祝宗有司，畢立於朝，犧牲不與昔聚羣。[11]故古者聖王之爲政若此。

1 **注** 《考工記·匠人》：「營國方九里，左祖右社，前朝後市。」《呂氏春秋·慎勢》篇云：「古之王者，擇天下之中而立國，擇國之中而立宮，擇宮之中而立廟。」劉逢祿云：「壇，場，祭壇場也。置，措也。」

2 **注** 「脩」，吳鈔本作「修」。

3 **注** 畢云：「菆，『蕝』字假音。《說文》云『蕝，朝會束茅表位曰蕝，春秋《國語》曰：茅蕝表坐』。韋昭曰『蕝，謂束茅而立之，所以縮酒』。」劉云：「菆位，社也。」王云：「畢說非也。『菆』與『叢』同，『位』當為『社』字之誤也。隸書『社』字，〈漢魯相韓敕造孔廟禮器碑〉作『社』，〈史晨祠孔廟奏銘〉作

『社』，因譌而為『位』。《急就篇》『祠祀社稷叢臘奉』，『叢』，一本作『菆』。顏師古曰：『叢，謂草木岑蔚之所，因立神祠』，即此所謂『擇木之脩茂者，立以為菆社』也。〈秦策〉『恒思有神叢』，高注曰『神祠，叢樹也』。《莊子．人間世》篇曰『見櫟社樹，其大蔽牛』。《呂氏春秋．懷寵》篇曰『問其叢社大祠，民之所不欲廢者，而復興之』。《太玄．聚》次四曰『牽羊示于叢社』。皆其證也。『置以為宗廟』，承上『賞於祖』而言；『立以為菆社』，承上『僇於社』而言。則『位』為『社』字之誤明矣。《史記．陳涉世家》『又閒令吳廣之次近所旁叢祠中』，《索隱》引《墨子》云『建國必擇木之脩茂者以為叢位』。則所見本，『社』字已誤作『位』，而『菆』字作『叢』則不誤也。又〈耕柱〉篇曰『季孫紹、孟伯常治魯國之政，不能相信，而祝於禁社』。禁社，乃『藂社』之誤。『藂』亦與『叢』同。」洪云：「《史記．陳涉世家》，《索隱》引《墨子》作『叢位』。『菆』即『叢』字，『叢位』謂叢社之位。」

▲案：王說是也。《六韜．略地》篇云：「家樹社叢勿伐」，「社叢」，即「叢社」也。

4 注 劉云：「祝，太祝；宗，宗伯也。」

5 注 畢讀「倅毛」為句，云：「『粹』字假音作『倅』，異文也」。劉刪「勝」字，讀與畢同。顧云：「『倅』字句。」

▲案：《素問》王冰注云：「勝者，盛也」。《淮南子．時則訓》云：「視肥臞全粹」，高注云：「粹，毛色之純也」。又〈齊俗訓〉云：「犧牛粹毛，宜於廟牲」，此畢所本。依其讀，則「勝」當為衍文，但以文例

校之，似顧讀為長。

6 **注** 《周禮・小宗伯》「毛六牲」，鄭注云：「毛，擇毛也」；〈牧人〉「凡陽祀，用騂牲毛之；陰祀，用黝牲毛之」，注云：「毛之，取純毛也」。《山海經・南山經》郭注云：「毛，言擇牲取其毛色也。」

7 **注** 畢云：「『琮』，舊作『璜』，一本如此。」

▲案：吳鈔本不誤。

8 **注** 《逸周書・糴匡》篇云：「成年穀足，賓祭以盛，年饑舉祭以薄，大荒有禱無祭，祭以薄資」。即「與歲上下」之法。

9 **注** 故，讀為「固」。

10 **注** 「選」，讀為「僎」。《說文・人部》云：「僎，具也。」《廣雅・釋詁》云：「效，具也。」「效」，俗「效」字。

11 **注** 畢云：「『昔』之言夕，王逸注《楚詞》曰『昔，夜也』。《詩》曰『樂酒今昔』。不聚羣，言別羣也。」

▲案：此言祭牲當特繫，不與常時所畜羣聚耳。《周禮・充人》云：「掌繫祭祀之牲牷，祀五帝，則繫于牢，芻之三月。享先王，亦如之。凡散祭祀之牲，繫于國門，使養之」是也。畢說非。

古者聖王必以鬼神爲，[1]其務鬼神厚矣，又恐後世子孫不能知也，故書之竹帛，傳遺

後世子孫；[2]咸恐其腐蠹絕滅，[3]後世子孫不得而記，故琢之盤盂，鏤之金石，以重之。有恐後世子孫[4]不能敬著以取羊，[5]故先王之書，聖人[6]一尺之帛，一篇之書，語數鬼神之有也，重有重之。[7]此其故何？則聖王務之。今執無鬼者曰：「鬼神者，固無有。」則此反聖王之務。反聖王之務，則非所以爲君子之道也。

1 注 王云：「『為』下，當有『有』字，而今本脫之。『必以鬼神為有』，見上文。其下仍有脫文，不可考。」

2 注 畢云：「《文選注》引作『以其所獲書於竹帛，傳遺後世子孫』，又一引作『以其所行』，此無四字。」

3 注 王引之云：「『咸』字文義不順，當是『或』字之誤。言或恐竹帛之腐蠹絕滅，故又琢之盤盂，鏤之金石也。」

4 注 「有」，吳鈔本作「又」，字通。畢云：「當為『猶』」，非。

5 注 畢云：「言敬威以取祥也。」孫云：「《說文》云『著，讀若威』。又云『羊，祥也』。秦漢金石，多以『羊』為『祥』。」

6 注 王云：「此下脫二字，或當云：『聖人之言』。」

7 注 吳鈔本「有」作「又」。王云：「『有』與『又』同。」

今執無鬼者之言曰：「先王之書，愼無一尺之帛，一篇之書，[1]語數鬼神之有，重有重之，[2]亦何書之有哉？」[3]子墨子曰：《周書．大雅》有之，[4]大雅曰：「文王在上，於昭于天，[5]周雖舊邦，其命維新。[6]有周不顯，帝命不時。[7]文王陟降，在帝左右。[8]穆穆文王，令問不已」。[9]若鬼神無有，則文王既死，彼豈能在帝之左右哉？此吾所以知《周書》之鬼也。

1 **注** 王云：「『愼無』二字義不可通，『愼無』當為『聖人』。上文曰『故先王之書，聖人一尺之帛，一篇之書』，是其證。」

2 **注** 「重」下「有」字，亦讀為「又」。畢云：「『重有重』下，舊有『亦何書』三字，衍文。」

3 **注** 吳鈔本「之有」二字倒。

4 **注** 古者《詩》、《書》多互偁。吳鈔本無「大雅」二字。

5 **注** 〈大雅．文王〉篇文，毛《傳》云：「在上，在民上也。於，歎辭。昭，見也」。鄭《箋》云：「文王初為西伯，有功於民，其德著見於天，故天命之以為王，使君天下也，崩，謚曰『文』。」

6 **注** 毛《傳》云：「乃新在文王也」，鄭《箋》云：「大王聿來，胥宇而國於周，王迹起矣。而未有天命，至文王而受命。言新者，美之也」。

7 注 毛《傳》云：「有周，周也。不顯，顯也。顯，光也。不時，時也。時，是也」。鄭《箋》云：「周之德不光明乎？光明矣。天命之不是乎？又是矣」。

8 注 毛《傳》云：「言文王升接天，下接人也」。鄭《箋》云：「在，察也。文王能觀知天意，順其所為，從而行之」。

▲案：依《墨子》說，謂文王既死，神在帝之左右，則與毛、鄭義異。

9 注 「問」，吳鈔本作「聞」。「穆穆」，《毛詩》作「亹亹」，「問」作「聞」。毛《傳》云：「亹亹，勉也」。鄭《箋》云：「勉勉乎不倦，文王之勤用明德也，其善聲聞日見，稱歌，無止時也」。

且《周書》獨鬼，而《商書》不鬼，則未足以爲法也。然則姑嘗上觀乎《商書》，曰：「嗚呼！古者有夏，方未有禍之時，百獸貞蟲，[1]允及飛鳥，[2]莫不比方。[3]矧隹人面，[4]胡敢異心？山川鬼神，亦莫敢不寧。[5]若能共允，[6]隹天下之合，[7]下土之葆」。[8]察山川鬼神之所以莫敢不寧者，以佐謀禹也。此吾所以知《商書》之鬼也。[9]

1 注 《淮南子．墬形訓》云：「萬物貞蟲，各有以生」，〈原道訓〉云：「蚑蹻貞蟲」，高注：「貞蟲，細腰之屬也」。又〈說山訓〉云：「貞蟲之動以毒螫」，注云：「貞蟲，細腰蜂，蜾蠃之屬，無牝牡之合曰貞」。

▲案：「貞」當為「征」之叚字，乃動物之通稱，高說未晐，說詳〈非樂上〉篇。

2 注 王引之云：「允，猶以也。言百獸貞蟲以及飛鳥也。『以』與『用』同義，故『允』可訓為『用』，亦可訓為『以』。《說文》曰『允從儿，㠯聲』。『㠯』、『用』、『允』一聲之轉耳。」

3 注 《莊子．田子方》篇云：「日出東方而入於西極，萬物莫不比方。」

▲案：比方，猶言順道也。《易．比．彖傳》云：「比，下順從也」。〈樂記〉「樂行而民鄉方」，鄭注云：「方，猶道也」。

4 注 畢云：「『隹』，古『惟』字，舊誤作『住』。」江聲說同。王引之云：「古『惟』字但作『隹』，古鍾鼎文『惟』字作『隹』，石鼓文亦然。又夏竦《古文四聲韻》載《道德經》『惟』字作『隹』。《墨子》多古字，後人不識，故傳寫多誤。矧惟者，語詞，〈康誥〉曰『矧惟不孝不友』，又曰『矧惟外庶子訓人』。〈酒誥〉曰『矧惟爾事，服休、服采。矧惟若疇，圻父薄違，農父若保，宏父』，皆其證也。《鹽鐵論．未通》篇曰『周公抱成王聽天下，恩塞海內，澤被四表，矧惟人面，含仁保德，靡不得其所』，〈繇役〉篇曰『普天之下，惟人面之倫，莫不引領而歸其義』，《後漢書．章帝紀》曰『訖惟人面，靡不率俾』，〈和帝紀〉曰『戒惟人面，無思不服』，並與《墨子》同意。」

▲案：王說是也，顧說同。人面，言有面目而為人，非百獸貞蟲飛鳥之比也。《國語．越語》：「范蠡曰：余雖靦然而人面哉，余猶禽獸也。」

5 注 《書》偽孔傳云：「莫，無也」。言皆安之。蘇云：「二語見《商書・伊訓》，餘略同。」

6 注 江聲云：「共，讀為恭，恭，恪也；允，誠也。」

7 注 畢云：「『隹』，舊作『住』，亦誤。」江、王說同。

8 注 「葆」、「保」字通。《詩・大雅・崧高》「南土是保」，鄭《箋》云：「保，守也，安也」。《漢書・天文志》，顏注引宋均云：「葆，守也」。

9 注 「商書」，舊本作「商周」，王、蘇據上文改，是也，今從之。

且《商書》獨鬼，而《夏書》不鬼，[1]則未足以爲法也。然則姑嘗上觀乎《夏書》。〈禹誓〉曰：[2]「大戰于甘，[3]王乃命左右六人，下聽誓于中軍，[4]曰：『有扈氏[5]威侮五行，怠棄三正，[6]天用勦絕其命。[7]有曰：[8]日中。今予與有扈氏爭一日之命。且爾卿大夫庶人，予非爾田野葆士之欲也，[9]予共行天之罰也。[10]左不共于左，右不共于右，[11]若不共命，[12]御非爾馬之政，若不共命』。[13]是以賞于祖而僇于社。」[14]賞于祖者何也？言分命之均也。僇于社者何也？[15]言聽獄之事也。[16]故古聖王必以鬼神爲賞賢而罰暴，是故賞必於祖而僇必於社。此吾所以知《夏書》之鬼也。

1 注 「商書」，舊本作「禹書」，王、蘇據上文改，今從之。

2 注 畢云：「此孔《書・甘誓》文，文微有不同。《書序》云：「啓與有扈戰于甘之野，作〈甘誓〉」，與此不同。而《莊子・人間世》云『禹攻有扈』，《呂氏春秋・召類》云『禹攻曹魏、屈驁、有扈，以行其教』，皆與此合。」

▲詒讓案：《呂氏春秋・先己》篇云：「夏后柏啓與有扈戰於甘澤，而不勝」，是《呂覽》有兩說，或禹、啓皆有伐扈之事，故古書或以〈甘誓〉為〈禹誓〉與？《說苑・政理》篇云：「昔禹與有扈氏戰，三陳而不服。禹於是修教三年，而有扈氏請服」，說亦與此合。

3 注 《尚書釋文》引馬融云：「甘，有扈南郊地也。甘，水名，今在鄠縣西」。畢云：「其地在今陝西鄠縣」。

4 注 孔《書》云：「乃召六卿」，《詩・棫樸》正義引鄭康成云：「六卿者，六軍之將」。《偽孔傳》云：「天子六軍，其將皆命卿」。孫星衍云：「鄭注《周禮・大司馬》云『天子六軍，三三而居一偏』。賈誼《新書》云『紂將與武王戰，紂陳其卒，左臆右臆』，是天子親征，王為中軍，六卿左右之也。」

5 注 《史記正義》云：「地理志：鄠縣，古扈國，有戶亭。《訓纂》云：『戶』、『扈』、『鄠』，三字一也，古今字不同耳」。《尚書釋文》云：「有扈，國名，與夏同姓。馬云：姒姓之國，為無道者」。《漢書・地理志》云：「右扶風鄠縣，古扈國，夏啓所伐者也」。

▲案：即今陝西鄠縣。

6 注 《尚書釋文》引馬融云：「建子、建丑、建寅，三正也」。《史記．夏本紀》集解引鄭康成云：「五行，四時盛德所行之政也。威侮，暴逆之。三正，天地人之正道」。《偽孔傳》云：「五行之德，王者相承所取法，有扈與夏同姓，恃親而不恭，是則威虐侮慢五行，怠惰棄廢天地人之正道，言亂常」。王引之謂《書》及此「威」字，並當為「滅」之誤。「滅」者，「蔑」之叚借字。亦通。

7 注 《偽孔傳》云：「勦，截也」。截絕，謂滅之。畢云：「『勦』字同『剿』。」

▲詒讓案：「勦」當從刀，舊本從「力」，誤。《唐石經．尚書》亦譌「勦」。《說文．刀部》云：「劋，絕也」，引書作「剿」。〈水部〉「灑」字，注引作「勦」。

8 注 有，讀亦為「又」。

9 注 孔《書》無此三十二字。孫云：「《墨子》所見古文書，與今本異，或脫簡，或孔子所刪也。葆，同『保』。鄭注〈月令〉云『小城曰保』，俗作『堡』。言不貪其土地人民。」俞云：「『葆士』無義，『士』疑『玉』字之誤，『葆士』即『寶玉』也。《史記．周本紀》『展九鼎葆玉』，徐廣曰『葆，一作寶』，即其例也。」

▲案：俞說近是。

10 注 「共」，吴鈔本作「恭」。孔《書》云：「今予惟恭行天之罰」，《偽孔傳》云：「恭，奉也」。《史記．夏本紀》「恭」亦作「共」，與此同。《呂氏春秋．先己》篇，高注引《書》作「龔」。孫云：「『恭』當作『龏』。《說文》『龏，愨也』。言謹行天罰。」

11 注 《史記集解》引鄭康成云：「左，車左；右，車右」。「共」，孔《書》並作「攻」，又首句下，多「汝不恭命」四字。《史記．夏本紀》亦無。孔《傳》云：「左，車左，左方主射。攻，治也，治其職。右，車右，勇力之士執戈矛以退敵」。

12 注 孔《書》亦作「汝不恭命」。《考工記》鄭注云：「若，猶女也」。段玉裁云：「《墨子》作『共』，其義蓋亦訓供奉。如〈粊誓〉『無敢不共』也。」

13 注 孔《書》作「御非其馬之正，汝不恭命」，《傳》云：「御以正馬為政，三者有失，皆不奉我命」。《史記．夏本紀》「正」亦作「政」。

14 注 「于」，舊本並作「於」，今據吳鈔本改，下二句同。

15 注 孔《書》作「用命賞于祖，弗用命戮于社」。「僇」、「戮」字通。《史記．夏本紀》亦作「僇」，孔《傳》云：「天子親征，必載遷廟之祖主行。有功則賞祖主前，示不專。又載社主，謂之社。事不用命奔北者，則戮之於社主前。社主陰，陰主殺。親祖嚴社之義」。

16 注 王云：「『事』者，『中』之壞字也。中者，平也，與『均』字對文。上文曰『僇於社者何也？言聽之中也』，是其證。」

▲詒讓案：「事」疑當為「衷」，篆文二字形近，「中」、「衷」通。

故尚者《夏書》，[1]其次商、周之書，語數鬼神之有也，重有重之，[2]此其故何也？則聖王務之。以若書之說觀之，則鬼神之有，豈可疑哉？於古曰：[3]「吉日丁卯，[4]周代祝社方，[5]歲於社者考，[6]以延年壽」。若無鬼神，彼豈有所延年壽哉？

1 注 「尚者」，舊本作「尚書」。王云：「『尚書夏書』，文不成義。『尚』與『上』同。『書』當為『者』。言上者則《夏書》，其次則商、周之書也。此涉上下文『書』字而誤。」

▲案：王說是也，今據正。

2 注 有，亦讀為「又」。

3 注 疑有脫字。

4 注 周以子卯為忌日，疑此「卯」當為「丣」，二字形近而誤。《漢書·翼奉傳》云：「東方之情，怒也，怒行陰賊，亥卯主之，是以王者惡子卯也。西方之情，喜也，喜行寬大，巳酉主之，是以王者吉午酉也」，是吉丣之義。

5 注 方，謂秋祭四方地示后土、句芒等也。《詩·小雅·甫田》云：「以社以方」，毛《傳》云：「方，迎四方氣於郊也」，鄭《箋》云：「秋祭社與四方，為五穀成熟報其功也」。此「周代祝社方」，疑當為「用代祀社方」，「周」、「用」，「祀」、「祝」，並形近而誤。

6 注 「歲」上疑有脫文。「於」，吳鈔本作「于」，又無「者」字。

▲案：「社者」，當為「祖若」。「歲於祖若考」，言薦歲事於祖及考也。〈少牢饋食禮〉云：「用薦歲事于皇祖伯某」。

是故子墨子曰：「嘗若鬼神之能賞賢如罰暴也。[1]蓋本施之國家，施之萬民，實所以治國家、利萬民之道也。[2]若以爲不然，[3]是以吏治官府之不絜廉，[4]男女之爲無別者，鬼神見之；民之爲淫暴寇亂盜賊，以兵刃毒藥水火退無罪人乎道路，[5]奪人車馬衣裘以自利者，有鬼神見之。[6]是以吏治官府，不敢不絜廉，見善不敢不賞，見暴不敢不罪。民之爲淫暴寇亂盜賊，以兵刃毒藥水火退無罪人乎道路、奪車馬衣裘以自利者，由此止。是以莫放幽閒，擬乎鬼神之明顯，明有一人畏上誅罰，[7]是以天下治。

1 注 「嘗若」當作「當若」，此書文例多如是，詳〈尚同中〉篇。「如」，吳鈔本作「而」。畢云：「『如』與『而』音義同，故字書『而』即『須』也，『需』亦從『而』聲。」

2 注 吳鈔本「治」、「利」二字互易。

3 注 王云：「此五字隔斷上下文義，蓋涉下文『若以為不然』而衍。」

4 注 「絜」，舊本作「潔」，今據吳鈔本改，下並同。

5 注 「退」，亦當為「迓」，下同，說詳前。

6 注 畢云：「『見』，舊作『現』，非。」

▲詒讓案：吳鈔本作「見」，不誤。

7 注 戴云：「『是以莫放幽閒』至『畏上誅罰』二十一字，疑即上下文之誤而衍者，當刪去。」

▲案：戴說是也。上文云：「民之為淫暴寇亂盜賊，以兵刃毒藥水火退無罪人乎道路率徑，奪人車馬衣裘以自利者並作，由此始，是以天下亂」，與此文略同。「由此止」與「由此始」，「天下治」與「天下亂」，文正相對，中不當閒以此二十一字，明矣。

故鬼神之明，不可爲幽閒廣澤、[1]山林深谷，鬼神之明必知之。鬼神之罰，不可爲富貴衆強、[2]勇力強武、堅甲利兵，鬼神之罰必勝之。若以爲不然，昔者夏王桀貴爲天子，富有天下，上詬天侮鬼，下殃傲天下之萬民，[3]祥上帝伐元山帝行，[4]故於此乎，天乃使湯至明罰焉。[5]湯以車九兩，[6]鳥陳鴈行，[7]湯乘大贊，[8]犯遂下衆，人之螭遂，[9]王乎禽推哆、大戲。[10]故昔夏王桀[11]貴爲天子，富有天下，有勇力之人[12]推哆、大戲，[13]生列兕虎，[14]指畫殺人，人民之衆兆億，侯盈厥澤陵，[15]然不能以此圉鬼神之誅。[16]此吾所謂鬼神之罰，不可爲富貴衆強、勇力強武、堅甲利兵者，此也。

1 注 畢云：「『閒』，當為『澗』。」

▲案：「閒」字不誤，詳上文及〈天志上〉篇。

2 注 「為」，畢本作「恃」，云：「舊脫此字，一本有」。王云：「『不可』下一字，乃『為』字，非『恃』字也。下文曰『此吾所謂鬼神之罰，不可為富貴衆強、勇力強武、堅甲利兵者，此也』，文凡兩見，是其明證矣。上文曰『鬼神之明，不可為幽閒廣澤、山林深谷，鬼神之明必知之』，與此文同一例。『不可為富貴衆強』云云，猶孔子言仁不可為衆也。其一本作『不可恃』，『恃』字乃後人以意補之，與上下文不合。」

▲案：王說是也，今據補。

3 注 王云：「『殃傲』二字，義不相屬，是『殃殺』之誤，下文『殷王紂殃傲天下之萬民』同。」

▲案：王說是也，此書「殺」字多譌為「傲」，詳〈尚賢中〉篇。

4 注 「伐」，吴鈔本作「代」。「山帝」，疑亦當為「上帝」。畢云：「此句未詳。」

5 注 畢云：「『至』同『致』。」

6 注 《周禮·夏官·敘官》云：「二十五人為兩」。古者兵車一兩，卒二十五人，九兩止二百二十五人，於數太少，殆非也。此九兩，疑當作九十兩。《呂氏春秋》云：「良車七十乘」，數略相近。

7 注 《六韜·鳥雲澤兵》篇有鳥雲之陳，云：「所謂鳥雲者，鳥散而雲合，變化無窮者也」。

8 注 畢云：「疑『輂』字。」俞云：「畢非也。湯乘大贊，即《書序》所謂『升自陑』者。枚傳云『湯升道從陑，出其不意』，是也。《呂氏春秋·簡選》篇亦云『登自鳴條』。蓋湯之伐桀，必由間道從高而下，故《書序》言『升』，《呂覽》言『登』，《墨子》言『乘』，乘即升也、登也。《詩·七月》篇毛《傳》曰『乘，升也』。襄二十三年《左傳》杜注曰『乘，登也』。升陑、登鳴條，皆以地言，則乘大贊，亦必以地言，但不能知其所在耳。」

9 注 畢云：「疑有誤字。」

▲詒讓案：疑當作「犯逐夏衆，入之郊遂」。「逐」、「遂」形誤，「夏」、「下」，「郊」、「鎬」，聲誤。

10 注 畢云：「『乎禽』，當為『手禽』。或云『乎』同『呼』。《呂氏春秋·簡選》云『殷湯以良車七十乘，必死六千人，以戊子戰於郕，遂禽移、大犧』。高誘云：『桀多力，能推大犧，因以為號，而禽克之』。案『移』，即推移，此書〈所染〉云『夏桀染于干辛、推哆』，〈古今人表〉作『雅侈』，此下又云『推哆、大戲，生列兕虎，指畫殺人』。則推哆、大戲是人名無疑。『哆』、『移』、『侈』，『戲』、『犧』，皆音相近也。高誘注《呂氏春秋》誤」。

▲詒讓案：《淮南子．主術訓》云：「桀之力能推移大犧」。高蓋本彼而誤。

11 **注** 「昔」下，當有「者」字。

12 **注** 畢云：「舊脫『力』字、『人』字，據《太平御覽》增。」

13 **注** 《晏子春秋．內篇．諫上》云：「推侈大戲足走千里，手裂兕虎。」

14 **注** 「生列」，舊本作「主別」。畢云：「『主別』，《太平御覽》引作『生捕』」。王云：「主別兕虎，本作『生剡兕虎』。『剡』，即今『裂』字也。《說文》『剡，分解也』，『裂，繒餘也』，義各不同。〈艮〉九三『列其夤』，《大戴記．曾子天圓》篇『割列禳瘞』，《管子．五輔》篇『博帶梨大袂列』，皆是古分列字，今分列字皆作『裂』，而『列』但為『行列』字矣。鈔本《太平御覽．皇王部七》引《墨子》作『生裂兕虎』，故知今本『主別』為『生剡』之譌。刻本作『生捕』者，淺人以意改之耳。」

▲案：王說是也，今據正。

15 **注** 《詩．周頌．下武》毛《傳》云：「侯，維也。」

16 **注** 「圉」、「禦」字通。《詩．大雅．桑柔》篇「孔棘我圉」，鄭《箋》云：「『圉』，當作『禦』」。

且不惟此爲然。昔者殷王紂貴爲天子，富有天下，上詬天侮鬼，[1]下殃傲天下之萬

民，[2]播棄黎老，[3]賊誅孩子，[4]楚毒無罪，[5]刳剔孕婦，[6]庶舊鰥寡，號咷無告也。[7]故於此乎，天乃使武王至明罰焉。武王以擇車百兩，[8]虎賁之卒四百人，[9]先庶國節窺戎，[10]與殷人戰乎牧之野，王乎禽費中、[11]惡來，[12]衆畔百走。[13]武王逐奔入宮，[14]萬年梓株[15]折紂而繫之赤環，[16]載之白旗，[17]以爲天下諸侯僇。故昔者殷王紂貴爲天子，富有天下，有勇力之人費中、[18]惡來、崇侯虎[19]指寡殺人，[20]人民之衆兆億，侯盈厥澤陵，然不能以此圉鬼神之誅。此吾所謂鬼神之罰，不可爲富貴衆強、勇力強武、堅甲利兵者，此也。且〈禽艾〉之道之曰：「[21]得璣無小，[22]滅宗無大」。則此言鬼神之所賞，無小必賞之；鬼神之所罰，無大必罰之。

1 注 畢云：「『詬』，《太平御覽》引作『訶』。『鬼』下，《御覽》引有『神』字。」

2 注 「傲」，亦當依王校作「殺」。

3 注 偽古文《書．泰誓》云：「播棄黎老」，孔《傳》云：「鮐背之耇稱犂。布棄，不禮敬」。山井鼎《七經孟子考文》引古本《書》，「犂」作「黎」，與此同。孔《疏》云：「孫炎曰：耇，面凍梨色，似浮垢也」。然則老人面色似梨，故稱梨老。《傳》以『播』為『布』，布者，徧也。言徧棄之不禮敬也」。《方言》云：「梨，老也，燕、代之北鄙曰梨」。《國語．吴語》云：「今王播棄黎老」，韋注云：「鮐背之耇稱黎老」。

王引之云：「棃老者，耆老也。古字『棃』與『耆』通，《尚書》「西伯戡棃」，《釋文》：「《大傳》「『棃』作『耆』」，是其例也」。

4 **注** 「誅」，吴鈔本作「殺」。《說文・口部》云：「咳，小兒笑也」。古文作「孩」。《書・微子》云：「我舊云刻子」，《論衡・本性》篇引「刻子」亦作「孩子」。此謂紂誅殺小兒也。

5 **注** 王云：「『楚毒』，本作『焚炙』。此因『焚』誤為『楚』，則『楚炙』二字義不可通，後人不得其解，遂以意改為『楚毒』耳。『焚炙』，即所謂炮烙之刑也。『焚炙』、『刳剔』，皆實有其可指之刑，若改作『楚毒』，則不知為何刑矣。《北堂書鈔・政術部十五》出『焚炙無罪』四字，注曰『《墨子》云殷紂』。則《墨子》之本作『焚炙無罪』甚明。偽古文〈泰誓〉『焚炙忠良，刳剔孕婦』，即用《墨子》而小變其文。」

▲案：王說是也。〈泰誓〉偽孔傳云：「忠良無罪焚炙之」，孔《疏》云：「焚、炙，俱燒也，〈殷本紀〉『炮格之刑』，是紂焚炙之事也」。

6 **注** 偽古文《書・泰誓》同，孔《傳》云：「懷子之婦，刳剔視之」，孔《疏》云：「刳剔，謂割剝也」。《說文》云：「刳，刲也」。今人去肉至骨，謂之剔去，是則亦「刲」之義也。皇甫謐《帝王世紀》云：「紂剖比干妻，以視其胎」，即引此為刳剔孕婦也。

7 **注** 《楚辭・離世》王注云：「號咷，讙呼也」。《太玄經》范注云：「號咷，憂聲也。」

8 **注** 擇車，猶《呂氏春秋》云「簡車」、「選車」。《說文・手部》云：「擇，柬選也。」

9 注　《逸周書・克殷》篇云：「周車三百五十乘，陳於牧野。王既誓，以虎賁戎車馳商師」，孔注云：「戎車三百五十乘，則士卒三萬一千五百人，有虎賁三千五百人也」。《書敘》云：「武王戎車三百兩，虎賁三百人，與受戰于牧野」。《孟子・盡心》篇云：「武王之伐殷也，革車三百兩，虎賁三千人」。《史記・周本紀》云：「遂率戎車三百乘，虎賁三千人，甲士四萬五千人」。《風俗通義・三王》篇引《尚書》「武王戎車三百兩，虎賁八百人，禽紂于牧之野」。《呂氏春秋・簡選》篇云：「武王虎賁三千人，簡車三百乘，以要甲子之事於牧野，而紂為禽」。〈貴因〉篇作「選車三百，虎賁三千」。

▲案：諸書所言，數並差異，未知孰是。

10 注　畢云：「未詳」。洪云：「《史記・周本紀》『乃告司馬司徒司空諸節』，《集解》馬融曰：『諸受符節有司也』。庶節，即諸節；窺戎，即觀兵，此當本於《尚書・泰誓》篇」。

11 注　「乎」，亦當為「手」。《史記・殷本紀》「紂用費中為政」，《正義》云：「費姓仲名也」。畢云：「『中』讀如『仲』」。

12 注　見〈所染〉篇。

13 注　「畔」，吳鈔本作「叛」。王引之云：「『百』字義不可通，『百走』，蓋『皆走』之誤」。蘇云：「『百』字誤，當作『而』。」

▲案：王說近是。

14 注 畢云：「『逐』，《太平御覽》引作『遂』」。

15 注 未詳。

16 注 畢云：「《太平御覽》引作『折紂而出』，『環』作『轘』，是，言繫之朱輪。」

▲案：此無攷。《荀子・解蔽》篇云：「紂縣於赤旆」，〈正論〉篇云：「縣之赤旂」，並與此異，畢說未塙。

17 注 《逸周書・克殷》篇云：「商辛奔內，登于鹿臺之上，屏遮而自燔于火。武王入適王所，擊之以輕呂，斬之以黃鉞，折縣諸太白」，孔注云：「折絕其首」。

18 注 畢云：「《太平御覽》引作『仲』。」

19 注 見〈所染〉篇。

20 注 上說推哆、大戲作「指畫」。畢云：「『寡』，『畫』字假音。《太平御覽》引作『畫』」。

21 注 翟灝云：「《逸周書・世俘解》有『禽艾侯』之語，當即此『禽艾』。」

22 注 畢云：「此即『⿱幾鬼祥』字」。蘇云：「〈禽艾〉，蓋逸《書》篇名。《呂覽・報更》篇云『此書之所謂德幾無小者也』。『德璣』與『德幾』，古字通用。」

▲案：蘇說是也。《說苑・復恩》篇云：「此書之所謂德無小者也」，疑即本此。今《書》偽古文〈尹訓〉亦云：「惟德罔小」。畢說非是。

今執無鬼者曰：「意不忠親之利，而害爲孝子乎？」[1]子墨子曰：「古之今之爲鬼，[2]非他也，有天鬼，[3]亦有山水鬼神者，亦有人死而爲鬼者。今有子先其父死，弟先其兄死者矣，意雖使然，[4]然而天下之陳物[5]曰『先生者先死』，若是，則先死者非父則母，非兄而姒也。[6]今絜爲酒醴粢盛，[7]以敬慎祭祀，若使鬼神請有，[8]是得其父母姒兄而飲食之也，豈非厚利哉？若使鬼神請亡，[9]是乃費其所爲酒醴粢盛犧牲之財耳。自夫費之，非特注之汙壑而棄之也，[10]內者宗族，外者鄉里，皆得如具飲食之。[11]雖使鬼神請亡，[12]此猶可以合驩聚衆，[13]取親於鄉里」。今執無鬼者言曰：「鬼神者固請無有，[14]是以不共其酒醴粢盛犧牲之財。吾非乃今愛其酒醴粢盛犧牲之財乎？[15]其所得者臣將何哉？」[16]此上逆聖王之書，內逆民人孝子之行，而爲上士於天下，此非所以爲上士之道也。[17]是故子墨子曰：「今吾爲祭祀也，非直注之汙壑而棄之也，上以交鬼之福，[18]下以合驩聚衆，取親乎鄉里。若神有，[19]則是得吾父母弟兄而食之也。[20]則此豈非天下利事也哉！」

1 注 蘇云：「『忠』，當作『中』，〈非攻〉篇言『上中天之利，中中鬼之利，下中人之利』，意與此同。」

2 注 疑當作「古今之為鬼」，此衍一「之」字。

3 注 疑當有「神」字。《周禮．大宗伯》「天神、地示、人鬼」。此則天神、地示總曰「鬼神」，散文得通也。

4 **注** 畢本「使」作「死」，云：「一本作『使』」。

▲案：《道藏》本、吳鈔本並作「使」，今從之。

5 **注** 謂陳說事故。《文選．古詩》李注云：「陳，猶說也。」

6 **注** 《爾雅．釋親》云：「女子同出，謂先生為『姒』，後生為『娣』，長婦謂稚婦為『娣婦』，娣婦謂長婦為『姒婦』」。王引之云：「而，猶『則』也。」

7 **注** 「絜」，《道藏》本作「潔」，即「絜」之俗。

8 **注** 「請」，畢本改「誠」，云：「舊作『請』，一本如此，下依改」。

▲案：《道藏》本、吳鈔本並作「請」，此篇多以「請」為「誠」，詳前。

9 **注** 「請」，畢本作「誠」，《道藏》本、吳鈔本作「請」，今據改。「亡」、「無」通。

10 **注** 「自」，當為「目」。舊本無「非」字。畢云：「一本作『非直注之』，『特』與『直』音近，故『特』亦作『犆』」。蘇云：「『特』字上，當有『非』字」。俞云：「一本作『非直注之』，是也。『直』、『特』固得通用，而『非』字則必當有。墨子蓋謂非空棄之而已，且可以合驩聚衆也。今脫『非』字，則義不可通。下文正作『非直注之汙壑而棄之也』，當據補」。

▲案：蘇、俞校是也，今據補。

11 **注** 此謂祭祀，與兄弟賓客為獻酬。又《詩．小雅．湛露》孔《疏》引《尚書大傳》云：「燕私者，祭已，而與族人飲」，亦是也。《國語·楚語》云：「日月會于龍豵，家于是乎嘗祀，百姓夫婦，擇其令辰，以昭祀其先祖。於是乎合其州鄉朋友婚姻，比爾兄弟親戚」，是祭祀并燕州鄉朋友等，即所云宗族、鄉里也。

12 注 「請」，畢本作「誠」，今依《道藏》本、吳鈔本改。

13 注 「驩」，吳鈔本作「歡」，下同。

14 注 「請」，畢本作「誠」，今依《道藏》本、吳鈔本改。

15 注 吳鈔本脫「非」字，又「今」在「乃」上，以文義校之，疑當在「吾」上，「今吾」語前後屢見。

16 注 「臣」字誤，畢云：「一本無此字。」

17 注 舊本脫「之」字、「也」字。王云：「上文曰『則非所以為君子之道也』，與此文同一例，今據補」。

18 注 蘇云：「『鬼』下，當有『神』字。」

19 注 畢云：「『若神』，當云『若鬼神』。」

▲詒讓案：以上文校之，疑當云：「若鬼神誠有」。

20 注 俞云：「『弟兄』，當作『兄姒』，義見上文。」

是故子墨子曰：「今天下之王公大人士君子，中實將欲求興天下之利，除天下之害，當若鬼神之有也，將不可不尊明也，[1]聖王之道也。」

1 注 尊明，謂尊事而明著之，以示人也，即明鬼之義。

非樂上第三十二[1]

1 注 《荀子．富國》篇楊注云：「墨子言樂無益於人，故作〈非樂〉篇」。

子墨子言曰：「仁之事者，[1]必務求興天下之利，除天下之害，將以爲法乎天下。利人乎，即爲；不利人乎，即止。且夫仁者之爲天下度也，非爲其目之所美，耳之所樂，口之所甘，身體之所安，以此虧奪民衣食之財，仁者弗爲也。」

1 注 俞云：「『仁之事者』，當作『仁人之所以為事者』，見〈兼愛中〉篇。」
▲詒讓案：疑當云「仁者之事」，下文云「仁者之為天下度也」，可證。

是故子墨子之所以非樂者，非以大鍾、鳴鼓、琴瑟、竽笙之聲，[1]以爲不樂也；非以刻鏤華文章之色，[2]以爲不美也；非以犓豢煎炙之味，以爲不甘也；[3]非以高臺厚榭邃野之居，以爲不安也。[4]雖身知其安也，口知其甘也，目知其美也，耳知其樂也，然上考之不中聖王之事，下度之不中萬民之利，是故子墨子曰：「爲樂非也。」

1 注 《爾雅．釋樂》云：「大鍾謂之鏞。」《說文．金部》云：「鏄，大鍾，淳于之屬。」

2 注 畢云：「一本無『華』字。」

3 注 「㷉」，吴鈔本作「芻」。《說文．火部》云：「煎，熬也。」《方言》云：「煎，火乾也。凡有汁而乾，謂之煎。」

4 注 王引之云：「野，即『宇』字也，古讀『野』如『宇』，故與『宇』通。《周禮．職方氏》『其澤藪曰大野』，《釋文》『野，劉音與』，與、宇古同音。《楚辭招魂》『高堂邃宇』，王注曰『邃，深也；宇，屋也』，《鹽鐵論取下篇曰『高堂邃宇，廣廈洞房』，易林恒之剝曰『深堂邃宇，君安其所』，皆其證。若郊野之野，則不得言邃，且上與高臺厚榭不倫，下與之居二字義不相屬矣。」

今王公大人，雖無造爲樂器，[1]以爲事乎國家，非直掊潦水、折壤坦而爲之也，[2]將必厚措斂乎萬民，[3]以爲大鍾、鳴鼓、琴瑟、竽笙之聲。古者聖王亦嘗厚措斂乎萬民，以爲舟車，既以成矣，[4]曰：「吾將惡許用之？」[5]曰：「舟用之水，車用之陸，君子息其足焉，小人休其肩背焉。」6故萬民出財齎而予之，7不敢以為慼恨者，何也？以其反中民之利也。然則樂器反中民之利亦若此，即我弗敢非也。然則當用樂器譬之若聖王之為舟車也，即我弗敢非也。8

1 **注** 王云：「『雖』與『唯』同。無，語詞也，說見〈尚賢中〉篇。」

2 **注** 「折」，舊本譌「拆」，今據《道藏》本、吳鈔本及王校正。「坦」，畢本改作「垣」，云：「舊作『坦』，以意改」。俞云：「畢改『坦』為『垣』，是也。『壤』，疑『壞』字之誤。掊者，《說文．手部》云『杷也，今鹽官入水取鹽為掊』。拆者，《說文．广部》云『庍，卻屋也。』《一切經音義》引《說文》作『卸屋也』，隸變作『斥』，俗又加『手』耳。行潦之水而掊取之，毀壞之垣而拆卸之，不足為損益。若王公大人造為樂器，豈直如此哉，故曰『非直掊潦水、拆壞垣而為之也』。」

▲案：畢、俞說並非也。此「折」當讀為「擿」，〈耕柱〉篇云：「夏后開使飛廉折金於山川」，此義與彼正同，說詳彼注。壤，謂土壤，「坦」讀為「壇」，聲近叚借字。《韓詩外傳》「閔子曰：出見羽蓋龍旂旃裘相隨，視之如壇土矣」，《莊子．則陽》篇：「觀乎大山，木石同壇」，與此書義並同。壤坦，猶言壇土也。墨子意謂王公大人作樂器，非掊取之於水，擿取之於地所能得，故下文即言「將必厚措斂乎萬民，以為鍾鼓」等也。諸說並未得其恉。

3 **注** 王云：「『措』字以『昔』為聲，『措斂』與『籍斂』同。」

▲案：王說是也。籍斂，見〈節用上〉篇。

4 **注** 「以」，王校作「已」。

5 **注** 畢云：「惡許，猶言何許。」王引之云：「言吾將何所用之也。《文選．謝朓在郡臥病詩》李注曰：『許，猶所也』，『許』、『所』聲近而義同。《說文》『所，伐木聲也。《詩》曰：伐木所所』，今《詩》作『許許』。」洪說同。

6 **注** 「休」，吳鈔本作「息」，言小人休息其負荷之勞也。

7 **注** 「予」，吳鈔本作「與」。《周禮．掌皮》云：「歲終，則會其財齎」，鄭注云：「財，斂財本數及餘見者。齎，所給予人以物曰齎。鄭司農云：『齎』或為『資』。」又〈稾人〉云：「掌受財于職金以齎其工」，注云：「齎，給市財用之直。」此謂萬民出財齎，以給為舟車之費也。

8 **注** 「譬」，吳鈔本作「辟」。王云：「此文兩言『然則』，兩言『即我弗敢非也』，皆上下相應。舊本『譬之』以下十六字，誤入上文『竽笙之聲』之下，今移置於此。」

民有三患：飢者不得食，寒者不得衣，勞者不得息——三者民之巨患也。然即當爲之撞巨鍾、[1]擊鳴鼓、彈琴瑟、吹竽笙[2]而揚干戚，[3]民衣食之財將安可得乎？[4]即我以爲未必然也。意舍此。[5]今有大國即攻小國，有大家即伐小家，強劫弱，衆暴寡，詐欺愚，貴傲賤，寇亂盜賊並興，不可禁止也。然即當爲之撞巨鍾、擊鳴鼓、彈琴瑟、吹竽笙而揚干戚，天下之亂也，將安可得而治與？即我未必然也。[6]是故子墨子曰：「姑嘗厚措斂乎萬民，以爲大鍾、鳴鼓、琴瑟、竽笙之聲，以求興天下之利，除天下之害而無補也。」是故子墨子曰：「爲樂非也。」

1 注 王引之云：「『即』與『則』同，『當』與『儻』同。」

▲詒讓案：「當」、「嘗」字通，嘗試也，詳〈天志下〉篇下同。《文選・東京賦》李注云：「撞，擊也。」「巨」、「大」義同。

2 注 畢云：「《文選注》引作『吹笙竽』。」

3 注 《小爾雅・廣言》云：「揚，舉也。」

4 注 《荀子・勸學》篇楊注云：「安，語助。」王引之《經傳釋詞》「得」下補「而具」二字，云：「安，猶於是也，言衣食之財，將於是可得而具也。」

5 注 王云：「此下有脫文，不可考。」俞云：「此三字乃承上文而作，轉語也。『意』，通作『抑』，《論語・學而》篇『抑與之與』，《漢石經》『抑』作『意』，是其證也。『抑舍此』者，言姑舍此弗論，而更論它事也。上文言樂之無益於飢者、寒者、勞者，下文言樂之無益於大國攻小國、大家伐小家，而以此三字作轉語。王謂『此下有脫文』，非也。」

6 注 俞云：「『我』下，脫『以為』二字，當據上文補。」

今王公大人，唯毋處高臺厚榭之上而視之，[1]鍾猶是延鼎也，[2]弗撞擊將何樂得焉哉？其說將必撞擊之，惟勿撞擊，[3]將必不使老與遲者，[4]老與遲者耳目不聰明，股肱不畢強，[5]聲不和調，明不轉朴。[6]將必使當年，[7]因其耳目之聰明，股肱之畢強，聲之和調，眉之轉朴。[8]使丈夫為之，廢丈夫耕稼樹藝之時，使婦人為之，廢婦人紡績織紝之事。今王公大人唯毋為樂，[9]虧奪民衣食之財，[10]以拊樂如此多也。[11]是故子墨子曰：「為樂非也。」

1 注 「唯」，舊本作「惟」，今據吴鈔本改。

2 注 延鼎，蓋謂偃覆之鼎。《玉藻》鄭注云：「延，冕上覆也。」是「延」有「覆」義。鍾上弇下侈，與鼎相反，虛縣弗擊，則與鼎偃覆相類。又疑「延」當讀為「璧羡」之「羡」。《周禮．玉人》鄭注云：「羡，猶延也。」《典瑞》注云：「羡，不圜之貌」。延鼎，謂如鼎而橢不正圜。〈鳧氏〉賈疏云：「古鍾如今之鈴，不圜。」

3 注 勿，語詞。惟勿，猶云「唯毋」、「唯無」。蘇云：「勿，當作『毋』，書中多用『毋』字，蓋與『務』通。」非是。

4 注 王云：「遲，讀為『穉』，『遲』字本有『穉』音，『遲』、『穉』又同訓為『晚』。《廣雅》『遲、穉，晚也』。故『穉』通作『遲』。」

5 注 畢，疾也，義詳〈兼愛中、下〉兩篇。

6 注 畢云：「朴，疑『卧』正字。《玉篇》云『卧，補目切，目骨。』」俞云：「明，下文作『眉』，疑『音』字之誤。此句作『明』，則涉上文『耳目不聰明』而誤也。『朴』，當作『抃』，亦以形似故誤。抃者，『變』之叚字。《尚書．堯典》篇『於變時雍』，〈孔宙碑〉作『於卞時雍』，即其例也。上句云『聲不和調』，此云『音不轉變』，正以類相從矣。」

▲案：俞以「朴」為「抃」，近是。「明」即謂「目」也，似不誤。

7 注 王云：「當年，壯年也。當有盛壯之義。《晏子．外篇》曰『兼壽不能殫其教，當年不能究其禮。』《呂氏春秋．愛類》篇曰『士有當年而不耕者，女有當年而不績者。』《淮南子．齊俗》篇曰『丈夫丁壯而不耕，婦人當年而不織』。《管子．揆度》篇曰『老者譙之，當壯者遣之邊戍』。當壯，即丁壯也。『丁』、『當』一聲之轉。」

8 注 畢云：「『眉』，一本作『明』。案：『明』、『眉』字通。《穆天子傳》云『眉曰西王母之山』，即名也。《詩》『猗嗟名兮』，《爾雅》云『目上為名』，亦即眉也。」

9 注 「唯」，舊本作「惟」，今據吴鈔本改。

10 注 舊本譌「時」，今從王校正。

11 注 《廣雅．釋詁》云：「拊，擊也。」《書．舜典》「予擊石拊石」，《偽孔傳》云：「拊亦擊也」。

今大鍾、鳴鼓、琴瑟、竽笙之聲既已具矣，[1]大人鏽然奏而獨聽之，[2]將何樂得焉哉？其說將必與賤人不與君子。[3]與君子聽之，[4]廢君子聽治；與賤人聽之，廢賤人之從事。今王公大人惟毋爲樂，虧奪民之衣食之財，以拊樂如此多也。是故子墨子曰：「爲樂非也。」

1 注 畢云：「據上文，當有『王公』二字。」

2 注 畢云：「『鏽』字，《說文》、《玉篇》俱無。」

3 注 王云：「此本作『必將與賤人與君子』，下文『與君子聽之』、『與賤人聽之』，即承此文而言。今本作『不與君子』，『不』字乃後人不曉文義而妄加之。」

▲案：此疑當作「不與賤人必與君子」，謂所與共聽者，非賤人則君子也。王校未塙。

4 **注** 畢云：「舊脫首三字，一本有。」

昔者齊康公[1]興樂萬，[2]萬人不可衣短褐，[3]不可食糠糟，[4]曰「食飲不美，[5]面目顏色不足視也；衣服不美，身體從容醜羸，不足觀也。」[6]是以食必粱肉，衣必文繡，此掌不從事乎衣食之財，[7]而掌食乎人者也。是故子墨子曰：「今王公大人惟毋爲樂，虧奪民衣食之財，以拊樂如此多也。」[8]是故子墨子曰：「爲樂非也。」

1 **注** 畢云：「案《史記》康公名貸，宣公子，當周安王時。」

▲詒讓案：齊康公與田和同時，墨子容及見其事。但康公衰弱，屬於田氏，卒為所遷廢，恐未必能興樂如此之盛。竊疑其為景公之誤，惜無可校譣也。

2 **注** 俞云：「興，猶喜也。《禮記．學記》篇『不興其藝』，鄭注曰『興之言喜也，歆也。』《尚書．堯典》『庶績咸熙』，《史記．五帝紀》作『衆功皆興』。揚雄〈劇秦美新〉引作『庶績咸喜』。是興與喜一聲之轉，其義得通。『興樂萬』者，喜樂萬也。『樂』，即本篇『非樂』之樂，『萬』謂萬舞也。」蘇云：「此亦見《太平御覽》『興樂萬萬人』，作『有樂工萬人』。愚謂正文當以『興樂萬』為句，而『萬人』當屬下為句。蓋萬不可以數言，當為『萬舞』之萬，『萬人』猶『舞人』也，『興樂萬』，猶『興樂舞』也。斯於事義為協。若以數言，則樂至萬萬人，雖傾國之力不足以供之。雖至無道之君，不聞有此，審爾，則墨子當先以為譏，而篇中尚無此意，則『萬』非人數曉然矣。」

▲案：蘇說是也。《周禮．鄉大夫》、〈舞師〉並云「興舞」。鄭注云：「興，猶『作』也」，即此「興樂萬」之義。

3 **注** 短褐，即「裋褐」之借字。《說文．衣部》云：「裋，豎使布長襦」，「褐，粗衣」。《方言》云：「襜褕，其短者謂之裋褕」，又云：「複襦，江、湘之閒謂之䙕」。「䙕」即「裋」之俗，《墨子》書此及〈魯問〉、〈公輸〉三篇，字並作「短」。《韓非子．說林上》篇、賈子《新書．過秦下》篇、《戰國策．宋策》、《史記．孟嘗君傳》、《文選．班彪王命論》，並同。《史記．秦本紀》「夫寒者利裋褐」，徐廣云：「一作『短』，小襦也」，《索隱》云：「蓋謂褐布豎裁，為勞役之衣，短而且狹，故謂之短褐，亦曰豎褐。」《列子．力命》篇云：「衣則裋褐」，殷敬順《釋文》云：「裋音『豎』。許慎注《淮南子》云：『楚人謂袍為裋』，又有作『短褐』者，誤」。《荀子．大略》篇云：「衣則豎褐不完」，楊注云：「豎褐，僮豎之褐，亦短褐也。」

▲案：「短」、「豎」，並「裋」之同聲叚借字。唐人說或讀「短」如字，或以「短」為字誤，或釋「豎」為「僮豎」，皆非也。

4 **注** 畢云：「『糠』字從『禾』，俗寫誤從『米』。」蘇云：「《御覽》作『糟糠』。」

5 注 蘇云：「《御覽》『食飲』作『飲酒』。」

6 注 畢云：「一本作『身體容貌不足觀也』，《太平御覽》引作『身體從容不足觀也』。」王云：「『醜羸』二字，後人所加也。《楚辭．九章》注、《廣雅．釋訓》曰『從容，舉動也』。古謂『舉動』為『從容』，『身體從容不足觀』，謂衣服不美，則身體之一舉一動皆無足觀也，後人乃加入『醜羸』二字。夫衣服不美，何致羸其身體？且『身體從容不足觀』，與『面目顏色不足視』對文，加『醜羸』二字，則與上文不對矣。鈔本《北堂書鈔．衣冠部三》引此作『身體從容不足觀』，無『醜羸』二字。《太平御覽．服章部十》、〈飲食部七〉，所引並同。」

7 注 畢云：「『掌』，一本作『常』。」

▲詒讓案：「掌」、「常」字通，下同。

8 注 「毋」，《道藏》本、吳鈔本並作「無」，字通。舊本「為」下脫「樂」字，今據王校補。

今人固與禽獸麋鹿、蜚鳥、貞蟲異者也，[1]今之禽獸麋鹿、蜚鳥、貞蟲，因其羽毛以爲衣裘，因其蹄蚤[2]以爲絝屨，[3]因其水草以爲飲食。故唯使雄不耕稼樹藝，[4]雌亦不紡績織紝，衣食之財固已具矣。今人與此異者也，賴其力者生，[5]不賴其力者不生。君子不強聽治，即刑政亂；賤人不強從事，即財用不足。今天下之士君子以吾言不然，然即姑嘗數天下分事，而觀樂之害。[6]王公大人蚤朝晏退，聽獄治政，[7]此其分事也；士君子竭股肱之力，亶其思慮之智，[8]內治官府，外收斂關市、山林、澤梁之利，以實倉廩府庫，此其分事也；農夫蚤出暮入，耕稼樹藝，多聚叔粟，[9]此其分事也；婦人夙興夜寐，紡績織紝，多治麻絲葛緒，綑布縿，[10]此其分事也。今惟毋在乎王公大人說樂而聽之，即必不能蚤朝晏退，聽獄治政，是故國家亂而社稷危矣。今惟毋在乎士君子說樂而聽之，[11]即必不能竭股肱之力，亶其思慮之智，內治官府，外收斂關市、山林、澤梁之利，以實倉廩府庫，是故倉廩府庫不實。今惟毋在乎農夫說樂而聽之，[12]即必不能蚤出暮入，耕稼樹藝，多聚叔粟，是故叔粟不足。[13]今惟毋在乎婦人說樂而聽之，即不必能夙興夜寐，[14]紡績織紝，[15]多治麻絲葛緒，綑布縿，[16]是故布縿不興。曰：「孰爲大人之聽治而廢國家之從事？」曰：「樂也。」[17]是故子墨子曰：「爲樂非也。」

1 注 「蜚」與「飛」通。貞蟲，詳〈明鬼下〉篇。宋翔鳳云：「貞，通『征』，此言『蜚鳥征蟲』，即《三朝記》所謂『蜚征』也。」

▲案：宋說是也。《莊子．在宥》篇云：「災及草木，禍及止蟲」，《釋文》引崔譔本作「正蟲」，亦即「貞

蟲」也。「征」，正字，「貞」、「正」並聲近叚借字。

2 注 畢云：「『蹄』，即『蹢』省文，『蚤』即『爪』假音。」

3 注 吳鈔本，「絝」作「袴」。畢云：「絝，即『袴』正文。《說文》云『絝，脛衣也』。」

4 注 「唯」，舊本作「惟」，今從吳鈔本改。「唯」、「雖」字通。蘇云：「『惟』當作『雖』。」

5 注 《史記．高帝紀》「以臣無賴」，《集解》「晉灼云：賴，利也。」畢云：「『生』，舊作『主』，下同，以意改。」

6 注 蘇云：「『即』與『則』通用。」

7 注 《文選．任彥昇天監三年策秀才文》李注引，「退」作「罷」，「聽」作「斷」。

8 注 蘇云：「〈非命〉篇『亶』作『殫』。」

▲詒讓案：「亶」、「殫」聲近字通。《太玄經》范望注云：「亶，盡也。」

9 注 「叔」，舊本作「升」。王云：「『升』當為『叔』，『叔』與『菽』同。〈大雅．生民〉篇『蓺之荏菽』，〈檀弓〉『啜菽飲水』，《左氏春秋》定元年『隕霜殺菽』，《釋文》並作『叔』。《管子．戒篇》『出冬蔥與戎叔』，《莊子．列御寇》篇『食以芻叔』，《漢書．昭帝紀》『以叔粟當賦』，並與『菽』同。〈尚賢〉篇云『蚤出莫入，耕稼樹藝，聚菽粟』，是其證也。草書『叔』、『升』二形相似。《晏子．諫篇》『合升斗之微以滿倉廩』，《說苑．正諫》篇『升斗』作『菽粟』。〈齊策〉『先生王斗』，《文選．任昉齊竟陵文宣王行狀》注引作『王叔』，《漢書．古今人表》作『王升』。《後漢書》周章字次叔，『叔』或作『升』。《文選．左思魏都賦》注引『張升《及論》』，陳琳〈答東阿王牋〉注，作『張叔《及論》』，昭七年《左傳正義》作『張叔《皮論》』，皆以字形相似而誤。〈非命〉篇『多聚升粟』，誤與此同。」

10 **注** 畢云：「『綑』，舊作『細』。」盧云：「當為『綑』，與『捆』同。〈非命下〉正作『捆』。『縿』，鄭君注《禮記》云：『縑也，『縿』讀如「綃」』。」王云：「『縿』當為『繰』，凡書傳中從『喿』之字，多變而從『參』，故『繰』誤為『縿』。《集韻》『綑，織也』。『綑布繰』，猶言綑布帛。《說文》：『繰，帛如紺色，或曰深繒，從糸，喿聲，讀若喿。』《玉篇》『子老切』。《廣雅》曰：『繰謂之縑』。〈檀弓〉『布幕衛也，繰幕魯也』，鄭注曰『繰，縑也，繰讀如綃』。今本〈檀弓〉亦譌作『縿』。又《說文》：『縿，旌旗之游也，從糸，參聲』，《玉篇》『所銜切』，兩字判然不同。」

▲案：王說是也。前〈辭過〉篇作「梱布絹」，「絹」即「綃」之誤。「綑」、「梱」、「捆」，並「稛」之俗，詳〈非命下〉篇。

11 **注** 吳鈔本「惟毋」作「唯無」。

12 **注** 「惟」，吳鈔本作「唯」，下同。

13 **注** 「多聚叔粟」，「叔」舊本作「升」，今據王校正。又舊本脫「是故叔粟」四字，王據上下文補。

14 **注** 畢云：「舊脫『能』字，以意增。」

▲詒讓案：依上文，當作「必不能」。

15 注 吴鈔本作「織紝紡績」。

16 注 「絪」，舊本亦誤「細」，今依盧校正。

17 注 俞云：「『而廢』二字當在『大人』之上。『國家』二字當作『賤人』，後人不達文義而誤改也。此本云『孰為而廢大人之聽治、賤人之從事？曰：樂也』。言大人聽樂則廢聽治，賤人聽樂則廢從事也。上文曰『與君子聽之，廢君子聽治；與賤人聽之，廢賤人之從事』，是其證也。」

何以知其然也？曰先王之書，湯之《官刑》有之[1]曰：「其恒舞于宮，[2]是謂巫風。[3]其刑君子出絲二衛，[4]小人否，[5]似二伯黃徑。」[6]乃言曰：「[7]嗚乎！[8]舞佯佯，[9]黃言孔章，[10]上帝弗常，[11]九有以亡，[12]上帝不順，[13]降之百殃，[14]其家必壞喪。」[15]察九有之所以亡者，徒從飾樂也。於〈武觀〉曰：「[16]啓乃淫溢康樂，[17]野于飲食，[18]將將銘，莧磬以力，[19]湛濁于酒，渝食于野，[20]萬舞翼翼，[21]章聞于大，[22]天用弗式。」[23]故上者天鬼弗戒，[24]下者萬民弗利。

1 注 《左傳》昭六年：「叔向曰：商有亂政，而作〈湯刑〉」。《竹書紀年》「祖甲二十四年重作〈湯刑〉」。《呂氏春秋．孝行覽》云：「《商書》曰：刑三百，罪莫重於不孝」，高注云：「商湯所制法也。」

2 注 畢云：「『其』，孔《書》云『敢有』。」

▲詒讓案：「舞」，吳鈔本作「武」，字通。〈伊訓〉偽孔傳云：「常舞則荒淫」。

3 注 《偽孔傳》云：「事鬼神曰巫」。畢云：「『是』，孔《書》作『時』。文見〈伊訓〉。」

4 注 畢云：「此『緯』字假音。《說文》云『緯，織橫絲也』。」

▲案：緯非絲數量之名，畢說未允。「衛」疑當為「術」，「術」與「遂」古通。〈月令〉「徑術」，鄭注讀為「遂」，是其例。《西京雜記》鄒長倩遺公孫弘書云：「五絲為䌰，倍䌰為升，倍升為緎，倍緎為紀，倍紀為緵，倍緵為襚」，「遂」即「襚」也，此叚借作「術」，又譌作「衛」，遂不可通耳。

5 注 似言小人則無刑。此官刑，故嚴於君子而寬於小人。又疑「否」當為「吝」，即「倍」之省，猶《書．呂刑》云：「其罰惟倍」，言小人之罰倍於君子也。

6 注 此文有脫誤，偽古文〈伊訓〉采此，而獨遺「其刑」以下數句，蓋魏、晉時傳本已不可讀，故置不取。〈非命下〉篇節引下文作〈大誓〉，疑此下文自是《周書》，與《湯刑》本不相冡，因有脫誤，遂淆掍莫辨也。蘇云：「『伯黃』二字，或『伊尹』之訛」，亦非。

7 注 後數句，〈非命下〉篇別為〈大誓〉文，疑當作「〈大誓〉曰」。

8 注 《道藏》本、吳鈔本並作「呼」。

9 注 吳鈔本作「洋洋」。畢云：「『舞』，當為『橆』，『橆』與『謨』音同。孔《書》作『聖謨洋洋』，元遺山《續古今考》亦引作『洋洋』。」顧云：「此正是『舞』字，故用之以非樂。二十五篇《書》何足據耶？」

▲案：顧說是也，此猶《詩．魯頌．閟宮》云：「萬舞洋洋」，毛《傳》云：「洋洋，衆多也。」

10 注 畢云：「『黃』，孔書作『嘉』，是。」王引之云：「畢說非也。『舞佯佯，黃言孔章，上帝弗常，九有以亡』，即下文之『萬舞翼翼，章聞于天，天用弗式』也。此承上文，言耽於樂者必亡其國，故下文云『察九有之所以亡者，徒從飾樂也』。東晉人改其文曰『聖謨洋洋，嘉言孔彰，惟上帝不常』，則與《墨子》非樂之意了不相涉。而畢反據之以改原文，傎矣。」

▲案：王說是也。「黃」，疑當作「其」。「其」篆文作「𠔀」，「黃」古文作「𡕛」，二字形近。〈非命下〉篇引〈大誓〉云：「其行甚章」，與此語意略同。下文「上帝弗常」四句，彼引〈大誓〉亦有之。

11 注 王引之云：「常，讀〈大雅．抑〉篇曰『肆皇天弗尚』之尚，謂天弗右也。《爾雅．釋詁》『尚，右也。』『尚』古通作『常』，晚出《古文尚書．咸有一德》篇，襲《墨子》而改之，曰『厥德非常，九有以亡』，蓋未知『尚』為『常』之借字也。」

12 注 《毛詩．商頌．玄鳥》「奄有九有」，傳云：「九有，九州也。」《文選．冊魏公九錫文》李注引《韓詩》作「九域」，「有」、「域」一聲之轉。

13 注 畢云：「孔《書》無此八字。」

14 注 畢云：「『百』，舊作『日』，非。『⿰歹羊』，『祥』字異文。郭璞注《山海經》音『祥』。《玉篇》云『⿰歹羊，徐羊切，女鬼也』。」

▲詒讓案：吳鈔本作「日殃」。孔《書》作「惟上帝不常，作善降之百祥，作不善降之百殃」，孔《傳》云：「祥，善也。天之禍福，惟善惡所在，不常在一家。」

15 注 「壞」，《道藏》本、吳鈔本並作「懷」，字亦通。畢云：「孔《書》云『墜厥宗』。已上文亦見〈伊訓〉。」

16 注 《國語．楚語》云：「啓有五觀。」韋注云：「觀，洛汭之地。」《水經．巨洋水》酈注云：「《國語》曰：啓有五觀，謂之姦子，五觀，蓋其名也，所處之邑，其名為觀。」《左傳．昭元年》杜注云：「觀國，今頓丘衛縣。」畢云：「《汲郡古文》云『帝啓十年，放王季子武觀于西河。十五年，武觀以西河叛，彭伯壽帥師征西河，武觀來歸。』注：『武觀，五觀也。』〈楚語〉『士娓曰：夏有五觀』」，韋昭云：「五觀，啓子，太康昆弟也。《春秋傳》曰：夏有觀、扈。」惠棟云：「此逸《書》，敘武觀之事，即《書敘》之五子也。《周書．嘗麥》曰『其在夏之五子，忘伯禹之命，假國無正，用胥興作亂，遂凶厥國，皇天哀禹，賜以彭壽，思正夏略。』五子者，武觀也。彭壽者，彭伯也。〈五子之歌〉，《墨子》述其遺文，《周書》載其逸事，與《內、外傳》所稱無殊。且孔氏逸《書》本有是篇。漢儒習聞其事，故韋昭注《國語》、王符撰《潛夫論》皆依以為說。」

17 **注** 惠云：「『啓乃』當作『啓子』，『溢』與『泆』同。」江聲說同。江又云：「啓子，五觀也。啓是賢王，何至淫溢？據〈楚語〉士亹比五觀于朱、均、管、蔡，則『五觀』是淫亂之人，故知此文當為『啓子』，『乃』字誤也。」

▲案：此即指啓晚年失德之事，「乃」非「子」之誤也。《竹書紀年》及《山海經》皆盛言啓作樂，《楚辭·離騷》亦云：「啓〈九辯〉與〈九歌〉兮，夏康娛以自縱，不顧難以圖後兮，五子用失乎家巷」，並古書言啓淫溢康樂之事。「淫溢康樂」，即〈離騷〉所謂「康娛自縱」也。王逸《楚辭注》云：「夏康，啓子太康也」，亦失之。

18 **注** 畢云：「『野于』，疑作『于野』。」孫星衍說同。孫又云：「于，往也。」俞云：「畢說非。此本以『啓乃淫溢康樂』為句，『野于飲食』為句，『野于飲食』，即下文所謂『渝食于野』也，與《左傳》『室於怒』，『市於色』文法正同。」

19 **注** 畢云：「句未詳。『莧』，疑『筦』字之誤，形聲相近。」孫說同。孫又云：「『將將』上疑有脫文，作樂聲也。樂聲鎗鎗，銘力於磬管。」江云：「『莧』，當為『莧』。莧，喜說也，胡官反。」俞云：「『將將銘莧磬以力』，疑有脫文，蓋亦八字作二句也。『力』字與『食』字為韻，畢失其讀，故但知下文『翼』、『式』是韻也」。王紹蘭云：「『莧』、『筦』音近通用，非誤也。『力』即『勒』字，『銘莧磬以力』，謂作筦磬之銘而勒之。」

▲案：「將將銘」，疑當作「將將鍠鍠」。《詩．周頌．執競》云：「鍾鼓喤喤，磬筦將將」，《說文．金部》引《詩》，「喤喤」作「鍠鍠」。毛《傳》云：「喤喤，和也；將將，集也。」《說文．足部》云：「蹡，行貌」，引《詩》曰：「管磬蹡蹡」。則「將」亦「蹡」之借字。此「力」，雖與上「食」，下「翼」、「式」韻協，然義不可通，且下文「酒」、「野」，亦與「力」韻不合。竊疑此當作「將將鍠鍠，筦磬以方」。「方」與「鍠」自為韻，「力」、「方」形亦相近。《儀禮．鄉射禮》鄭注云：「方，猶併也。」管磬以方，謂管磬併作，猶《詩》言筦磬同音矣。諸說並非。

20 **注** 惠云：「『湛』與『耽』同，耽淫濁亂也。」江云：「湛濁，沈湎也，言飲酒無度。『渝』，讀當為『輸』。轉輸饋食于野，言游田無度也。」孫云：「『湛』與『媅』通，『渝』與『輸』通。」

▲案：「湛」、「沈」通，江說得之。「渝」當讀為「偷」，同聲叚借字。〈表記〉鄭注云：「偷，苟且也」，謂苟且飲食於野外燕游之所。惠、孫說並未允。

21 **注** 《詩．商頌．那》云：「萬舞有奕」，毛《傳》云：「奕奕然閑也」。「奕」、「翼」字通。〈小雅．采薇〉傳亦云：「翼翼，閑也」。

22 **注** 惠云：「當作『天』」，畢及江說同。

23 **注** 孫云：「萬舞之盛，顯聞於天，天弗用之。」畢云：「『翼』、『式』為韻。〈海外西經〉云『大樂之野，夏后啓于此儛九代』。〈大荒西經〉云『夏后開上三嬪于天，得〈九辨〉與〈九歌〉以下』。據此，則指啓盤于游田。《書序》『大康尸位』，及《楚詞》『夏康娛』云云，疑『大康』、『夏康』，即此云『淫溢康樂』，『淫』之訓『大』，然則『太康』疑非人名，而孔《傳》以為啓子不可奪也。」

▲案：《楚辭》「夏康娛」，「夏」，當從王引之讀為「下」。戴震謂「康娛」即「康樂」，非「太康」，說亦致塙。畢謂《書序》太康亦非夏帝，則謬說不足據也。

24 注 「戒」，當為「式」，此即家上引《書》「天用弗式」之文。

是故子墨子曰：「今天下士君子，請將欲求興天下之利，[1]除天下之害，當在樂之爲物，將不可不禁而止也。」

1 注 「請」，畢本改「誠」，云：「舊作『請』，一本如此。」

▲案：「請」、「誠」字通，詳前。

卷九

題解

本卷包含〈非命上、中、下〉與〈非儒下〉篇。「非」是反對也是批判，〈非命上〉篇，墨子認為當時的「命定論」是造成國家政治混亂、財用不足、民不聊生的重要因素，因此必須嚴加駁斥。他用歸納法中的差異比較來說明國家的興衰在於執政者的努力或怠惰，而非早已命定；他用三表法中的「原之者」來說明「命」並不存在，以反駁「執有命者」的看法。

有關墨子思維方法的三表法，綜合〈非命上、中、下〉各篇的不同提法，我們可以歸結出：第一表，本之者：(1)本之於古者聖王之事。(2)考之天鬼之志。第二表，原之者：(1)原察衆人耳目之實。(2)徵以先王之書。第三表，用之者：發以為刑政，觀其中國家百姓人民之利。其中，第一表和第二表各有兩種論述，在《墨子》書中，每種情況都使用過。

相較於〈明鬼〉篇墨子論證鬼神的存在，並且施行賞罰，是說明人所生活的社會有公平與正義。而這一篇〈非命上〉墨子所要論證的是「命」不存在，他想說明人在此公義的環境中必須積極努力，行善避惡；特別是那些握有權力的執政者，要為自己的所作所為負起責任，承擔使命，不可將政治、經濟、民生等問題用「命中注定」來做藉口。

從〈非命〉篇我們可以看到墨子肯定人的自由意志，更進一步的思考人是否真的自由，則關連到天的意志及鬼神賞罰間關係的張力。從〈天志〉篇來看，天欲人生、富、治，也正是人所期望達到的目標，但人必須付出努力才可能得到，而是否付出辛勞的努力則在於人的抉擇，並且在達成目標的過程中，人們必須遵循公義的價值原則（天欲義）或行為規範來達成目標。但「命定論」卻導致人的行為違反了天志的期待與要求，有些人卻用命定論來做為藉口。正因人在某一範圍內是自由的，人才必須為他的所作所為負責，並承擔事後賞罰的結果。

至於〈非儒〉篇墨子所反對的包括理論上與儒家在民間生活表現上的弊病，如厚葬久喪對人民生活的影響，宿命論導致的消極態度，一味崇古而缺乏創意，以及表裡不一的虛偽等等。從〈非儒〉篇可以看到當時儒家思想在實踐上的僵化，以及墨家的反省與批判。

非樂中第三十三[1]

1 注 闕。

非樂下第三十四[1]

1 注 闕。

非命上第三十五[1]

1 注 《漢書·藝文志》注：「蘇林云：非有命者，言儒者執有命而反勸人修德積善，政教與行相反，故譏之也。如淳云：言無吉凶之命，但有賢不肖善惡。」〈祭法〉孔《疏》引《孝經援神契》云：「命有三科：有受命以任慶，有遭命以謫暴，有隨命以督行。受命謂年壽也，遭命謂行善而遇凶也，隨命謂隨其善惡報之。」《白虎通義·壽命》篇及王充《論衡·命義》篇說三命略同。墨子所非者，即三命之說也。

子墨子言曰：古者王公大人，爲政國家者，皆欲國家之富，人民之衆，刑政之治。然而不得富而得貧，不得衆而得寡，不得治而得亂，則是本失其所欲，得其所惡，是其故何也？子墨子言曰：執有命者以雜於民閒者衆。執有命者之言曰：「命富則富，命貧則貧，命衆則衆，命寡則寡，命治則治，命亂則亂，命壽則壽，命夭則夭，命，[1]雖強勁何益哉？」上以說王公大人，下以駔百姓之從事，[2]故執有命者不仁。故當執有命者之言，不可不明辨。

1 注 王云：「此下有脫文，不可考。」

2 注 畢云：「駔，『阻』字假音。《說文》云『駔，從馬，且聲。』劉逵注左思賦，引《說文》『于助反』」。

然則明辨此之說將柰何哉？子墨子言曰：「必立儀，[1]言而毋儀，譬猶運鈞之上而立朝夕者也，[2]是非利害之辨，不可得而明知也。故言必有三表。」[3]何謂三表？子墨子言曰：「有本之者，[4]有原之者，[5]有用之者。於何本之？上本之於古者聖王之事。於何原之？下原察百姓耳目之實。於何用之？廢以爲刑政，[6]觀其中國家百姓人民之利。此所謂言有三表也。」

1 注 吳鈔本無「曰」字，案疑當作「言必立儀」，今本「曰言」二字，涉上誤倒。《管子．禁藏》篇云：「法者天下之儀也」，尹注云：「儀，謂表也。」

2 注 畢云：「『運』，中篇作『員』，音相近。《廣雅》云：『運，轉也』。高誘注《淮南子》云：『鈞，陶人作瓦器法，下轉鈞者』，《史記集解》云：『駰案：《漢書音義》曰：陶家名模下圓轉者為鈞』。《索隱》云：『韋昭曰：鈞木長七尺，有絃，所以調為器具也』。言運鈞轉動無定，必不可立表以測景。」

▲詒讓案：《管子．七法》篇云：「不明於則，而欲出號令，猶立朝夕於運均之上」，尹注云：「均，陶者之輪也，立朝夕，所以正東西也，今均既運，則東西不可準也」。

▲案：「運」、「員」音近，古通。《國語．越語》「廣運百里」，《山海經．西山經》作「廣員百里」，《莊子．天運》篇《釋文》引司馬彪本作「天員」。立朝夕，謂度東西也。《周禮．大司徒》云：「日東則景夕，日西則景朝」，〈司儀〉云：「凡行人之儀，不朝不夕」，《考工記．匠人》云：「晝參諸日中之景，夜考之極星，以正朝夕」，《晏子春秋．雜》篇云：「古之立國者，南望南斗，北戴樞星，彼安有朝夕哉」，《春秋繁露．深察名號》篇云：「正朝夕者視北辰」。

3 注 「表」、「儀」義同。《左．文六年傳》云：「引之表儀」。洪云：「〈非命中〉篇、〈非命下〉篇此段文義大略相同，皆作『言有三法』。『法』，《說文》作『灋』，『表』，古文作『䙞』，字形相近。」

4 注 本，謂考其本始，下篇作「有考之者」。

5 注 《廣雅．釋詁》云：「源，度也」。「原」、「源」字通。劉歆《列女傳．頌小序》云：「原度天道」，此「原之」亦謂察度其事故也。

6 注 盧云：「廢，置也。中篇作『發』」。王云：「盧說非也，『廢』讀為『發』，故中篇作『發而為刑政』，下篇作『發而為政乎國』。『發』、『廢』古字通。」

然而今天下之士君子，或以命爲有。[1]蓋嘗尚觀於聖王之事？[2]古者桀之所亂，湯受而治之；紂之所亂，武王受而治之。此世未易，民未渝，[3]在於桀、紂，則天下亂；[4]在於湯、武，則天下治——豈可謂有命哉？

1 注 句。

2 注 「蓋」上，舊本有「益」字。王云：「『或以命為有』絕句，下文云『豈可謂有命哉』，『益』即『蓋』字之譌，『蓋』字俗書作『盖』，形與『益』相近，故『蓋』譌作『益』。《史記．楚世家》『還蓋長城以為防』，徐廣曰『蓋，一作益』。今云『益蓋』者，一本作『益』，一本作『蓋』，而後人誤合之耳。『蓋』與『盍』同，盍，何不也。〈檀弓〉曰『子蓋言子之志於公乎』，《孟子．梁惠王》篇『蓋亦反其本矣』。嘗，試也。『尚』與『上』同。言今天下之士君子，或以命為有，則何不試上觀於聖王之事乎？下文曰『今天下之士君子，或以命為有，益嘗尚觀於先王之書』，『益』亦『蓋』字之譌。」

▲案：王校是也，今據刪。

3 注 《爾雅・釋言》云：「渝，變也。」

4 注 畢云：「舊脫『在』字，據下文增。」

然而今天下之士君子，或以命爲有。蓋嘗尚觀於先王之書？[1]先王之書，所以出國家、[2]布施百姓者，[3]憲也。[4]先王之憲，亦嘗有曰「福不可請，而禍不可諱，[5]敬無益，暴無傷」者乎？所以聽獄制罪者，刑也。先王之刑亦嘗有曰「福不可請，禍不可諱，敬無益，暴無傷」者乎？所以整設師旅、進退師徒者，誓也。先王之誓亦嘗有曰：「福不可請，禍不可諱，敬無益，暴無傷」者乎？是故子墨子言曰：「吾當未鹽數，[6]天下之良書不可盡計數，大方論數，[7]而五者是也。[8]今雖毋求執有命者之言，[9]不可必得，不亦錯乎？」[10]今用執有命者之言，是覆天下之義，覆天下之義者，是立命者也，百姓之誶也。說百姓之誶者，[11]是滅天下之人也。然則所爲欲義在上者，[12]何也？曰：「義人在上，天下必治，上帝山川鬼神，必有幹主，[13]萬民被其大利。」何以知之？子墨子曰：「古者湯封於亳，[14]絕長繼短，[15]方地百里，與其百姓兼相愛、交相利，移則分。[16]率其百姓以上尊天事鬼，是以天鬼富之，諸侯與之，百姓親之，賢士歸之，未歿其世，[17]而王天下，政諸侯。[18]昔者文王封於岐周，[19]絕長繼短，方地百里，[20]與其百姓兼相愛、交相利，則，[21]是以近者安其政，遠者歸其德。聞文王者，皆起而趨之。罷不肖、股肱不利者，[22]處而願之曰：『柰何乎使文王之地及我，吾則吾利[23]豈不亦猶文王之民也哉。』是以天鬼富之，諸侯與之，百姓親之，賢士歸之，未歿其世而王天下，政諸侯。[24]鄉者言曰：『[25]義人在上，天下必治，上帝山川鬼神，必有幹主，萬民被其大利。』吾用此知之。」

1 注 「蓋」，舊本亦譌「益」，王據上文改。

2 注 畢云：「舊脫『以』字，據下文增。」

3 注 畢云：「舊脫此字，據下文增。」

4 注 《爾雅．釋詁》云：「憲，法也。」《周禮．秋官》有「布憲」，《管子．立政》篇云：「布憲於國」。《國語．周語》云：「布憲施舍于百姓」，韋注同《爾雅》。

5 注 諱，當讀為「違」，同聲叚借字。《禮記．緇衣》「太甲曰：天作孽，猶可違也」，鄭注云：「違，猶『辟』也」。下同。

6 注 「當」，疑「尚」之譌。畢云：「『鹽』，『盡』字之譌。」

7 注 大方，即大較也。《後漢書·郎顗傳》，李注云：「方，法也。」《史記·律書》索隱云：「大較，大法也。」

8 注 畢云：「『五』，當為『三』，即上『先王之憲、之刑、之誓』是。」

9 注 「雖」、「唯」通。毋，語詞，詳〈尚賢中〉篇。

10 注 錯與「廢」義同，詳〈節葬下〉篇。

11 注 畢云：「《爾雅》云『誶，告也』。陸德明《音義》云『沈音粹，郭音碎』。言以此告百姓。」蘇云：「誶，猶訴誶，謂不道之言也。」俞云：「『誶』讀為『悴』。《說文·心部》『悴，憂也。』猶曰百姓之憂也，故曰說百姓之誶者，是滅天下之人也。畢釋非是。」

▲案：俞說是也。

12 注 「義在上」，文未備，據下文當作「義人在上」，今本脫「人」字。

13 注 畢云：「『幹』，當為『斡』，此『管』字假音。」

▲詒讓案：《後漢書·竇憲傳》李注云：「幹，主也。或曰古『管』字。」《漢書·食貨志》顏注云：「斡，讀為『管』同，謂主領也。」漢隸，「榦」、「斡」皆作「幹」，經典多通用，但此「幹」字，似當讀如字。《說文·木部》云：「幹，本也。」「榦」者，本榦，對「枝」言之也。《荀子·儒效》篇云：「以枝代主而非越也」，楊注云：「枝，枝子。」若然，「家適」謂之「榦」，「支子」謂之「枝」，「榦主」

者，猶言「宗主」耳。

14 注 畢云：「當為『薄』。《說文》云：『亳，京兆杜陵亭也，從高省，乇聲。』《史記集解》云『徐廣曰：京兆杜縣有亳亭。』《索隱》云：『秦寧公與亳王戰，亳王奔，遂滅湯社。皇甫謐云：「周桓王時自有亳王號湯，非殷也。」』此亳在陝西長安縣南。若殷湯所封，是河南偃師之薄。書傳及本書亦多作『薄』，惟《孟子》作『亳』，蓋借音字，後人依改亂之。顧炎武不考《史記》反以此譏許君地里之謬，是以不狂為狂也。」

15 注 《禮記．王制》云：「凡四海之內，絕長補短，方三千里。」《孟子．滕文公》篇云：「今滕絕長補短，將五十里也。」《戰國策．秦策》「韓非說秦王曰：今秦地形斷長續短，方數千里」，又〈楚策〉「莊辛對楚王曰：今楚雖小，絕長續短，猶以數千里。」此云「絕長繼短」，猶《國策》云「斷長續短」也。

16 注 畢云：「言財多則分也。移，或『多』字。」洪云：「《禮記．郊特牲》『順成之方，其蠟乃通，以移民也』，鄭注『移之言羨也』，『移』古通作『侈』字，『侈』亦是有餘之義。」

17 注 「歿」，吳鈔本作「沒」，下同。

18 注 「政」、「正」通，正猶長也，詳〈親士〉篇。

19 注 《孟子．離婁》篇云：「文王生於岐周」，趙注云：「岐山下，周之舊邑。」《漢書．地理志》云：「右扶風美陽：〈禹貢〉岐山在西北。中水鄉，周大王所邑。」又云：「大王徙邠，文王作酆。」畢云：「岐，岐山。周，周原。」

20 注 舊本作「地方」，今從《道藏》本乙，與上文合。

21 注 王云：「『是以』上，不當有『則』字，蓋即『利』字之誤而衍者。上下文『是以天鬼富之，諸侯與之，百姓親之，賢士歸之』，『是以』上，皆無『則』字。」俞云：「『則』上脫『移』字，下脫『分』字。上文曰『與其百姓兼相愛、交相利、移則分』，是其證也。王氏謂『則』即『利』字之誤而衍者，非。」

▲案：俞說近是。

22 注 《荀子．成相》篇云：「君子賢而能容罷」，楊注云：「罷，弱不任事者。」《國語．齊語》云：「罷士無伍」，韋注云：「無行曰罷」，《管子．小匡》篇尹注云：「罷，謂乏於德義者」。

23 注 蘇云：「『我』字衍文，或去上『吾』字亦可。」俞云：「『則』上『吾』字，『豈』上『利』字，並衍文。」

24 注 「政」，舊本作「征」。蘇云：「『征』，當從上文作『政』，蓋政者，正也。『征』、『政』古通用。」

▲案：吳鈔本作「政」，今據正。政諸侯，謂長諸侯也，詳〈親士〉篇。

25 注 畢云：「鄉，同『鄕』。」

是故古之聖王發憲出令，設以爲賞罰以勸賢，[1]是以入則孝慈於親戚，[2]出則弟長於鄉里，坐處有度，出入有節，男女有辨。[3]是故使治官府則不盜竊，守城則不崩叛，[4]君

有難則死，出亡則送。此上之所賞，而百姓之所譽也。執有命者之言曰：「上之所賞，命固且賞，非賢故賞也。上之所罰，命固且罰，不暴故罰也。」[5]是故入則不慈孝於親戚，出則不弟長於鄉里，坐處不度，出入無節，男女無辨。是故治官府則盜竊，守城則崩叛，君有難則不死，出亡則不送。此上之所罰，百姓之所非毀也。執有命者言曰：「上之所罰，命固且罰，不暴故罰也。上之所賞，命固且賞，非賢故賞也。」[6]以此爲君則不義，爲臣則不忠，爲父則不慈，爲子則不孝，爲兄則不良，爲弟則不弟，[7]而強執此者，此特凶言之所自生，而暴人之道也。[8]

1 **注** 畢云：「中篇作『勸沮』，是。」王云：「原文是『勸賢』，不得徑改為『勸沮』。余謂『勸賢』下當有『沮暴』二字。『勸賢』承『賞』而言，『沮暴』承『罰』而言。〈尚賢〉篇曰『賞不當賢而罰不當暴，則是為賢者不勸，而為暴者不沮矣』，〈尚同〉篇曰『賞譽不足以勸善，而刑罰不可以沮暴』，皆其證。」

2 **注** 親戚，即父母也，詳〈兼愛下〉篇。〈尚賢中〉篇云：「入則不慈孝父母」。

3 **注** 「辨」、「別」同。〈尚賢中〉篇云：「男女無別」。

4 **注** 「崩」，當為「倍」之叚字。〈尚賢中〉篇云：「守城則倍畔」，猶此下文云：「守城則崩叛」也。「倍」與「背」同。《逸周書．時訓》篇云：「遠人背叛。」「倍」與「崩」一聲之轉，古字通用。《說文．

人部》「倗，讀若陪位」，〈邑部〉「䣕，讀若陪」。即「崩」、「倍」相通之例。

5 **注** 王引之云：「『不』與『非』同義，故互用。」俞云：「『上之所罰，命固且罰，不暴故罰也』十三字，當為衍文，說詳下。」

6 **注** 俞云：「『上之所賞，命固且賞，非賢故賞也』十三字，當為衍文。蓋上文說賞事，故述執有命者之言，曰『上之所賞，命固且賞，非賢故賞也』。此文是說罰事，故述執有命者之言，曰『上之所罰，命固且罰，不暴故罰也』。今上文衍『上之所罰』云云，此文衍『上之所賞』云云，皆於文義未合，即此文之罰、賞倒置，而其傳寫誤衍之跡，居然可見矣。」

7 **注** 良為兄，義不甚切，疑「良」當為「長」。《逸周書・謚法》篇云：「教誨不倦曰長」，即其義也。此以兄長對弟弟，亦即家上云「出則弟長於鄉里」為文。〈尚賢中〉篇云：「出則不長弟鄉里」，《國語・齊語》亦云：「不長弟於鄉里」，《謚法》云：「愛民長弟曰恭」，此並以長教幼為長，幼事長為弟。淺人不解「長」字之義，而改為「良」，遂與上「弟長」之文不相應矣。

8 **注** 舊本作「者」，《道藏》本作「昔」。畢據下文改。「特」，舊本譌「持」。王云：「『持』字義不可通，『持』當為『特』。《呂氏春秋・忠廉》篇注曰：『特，猶直也』，言此直是凶人之言，暴人之道也。下文同。」

▲案：王校是也，今據正。

然則何以知命之爲暴人之道？昔上世之窮民，貪於飲食，惰於從事，是以衣食之財不足，[1]而飢寒凍餒之憂至，不知曰「我罷不肖，從事不疾」，必曰「我命固且貧」。昔上世暴王[2]不忍其耳目之淫，心涂之辟，[3]不順其親戚，遂以亡失國家，傾覆社稷，不知曰「我罷不肖，爲政不善」，必曰「吾命固失之」。於〈仲虺之告〉[4]曰：「我聞于夏人，矯天命，布命于下，[5]帝伐之惡，[6]龔喪厥師。」[7]此言湯之所以非桀之執有命也。於〈太誓〉曰：「紂夷處，[8]不肎事上帝鬼神，[9]禍厥先神禔不祀，[10]乃曰『吾民有命，[11]無廖排漏』，[12]天亦縱棄之而弗葆。」[13]此言武王所以非紂執有命也。[14]今用執有命者之言，則上不聽治，下不從事。上不聽治，則刑政亂；下不從事，則財用不足，上無以供粢盛酒醴，[15]祭祀上帝鬼神，下無以降綏天下賢可之士，[16]外無以應待諸侯之賓客，內無以食飢衣寒，將養老弱。[17]故命上不利於天，中不利於鬼，下不利於人，而強執此者，此特凶言之所自生，[18]而暴人之道也。

1 **注** 畢云：「舊脫『食』字，據上文增。」

2 **注** 「昔」，舊本譌作「若」，王據上文改「昔」，今從之。《道藏》本、吴鈔本並作「苦」，則當屬上讀。

3 **注** 畢云：「涂，猶『術』。」王引之云：「畢說非也。『心涂』，本作『心志』，『耳目之淫，心志之辟』，並見中篇。下篇作『心意』，亦『心志』之譌。」

4 **注** 《書敘》云：「湯歸自夏，至于大坰，仲虺作誥」。《禮記．緇衣》「尹吉曰」，鄭注云：「『吉』，當為『告』，『告』，古文『誥』字之誤也。」

5 **注** 《偽孔傳》云：「言託天以行虐於天下，乃桀之大罪。」畢云：「孔《書》作『夏王有罪，矯誣上天以布命于下。』」

6 **注** 畢云：「〈非命中〉作『式是惡』。『式』、『伐』形相近，『之』、『是』音相近也。」

7 **注** 《偽孔傳》云：「天用桀無道，故不善之。式，用；爽，明也。用商受王命，用明其衆，言為主也。」畢云：「孔《書》作『帝用不臧，式商受命，用爽厥師。』『龔』、『用』，『喪』、『爽』音同。」江聲云：「師，衆也。言桀執有命，天用是憎惡之，用喪其衆。」孫星衍云：「『用』為『龔』，聲相近。」

8 **注** 〈天志中〉篇作「紂越厥夷居」。

9 **注** 〈天志中〉篇無「鬼神」二字。畢云：「孔《書》作『乃夷居，弗事上帝神祇』。」

10 **注** 〈天志中〉篇「禍」作「棄」，「禔」作「祇」。畢云：「孔《書》作『遺厥先宗廟弗祀』。『禔』同『示』。」

▲詒讓案：《說文．示部》云：「禔，安也。《易》曰『禔既平』。」今《易．坎》九五作「祇既平」，《釋文》云：「祇，京作『禔』」，是「祇」、「禔」聲近，古通用之證。

11 注 〈天志中〉篇無「民」字，孔《書》「民」上有「有」字。

12 注 《道藏》本作「屚」。

▲案：此當從中篇作「毋僇其務」，義詳彼注。〈天志中〉篇作「無廖僔務」，亦誤。畢云：「孔《書》作『乃曰吾有民有命，罔懲其侮。』」

13 注 畢云：「孔《書》無此文。」

▲案：舊本「棄」在「之」下。王云：「『縱之棄』，當作『縱棄之』。縱棄，猶放棄也。中篇作『天不亦棄縱而不葆』，〈天志〉篇作『天亦縱棄紂而不葆』，皆其證。」

▲案：王說是也，今據乙。「葆」，吳鈔本作「保」。

14 注 畢云：「『紂』下，據上文當有『之』字。」

15 注 「供」，吳鈔本作「共」。

16 注 舊本脫「下無以」三字，王據上下文補。《爾雅．釋詁》云：「綏，安也。」

17 注 俞謂「將養」為「持養」之誤，詳〈尚賢中〉篇。

18 注 「特」，舊本亦譌「持」，依王校改。

是故子墨子言曰：「今天下之士君子，忠實欲天下之富而惡其貧，[1]欲天下之治而惡其亂，執有命者之言，不可不非，此天下之大害也。」

1 注 畢云：「『忠』，下篇作『中』。」

非命中第三十六

子墨子言曰：凡出言談、由文學之爲道也，[1]則不可而不先立義法。[2]若言而無義，譬猶立朝夕於員鈞之上也，[3]則雖有巧工，必不能得正焉。然今天下之情僞，未可得而識也，故使言有三法。三法者何也？有本之者，有原之者，有用之者。於其本之也，考之天鬼之志、聖王之事；於其原之也，徵以先王之書；用之柰何，發而爲刑——[4]此言之三法也。

1 注 「由、為」義相近，下篇云：「今天下之君子之為文學、出言談也。」

2 注 畢云：「『義』，上篇作『儀』。『義』、『儀』同。」

3 注 「譬」，吳鈔本作「辟」，「員」，上篇作「運」，聲義相近。

4 注 畢云：「據上篇有『政』字。」

今天下之士君子[1]或以命爲亡，我所以知命之有與亡者，以衆人耳目之情，知有與亡。有聞之，有見之，謂之有；莫之聞，莫之見，謂之亡。然胡不嘗考之百姓之情？[2]自古以及今，生民以來者，亦嘗見命之物，[3]聞命之聲者乎？則未嘗有也。若以百姓爲愚不肖，耳目之情不足因而爲法，然則胡不嘗考之諸侯之傳言流語乎？自古以及今，生民以來者，亦嘗有聞命之聲，見命之體者乎？則未嘗有也。然胡不嘗考之聖王之事？古之聖王，舉孝子而勸之事親，尊賢良而勸之爲善，發憲布令以教誨，[4]明賞罰以勸沮。[5]若此，則亂者可使治，而危者可使安矣。若以爲不然，昔者，桀之所亂，湯治之；紂之所亂，武王治之。此世不渝而民不改，上變政而民易教，[6]其在湯、武則治，其在桀、紂則亂，安危治亂，[7]在上之發政也，則豈可謂有命哉！[8]夫曰有命云者，亦不然矣。

1 注 盧云：「此下當有『或以命為有』五字。」

2 注 畢云：「舊脫『不』字，據下文增。」

▲詒讓案：「然」與「則」義同，「然胡不」亦見〈尚同下〉篇。此下文繫言之則云：「然則胡不」。

3 注 以下文校之，「亦嘗」下當有「有」字。

4 注 《長短經．運命》篇引無「布」字。

5 **注** 舊本脫「明」字，今據《長短經》引補。又「勸沮」，《長短經》作「沮勸」。「勸」，吳鈔本作「賞」，非。

6 **注** 「政」，《治要》、《長短經》並作「正」。

7 **注** 「安危」上，《長短經》有「則」字。

8 **注** 《長短經》無「則」字。

今夫有命者言曰：[1]「我非作之後世也，自昔三代有若言以傳流矣。今故先生對之？」[2]曰：「夫有命者，不志昔也三代之聖善人與？[3]意亡昔三代之暴不肖人也？」[4]何以知之？[5]初之列士桀大夫，[6]慎言知行，此上有以規諫其君長，下有以教順其百姓，[7]故上得其君長之賞，下得其百姓之譽。列士桀大夫聲聞不廢，流傳至今，而天下皆曰其力也，必不能曰「我見命焉。」[8]

1 **注** 「有命」上，疑脫「執」字。

2 **注** 畢云：「未詳。『生』當為『王』。」

▲案：顧校季本、吳鈔本並作「王」。俞云：「此子墨子託為先生之言，以折執有命者之說。畢謂『生』當為

「王」，非是。」

▲案：疑當作「今胡先生非之？」諸校並未得其義。

3 注 畢云：「下篇作『不識昔也』，『志』即『識』字。『與』讀如『歟』。」

▲詒讓案：「不志」、「不識」，並猶云「不知」。《禮記．哀公問》鄭注云：「『志』讀為『識』，識知也。」

4 注 「意」與「抑」同。「意亡」，語詞，詳〈非攻下〉篇。畢云：「『亡』同『無』。『也』，下篇作「與」，同。」

5 注 畢云：「言有命之說，不識出之昔者聖善人乎，意亡此言出之暴不肖人乎？彼固亡知之妄言。」

6 注 《說苑．臣術》篇云：「列士者，所以參大夫也。」「桀」與「傑」字通。《白虎通義．聖人》篇引《禮別名記》云：「萬人曰傑」。《說文．人部》云：「傑，埶也，材過萬人也。」《呂氏春秋．孟秋紀》高注云：「才過萬人曰『桀』。」《毛詩．衛風》「邦之桀兮」，傳云：「桀，特立也。」

7 注 畢云：「『順』同『訓』。」

▲詒讓案：舊本此下有「故上有以規諫其君長，下有以教順其百姓」二句。盧云：「此已上十七字衍文。」

▲案：盧校是也，吳鈔本亦無，今據刪。

8 注 「見」字，吳鈔本脫。俞云：「『必不能曰』下有闕文，下文『必不能曰我罷不肖，我從事不疾，必曰我命固且窮』，是其證也。」

是故昔者三代之暴王，不繆其耳目之淫，[1]不愼其心志之辟，[2]外之敺騁田獵畢弋，[3]內之沈於酒樂，而[4]不顧其國家百姓之政。繁爲無用，暴逆百姓，使下不親其上，是故國爲虛厲，[5]身在刑僇之中，[6]不肎曰：「[7]我罷不肖」、[8]「我爲刑政不善」，必曰：「我命故且亡」。[9]雖昔也三代之窮民，[10]亦由此也。[11]內之不能善事其親戚，[12]外不能善事其君長，[13]惡恭儉而好簡易，貪飲食而惰從事，衣食之財不足，使身至有饑寒凍餒之憂，[14]必不能曰：「[15]我罷不肖」，「我從事不疾」，必曰：「我命固且窮」。雖昔也三代之僞民，亦猶此也。繁飾有命，以教衆愚樸人久矣。[16]聖王之患此也，故書之竹帛，琢之金石，於先王之書〈仲虺之告〉曰：「我聞有夏，人矯天命，布命于下，帝式是惡，用闕師。」[17]此語夏王桀之執有命也，湯與仲虺共非之。先王之書〈太誓〉之言然，曰：「紂夷之居，而不肎事上帝，棄闕其先神而不祀也，[18]曰：『我民有命，毋僇其務。』[19]天不亦棄縱而不葆。」[20]此言紂之執有命也，武王以〈太誓〉非之。有於《三代》、《不國》有之曰：「[21]女毋崇天之有命也。」命三不國亦言命之無也。[22]於召公之執令於然，[23]且：「[24]敬哉！無天命，惟予二人，而無造言，[25]不自降天之哉得之。」[26]在於商、夏之詩書曰：「命者，暴王作之。」且今天下之士君子，將欲辯是非利害之故，[27]當天有命者，[28]不可不疾非也。[29]執有命者，此天下之厚害也，是故子墨子非也。[30]

1 **注** 畢云：「言不糾其繆。」

▲詒讓案：「繆」，即「糾」之叚字。

2 **注** 《治要》作「僻」，畢云：「『僻』同。」

3 **注** 畢云：「《說文》云『古文驅從攴』。」

▲案：「騁」，畢本作「聘」，譌。《孟子．盡心》篇云：「驅騁田獵」，《國語．齊語》云：「田狩畢弋」，韋注云：「畢，掩雉兔之網也」。「弋」，「雉」之借字，詳〈備高臨〉篇。

4 **注** 自「必不能曰」以下至此，凡四十五字，舊本誤入下文「身在刑僇之中」之下，王移置於此。

5 **注** 「厲」，〈公孟〉、〈魯問〉二篇並作「戾」，字通。畢云：「陸德明《莊子音義》云：『李云：居宅無人曰虛，死而無後曰厲』。」

6 **注** 自「不顧其國家」以下至此，凡三十五字，舊本誤入上文「必不能曰」之上，王移置於此。舊本「不顧」上，又衍「一」字，王據下篇刪。

7 **注** 三字舊脫，畢據下文增「不曰」二字，《治要》引有此三字，今據補。

8 **注** 舊本無「我」字，畢據一本增，顧校季本有。

9 **注** 「故」，下文作「固」，同。

10 注 《治要》「窮」作「偽」，與下同。

11 注 蘇云：「『由』與『猶』同。」

12 注 畢云：「『事』，一本作『視』。」

▲詒讓案：親戚，謂父母，詳〈兼愛下〉篇。

13 注 「外」下，疑脫「之」字。

14 注 「饑」，上、下篇並作「飢」，吳鈔本同。

15 注 畢云：「『必』，舊作『心』，以意改。」

▲案：顧校季本正作「必」。

16 注 《治要》無「樸人」二字。王云：「『愚樸』下，衍『人』字。」戴云：「不當刪。」

▲案：王校近是。《家語．王言》篇「民敦而俗樸」，王肅注云：「樸，愨愿貌」。

17 注 畢云：「『闕』，當是『喪厥』二字，下篇作『用爽厥師』。」孫星衍云：「『厥』為『闕』，形相近。」

18 注 以〈天志中〉篇及上篇校之，「闕」亦當讀為「厥」，與上「闕師」同。此當云：「棄闕先神示而不祀也。」「示」、「祇」同，傳寫誤作「亓」，校者不憭，因此書「其」字多作「亓」，遂又改為「其」，復誤移箸「先神」上，不知「闕」即「厥」字，不當更云「其」也。〈天志〉篇正作「棄厥先神祇不祀」，可證。〈非儒下〉篇「其道不可以期世」，「期」，《晏子春秋》作「示」，亦「示」、「亓」、「其」三字展轉譌變之比例也。

19 注 畢云：「言毋戮力其事也，上二篇俱當從此。孔《書》作『罔懲其侮』，義異。或云偽〈泰誓〉不足據，不如此文。」

▲詒讓案：「毋僇」，當為「侮僇」，二字平列。言紂惟陵侮僇辱民是務也。《荀子・彊國》篇云：「無僇乎族黨，而抑卑其後世」，「無」、「毋」、「侮」，古通。「無僇」與「抑卑」文相儷，與此「毋僇」義亦正同。楊注釋為「無刑戮之恥」，失之。

20 注 吴鈔本作「保」。畢云：「文與上篇小異。」王云：「《孟子・滕文公》篇注曰『不亦者，亦也』，畢本『不亦』作『亦不』，非。」

21 注 上「有」字，當讀為「又」。蘇云：「所引蓋古逸書，『不』字疑誤。」

▲詒讓案：「不」疑當作「百」，《三代》、《百國》，或皆古史記之名。《隋書・李德林傳》引《墨子》云：「吾見百國春秋」。

22 注 「命三」，疑當為「今三」，下當脫「代」字。

23 注 此有脫誤，疑當作「於召公之非執命亦然」。召公，蓋即召公奭，亦《周書》佚篇之文。「令」與「命」字通。「於」，亦字誤。上篇云「此言湯之所以非桀之執有命也」，又云「此言武王所以非紂執有命也」，是其證。

24 注　畢云：「當為『曰』。」

25 注　《周禮・大司徒》有造言之刑，鄭注云：「造言，訛言惑眾。」

26 注　疑當作「不自天降，自我得之。」

27 注　吳鈔本「辯」作「辨」。

28 注　畢云：「『天』當為『夫』。」

29 注　王云：「《呂氏春秋・尊師》篇注云『疾，力也』。」

30 注　「非」下，當有「之」字。

非命下第三十七

子墨子言曰：凡出言談，則必可而不先立儀而言。[1]若不先立儀而言，譬之猶運鈞之上而立朝夕焉也。我以爲雖有朝夕之辯，[2]必將終未可得而從定也。是故言有三法。何謂三法？曰「有考之者，有原之者，[3]有用之者。」惡乎考之？考先聖大王之事。惡乎原之？察衆之耳目之請。[4]惡乎用之？發而爲政乎國，察萬民而觀之——此謂三法也。

1 注 畢云：「一本作『則必先立義而言』。」蘇云：「當作『不可不先立儀而言』。『必』字誤，上『而』字衍。」俞云：「『則必可』，當作『則不可』。中篇曰『則不可而不先立義法』，是其證也。不可而者，不可以也。王氏念孫說。」

2 注 吳鈔本作「辨」。

3 注 畢云：「舊脫『有』字，一本如此。」

4 注 畢云：「據前篇，當為『情』。」

▲詒讓案：「請」、「情」古通，不必改字。

故昔者三代聖王禹、湯、文、武方爲政乎天下之時，曰「必務舉孝子而勸之事親，尊賢良之人而教之爲善。」是故出政施教，賞善罰暴。且以爲若此，則天下之亂也，將屬可得而治也；[1]社稷之危也，將屬可得而定也。若以爲不然，昔桀之所亂，湯治之；紂之所亂，武王治之。當此之時，世不渝而民不易，[2]上變政而民改俗。存乎桀、紂而天下亂，存乎湯、武而天下治。天下之治也，湯、武之力也；天下之亂也，桀、紂之罪也。若以此觀之，夫安危治亂存乎上之爲政也，則夫豈可謂有命哉！故昔者禹、湯、文、武方爲政乎天下之時，曰「必使飢者得食，寒者得衣，勞者得息，亂者得治」，遂得光譽令問於天下。[3]夫豈可以爲命哉？[4]故以爲其力也。[5]今賢良之人，尊賢而好功道術，[6]故上得其王公大人之賞，下得其萬民之譽，遂得光譽令問於天下。亦豈以爲其命哉？又以爲力也！[7]然今夫有命者，不識昔也三代之聖善人與，意亡昔三代之暴不肖人與？[8]若以說觀之，則必非昔三代聖善人也，[9]必暴不肖人也。

1 注 《國語．魯語》韋注云：「屬，適也。」

2 注 畢云：「《文選注》引此，『治』作『理』，『世』作『時』，『民』作『人』，皆唐人避諱改。」

3 注 《羣書治要》「問」作「聞」。〈尚同下〉篇亦云：「光譽令聞」。「問」、「聞」通。

4 注 據下文，「命」上當有「其」字。

5 注 「故」、「固」通。

6 注 《治要》「功」作「蓄」。畢云：「一本無『功』字。」

7 注 「力」上，亦當有「其」字。

8 注 「意亡」，詳〈非攻下〉篇。蘇云：「『也』字衍。『意』讀如『抑』，『亡』當作『亦』。」
▲案：蘇說非。

9 注 「若以說」，疑當作「以若說」。

然今以命爲有者，昔三代暴王桀、紂、幽、厲貴爲天子，富有天下，於此乎，不而矯其耳目之欲，[1]而從其心意之辟，[2]外之敺騁、田獵、畢弋，內湛於酒樂，[3]而不顧其國家百姓之政，繁爲無用，暴逆百姓，遂失其宗廟。[4]其言不曰「吾罷不肖，吾聽治不強」，必曰「吾命固將失之」。雖昔也三代罷不肖之民，亦猶此也。不能善事親戚君長，甚惡恭儉而好簡易，貪飲食而惰從事，衣食之財不足，是以身有陷乎飢寒凍餒之憂。其言不曰「吾罷不肖，吾從事不強」，又曰「吾命固將窮」——[5]昔三代僞民亦猶此也。

1 注 畢云：「而，讀如『能』，一本無此字，非。」

▲案：畢讀是也。陳壽祺說同。

2 注 王據中篇，以「心意」為「心志」之譌。今案「志」、「意」義同，似非譌字。

3 注 畢云：「中篇『湛』作『沈』。」

4 注 「遂」與「隊」通。〈法儀〉篇云：「遂失其國家。」

5 注 戴云：「『又』，當依上文改作『必』。」

昔者暴王作之，窮人術之，[1]此皆疑衆遲樸，[2]先聖王之患之也，固在前矣。是以書之竹帛，鏤之金石，琢之盤盂，傳遺後世子孫。[3]曰「何書焉存？」[4]禹之〈總德〉有之曰：「[5]允不著，[6]惟天民不而葆，[7]既防凶心，天加之咎，不愼厥德，天命焉葆？」〈仲虺之告〉曰：「我聞有夏，人矯天命，[8]于下，帝式是增，[9]用爽厥師。」[10]彼用無爲有，故謂矯，[11]若有而謂有，夫豈爲矯哉！[12]昔者，桀執有命而行，湯爲〈仲虺之告〉以非之。〈太誓〉之言也，於〈去發〉[13]曰：「惡乎君子！[14]天有顯德，其行甚章，[15]爲鑑不遠，[16]在彼殷王。[17]謂人有命，謂敬不可行，謂祭無益，謂暴無傷，[18]上帝不常，九有以亡，[19]上帝不順，祝降其喪，[20]惟我有周，受之大帝。」[21]昔紂執有命而行，[22]武王爲〈太誓〉、〈去發〉以非之。[23]曰：子胡不尙考之乎商、周、虞夏之記，從十簡之篇以尙，皆無之，[24]將何若者也？

1 **注** 畢云：「舊脫『人』字，一本有。『術』同『述』。」

▲詒讓案：〈樂記〉「知禮樂之情者能作，識禮樂之文者能述」，「述」，《史記．樂書》作「術」。

2 **注** 畢云：「言沮樸實之人。」王引之云：「『遲』字義不可通，『遲』當為『遇』，字之誤也。『遇』與『愚』同。《晏子春秋．外篇》『盛為聲樂，以淫愚民』，《墨子．非儒》篇『愚』作『遇』。《莊子．則陽》篇『匿為物而愚不識』，《釋文》『愚，一本作遇』，《韓子·南面》篇『愚贛窳惰之民』，宋乾道本，『愚』作『遇』。〈秦策〉『今愚惑與罪人同心』，姚本『愚』作『遇』。言此有命之說，或作之，或述之，皆足以疑眾愚樸。『樸』，謂質樸之人也。中篇作『教眾愚樸』，是其證。畢說非。」

▲案：「遲」疑當為「穉」。《管子·重令》篇云：「菽粟不足，末生不禁，民必有飢餓之色，而工以彫文刻鏤相穉也，謂之逆」，尹注云：「穉，驕也。」《莊子·列御寇》篇云：「人有見宋王者，錫車十乘，以其十乘驕穉莊子」，《釋文》引李頤云：「自驕而穉莊子也。」

▲案：《莊子》「穉」與《管子》同，李說未塙。此「遲樸」，似亦即驕穉願樸之意，與中篇文自不同，不必改為「愚」也。

3 注 「遺」，吳鈔本作「示」。

▲案：此文亦見〈兼愛下〉、〈天志中〉、〈貴義〉、〈魯問〉諸篇並作「遺」，則吳本非是。

4 注 王云：「焉猶於也。」

▲案：王說是也。此倒句，猶云「存於何書」。

5 注 蘇云：「總德，蓋逸《書》篇名。」

6 注 「著」，疑當為「若」。允不若，信不順也。

7 注 吳鈔本，「惟」作「唯」。畢云：「『而』同『能』，『葆』同『保』。」

8 注 當依上、中篇補「布命」二字。

9 注 畢云：「當作『惡』或『憎』字。」江聲云：「式，用也。『增』讀當為『憎』。《說文》『憎，惡也』。或作『帝式是惡』，或作『帝伐之惡』，『伐之』字誤，當從『式是』。《孟子．盡心下》篇云『士憎茲多口』，趙岐注解『憎』為『增多』之『增』，則『增』、『憎』字通。」顧云：「『增』即『憎』字。明道本〈晉語〉『懼子之應且增也』，今本作『憎』。《易林．渙之蠱》『獨宿增夜』，《道藏》本《韓非子》『論其所增』。」

10 注 「爽」，上篇作「喪」。惠棟云：「〈周語〉『單襄公曰：晉侯爽二』，韋昭曰『爽』，當為『喪』字之誤也』。」

11 注 《公羊》僖三十三年，何注云：「詐稱曰矯。」

12 注 「為」，吴鈔本作「謂」。

13 注 孫星衍云：「或『太子發』三字之誤。」莊述祖云：「『去發』，當為『太子發』。武王受文王之事，故自稱太子，述文王伐功，告諸侯，且言紂未可伐，為〈太誓上〉篇。」俞云：「古人作書，或合二字為一，如〈石鼓文〉『小魚』作『𩵖』，〈散氏銅盤銘〉『小子』作『[illegible]』是也。此文『大子』字或合書作『[illegible]』，其下闕壞，則似『厺』字，因誤為『去』耳。《詩．思文》篇，《正義》引〈大誓〉曰『惟四月，太子發上祭於畢，下至於孟津之上』。又云『太子發升舟，中流白魚入於王舟，王跪取出，涘以燎之』，注曰『得白魚之瑞，即變稱王，應天命定號也」。疑古〈大誓〉三篇，其上篇以太子發上祭於畢發端，至中、下兩篇，則作於得魚瑞之後，無不稱王矣。故學者相承，稱〈大誓〉上篇為〈太子發〉，以別於中、下兩篇，亦猶古詩以篇首字命名之例也。」

▲案：孫、莊、俞說近是。陳喬樅云：「『去』字疑是『告』之譌」，非。

14 注 「惡」，莊校改「於」。

15 注 莊云：「『有』，當為『右』，助也。言天之助明德，其行事甚章著。」蘇云：「《書．泰誓》曰『嗚呼！我西土君子，天有顯道，厥類惟彰』。」

16 注 「鑑」，吳鈔本作「監」。莊云：「『鑑』，當為『監』。」

17 注 蘇云：「『殷』，宜作『夏』。〈泰誓〉曰『厥鑑惟不遠，在彼夏王。』」

▲案：偽古文不足據，蘇說非也。《詩．大雅．蕩》云：「殷鑒不遠，在夏后之世」，鄭《箋》云：「此言殷之明鏡不遠也，近在夏后之世，謂湯誅桀也。後武王誅紂，今之王者何以不用為戒？」此詩與彼詩，文異而意則同。

18 注 蘇云：「此四句，今《書．泰誓》，在『厥鑑惟不遠』之上，上二句作『謂己有天命，謂敬不足行』，下同。」

19 注 蘇云：「二語今〈泰誓〉無之。上句見〈伊訓〉，下句見〈咸有一德〉。」

▲詒讓案：常，當讀為「尚」，尚，右也。詳〈非樂上〉篇。偽古文《書．咸有一德》云：「厥德匪常，九有以亾」，《偽孔傳》云：「人能常其德，則安其位，九有諸侯。桀不能常其德，湯伐而兼之」，並襲此文，而失其恉。

20 注 蘇云：「今〈泰誓〉『弗』作『不』，『其』作『時』。」莊云：「祝，斷也。言天將斷棄其身。」

▲詒讓案：〈泰誓〉偽孔傳云：「祝，斷也。天惡紂逆道，斷絕其命，故下是喪亡之誅。」〈非樂上〉篇引湯《官刑》亦有此四語，末句作「降之百殚。」

21 注 畢云：「文略見孔《書．泰誓》。」蘇云：「今〈泰誓〉下句作『誕受多方』。」莊校改「帝」為「商」，云：「言天改殷之命而周受之。」陳喬樅校同，云：「『商』字作『帝』，非是。此節皆有韻之文，作『商』，則與上文叶，今訂正之。」

▲案：莊、陳校是也。

22 注 「昔」下，吳鈔本有「者」字。

23 注 「去發」，亦當為「太子發」。陳喬樅謂當云：「周公旦告發以非之」，肊說不足據。

24 注 蘇云：「『尚』當作『上』，古字通用也。」俞說同。

▲詒讓案：皆無之，謂皆以命為無也。

是故子墨子曰：今天下之君子之爲文學、出言談也，[1]非將勤勞其惟舌，[2]而利其脣呡也，[3]中實將欲其國家邑里萬民刑政者也。[4]今也王公大人之所以蚤朝晏退，[5]聽獄治政，終朝均分而不敢怠倦者，何也？[6]曰：彼以爲強必治，不強必亂；強必寧，不強必危，故不敢怠倦。今也卿大夫之所以竭股肱之力，殫其思慮之知，[7]內治官府，外斂關市、山林、澤梁之利以實官府，而不敢怠倦者，何也？曰：彼以爲強必貴，不強必賤；強必榮，不強必辱，故不敢怠倦。今也農夫之所以蚤出暮入，強乎耕稼樹藝，多聚叔粟，[8]而不敢怠倦者，何也？曰：彼以爲強必富，不強必貧；強必飽，不強必飢，故不敢怠倦。今也婦人之所以夙興夜寐，[9]強乎紡績織紝，多治麻統葛緒[10]，捆布縿，[11]而不敢怠倦者，何也？曰：彼以爲強必富，不強必貧；強必煖，不強必寒，故不敢怠倦。今雖毋在乎王公大人，蕢若信有命而致行之，[12]則必怠乎聽獄治政矣，卿大夫必怠乎治官府矣，農夫必怠乎耕稼樹藝矣，婦人必怠乎紡績織紝矣。王公大人怠乎聽獄治政，卿大夫怠乎治官府，則我以爲天下必亂矣。農夫怠乎耕稼樹藝，婦人怠乎紡績織紝，則我以爲天下衣食之財將必不足矣。若以爲政乎天下，上以事天鬼，天鬼不使；[13]下以持養百姓，[14]百姓不利，必離散不可得用也。是以入守則不固，出誅則不勝，故雖昔者三代暴王桀、紂、幽、厲之所以共抎其國家，[15]傾覆其社稷者，此也。

1 注 吳鈔本「天下」下，無「之」字。

2 注 畢云：「『惟』，一本作『頰』。」王云：「『惟』與『頰』，形聲俱不相近。若本是『頰』字，無緣誤而為『惟』，一本作『頰』者，後人以意改之耳。『惟舌』，當為『喉舌』，『喉』誤為『唯』，因誤為『惟』耳。《潛夫論．斷訟》篇『慎已喉舌，以示下民』，今本『喉』作『唯』，其誤正與此同。凡從『侯』、從『佳』之字，隸書往往譌溷。隸書『侯』字作『**矦**』，『佳』字作『**隹**』，二形相似。〈海內東經〉『少室在雍氏南，一曰緱氏』。『緱』與『雍』形相近。《晏子．諫篇》：『昔夏之衰也，有推侈、大戲』，《韓子．說疑》篇，『推侈』作『侯侈』。《淮南．兵略》篇『疾如鍭矢』，高注曰『鍭，金鏃翦羽之矢也』，今本『鍭』作『錐』。《後漢書．臧宮傳》『妖巫維汜』，『維』或作『緱』。《方言》『雞雛，徐魯之間謂之⿱秋隹子』，今本作『秋侯子』。皆以字形相似而誤。」

3 注 畢云：「『呡』，『脗』字省文。《說文》云：『吻，口邊也』，又有『脗』字，云『或從月、從昏』，此省『日』耳。」

4 注 此句有脫字，吳鈔本「欲」下有「為」字。

5 注 「蚤」，舊本作「早」，今據吳鈔本改。

6 注 舊本「敢」下有「息」字，即「怠」之衍文。畢云：「一本無此字，是。」今據刪。

7 注 吳鈔本作「智」。

8 注 「叔」，舊本誤「升」，今據王校正。

9 注 畢云：「舊脫『以』字，據上文增。」

▲案：吳鈔本不脫。

10 注 畢校「統」作「紞」，云：「《說文》云『紞，絲曼延也』。『緒』，『紵』字假音。」王云：「畢說非也。『統』當為『絲』。〈非樂〉篇作『多治麻絲葛緒』，是其證。《墨子》書言『麻絲』者多矣，未有作『麻統』者，且『麻絲』為古今之通稱，若『統』為絲曼延，則不得與『麻』並舉矣。蓋俗書『紞』字作『綀』，與『絲』相似，故『絲』譌為『統』，非《說文》之『紞』字也。」蘇云：「『統』、『絲』蓋形近而誤，『緒』蓋與『絮』通。」

▲案：王說是也。「緒」，當依畢讀作「紵」。《說文·糸部》云：「緒，絲耑也」，「紵，縈屬，細者為銓，布白而細曰紵」，重文絝，云：「紵或從緒省」。此與《說文》或體聲同。蘇謂「絮通」，非是。

11 注 畢云：「《說文》云：『稛，絭束也』，此俗寫。」

▲案：《孟子·滕文公》篇云：「捆屨織席」，趙注云：「捆，猶叩椓也。織屨欲使堅，故叩之也。」孫氏《音義》云：「案許叔重云：捆，織也。從木者，誤也。」《淮南子·脩務訓》云：「捆纂組」，高注云：「捆，叩椓」。此文本書凡三見，〈辭過〉篇作「梱」，〈非樂上〉篇作「綑」，惟此作「捆」，與《孟

子》、《淮南》書字同。然「梱」、「綑」、「捆」三字，《說文》並無之，惟〈禾部〉有「稛」字，故畢以為即「稛」之俗。蓋從「囷」、從「困」，聲形並相近，故展轉譌變，錯異如是，要皆「稛」之俗別矣。「縿」，當依王校作「繰」，詳〈非樂上〉篇。

12 **注** 畢讀「蕢」字句斷，云：「此『貴』字假音」。俞云：「『蕢』字乃『藉』字之誤。『藉若』，猶言『假如』也，本書屢見。」

▲案：俞說近是，畢讀非。

13 **注** 畢云：「當為『使』字。」王云：「《爾雅》：『使，從也』。天鬼不從，猶上文言『上帝不順』耳。〈小雅．雨無正〉篇云『不可使得罪于天子』，鄭《箋》訓『使』為『從』。《管子．小匡》篇『魯請為關內之侯，而桓公不使』、『邢請為關內之侯，而桓公不使』，不使，謂不從也。『使』非『便』字之誤。」

▲案：王說是也。

14 **注** 「持」，舊本作「待」。王云：「『待』字義不可通。『待養』，當為『持養』，字之誤也。《周官．服不氏》『以旌居乏而待獲』，注：『待當為持』。〈天志〉篇曰『食飢息勞，持養其萬民』，《荀子．勸學》篇曰『除其害者以持養之』，〈榮辱〉篇曰『以相羣居，以相持養』，楊倞注『持養，保養也』。分言之，則曰『持』、曰『養』。《管子．明法》篇曰『小臣持祿養交』，《晏子春秋．問》篇曰『士者持祿，游者養交』是也。」

▲案：王說是也，蘇校同，今據正。

15 **注** 畢云：「『共』字義不可通，當是『失』字之誤。隸書『失』字或作『**共**』，與『共』相似。《說文》『抎，有所失也』。〈尚賢〉篇云『失損其國家，傾覆其社稷』。『抎』、『損』古字通。〈天志〉篇云『國家滅亡，抎失社稷』。〈齊策〉云『守齊國，唯恐失抎之』，皆其證。」

是故子墨子言曰：「今天下之士君子，中實將欲求興天下之利，除天下之害，當若有命者之言，不可不強非也。[1]曰：命者，暴王所作，窮人所術，[2]非仁者之言也。[3]今之為仁義者，將不可不察而強非者，此也。」

1 **注** 舊本此十三字脫落不完，作「當若有命者言也」七字。王云：「此本作『當若有命者之言，不可不強非也。』《淮南·脩務》篇注曰『強，力也』。言『有命』之言，士君子不可不力非之也。中篇作『不可不疾非』，『疾』亦『力』也。下文曰『將不可不察而強非者此也』，是其證。今本『言』上脫『之』字，『也』上脫『不可不強非』五字，則義不可通。」

▲案：王校是也，今據補。

2 **注** 「術」與「述」通，見上。

3 **注** 舊本「仁」作「人」，誤，今據《道藏》本、吳鈔本正。

非儒上第三十八[1]

1 **注** 闕。

非儒下第三十九[1]

1 **注** 畢云：「《孔叢·詰墨》篇多引此詞。此述墨氏之學者設師言以折儒也。故〈親士〉諸篇無『子墨子言曰』者，翟自著也，此無『子墨子言曰』者，門人小子臆說之詞，并不敢以誣翟也，例雖同而異事。後人以此病翟，非也。《說文》云『儒，柔也』，『術士之稱』。」

▲案：《荀子·儒效》篇云：「逢衣淺帶，解果其冠，略法先王而足亂世，術繆學雜，舉不知法後王而一制度，不知隆禮義而殺詩、書；其衣冠行偽已同於世俗矣，然而不知惡者；其言議談說已無以異於墨子矣，然

而明不能分別；呼先王以欺愚者而求衣食焉，得委積足以揜其口，則揚揚如也；隨其長子，事其便辟，舉其上客，偲然若終身之虜而不敢有他志，是俗儒者也。」是周季俗儒，信有如此所非者，但并以此非孔子，則大氐誣詆增加之辭。儒、墨不同術，亦不足異也。畢氏強為之辯，理不可通。

儒者曰：「親親有術，尊賢有等。」[1]言親疏尊卑之異也。[2]其《禮》曰：「喪父母三年，[3]妻、[4]後子三年，[5]伯父、叔父、弟兄、庶子其，[6]戚族人五月。」[7]若以親疏爲歲月之數，則親者多而疏者少矣，是妻、後子與父母同也。若以尊卑爲歲月數，則是尊其妻、子與父母同，而親伯父、宗兄而卑子也，[8]逆孰大焉。[9]其親死，列尸弗斂，[10]登屋窺井，挑鼠穴，探滌器，而求其人焉。[11]以爲實在，則贛愚甚矣；[12]如其亡也必求焉，僞亦大矣！[13]取妻，身迎，祗褍爲僕，[14]秉轡授綏，[15]如仰嚴親，[16]昏禮威儀，如承祭祀。顛覆上下，悖逆父母，下則妻、子，[17]妻、子上侵，事親若此，可謂孝乎？儒者：「[18]迎妻，妻之奉祭祀，[19]子將守宗廟，故重之。」[20]應之曰：「此誣言也，其宗兄守其先宗廟數十年，死喪之其，[21]兄弟之妻奉其先之祭祀，弗散，[22]則喪妻、子三年，必非以守奉祭祀也。[23]夫憂妻子以大負絫，[24]有曰[25]『所以重親也』，爲欲厚所至私，[26]輕所至重，豈非大姦也哉！」

1 注 王引之云：「此即《中庸》所謂『親親之殺，尊賢之等』。今云『親親有術』者，『殺』與『術』聲近而字通也。《說文》『殺』字從『殳』，『杀』聲，而無『杀』字。《五經文字》曰『杀，古殺字』。今案『杀』字蓋從『乂』，『朮』聲，《說文》『乂，芟艸也，從丿乀相交』，或從『刀』作『刈』。《廣雅》：『刈，殺也』。哀元年《左傳》『艾殺其民』。『艾』與『乂』、『刈』同，是『乂』即『殺』也。故『杀』字從『乂』，而以『朮』為聲。『乂』字篆文作『乂』，今在『朮』字之上，故變曲為直，而作『乂』，其實一字也。《說文》無乂部，故『杀』字無所附而不收。『杀』與『術』並從『朮』聲，故聲相近，轉去聲，則『殺』音色介反，『術』音『遂』，聲亦相近，故《墨子》書以『術』為『殺』。」

2 注 孔穎達《禮記正義》云：「五服之節，降殺不同，是親親之衰殺。公卿大夫其爵各異，是尊賢之等。」

▲案：墨子下文，亦專舉喪服言，蓋欲破親親有殺，以佐其兼愛、節葬之說也。

3 注 舊本下有「其」字，畢云：「『其』與『期』同，言父在為母期也。」王云：「『其』字，涉下文『伯父、叔父、弟兄庶子其』而衍。〈節葬〉篇『父母死喪之三年』，下無『其』字，是其證。畢讀其為『朞』，而以『喪父母三年其』為句，大誤。」

▲案：王說是也，今據刪。《禮》，蓋即指〈喪服經〉。

4 注 畢云：「舊脫此字，據下文增。」

5 注 後子，詳〈節葬〉篇。

6 注 畢云：「與『期』同。」

▲詒讓案：〈公孟〉篇正作「期」。

7 注 以上述喪服，並詳〈節葬〉篇。

8 注 宗兄，見〈曾子問〉。言適長為宗子者，故下文云：「其宗兄守其先宗廟數十年。」盧云：「似當云『而卑與子同也。』」王引之云：「『而卑子也』，當作『卑而庶子也』，而，讀為『如』，言卑其伯父、宗兄如庶子也。上文云『伯父、叔父、弟兄、庶子其』。今本『卑而』二字倒轉，又脫『庶』字。」王念孫云：「親伯父、宗兄，『親』當為『視』」，言視伯父、宗兄如庶子之卑也，『視』、『親』字相似，又涉上下文『親』字而誤。《淮南．兵略》篇『上視下如弟』，今本『視』譌作『親』。」俞云：「王氏引之謂『而』讀為『如』，當從之。惟謂當作『卑如庶子』，則以意增益，未為可據。今按『視伯父、宗兄如卑子』者，『卑子』即『庶子』，乃取卑小之義。僖二十二年《左傳》『公卑邾』，杜注曰『卑，小也』。故凡從『卑』得聲者，並有小義。《漢書．衛青傳》『得右賢裨王十餘人』，師古曰：『裨王，小王也，若言裨將也』。然則『卑子』之稱，正與『裨王』、『裨將』一律矣。」

▲案：俞說近是。「卑子」疑當為「婢子」，見《左．文元年傳》。「卑」即「婢」之省。

9 注 吳鈔本，「逆孰」倒。

10 注 《小爾雅・廣言》云：「列，陳也。」舊本脫「斂」字。畢云：「『弗』與『祓』同。」王云：「喪禮無祓尸之事，畢說非也。此本作『列尸弗斂』，今本脫『斂』字耳。死三日而後斂，則前二日猶未斂也，故曰『列尸弗斂』。列者，陳也。鈔本《北堂書鈔・地部二》，引此正作『列尸弗斂』。」

▲案：王校是也，今據補。

11 注 此非喪禮之復也。〈士喪經〉云：「復者，升自前東榮中屋，北面招以衣，曰：皋某復」，是登屋也。《說文・水部》云：「滌，灑也。」滌器，灑濯之器，若槃匜之屬。「窺井」以下，並喪禮所無，蓋謾語也。

12 注 《書鈔・地部》引，「實」作「誠」。畢云：「《說文》云『贛，愚也』，『愚，贛也』。《玉篇》『贛，陟絳切』。顏師古注《漢書》『古音下紺反，今則竹巷反』。」

13 注 王引之云：「『如其亡也』二句，與『偽』字義不相屬，『如』當為『知』，言既知其亡，而必求之，則偽而已矣。」蘇說同。

14 注 畢云：「《說文》云『衹，敬也』，『褍，衣正幅』。則褍亦正意，與端同。」王校作「袛」，云：「畢說非也。『袛』當為『袨』，隸書『袛』字作『[illegible]』，與『袨』相似，故『袨』誤為『袛』。『袨褍』，即『玄端』也。《周官・司服》『其齊服有玄端素端』，鄭注曰『端者，取其正也』。服虔注昭元年《左傳》曰『禮衣端正無殺，故曰端』。『端』與『褍』同，故《說文》以『褍』為『衣正幅』也。《玉篇》『袨，黑衣也』。《淮南・齊俗》篇：『尸祝袀袨，大夫端冕』，高注曰『袀，純服。袨，黑齋衣也』，即《周官》所云

『齊服玄端』也。《莊子．達生》篇『祝宗人玄端』，即《淮南》所云『尸祝袀袨』也。」

▲詒讓案：〈士昏禮〉「親迎，主人爵弁纁裳緇袘。」〈郊特牲〉說諸侯則玄冕，此云玄端者，蓋據庶人攝盛之服言之。

15 **注** 〈士昏禮〉云：「壻御婦車，授綏」，鄭注云：「壻御者，親而下之。綏，所以引升車者。僕人必授人綏。」此上云「為僕」，即指親御之事。

16 **注** 俞云：「『仰』當作『御』，字之誤也。〈天志下〉篇『以御其溝池』，王氏引之謂『御』當為『抑』。隸書『抑』、『御』兩形相似而誤，正可與此互證。」

▲詒讓案：此非昏禮之親迎也，若然，墨氏之昏禮無親迎。

17 **注** 畢云：「言為妻子法則。」

▲案：此疑當重「父母」二字。「父母下則妻子」，言喪父母下同妻子也。今本涉上文脫「父母」二字，遂與下句文例不合，畢說失之。

18 **注** 畢云：「『儒』舊作『傳』，據下文改，當云『儒者曰』。」王云：「《晏子春秋．外篇》『行之難者在內，而儒者無其外』，『儒』亦誤作『傳』。」

19 **注** 吳鈔本「妻」不重，疑當作「迎妻與之奉祭祀」。《說文．舁部》「與，古文作𦦶」，與「妻」篆文形近，又涉上而誤。《禮記．哀公問》「公曰：冕而親迎，不已重乎？孔子對曰：合二姓之好，以繼先聖之後，以為天地宗廟社稷之主，君何謂已重乎？」墨子所非，與哀公言相類。

20 注 哀公問：「孔子曰：妻也者，親之主也，敢不敬與？子也者，親之後也，敢不敬與？」

21 注 畢云：「同『期』。」

22 注 盧云：「當為『服』。」

23 注 「守」下，據上文，當有「宗廟」二字。

24 注 憂妻子，謂憂厚於妻子，猶下文云：「厚所至私」也。《國策・趙策》云：「夫人優愛孺子」。《說文・夊部》云：「憂，和之行也」，引《詩》曰：「布政憂憂」，今《詩・商頌・長發》作「優」。

▲案：古無「優」字，「優厚」字止作「憂」，今別作「優」，而以「憂」為「𢝊愁」字。《墨子》書多古字，此亦其一也。「以」與「已」同，言偏厚妻子已為大負愆絫，乃又飾辭文過，託之奉祭祀、守宗廟，故下云「又曰所以重親也。」

25 注 有，當讀為「又」。

26 注 畢云：「舊作『和』，以意改。」

有強執有命以說議曰：[1]「壽夭貧富，安危治亂，固有天命，不可損益。[2]窮達賞罰，幸否[3]有極[4]人之知力，[5]不能為焉。」羣吏信之，則怠於分職；庶人信之，則怠於從事。

吏不治則亂，[6]農事緩則貧，貧且亂政之本，[7]而儒者以爲道教，是賊天下之人者也。[8]

1 注 上「有」字，亦讀為「又」。

2 注 《莊子．至樂》篇「孔子曰：命有所成而形有所適也，夫不可損益。」

3 注 畢云：「《說文》云『幸吉而免凶也，從屰，從夭。夭死之事，故死謂之不幸。』」

4 注 《廣雅．釋詁》云：「極，中也」。《逸周書．命訓》篇云：「天生民而成大命，命司德正之以禍福，立明王以順之，曰：大命有常，小命日成，成則敬，有常則廣，廣以敬命，則度至于極。」此古說有命之遺言也。

5 注 吳鈔本「知」作「智」。

6 注 舊本脫「吏」字，王據上文補。

7 注 王云：「此句有脫文。」

▲詒讓案：疑當作「倍政之本」，下文云：「倍本棄事而安怠傲。」

8 注 「賊」，舊本譌作「賤」，今依王、蘇校正，詳〈尚賢中〉篇。

且夫繁飾禮樂以淫人，[1]久喪僞哀以謾親，[2]立命緩貧而高浩居，[3]倍本棄事而安怠傲。[4]貪於飲食，[5]惰於作務，[6]陷於飢寒，危於凍餒，無以違之。[7]是若人氣，[8]鼸鼠藏，[9]而羝羊視，[10]賁彘起。[11]君子笑之，怒曰：「散人焉知良儒！」[12]夫夏乞麥禾，[13]五穀既收，大喪是隨，[14]子姓皆從，[15]得厭飲食，畢治數喪，足以至矣。[16]因人之家翠[17]以爲，[18]恃人之野以爲尊，[19]富人有喪，乃大說，喜曰：「此衣食之端也。」[20]

1 注 舊本無「樂」字，吴鈔本有，以下句文例校之，有者是也。下文「晏子曰：好樂而淫人」，可證，今據補。

2 注 畢云：「《說文》云『謾，欺也』，《玉篇》云『莫般、馬諫二反』，陸德明《周禮音義》云『徐望仙反』。」

3 注 畢云：「同『傲倨』，《說文》云『居，蹲也』。」

▲案：畢據《史記·孔子世家》義亦見後。

4 注 畢云：「舊作『徹』，以意改。」

5 注 舊本作「酒」，今據吴鈔本校改，下亦云「得饜飲食」。

6 注 《荀子·非十二子》篇云：「偷懦憚事，無廉恥而耆飲食，必曰君子固不用力，是子游氏之賤儒也」，此所非與彼相類。

7 注 《禮記·緇衣》鄭注云：「違，猶辟也。」

8 注 「若」，《道藏》本作「苦」，吴鈔本同。

▲案：「人氣」，疑當作「乞人」。此家上「飢寒」、「凍餒」而言，「氣」與「乞」通，古「乞」作「气」，即雲气字，下文云：「夏乞麥禾」，是其證。

9 注 畢云：「《爾雅》有鼸鼠。陸德明《音義》云『孫炎云：鼸者，頰裏也。郭云：以頰內藏食也。《字林》云：『即鼩鼠也。』』《說文》云：『鼸，䶄也。』《玉篇》云『鼸，胡簟切，田鼠也。』『鼸』舊作『鼰』，誤。」

▲詒讓案：〈夏小正〉云：「正月，田鼠出。」田鼠者，嗛鼠也。「嗛」、「鼸」字通。謂儒者得食則藏之，若鼸鼠裹藏食物矣。

10 注 畢云：「《爾雅》云『羊：牡，羒』，注『羝』。《廣雅》云：『三歲曰羝』。《說文》云：『羝，牡羊也』。陸德明《音義》云『《字林》云：牂羊也』。然則羝、羒、牂，皆牡羊。」

11 注 畢云：「《易·大畜》云『豶豕之牙』，崔憬曰：『《說文》：豶，劇豕。今俗猶呼劇豬是也。』案，《說文》作『羠豕』，崔以意改之。『羠』與『犗』義同，『劇』者『犗』假音。《玉篇》云：『豶，扶云切，犗也』。」

12 注 畢云：「《漢書》云：『宂食』，注曰：『文穎曰：宂，散也』。《說文》云：『宂，椒也，從宀，儿在屋下，無田事』。《玉篇》云：『如勇切』。則此云『散人』，猶『宂人』。」

▲案：《莊子·人間世》篇「匠石夢櫟社，曰：而幾死之散人。」此述儒者詬君子之語，畢氏讀「散人」句斷，誤。

13 注 疑脫「春乞」云云。「夫」，似即「春」字上半缺剝僅存者。

14 注 言秋冬無可乞，則為人治喪以得食也。

15 注 〈特牲饋食禮〉云：「子姓兄弟，如主人之服」，鄭注云：「所祭者之子孫，言『子姓』者，子之所生。」〈喪大記〉云：「卿大夫父兄子姓，立于東方」，注云：「子姓，謂眾子孫也，『姓』之言生也。」《國語．楚語》「帥其子姓」，韋注云：「眾子姓，同姓也。」《列子．說符》篇，張注云：「種姓也」。

16 注 「至」下，疑有脫文。

17 注 畢云：「《廣雅》『臎，肥也』。此古字。」王引之云：「『因人之家肥』，文不成義。『翠』當讀為『賥』。《玉篇》『賥，思醉切』，《廣韻》云『貨也』。謂因人之家財也。《韓子．說疑》篇『破家殘賥』，是也。古無『賥』字，故借『翠』為之。」

18 注 畢云：「疑有脫字。」

▲案：以文例校之，「因人之家」，與下「恃人之野」，文正相對，疑當作「因人之家以為翠」，「翠」當依畢訓為「肥」。此特文誤倒耳，無脫字也。

19 注 畢云：「言禾麥在野。」

20 注 此與《荀子》所謂「得委積足以揜其口，則揚揚如也」者相類。

儒者曰：「君子必服古言然後仁。」[1]應之曰：「所謂古之言服者，皆嘗新矣，[2]而古人言之，服之，則非君子也。然則必服非君子之服，言非君子之言，而後仁乎？」[3]

1 注 王云：「『服古言』，三字文義不順，當依〈公孟〉篇作『必古言服然後仁』。」俞云：「此本作『君子必古服古言然後仁』，脫上『古』字。〈公孟〉篇作『必古言服然後仁』，亦當作『必古言古服』，脫下『古』字。」

▲案：王說是也。

2 注 舊本脫「言服」二字，今依王引之校增。謂古言服其始制之時，皆為新，積久乃成古也。

3 注 舊本「古人言之服之」，脫「言之」二字；「則非君子也」，脫「非」字；「服非君子之服」，上「服」字譌作「法」，並依王引之校增。

又曰：「君子循而不作。」[1]應之曰：「古者羿作弓，[2]伃作甲，[3]奚仲作車，[4]巧垂作舟，[5]然則今之鮑、函、車、匠[6]皆君子也，而羿、伃、奚仲、巧垂皆小人邪？且其所循，人必或作之，[7]然則其所循皆小人道也？[8]」

1 注 顧云：「《廣雅．釋言》：『循，述也』。《論語》曰：『君子述而不作』。」

2 注 《呂氏春秋．勿躬》篇云：「夷羿作弓」。畢云：「羿，『羿』省文。《說文》云：『羿，古諸侯也，一曰射師』。」

▲詒讓案：《說文．弓部》云：「𢏚，帝嚳射官，夏少康滅之。」「羿」、「𢏚」音義同。作弓者，自是古射官，非夏少康所滅者。

3 注 《史記．夏本紀》「帝少康崩，子帝予立」，《索隱》云：「予，音宁。《系本》云：『季杼作甲』者也。」《國語．魯語》云：「杼能帥禹者也，夏后氏報焉」，韋注云：「杼，禹後七世少康之子季杼也。」畢云：「伃即杼，少康子。」盧云：「世本作『輿』。」

▲詒讓案：《史記索隱》及〈費誓〉正義引世本，並作「杼」，盧據《玉海》所引，未塙。

4 注 《呂氏春秋．君守》篇同，高注云：「奚仲，黃帝之後，任姓也。」《傳》曰：「為夏車正，封于薛。」《說文．車部》云：「車，夏后時奚仲所造。」《山海經．海內經》云：「奚仲生吉光，吉光是始以木為車」，郭注云：「《世本》云奚仲作車，此言吉光，明其父子共創作意，以是互稱之。」《續漢書．輿服志》劉注引《古史考》云：「黃帝作車，引重致遠，其後少昊時駕牛，禹時奚仲駕馬」。依譙周說，奚仲駕馬，車非其所作，司馬彪、劉昭並從之，於義為長。

5 注 畢云：「《北堂書鈔》引作『倕』，《太平御覽》作『錘』，《事類賦》引作『工倕』。《太平御覽》引有云『禹造粉』，疑在此」俞云：「『巧垂』當作『功垂』，字之誤也。《周官．肆師職》注曰『古者工與功同字。』然則『功垂』即『工垂』也。《莊子．胠篋》篇『攦工倕之指』，《釋文》曰：『倕，音「垂」，堯時巧者也。』〈堯典〉『咨！垂女共工』，是稱工垂者，工其官，垂其名。」

▲案：《山海經．海內經》云：「義均是始為巧倕，是始作下民百巧」，《楚辭．九章》亦云：「巧倕」，又見〈七諫〉。俞說未塙。

6 注 畢云：「《考工記》有『鞄』、『鮑』，鄭君注云：『鮑，讀為「鮑魚」之「鮑」，書或為「鞄」。《蒼頡篇》有『鞄甍』。陸德明《音義》云：『劉音「僕」』。《說文》云：『鞄，柔革工也，從革，包聲，讀若「朴」。《周禮》曰：「柔皮之工鮑氏」，鞄即鮑也』。」

7 注 言所述之事，其始必有作之之人也。

8 注 「也」、「邪」古通，吳鈔本作「耶」。

又曰：「[1]君子勝不逐奔，[2]揜函弗射，[3]施則助之胥車。」[4]應之曰：「若皆仁人也，則無說而相與。[5]仁人以其取舍是非之理相告，無故從有故也，弗知從有知也，無辭必服，見善必遷，何故相？[6]若兩暴交爭，其勝者欲不逐奔，揜函弗射，施則助之胥車，雖盡能猶且不得爲君子也。意暴殘之國也，聖將爲世除害，[7]興師誅罰，勝將因用儒術令士卒曰：8『毋逐奔，揜函勿射，施則助之胥車。』暴亂之人也得活，天下害不除，9是爲羣殘父母而深賤世也，10不義莫大焉！」

1 **注** 畢云：「『又』舊作『人』，以意改。」

2 **注** 《穀梁·隱五年傳》云：「伐不踰時，戰不逐奔。」《司馬法·仁本》篇云：「古者逐奔不過百里」，又《天子之義》篇云：「古者逐奔不遠」。《墨子》所述儒者之言，與《穀梁》同，《荀子·議兵》篇亦云：「服者不禽，奔命者不獲。」

3 **注** 「揜」，吴鈔本作「掩」，《禮記·表記》鄭注云：「揜，猶困迫也。」

▲案：「函」疑「亟」之形誤，下同，詳〈魯問〉篇《儀禮·聘禮》，鄭注云：「賓之意不欲奄卒主人也」，此「揜亟」亦「奄卒」之意，謂敵困急，則不忍射之也。《韓非子·外儲說左上》云：「宋襄公曰：寡人聞君子曰：不推人於險，不迫人於阨」，即此義。又疑「函」當為「臽」之誤，《說文·臼部》云：「臽，小阱也」，今經典通作「陷」，《漢書·司馬遷傳》「函糞土之中而不辭」，《漢紀》「函」作「陷」，於義亦通。

4 **注** 畢云：「『施』舊作『強』，據下文改。」

▲案：畢因下文「施」字兩見，故據改，然「施」、「強」義並未詳。似言軍敗而走，則助之挽重車，而文有脫誤。

5 注 句。

6 注 王云：「『何故相』下當有『與』字，而今本脫之，則義不可通。相與，謂相敵也，古謂『相敵』為『相與』。襄二十五年《左傳》『一與一誰能懼我』，哀九年《傳》『宋方吉，不可與也』，〈越語〉『彼來從我，固守勿與』，『與』字並與『敵』同義。言既為仁人，則無辭必服，見善必遷，何故兩相敵也。上文曰『若皆仁人也，則無說而相與』，是其明證矣。」

7 注 「聖」下疑脫「人」字。

8 注 舊本「儒」作「傳」，王云：「『傳術』二字，義不可通，『傳術』當為『儒術』，『毋逐奔』云云，皆儒者之言也，故曰『用儒術令士卒』。隸書『儒』或作『傿』，『傳』或作『傳』，二形相似而誤。上文『儒者迎妻』，『儒』誤作『傳』。」

▲案：王說是也，今據正。

9 注 王云：「『也』字涉上下文而衍。此言暴亂之人為天下害，聖人興師誅罰，將以除害也。若用儒術令士卒曰『毋逐奔』云云，則暴亂之人得活，而天下之害不除矣，是『暴亂之人』下，本無『也』字。」

10 注 戴云：「『賤』乃『賊』字之誤。」

又曰：「君子若鍾，[1]擊之則鳴，弗擊不鳴。」[2]應之曰：「夫仁人事上竭忠，事親得孝，務善則美，有過則諫，[3]此爲人臣之道也。今擊之則鳴，弗擊不鳴，隱知豫力，[4]恬漠待問而後對，[5]雖有君親之大利，弗問不言。若將有大寇亂，盜賊將作，若機辟將發也，[6]他人不知，己獨知之，雖其君親皆在，不問不言，是夫大亂之賊也！以是爲人臣不忠，爲子不孝，事兄不弟交，[7]遇人不貞良。夫執後不言之朝物，[8]見利使己，雖恐後言，[9]君若言而未有利焉，則高拱下視，[10]會噎爲深，[11]曰：「唯其未之學也。」[12]用誰急，[13]遺行遠矣。[14]

1 注 畢云：「『君』舊作『吾』，據上文改。」

2 注 此亦見〈公孟〉篇公孟子告墨子語，〈學記〉云：「善待問者如撞鍾，叩之以小者則小鳴，叩之以大者則大鳴」。畢云：「此出《說苑》云：『趙襄子謂子路曰：吾嘗問孔子曰：先生事七十君，無明君乎？孔子不對，何謂賢邪？子路曰：建天下之鳴鍾，撞之以筳，豈能發其音聲哉！』」

▲案：《說苑》所云與此文義絕不相應，畢援證未當。

3 注 俞云：「『得』字『務』字，傳寫互易。『事親務孝』，言事親者務為孝也，與『事上竭忠』相對。『得善則美』，言有善則美之也，與『有過則諫』相對。」

4 注 畢云：「言隱其先知豫事之識。」俞云：「豫，猶儲也。《荀子·儒效篇》『仲尼將為司寇，魯之鬻牛馬者不豫賈」，《家語‧相魯》篇『孔子為政三月，則鬻牛馬者不儲賈』，是『豫』與『儲』義通。『隱知』、『豫力』，兩文相對，言隱藏其知，儲蓄其力也，畢失其義，并失其讀。」

▲案：畢讀固誤，俞釋「豫」為「儲」，亦非。「豫」當為「舍」之叚字，「豫」從「予」聲，古音與「舍」同部。〈節葬下〉篇云：「無敢舍餘力，隱謀遺利，而不為親為之者矣」，「隱知」猶彼云「隱謀」，「豫力」即彼云「舍餘力」也。〈號令〉篇云：「舍事後就」，亦與此義同。「豫」古無「儲」訓，《荀子》「不豫賈」，「豫」當如《周禮‧司市》注「誑豫」之義，《家語》改「豫」作「儲」，乃王肅私定，非古訓也。

5 **注** 《爾雅‧釋言》云：「漠，清也。」《漢書‧賈誼傳》，顏注云：「漠，靜也。」《淮南子‧詮言訓》云：「故中心常恬慔」，〈泰族訓〉云：「靜莫恬淡」，宋本「莫」作「漠」。「漠」、「慔」、「莫」並通。

6 **注** 畢云：「『辟』同『闢』。」

▲案：畢說非也，《莊子‧逍遙遊》篇云：「中於機辟，死於罔罟」，《釋文》引司馬彪云：「辟，罔也。」又〈山木〉篇云：「然且不免於罔羅機辟之患」，《鹽鐵論‧刑德》篇云：「罻羅張而縣其谷，辟陷設而當其蹊」，則「機辟」蓋掩取鳥獸之物。「辟」字又作「臂」，《楚辭‧哀時命》云：「外迫脅於機臂兮，上牽聯於矰隿」，王注云：「機臂，弩身也。」案《爾雅‧釋器》云：「繴謂之罿」，司馬彪釋「辟」為

「罔」，蓋即以為「檠」之借字，王說與司馬義異，未知孰是。

7 注 疑「友」之誤。

8 注 執後不言，謂拘執居後，不肯先言之。朝物，疑有脫誤。

9 注 蘇云：「『使』當作『便』，『雖』當作『唯』。」俞云：「『雖』當作『唯』，古字通也。蓋言利之所在，唯恐後言也。下文云『君若言而未有利焉，則高拱下視，會噎為深，曰：惟其未之學也』，正與此文反復相明。言苟無利，則君雖言之，而己亦以未學謝也，正所以破儒者『擊之則鳴，弗擊不鳴』之說。」

10 注 《說文．手部》云：「拱，斂手也。」

11 注 畢云：「《說文》云『噲，咽也，讀若「快」』，『噎，飯窒也』。『會』與『噲』同，不言之意。」

12 注 「唯」，舊本作「惟」，據吳鈔本改。「其」當為「某」。

13 注 句。

14 注 「誰」當作「雖」。蓋言事急則退避而遠行。《荀子．非十二子》篇云：「正其衣冠，齊其顏色，嗛然而終日不言，是子夏氏之賤儒也」，此所非與彼相類。

夫一道術學業，仁義也，皆大以治人，小以任官，遠施周偏，[1]近以脩身，[2]不義不處，非理不行，務興天下之利，曲直周旋，利則止，[3]此君子之道也。以所聞孔某之行，[4]

則本與此相反謬也。[5]

1 注 舊本「皆」譌「昔」，「周」譌「用」，並從王校正。「偏」，吴鈔本作「徧」，畢本同。王云：「與『偏』同，畢本改為『徧』，非。詳〈非攻下〉篇。」

2 注 舊本「脩」作「循」，王云：「此文本作『皆大以治人，小以任官，遠施周偏，近以脩身』，言君子之行仁義，皆大以治人，小以任官，遠則所施周偏，近則以脩其身也。今本『皆』作『昔』，『周』作『用』，『脩』作『循』，則義不可通。隸書『脩』、『循』相亂。」

▲案：王說是也，今並據正。

3 注 俞云：「『利則止』，當作『不利則止』，傳寫脫『不』字也。〈非樂上〉篇曰『必務求興天下之利，除天下之害，將以為法乎天下，利人乎即為，不利人乎即止』，與此文有詳略而義正同。」

4 注 畢云：「『某』字舊作孔子諱，今改，下放此。」

5 注 「謬」，吴鈔本作「繆」。

齊景公問晏子曰：「孔子爲人何如？」晏子不對，公又復問，不對。[1]景公曰：「以孔某語寡人者衆矣，俱以賢人也。[2]今寡人問之，而子不對，何也？」晏子對曰：「嬰不肖，不足以知賢人。雖然，嬰聞所謂賢人者，入人之國必務合其君臣之親，而弭其上下之怨。孔某之荊，[3]知白公之謀，而奉之以石乞，[4]君身幾滅，而白公僇。[5]嬰聞賢人得上不虛，得下不危，言聽於君必利人，教行下必於上，[6]是以言明而易知也，行明而易從也，[7]行義可明乎民，謀慮可通乎君臣。今孔某深慮同謀以奉賊，[8]勞思盡知以行邪，勸下亂上，教臣殺君，[9]非賢人之行也；入人之國而與人之賊，非義之類也；知人不忠，趣之為亂，[10]非仁義之也。[11]逃人而後謀，避人而後言，[12]行義不可明於民，[13]謀慮不可通於君臣，嬰不知孔某之有異於白公也，是以不對。」景公曰：「嗚乎！[14]貺寡人者衆矣，[15]非夫子，則吾終身不知孔某之與白公同也。」

1 注 吳鈔本無「復」字。

2 注 「以」下，當據《孔叢子．詰墨》篇增「為」字。

3 注 《史記．孔子世家》楚昭王迎孔子至楚，事在哀公六年。

4 注 白公，楚平王孫，名勝。其與石乞作亂事，見哀十六年《左傳》。此事不可信，《列子．說符》篇、《呂氏春秋．精通》篇、《淮南子．道應訓》並載白公與孔子問答，或因彼而誤傳與？

5 注 畢云：「《孔叢．詰墨》云『白公亂在哀公十六年秋也，孔子已卒十旬』。」蘇云：「此誣罔之辭，殊不足辨。唯據白公之亂，在景公卒後十二年，而晏子之卒更在景公之先，又安能預知後事，而先與景公言之？」

6 注 俞云：「此本作『教行於下必利上』，與上句『言聽於君必利人』相對為文。『教行』下脫『於』字，而『利』字又誤作『於』，義不可通矣。」

7 注 舊本作「行易而從也」，王云：「『行易而從』文不成義，當作『行明而易從』，與上句文同一例。下文曰『行義可明乎民』，又曰『行義不可明於民』，皆其證。」

▲案：王說是也，今據正。

8 注 俞云：「『同』乃『周』字之誤，『深慮』、『周謀』，相對為文，言其慮深沉，其謀周密也。」

9 注 畢云：「《孔叢》引『殺』作『弒』。」

10 注 畢云：「『趣』讀『促』。」

11 注 畢云：「脫字。」

12 注 「言」上「後」字，舊本作「后」，今據吳鈔本改。

13 注 「明」，吳鈔本作「謀」，誤。

14 注 《道藏》本、吳鈔本作「呼」。

15 注 《儀禮・士昏禮記》云：「吾子有貺命」，鄭注云：「貺，賜也」。此「貺」與「貺命」義同。畢云：「『貺』當為『況』，此俗寫。」

孔某之齊，見景公，[1]景公說，欲封之以尼谿，[2]以告晏子。晏子曰：「不可。夫儒，浩居而自順者也，[3]不可以教下；好樂而淫人，[4]不可使親治；立命而怠事，不可使守職；宗喪循哀，[5]不可使慈民；[6]機服勉容，[7]不可使導衆。孔某盛容脩飾以蠱世，[8]弦歌鼓舞以聚徒，繁登降之禮以示儀，務趨翔之節以觀衆，[9]博學不可使議世，[10]勞思不可以補民，[11]絫壽不能盡其學，當年不能行其禮，[12]積財不能贍其樂。繁飾邪術以營世君，[13]盛爲聲樂以淫遇民。[14]其道不可以期世，[15]其學不可以導衆。[16]今君封之，以利齊俗，[17]非所以導國先衆。」公曰：[18]「善！」[19]於是厚其禮，[20]留其封，敬見而不問其道。[21]孔某乃恚，[22]怒於景公與晏子，乃樹鴟夷子皮[23]於田常之門，[24]告南郭惠子以所欲爲，[25]歸於魯。有頃，閒齊將伐魯，[26]告子貢曰：「賜乎！舉大事於今之時矣！」乃遣子貢之齊，因南郭惠子以見田常，勸之伐吳，以教高、國、鮑、晏，使毋得害田常之亂，勸越伐吳。三年之內，齊、吳破國之難，[27]伏尸以言術數，[28]孔某之誅也。[29]

1 **注** 《史記．孔子世家》以此為昭公二十五年，魯亂，孔子適齊以後事。

2 **注** 《史記．孔子世家》同，《晏子春秋．外篇》作「爾稽」。孫星衍云：「『尼』、『爾』，『稽』、『谿』，聲皆相近。」

▲詒讓案：尼谿地無攷，《呂氏春秋・高義》篇又作「景公致廩丘以為養。」

3 注 盧云：「《晏子・外篇》與此多同，『浩居』作『浩裾』。」畢云：「案《史記》作『倨傲自順』。」顧云：「《漢書・酷吏郅都傳》『丞相條侯至貴居也』，讀作『倨』。」

▲詒讓案：〈王制〉云：「喪祭，用不足曰暴，有餘曰浩」，鄭注云：「浩，猶饒也」。「居」、「裾」，並「倨」之叚字。《家語・三恕》篇云：「浩裾者則不親」，王肅注云：「浩裾，簡略不恭之貌。」《大戴禮記・文王官人》篇云：「自順而不讓」，又云：「有道而自順」，孔廣森云：「自順，謂順非也。」

4 注 《晏子》作「好樂緩於民」。

5 注 畢云：「《孔叢》、《史記》『宗』作『崇』。」

▲詒讓案：「宗」、「崇」字通。《詩・周頌・烈文》，鄭《箋》云：「崇，厚也。」《書・盤庚》偽孔傳云：「崇，重也。」「循」，《史記》、《孔叢》作「遂」，《晏子》作「久喪道哀」。王云：「『循』、『遂』一聲之轉，遂哀，謂哀而不止也。〈三年問〉曰『三年之喪，二十五月而畢，若駟之過隙，然而遂之，則是無窮也』。」

6 注 《晏子》作「子民」，「慈」、「子」字通。《禮記・緇衣》云：「故君民者子以愛之，則民親之」，又云：「故長民者章志貞教，尊仁以子愛百姓。」《國語・周語》云：「慈保庶民，親也。」

7 注 盧云：「《晏子》作『異于服，勉于容』。」

▲詒讓案：《大戴禮記．本命》篇，盧注云：「機，危也。」危服，蓋猶言危冠。「勉」，「俛」之借字，《考工記．矢人》「前弱則俛」，《唐石經》「俛」作「勉」，是其證也。「機服勉容」，言其冠高而容俛也。

8 **注** 吳鈔本「脩」作「修」，《晏子》作「盛聲樂以世」，《文選．西京賦》，薛綜注云：「蠱，惑也。」

9 **注** 「趨」，吳鈔本作「趍」。「觀」，舊本作「勸」，吳鈔本作「觀」，與《晏子．外篇》合，今據正。

10 **注** 「博」，舊本作「儒」，畢云：「《晏子》『儒』作『博』，『議』作『儀』。」王云：「作『博』者是，此言孔子博學而不可以為法於世，非譏其儒學也，今本作『儒學』者，『博』誤為『傳』，又誤為『儒』耳。隸書『傳』、『儒』相似，說見上文。『儀』、『議』古字通。」

▲案：王說是也，今據正。

11 **注** 畢云：「三字舊脫，盧據《晏子》增。」

12 **注** 當年，壯年也，詳〈非樂上〉篇。《抱朴子．外篇．省煩》引《墨子》作「累世不能盡其學，當年不能究其事」，與《史記》略同。

13 **注** 畢云：「《說文》云『瞀，惑也』。《家語》云『營惑諸侯』，高誘注《淮南子》曰『營，惑也』。『營』同『瞀』，『瞀』與『眴』，音相近。」

14 **注** 《晏子》作「以淫愚其民」。

▲案：「遇」與「愚」通，詳〈非命下〉篇。畢云：「當為愚民。」

15 注 俞云：「《晏子春秋·雜篇》作『其道也不可以示世』，此文『期』字亦『示』字之誤，古文『其』字作『亓』，見《集韻》，『示』誤為『亓』，因誤為『期』矣。」

16 注 畢云：「《孔叢》作『家』，非。」

17 注 《晏子》作「今欲封之，以移齊國之俗。」畢云：「《史記》云：『君欲用之，以移齊俗』，作『移』是。」

18 注 畢云：「二字舊脫，據《孔叢》增。」

19 注 吳鈔本又無此字。

20 注 畢云：「『厚其』二字舊脫，盧據《晏子》增。」

21 注 「問」，吳鈔本作「利」，誤。

22 注 舊本作「孔乃志」，《道藏》本「孔」下又空一字，季本、吳鈔本並作孔子諱，今據增「某」字。《晏子》作「仲尼迺行」，畢本「志」改「恚」，云：「『恚』舊作『志』，盧改。」

23 注 畢云：「即范蠡也，《韓非子》云：『鴟夷子皮事田成子，成子去齊走而之燕，鴟夷子皮負傳而從』。按《史記·貨殖傳》云：『范蠡變名易姓適齊，為鴟夷子皮』。」蘇云：「據《史記》，范蠡亡吳後，乃變易姓名適齊，為鴟夷子皮。然亡吳之歲乃孔子卒後六年，景公卒後十七年，又安知蠡之適齊而樹之田氏之門乎？此與莊周所言孔子見盜跖無異，真齊東野人之語也。」

▲詒讓案：《淮南子·氾論訓》云：「昔者齊簡公釋其國家之柄，而專任大臣，故使陳成田常、鴟夷子皮得成

其難。」《說苑．指武》篇又云：「田成子常與宰我爭，宰我夜伏卒，將以攻田成子，鴟夷子皮聞之，告田成子」，即此。

24 注 田常即陳恆，見《春秋．哀十四年經》，《公羊》「恆」作「常」。《莊子．盜跖》篇云：「田成子常殺君竊國，而孔子受幣。」蓋戰國時有此誣妄之語。錢大昕云：「田常弒君之年，越未滅吳，范蠡何由入齊？此淮南之誤也。」

25 注 《荀子．法行》篇有南郭惠子問於子貢，楊注云：「未詳其姓名，蓋居南郭，因以為號。《莊子》有南郭子綦。」

▲案：見《齊物論》篇。南郭惠子，《尚書大傳．略說》作「東郭子思」，《說苑．雜言》篇作「東郭子惠」，《史記索隱》引《世本》，陳成子弟有惠子得，或即此人。朱彝尊《孔子弟子攷》謂即衛惠叔蘭，謬。

26 注 畢云：「言伺其閒。」蘇云：「『閒』當作『聞』。」

▲案：蘇校亦通。

27 注 《史記．孔子弟子列傳》載田常欲作亂於齊，憚高、國、鮑、晏，故移其兵欲以伐魯。孔子聞之，使子貢至齊，說田常伐吳，又說吳救魯伐齊，與齊人戰於艾陵，大破齊師。越王聞之，襲破吳。《越絕書．陳成恆內傳》所載尤詳，云：「子貢一出，存魯、亂齊、破吳、彊晉、霸越」，即其事。

28 注 吳鈔本無「言」字，蘇云：「當云『不可以言計數』也，『尸』下脫『不可』二字。」

▲案：蘇校未塙，依吴本則「術」當讀為「遂」，〈月令〉「審端徑術」，鄭注云：「『術』，《周禮》作『遂』」，此當為「隧」之叚字，謂伏尸之多以隧數計，猶言以澤量也。或云當作「以意術數」，「意」、「言」篆文相近，即「億」之省。「術」、「率」通，詳〈明鬼下〉篇。《廣雅．釋言》云：「率、計，校也」，猶言以十萬計，亦通。

29 **注** 畢云：「言孔子之責也。」蘇云：「『誅』當作『謀』。」

孔某為魯司寇，[1]舍公家而奉季孫。[2]季孫相魯君而走，[3]季孫與邑人爭門關，[4]決植。[5]

1 **注** 《史記．孔子世家》云：「定公九年由司空為大司寇。」

2 **注** 畢云：「『奉』，舊作『於』，據《孔叢》改。」

3 **注** 經傳無此事，亦謾語也。

4 **注** 《說文．門部》云：「關，以木橫持門戶也。」

5 **注** 「決植」上疑有脫文。《爾雅．釋宮》云：「植謂之傳」，郭注云：「戶持鎖植也。」《一切經音義》引《三蒼》云：「戶旁柱曰植。」畢云：「《列子》云『孔子勁能招國門之關，而不肎以力聞。』《呂氏春秋．慎大》云『孔子之勁，舉國門之關，而不肎以力聞』。云『決植』，即其事也。《說文》云：『植，戶植也』。似言季氏爭關而出，孔子決門植以縱之。」

▲詒讓案：《左傳》襄十年：「偪陽人啓門，諸侯之士門焉。縣門發，郰人紇抉之以出門者」，孔《疏》：「服虔云：抉，撅也，謂以木撅抉縣門，使舉，令下容人出也。」「決」，疑「抉」之借字，又疑流俗傳謁，以郰大夫事為孔子也。《淮南子．道應訓》云：「孔子勁杓國門之關」，又〈主術訓〉「孔子力招城關」，高注云：「招，舉也。以一手招城門關端能舉之。」

孔某窮於蔡陳之閒，[1]藜羹不糂，[2]十日，子路爲享豚，[3]孔某不問肉之所由來而食；[4]號人衣[5]以酤酒，[6]孔某不問酒之所由來而飲。哀公迎孔某，[7]席不端弗坐，[8]割不正弗食，[9]子路進，請曰：「何其與陳、蔡反也？」[10]孔某曰：「來！吾語女，[11]曩與女爲苟生，[12]今與女爲苟義。」[13]夫飢約則不辭妄取以活身，[14]羸飽則僞行以自飾，[15]汙邪詐僞，[16]孰大於此？

1 注 畢云：「《孔叢》『窮』作『戹』。」

2 注 〈內則〉鄭注云：「凡羹齊宜五味之和，米屑之糝。」畢云：「《藝文類聚》引作『藜蒸不糂』，《北堂書鈔》作『不糝』，《太平御覽》作『糂』，一作『糝』。《荀子》云『七日不火食，藜羹不糂』，楊倞云：『糂與糝同，蘇覽反』。《說文》云：『糂，以米和羹也，一曰粒也。古文糂，從參』，則「糂」、「糝」古今字。」

3 注 「享」，吳鈔本作「亨」。畢云：「《孔叢》、《太平御覽》引『享』作『烹』，俗寫耳，『享』即『烹』字。」王云：「『為』字後人所加，『享』即今之『烹』字也，經典省作『亨』，後人誤讀為燕享之『享』，故又加『為』字耳，《孔叢子．詰墨》篇、《藝文類聚．獸部中》、《太平御覽．人事部百二十七》、〈飲食部十一〉、〈獸部十五〉，引此皆作『子路烹豚』，無『為』字。」

4 注 畢云：「《藝文類聚》引作『不問肉所從來即食之』。」

5 注 畢云：「『號』，『褫』字之誤，《孔叢》作『剝』。」

▲詒讓案：《說文．衣部》云：「褫，奪衣也」，〈非攻上〉篇云：「拕其衣裘」，「拕」、「褫」字同。

6 注 「酤」，吳鈔本作「沽」。畢云：「《孔叢》『酤』作『沽』，同。」

7 注 孔子窮於陳、蔡之閒，在哀公六年。十一年，季康子迎孔子自衛反魯，即其時也。

8 注 「弗」，吳鈔本作「不」，下句仍作「弗」。《論語．鄉黨》篇云：「席不正不坐」，皇侃《義疏》云：「舊說云，鋪之不周正則不坐之也，故范甯云正席所以恭敬也。」

9 注 《文選．王昭君詞》李注引兩「弗」字並作「不」，《論語．鄉黨》篇文同，皇《疏》云：「古人割肉必方正，若不方正割之，故不食也。」江熙云：「殺不以道為不正也。」

▲案：此當從皇說，江說非。

10 注 畢云：「《文選注》引『反』作『異』。」

11 注 舊本作「與女」，畢云：「當為『語女』。」

▲案：《道藏》本、季本並作「語女」，吳鈔本作「語汝」，今據正。

12 注 畢云：「苟且。」王云：「畢說非也。『苟』讀為『亟其乘屋』之『亟』，亟，急也。《說文》『苟，自急敕也，從羊省，從勹口，勹口猶慎言也』，與『苟且』之『苟』從艸者不同。『曩與女為苟生，今與女為苟義』者，『曩』謂在陳、蔡時也，『今』謂哀公賜食時也。苟，急也，言曩時則以生為急，今時則以義為急也。若以『苟』為『苟且』之『苟』，則『苟義』二字義不可通矣。《文選．石崇王昭君辭》注引此亦誤以為『苟且』之『苟』。案『苟』字不見經典，唯《爾雅》『亟，速也』，《釋文》曰：『亟字又作「苟」，同居力反』。此《釋文》中僅見之字。《釋文》而外，則唯《墨子》書有之，亦古文之僅存者，良可貴也。」俞云：「王氏以『苟』為《說文》『自急敕』之『苟』，然求之文義，亦似未合。本文言『為苟生』、『為苟義』，不言以生為急、以義為急也，此字仍當為『苟且』之『苟』。『苟生』者，苟可以得生而止也；『苟義』者，苟可以得義而止也。《儀禮．燕禮》、〈聘禮記〉並有『賓為苟敬』之文，鄭注〈聘禮〉曰『燕私樂之禮，崇恩殺敬也』，又曰『苟敬也，主人所以小敬也』，然則苟敬之義，亦謂苟可以致敬而止。此言『為苟生』、『為苟義』，正與『苟敬』一律。蓋古語有然，未可臆改也。《淮南子．繆稱》篇云『小人之從事也，曰苟得；君子之從事也，曰苟義』，文義正與此相近。」

▲案：俞說亦通。

13 注 畢云：「舊云『曩與女為苟義』，脫五字，據《文選注》增。」

14 注 舊本「辭」下有「忘」字，畢云：「此字衍。」

▲案：《道藏》本、吴鈔本、季本並無，今據刪。

15 注 舊本「贏」作「羸」，又脫「則」字。王云：「『贏飽偽行以自飾』本作『贏飽則偽行以自飾』，『贏』之言盈也。僖二十八年《左傳》『我曲楚直，其衆素飽』，杜注曰『直氣盈飽』，『盈飽』即『贏飽』，正對上文『飢約』而言。今本『飽』下脫『則』字，『贏飽』又譌作『羸飽』，則義不可通。」

▲案：吴鈔本正作「贏」，今據補正。

16 注 吴鈔本「汙邪」倒。

孔某與其門弟子閒坐，曰：「夫舜見瞽叟就然，[1]此時天下圾乎！[2]周公旦非其人也邪？[3]何爲舍亓家室而託寓也？」[4]孔某所行，心術所至也。其徒屬弟子皆效孔某。[5]子貢、季路輔孔悝亂乎衛，[6]陽貨亂乎齊，[7]佛肸以中牟叛，[8]桼雕刑殘，[9]莫大焉。[10]夫爲弟子後生，[11]其師，[12]必脩其言，[13]法其行，力不足、知弗及而後已。今孔某之行如此，儒士則可以疑矣。

1 注 畢云：「舊作『然就』，孫以意改。《孟子》云：『舜見瞽叟，其容有蹙』，《韓非子·忠孝》云『記曰：舜見瞽叟，其容造焉。孔子曰：當是時也，危哉！天下岌岌』，《荀子》亦同作『造』。案『就』、『蹙』、『造』三音皆相近。」

▲詒讓案：《禮記·曲禮》「足蹙」，《釋文》云：「蹙，本又作蹴。」《大戴禮·保傅》篇「靈公造然失容」，《賈子·胎教》篇作「戚然易容」，《新序·雜事》篇作「靈公蹴然易容」，此書以「就」為「蹙」、為「造」，猶《新序》以「蹴」為「戚」、為「造」也。《孟子》趙注云：「其容有蹙踖不自安也」，又〈公孫丑〉篇「曾西蹵然」，注云：「蹵然，猶蹙踖也」。

2 注 畢云：「『圾』，舊作『坡』，以意改。《孟子》、《韓非子》作『岌岌』。」

▲詒讓案：《孟子·萬章》篇云：「孔子曰：於斯時也，天下殆哉，岌岌乎」，趙注云：「孔子以為君父為臣。岌岌乎，不安貌也，故曰『殆哉』」。《莊子·天地》篇云：「殆哉！圾乎天下。」郭注云：「圾，危也。」《管子·小問》篇云：「桓公言欲勝民，管仲曰：危哉！君之國岌乎」，義並同。

3 注 「非其人」，疑當作「其非人」，「人」與「仁」字通。言周公不足為仁，即指下「舍其家室」而言。《三國志·魏志》裴松之注及《長短經·懼誡》篇並引《尸子》云：「昔周公反政，孔子非之曰：周公其不聖乎？以天下讓，不為兆民也。」「非仁」與「不聖」之論略同，蓋戰國時流傳有是語。

▲又案：《詩．小雅．四月》云：「先祖匪人，胡寧忍予」，「人」亦即「仁」字，言先祖於我其不仁乎？彼「匪人」與此「非人」文意字例並同。鄭《詩箋》云：「我先祖非人乎？」則詁「人」如字，失其恉趣，此可以證其誤。

4 注「舍亓」，舊本作「舍亦」，盧校改為「亦舍」，畢本從之。王云：「『亦』字義不可通，『亦』當為『亓』。『亓』，古『其』字也」，《墨子》書『其』字多作『亓』，說見〈公孟〉篇。〈耕柱〉篇曰『周公旦辭三公，東處於商奄』，蓋即此所謂『舍其家室而託寓者』，盧改『舍亦』為『亦舍』非是。」

▲案：王說是也，今據正。以上並謂孔子誣舜與周公也。

5 注「徒屬」猶言「黨友」，故後兼舉陽貨、佛肸言之，《呂氏春秋．有度》篇云：「孔、墨之弟子徒屬，充滿天下。」

6 注 畢云：「舊脫『亂』字，據《孔叢》云『以亂衛』增。」

▲詒讓案：《莊子．盜跖》篇「跖曰：子路欲殺衛君而事不成，身菹於衛東門之上，是子教之不至也。」案子貢未聞與孔悝之難，亦謾語也。《鹽鐵論．殊路》篇云：「子路仕衛，孔悝作亂，不能救君，出亡，身菹於衛，子貢、子皋遁逃，不能死其難。」然則時子貢或適在衛與？

7 注 畢云：「《孔叢》作『魯』。」

▲詒讓案：此當從《孔叢》作「魯」。《左傳．定九年》陽貨奔齊又奔晉，無亂齊之事，《論語》皇《疏》引

《古史考》，謂陽貨亦孔子弟子，蓋即本此書而誤也。

8 注 《論語．陽貨》篇云：「佛肸召，子欲往，子路曰：佛肸以中牟畔，子之往也，如之何？」《集解》：「孔安國云：晉大夫趙簡子之邑宰。」《史記．孔子世家》：「佛肸為中牟宰，趙簡子攻范、中行，伐中牟，佛肸畔，使人召孔子。」《左傳．哀五年》「夏，趙鞅伐衛，范氏之故也，遂圍中牟」，即其時也。肸蓋范、中行之黨，孔安國以為趙氏邑宰，誤也。

9 注 「桼」正字，經典多叚「漆」為之。「刑」，吴鈔本校改「形」。畢云：「《孔叢》作『漆雕開形殘。詰曰：非行己之致。』」

▲詒讓案：〈孔子弟子列傳〉尚有漆雕哆、漆雕徒父二人，此所云或非開也。《韓非子．顯學》說孔子卒後，儒分為八，有漆雕氏之儒，又云：「漆雕之議，不色撓，不目逃，行曲則違於臧獲，行直則怒於諸侯」，此亦非漆雕開明甚，《孔叢》偽託，不足據也。俞正燮謂即漆雕馮。攷漆雕馮見《家語．好生》篇《說苑．權謀》篇又作漆雕馬人，二書無形殘之文。俞說亦不足據。「刑」、「形」字通，《淮南子．墬形訓》「西方有形殘之尸」，宋本「形」亦作「刑」。

10 注 畢云：「『莫』上當脫一字。」

11 注 後生亦弟子也，〈耕柱〉篇「耕柱子遺十金於墨子，曰：後生不敢死」，又云「後生有反子墨子而反者」，並弟子之稱。

12 注 「其」上有脫字。

13 注 「脩」，吳鈔本作「修」。

作者簡介

（以清・孫詒讓撰之《墨子閒詁》為依據版本）

墨子傳略／清・孫詒讓

墨氏之學亾於秦季，故墨子遺事在西漢時已莫得其詳。太史公述其父談論六家之恉，尊儒而宗道，墨蓋非其所憙。故《史記》攈采極博，於先秦諸子，自儒家外，老、莊、韓、呂、蘇、張、孫、吳之倫，皆論列言行爲傳，唯於墨子，則僅於〈孟荀傳〉末附綴姓名，尚不能質定其時代，遑論行事？然則非徒世代緜邈，舊聞散佚，而《墨子》七十一篇，其時具存，史公實未嘗詳事校覈，亦其疏也。今去史公又幾二千年，周、秦故書雅記，百無一存，而七十一篇亦復書闕有閒，徵討之難，不翅倍蓰。然就今存《墨子》書五十三篇鉤攷之，尚可得其較略。蓋生於魯而仕宋，其平生足跡所及，則嘗北之齊，西使衛，又屢游楚，前至郢，後客魯陽，復欲適越而未果。《文子》書偁墨子無煖席，[1]班固亦云「墨突不黔」，[2]斯其譣矣。至其止魯陽文君之攻鄭，絀公輸般以存宋，而辭楚、越書社之封，蓋其犖犖大者。勞身苦志以振世之急，權略足以持危應變，而脫屣利祿不以累其心。所學尤該綜道蓺，洞究象術之微。其於戰國諸子，有吳起、商君之才而濟以仁厚，

節操似魯連而質實亦過之，彼韓、呂、蘇、張輩復安足算哉！謹甄討羣書，次弟其先後，略攷始末，以裨史之闕。俾學者知墨家持論雖閒涉偏駁，而墨子立身應世具有本末，自非孟、荀大儒，不宜輕相排笮。彼竊耳食之論以爲詬病者，其亦可以少息乎！

1 注 出處 〈自然〉篇。又見《淮南子・脩務訓》。

2 注 出處 《文選・荅賓戲》。又趙岐《孟子章指》云「墨突不及汙」。

墨子名翟，[1]姓墨氏。[2]魯人，[3]或曰宋人。[4]

案：此蓋因墨子爲宋大夫，遂以爲宋人。以本書攷之，似當以魯人爲是。[5]畢沅、武億以「魯」爲「魯陽」，[6]則是楚邑。攷古書無言墨子爲楚人者。《渚宮舊事》載魯陽文君說楚惠王曰「墨子，北方賢聖人」，則非楚人明矣。畢、武說殊謬。

1 注 出處 《漢書・藝文志》、《呂氏春秋・當染》、〈慎大〉篇、《淮南子・脩務訓》高注。

2 注 《廣韻・二十五德》、《通志・氏族略》引《元和姓纂》云：「墨氏，孤竹君之後，本墨台氏，後改為墨氏，戰國時宋人。墨翟著書號《墨子》。」

3 注 出處 《呂覽·當染》、〈愼大〉篇注。

4 注 出處 葛洪《神仙傳》、《文選·長笛賦》李注引《抱朴子》、《荀子·脩身》篇楊注、《元和姓纂》。

5 注 〈貴義〉篇云：「墨子自魯即齊。」又〈魯問〉篇云：「越王為公尚過束車五十乘以迎子墨子於魯。」《呂氏春秋·愛類》篇云：「公輸般為雲梯欲以攻宋，墨子聞之，自魯往，見荊王曰：『臣北方之鄙人也』。」《淮南子·脩務訓》亦云：「自魯趨而往，十日十夜至於郢。」並墨子為魯人之塙證。

6 注 出處 畢說見《墨子注》序，武說見《授堂文鈔·墨子跋》。

蓋生於周定王時。

《漢書·藝文志》云：「墨子在孔子後」。案：詳年表。

魯惠公使宰讓請郊廟之禮於天子，桓王使史角往，惠公止之，其後在於魯，墨子學焉。[1]

案：《漢書·藝文志》墨家以尹佚二篇列首，是墨子之學出於史佚。史角疑即尹佚之後也。[2]

1 注 出處 《呂氏春秋·當染》篇，高注云：「其後，史角之後也」。

2 注 墨子學於史角之後，亦足為是魯人之證。

其學務不侈於後世，不靡於萬物，不暉於數度，以繩墨自矯而備世之急。作爲〈非樂〉命之曰〈節用〉，生不歌，死無服，氾愛兼利而非鬬，好學而博，不異。[1]又曰兼愛、尙賢、右鬼、非命，[2]以爲儒者禮煩擾而不悅，厚葬靡財而貧民，久服傷生而害事，故背周道而用夏政。[3]其稱道曰：「昔者禹之湮洪水，決江河而通四夷九州也，名川三百，支川三千，小者無數。禹親自操橐耜而九襍天下之川，腓無胈，脛無毛，沐甚雨，櫛疾風，置萬國。禹大聖也，而形勞天下如此。」故使學者以裘褐爲衣，以跂蹻爲服，日夜不休，以自苦爲極，曰：「不能如此，非禹之道也，不足謂墨。」[4]亦道堯、舜，[5]又善守禦。[6]爲世顯學，[7]徒屬弟子充滿天下。[8]

案：淮南王書謂孔、墨皆脩先聖之術，通六藝之論，[9]今攷六藝爲儒家之學，非墨氏所治也。墨子之學蓋長於《詩》、《書》、春秋，故本書引《詩》三百篇與孔子所刪同，引《尙書》如〈甘誓〉、〈仲虺之誥〉、〈說命〉、〈大誓〉、〈洪範〉、〈呂刑〉，亦與百篇之《書》同。又曰「吾嘗見百國春秋」。[10]而於禮則法夏絀周，樂則又非之，與儒家六藝之學不合。淮南所言非其事實也。[11]

1 注出處《莊子．天下》篇。

2 注出處《淮南子．氾論訓》。

3 注出處《淮南子．要略》。

4 注出處《莊子．天下》篇。

5 注出處《韓非子．顯學》篇。

6 注出處《史記．孟荀傳》。

7 注出處《韓非子．顯學》篇。

8 注出處《呂氏春秋．尊師》篇。

9 注出處〈主術訓〉。

10 注出處《隋書．李德林傳》。此與孔子所修《春秋》異。本書〈明鬼〉篇亦引周、燕、宋、齊諸國春秋。

11 注《淮南子．要略》又云：「墨子學儒者之業，受孔子之術」，尤非。

其居魯也，魯君謂之曰：「吾恐齊之攻我也，可救乎？」墨子曰：「可。昔者三代之聖王禹、湯、文、武，百里之諸侯也，說忠行義取天下；三代之暴王桀、紂、幽、厲，讎怨行暴失天下。吾願主君之上者尊天事鬼，下者愛利百姓，厚爲皮幣，卑辭令，亟遍禮四鄰諸侯，歐國而以事齊，患可救也。非此，顧無可爲者。」[1]魯君謂墨子曰：「我有二子，一人者好學，一人者好分人財，孰以爲太子而可？」墨子曰：「未可知也。或所爲賞譽爲是也——釣者之恭，非爲魚賜也；餌鼠以蟲，[2]非愛之也。吾願主君之合其志功而觀焉。」[3]

楚人常與越人舟戰於江。楚惠王時，[4]公輸般自魯南游楚焉，始爲舟戰之器，作爲鉤拒之備，楚人因此若勢，亟敗越人。公輸子善其巧，以語墨子曰：「我舟戰有鉤拒，不知子之義亦有鉤拒乎？」墨子曰：「我義之鉤拒，賢於子舟戰之鉤拒。我鉤拒，我鉤之以愛，揣之以恭；弗鉤以愛則不親，弗揣以恭則速狎，狎而不親則速離。故交相愛、交相恭，猶若相利也。今子鉤而止人，人亦鉤而止子，子拒而距人，人亦拒而距子，交相鉤、交相拒，猶若相害也。故我義之鉤拒，賢子舟戰之鉤拒。」[5]公輸般爲楚造雲梯之械，成，將以攻宋。墨子聞之，起於魯，[6]行十日十夜而至於郢，見公輸般。公輸般曰：「夫子何命焉爲？」墨子曰：「北方有侮臣，願藉子殺之。」公輸般不說。墨子曰：「請獻十金。」公輸般曰：「吾義，固不殺人。」墨子起，再拜，曰：「請說之。吾從北方聞子爲梯，將以攻宋，宋何罪之有？荊國有餘於地，而不足於民，殺所不足而爭所有餘，不可謂智；宋無罪而攻之，不可謂仁；知而不爭，不可謂忠；爭而不得，不可謂強；義不殺少而殺衆，不可謂知類。」公輸般服。墨子曰：「然，胡不已乎？」公輸般曰：「不可。吾既已言之王矣。」墨子曰：「胡不見我於王？」公輸般曰：「諾。」墨子見王，曰：「今有人於此，舍其文軒，鄰有敝轝而欲竊之；舍其錦繡，鄰有短褐而欲竊之；舍其粱肉，鄰有糟糠而欲竊之。此爲何若人？」王曰：「必爲竊疾矣。」墨子曰：「荊之地方五千里，宋之地方五百里，此猶文軒之與敝轝也；荊有雲夢，犀兕麋鹿滿之，江、漢之魚鱉黿鼉，爲天下富，宋所爲無雉兔鮒魚者也，此猶粱肉之與糟糠也；荊有長松文梓楩枏豫章，宋無長木，此猶錦繡之與短褐也。臣以王吏之攻宋也，爲與此同類。」王曰：「善哉！雖然，公輸般爲我爲雲梯，必取宋。」於是見公輸般。墨子解帶爲城，以褋爲械。公輸般九設攻城之機變，墨子九距之。公輸般之攻械盡，墨子之守圉有餘。公輸般詘而曰：「吾知所以距子矣，吾不言。」墨子亦曰：「吾知子之所以距我，吾不言。」楚王問其故，墨子曰：「公輸子之意，不過欲殺臣。殺臣，宋莫能守，乃可攻也。然臣之弟子禽滑釐等三百人，已持臣守圉之器在宋城上，而待楚寇矣。雖殺臣，不能絕也。」楚王曰：「善哉！吾請無攻宋矣。」[7]公輸子謂墨子曰：「吾未得見之時，我欲得宋。自我得見之後，予我宋而不義，我不爲。」墨子曰：「翟之未得見之時也，子欲得宋；自翟得見子之後，予子宋而不義，子弗爲，是我予子宋也。子務爲義，翟又將予子天下。」[8]

案：墨子止楚攻宋，本書不云在何時，鮑彪《戰國策注》謂當宋景公時，至爲疏謬。[9]惟《渚宮舊事》載於惠王時，墨子獻書之前，最爲近之。蓋公輸子當生於魯昭、定之間，至惠王四十年以後、五十年以前，約六十歲左右，而是時墨子未及三十，正當壯歲，故百舍重繭而不以爲勞。惠王亦未甚老，故尚能見墨子。以情事揆之，無不符合。蘇時學謂即聲王五年圍宋時事，[10]非徒與王曰「請無攻宋」之言不合，而公輸子至聲王時殆逾百歲，其必不可通明矣。[11]

1 注 出處 本書〈魯問〉篇。

▲案：魯君頗疑其即穆公，則當在楚惠王後，然無塙證。以墨子本魯人，故繫於前。

2 注 疑當作「蠱」。

3 注 出處 同上。

4 注 出處 《渚宮舊事・一二》。

5 注 出處 本書〈魯問〉篇。《渚宮舊事》在止攻宋前，今故次於此。

6 注 本書作「齊」，今據《呂氏春秋》、《淮南子》改。

7 注 出處 本書〈公輸〉篇。

8 注 出處 本書〈魯問〉篇。

9 注 詳年表。

10 注 出處 《墨子刊誤》。

11 注 詳〈公輸〉篇。

楚惠王五十年，墨子至郢獻書惠王。王受而讀之，曰：「良書也。寡人雖不得天下，而樂養賢人。」墨子辭曰：「翟聞賢人進，道不行不受其賞，義不聽不處其朝。今書未用，請遂行矣。」將辭王而歸，王使穆賀以老辭。[1]穆賀見墨子，墨子說穆賀，穆賀大說，謂墨子曰：「子之言則誠善矣。而君王，天下之大王也，毋乃曰賤人之所爲而不用乎？」墨子曰：「唯其可行。譬若藥然，一草之本，天子食之以順其疾，豈曰一草之本而不食哉？今農夫入其稅於大人，大人爲酒醴粢盛以祭上帝鬼神，豈曰賤人之所爲而不享哉？故雖賤人也，上比之農，下比之藥，曾不若一草之本乎？」[2]魯陽文君言於王曰：「墨子，北方賢聖人，君王不見，又不爲禮，毋乃失士。」乃使文君追墨子，以書社五里[3]封之，不受而去。[4]

案：楚惠王在位五十七年，墨子獻書在五十年，年齒已高，故以老辭。余知古之說蓋可信也。[5]以墨子生於定王初年計之，年蓋甫及三十，所學已成，故流北方賢聖之譽矣。

1 注 出處 《渚宮舊事．二》。

2 注 出處 本書〈貴義〉篇。

3 注 疑當作「五百里」。

4 注 出處 《渚宮舊事．二》。

5 注 《舊事．一》亦云：「惠王之末，墨翟重繭趍郢，班子折謀。」

嘗游弟子公尚過於越。公尚過說越王，越王大悅，謂公尚過曰：「先生苟能使墨子至於越而教寡人，請裂故吳之地方五百里以封墨子。」公尚過許諾。遂爲公尚過束車五十乘以迎墨子於魯，曰：「吾以夫子之道說越王，越王大說，謂過曰『苟能使墨子至於越而教寡人，請裂故吳之地方五百里以封子』。」[1]墨子曰：「子之觀越王也，能聽吾言，用吾道乎？」公尚過曰：「殆未能也。」墨子曰：「不唯越王不知翟之意，雖子亦不知翟之意。[2]意越王將聽吾言，用吾道，則翟將往，量腹而食，度身而衣，自比於羣臣，奚能以封爲哉？抑越不聽吾言，不用吾道，而吾往焉，則是我以義糶也。鈞之糶，亦於中國耳，何必於越哉？」[3]後又游楚，謂魯陽文君曰：「大國之攻小國，譬猶童子之爲馬也，童子之爲馬，足用而勞。今大國之攻小國也，攻者，農夫不得耕，婦人不得織，以守爲事。攻人者，亦農夫不得耕，婦人不得織，以攻爲事。故大國之攻小國也，譬猶童子之爲馬也。」又謂魯陽文君曰：「今有一人於此，羊牛芻豢，雍人但割而和之，食之不可勝食也，見人之作餅，則還然竊之，曰：『舍余食』，不知明安不足乎？其有竊疾乎？」魯陽文君曰：「有竊疾也。」墨子曰：「楚四竟之田，曠蕪而不可勝辟，呼虛數千，不可勝入，見宋、鄭之閒邑，則還然竊之。此與彼異乎？」魯陽文君曰：「是猶彼也，實有竊疾也！」[4]魯陽文君將攻鄭，墨子聞而止之，謂文君曰：「今使魯四竟之內，大都攻其小都，大家伐其小家，殺其人民，取其牛馬狗豕布帛米粟貨財，則何若？」文君曰：「魯四竟之內，皆寡人之臣也。今大都攻其小都，大家伐其小家，奪之貨財，則寡人必將厚罰之。」墨子曰：「夫天之兼有天下也，亦猶君之有四竟之內也。今舉兵將以攻鄭，天誅其不至乎？」文君曰：「先生何止我攻鄭也？我攻鄭順於天之志。鄭人三世殺其父，天加誅焉，使三年不全，我將助天誅也。」墨子曰：「鄭人三世殺其父而天加誅焉，使三年不全，天誅足矣。今又舉兵將以攻鄭，曰：『吾攻鄭也，順於天之志。』譬有人於此，其子強梁不材，故其父笞之，其鄰家之父舉木而擊之，曰：『吾擊之也，順於其父之志』，則豈不悖哉！」[5]

案：「三世殺其父」，當作「二世殺其君」。此指鄭人弒哀公及韓武子殺幽公而言，蓋當在楚簡王九年以後，鄭繻公初年事也。或謂三世兼駟子陽弒繻公而言，[6]則當在楚悼王六年以後，與魯陽文君年代不相及，不足據。[7]

1 注 出處 本書〈魯問〉篇。

2 注 出處 《呂氏春秋．高義》篇。

3 注 出處 本書〈魯問〉篇。

▲案：疑王翁中、晚年事。

4 注 出處 本書〈耕柱〉篇。

5 注 出處 本書〈魯問〉篇。

6 注 蘇時學《墨子刊誤》、黃式三《周季編略說》。

7 注 魯陽文君，即司馬子期之子公孫寬也。魯哀公十六年已嗣父為司馬，事見《左傳》。逮鄭繻公被弒之歲，積八十四年，即令其為司馬時年才及冠，亦已百餘歲，其不相及審矣。

宋昭公時，嘗爲大夫。[1]

案：墨子仕宋，鮑彪謂當景公、昭公時，[2]非也。以墨子前後時事校之，其爲宋大夫當正在昭公時。景公卒於魯哀公二十六年，[3]下距齊太公田和元年，凡八十三年，墨子晚年及見田和之爲諸侯，則必不能仕於景公時審矣。

1 注 出處 《史記．孟荀列傳》、《漢書．藝文志》並不云何時，今孜定當在昭公時。

2 注 出處 《戰國策．宋策》注。

3 注 出處 見《左傳》，而《史記．宋世家》及〈六國表〉謂景公卒於魯悼公十七年，殊謬。

嘗南遊使於衛，謂公良桓子曰：「衛，小國也，處於齊、晉之閒，猶貧家之處於富家之閒也。貧家而學富家之衣食多用，則速亡必矣。今簡子之家，飾車數百乘，馬食菽粟者數百匹，婦人衣文繡者數百人。吾取飾車食馬之費與繡衣之財以畜士，必千人有餘。若有患難，則使數百人處於前，數百人處於後，與婦人數百人處前後，孰安？吾以爲不若畜士之安也。」[1]昭公末年，司城皇喜專政劫君，

《韓非子．內儲說下》篇云：「戴驩爲宋大宰，皇喜重於君，二人爭事而相害也。皇喜遂殺宋君而奪其政。」又〈外儲說右下〉篇云：「司城子罕殺宋君而奪政。」[2]司城子罕當即皇喜。[3]其事，《史記．宋世家》不載。《史記．鄒陽傳》稱子罕囚墨子。以墨子年代校之，前不逮景公，後不逮辟公，所相直者惟昭公、悼公、休公三君。《呂氏春秋．召類》篇高注云：「《春秋》子罕殺昭公」。攷宋有兩昭公，一在魯文公時，與墨子相去遠甚；一在春秋後魯悼公時，與墨子時代正相當。子罕所殺宜爲後之昭公。惟高云「春秋時」，則誤并兩昭公爲一耳。〈宋世家〉雖不云昭公被弒，然秦、漢古籍所紀匪一，高說不爲無徵。賈子《新書．先醒》篇、《韓詩外傳．六》，並云昭公出亡而復國。而《說苑》云子罕逐君專政，或昭公實爲子罕所逐而失國，因誤傳爲被殺，[4]亦未可知。〈宋世家〉於春秋後事頗多疏略，如宋辟公被弒，[5]而《史》亦不載，是其例也。

注

1 **出處**　本書〈貴義〉篇。

▲案：此不詳何年，據云使於衛，或仕宋時奉宋君之命而使衛也。

2 **注** 〈說疑〉篇云「司城子罕取宋」。又〈二柄〉篇云「子罕劫宋君」。《韓詩外傳・七》、《史記・李斯傳・上二世書》、《淮南子・道應訓》說並同。《說苑・君道》篇亦云「司城子罕相宋，逐其君而專其政」。

3 **注** 本梁履繩《左通》說。春秋時名「喜」者多以「罕」為字，見王引之《春秋名字解詁》。王應麟謂即《左傳》之樂喜，則非也。樂喜，宋賢臣，無劫君之事，且與墨子時不相直，《呂氏春秋・召類》篇說前子罕相宋平、元、景三公，亦不逮昭公。梁玉繩《史記志疑》謂後子罕蓋子罕之後，以字為氏，非是。

4 **注** 李斯、韓嬰、淮南王書並云「劫」君，「劫」亦即謂逐也。

5 **注** **出處** 見《索隱》引《紀年》。

而囚墨子。

《史記・鄒陽傳》云：「宋信子罕之計而囚墨翟」，《索隱》云：「《漢書》作『子冄』，不知子冄是何人。文穎云：子冄，子罕也」。《文選》鄒陽獄中上書自明，亦作「子冄」，注引文穎說同，又云「冄音『任』」，善云：未詳」。1 《新序・三》亦作「子冄」，蓋皆「子罕」之誤。

1 注 「冄」不得有「任」音，疑《史記》「信」字《漢書》、《文選》並作「任」，此或校異文云「信作任」誤作「冄音任」也。

老而至齊，見太王田和，曰：「今有刀於此，試之人頭，倅然斷之，可謂利乎？」太王曰：「利。」墨子曰：「多試之人頭，倅然斷之，可謂利乎？」太王曰：「利。」墨子曰：「刀則利矣，孰將受其不祥？」太王曰：「刀受其利，試者受其不祥。」墨子曰：「并國覆軍，賊殺百姓，孰將受其不祥？」太王俯仰而思之曰：「我受其不祥。」[1]齊將伐魯，墨子謂齊將項子牛曰：「伐魯，齊之大過也。昔者吳王東伐越，棲諸會稽；西伐楚，葆昭王於隨；北伐齊，取國子以歸於吳。諸侯報其讎，百姓苦其勞而弗爲用，是以國爲虛戾、身爲刑戮也。昔者智伯伐范氏與中行氏，兼三晉之地，諸侯報其讎，百姓苦其勞而弗爲用，是以國爲虛戾、身爲刑戮。用是也，故大國之攻小國也，是交相賊也，過必反於國。」[2]卒蓋在周安王末年，當八、九十歲。

案：墨子卒年無攷，以本書校之，〈親士〉篇說吳起車裂事，在安王二十一年；〈非樂〉篇說齊康公興樂，康公卒於安王二十三年，自是以後，更無所見。[3]則墨子或即卒於安王末年。[4]葛洪《神仙傳》載墨子年八十有二，入周狄山學道。其說虛誕不足論，然墨子年壽必逾八十，則近之耳。[5]

1 注 出處 本書〈魯問〉篇。《北堂書鈔．八十三》引《新序》，有「齊王問墨子」語，蓋亦太公田和也。此皆追稱為「王」，當在命為諸侯以後事。

2 注 同上。

3 注 〈親士〉篇有「孟賁」，〈所染〉篇有「宋康王」，皆後人增益，非墨子所逮聞也。

4 注 安王二十六年崩，距齊康公之卒僅三年。

5 注 互詳〈年表〉。

所箸書，漢．劉向校錄之，爲七十一篇。[1]

案：《墨子》書，今存五十三篇，蓋多門弟子所述，不必其自箸也。《神仙傳》作十篇，《荀子》楊注作三十五篇，並非。

1 注 出處 《漢書．藝文志》。

墨子年表／清・孫詒讓

史遷云：「墨翟，或曰並孔子時，或曰在其後。」[1]劉向云：「在七十子之後」。[2]班固云：「在孔子後。」[3]張衡云：「當子思時。」[4]衆說舛牾，無可質定。近代治《墨子》書者，畢沅以爲六國時人，至周末猶存，既失之太後，汪中沿宋・鮑彪之說，[5]謂仕宋得當景公世，又失之太前[6]，殆皆不攷之過。竊以今五十三篇之書推校之，墨子前及與公輸般、魯陽文子相問答，[7]而後及見齊太公和[8]與齊康公興樂、[9]楚吳起之死，[10]上距孔子之卒，[11]幾及百年，則墨子之後孔子，蓋信。審覈前後，約略計之，墨子當與子思並時，而生年尚在其後，[12]當生於周定王之初年，而卒於安王之季，蓋八九十歲，亦壽考矣。其仕宋蓋當昭公之世。鄒陽書云：「宋信子罕之計而囚墨翟」，[13]其事他書不經見。秦、漢諸子多言子罕逐君，高誘則云「子罕殺昭公」，[14]又韓子說「皇喜殺宋君」——[15]「子罕」與「喜」當即一人。竊疑昭公實被放殺，而史失載。墨子之囚，殆即昭之末年事與？先秦遺聞，百不存一，儒家惟孔子生卒年月，明箸於《春秋》經傳，然尚不無差異。

七十子之年，孔壁古文〈弟子籍〉所傳者，亦不能備。外此，則孟、荀諸賢，皆不能質言其年壽，[16]豈徒墨子然哉？今取定王元年迄安王二十六年，凡九十有三年，表其年數，而以五十三篇書關涉諸國及古書說墨子佚事附箸之。[17]雖不能詳塙，猶瘉於馮虛臆測、舛繆不驗者爾。

1 **注** **出處** 《史記·孟荀傳》。

2 **注** **出處** 《史記索隱》引《別錄》。

3 **注** **出處** 《漢書·藝文志》，蓋本劉歆《七略》。

4 **注** **出處** 《後漢書》本傳注引衡集〈論圖緯虛妄疏〉云：「公輸班與墨翟並當子思時，出仲尼後」。

5 **注** **出處** 鮑說見《戰國策·宋策》注。

6 **注** 宋景公卒於魯哀公二十六年，見《左傳》。《史記·六國年表》書景公卒於貞王十八年，即魯悼公十七年，遂減昭公之年以益景公，與《左氏》不合，不可從也。據本書及《新序》，墨子嘗見田齊太公和，有問答語。田和元年上距宋景公卒年，凡八十三年，即令墨子之仕適當景公卒年，年才弱冠，亦必逾百歲前後方能相及，其可信乎？

7 **注** **出處** 見〈貴義〉、〈魯問〉、〈公輸〉諸篇。

8 **注** **出處** 見〈魯問〉篇。田和為諸侯在安王十六年。

9 **注** **出處** 見〈非樂上〉篇。康公卒於安王二十三年。

10 **注** **出處** 見〈親士〉篇，在安王二十一年。

11 **注** 敬王四十一年。

12 **注** 子思生於魯哀公二年，周敬王二十七年也，下及事魯穆公，年已八十餘，不能至安王也。《史記・孔子世家》謂子思年止六十二，則不得及穆公。近代譜諜書或謂子思年百餘歲者，並不足據。

13 **注** **出處** 《史記》本傳。

14 **注** **出處** 《呂氏春秋・召類》篇注。

15 **注** **出處** 〈內儲說上〉。

16 **注** 元人所傳《孟子》生卒年月，臆撰不足據。

17 **注** 《史記・六國年表》魯哀、悼、宋景、昭年，與《左傳》不合，今從《左傳》。本書〈貴義〉篇墨子嘗使衛，年代無攷，他無與衛事相涉者。又墨子當春秋後，〈非攻下〉篇、〈節葬下〉篇，並以齊、晉、楚、越為四大國，時燕、秦尚未大興，墨子亦未至彼國，今並不列於表。

周	魯	晉魏、韓、趙	齊田齊	宋	鄭	楚	越	墨子時事
定王元	哀公二七	出公七魏桓子、韓康子、趙襄子	平公十三田成子	昭公元	聲公三三	惠王二十	王句踐二八	〈親士〉篇：「越王句踐遇吳王之醜，而尚攝中國之賢君。」亦見〈所染〉、〈兼愛〉、〈非攻〉、〈公孟〉諸篇。
二	悼公元	八	十四	二	三四	二二	二九	
三	二	九	十五	三	三五	二三	三十	
四	三	十	十六	四	三六	二四	三一	
五	四	十一	十七	五	三七	二五	王鹿郢元	
六	五	十二	十八	六	三八	二六	二	
七	六	十三	十九	七	哀公元	二七	三	

八	七	十四	二十	八	二	二八	四	
九	八	十五	二一	九	三	二九	五	
十	九	十六	二二	十	四	三十	六	
十一	十	十七	二三	十一	五	三一	王不壽元	
十二	十一	哀公元	二四	十二	六	三二	二	
十三	十二	二	二五	十三	七	三三	三	
十四	十三	三	宣公元	十四	八鄭人弒哀公	三四	四	〈魯問〉篇：鄭人三世殺其君。哀公即其一也。
十五	十四	四魏、韓、趙與智伯分范中行地。	二田襄子	十五	共公元	三五	五	〈非攻中〉篇：智伯攻中行氏、范氏，并三家以爲一家。

周	魯	晉魏、韓、趙	齊田齊	宋	鄭	楚	越	墨子時事
十六	十五	五智伯與魏、韓圍趙襄子於晉陽，魏、韓、趙反殺智伯。	三	十六	二	三六	六	〈非攻中〉篇：智伯圍趙襄子於晉陽，韓、魏、趙氏擊智伯，大敗之。亦見〈魯問〉篇。
十七	十六	六	四	十七	三	三七	七	
十八	十七	七	五	十八	四	三八	八	
十九	十八	八	六	十九	五	三九	九	
二十	十九	九	七	二十	六	四十	十	
二一	二十	十	八	二一	七	四一	王翁元	〈魯問〉篇：公尚過說越王，越王使公尚過迎墨子於魯。疑爲王翁中、晚年事。

二二	二一	十一	九	二二	八	四二滅蔡	二	〈非攻中〉篇：蔡亡於吳、越之間。
二三	二二	十二	十	二三	九	四三	三	
二四	二三	十三	十一	二四	十	四四	四	
二五	二四	十四	十二	二五	十一	四五	五	
二六	二五	十五	十三	二六	十二	四六	六	
二七	二六	十六	十四	二七	十三	四七	七	
二八	二七	十七	十五	二八	十四	四八	八	
考王元	二八	十八	十六	二九	十五	四九	九	〈魯問〉篇：公輸般至楚爲舟戰器，亟敗越人。墨子與論鉤拒。〈公輸〉篇：般

周	魯	晉魏、韓、趙	齊田齊	宋	鄭	楚	越	墨子時事
								爲雲梯將攻宋，墨子至郢，見楚王，乃不攻宋。《渚宮舊事》並在惠王五十年以前。附記於此。
二	二九	十九	十七	三十	十六	五十	十	〈貴義〉篇：墨子游楚，見惠王，王以老辭。《渚宮舊事》：惠王以書社封墨子，不受而歸。
三	三十	幽王元	十八	三一	十七	五一	十一	
四	三一	二	十九	三二	十八	五二	十二	
五	三二	三	二十	三三	十九	五三	十三	

六	三三	四	二一	三四	二十	五四	十四	
七	三四	五	二二	三五	二一	五五	十五	
八	三五	六	二三	三六	二二	五六	十六	
九	三六	七	二四	三七	二三	五七	十七	
十	三七	八	二五	三八	二四	簡王元 滅莒	十八	〈非攻中〉篇：莒亡於齊、越之間。
十一	元公元	九	二六	三九	二五	二	十九	
十二	二	十	二七	四十	二六	三	二十	
十三	三	十一	二八	四一	二七	四	二一	
十四	四	十二	二九	四二	二八	五	二二	
十五	五	十三	三十	四三	二九	六	二三	
威烈王元	六	十四	三一	四四	三十	七	二四	

周	魯	晉魏、韓、趙	齊田齊	宋	鄭	楚	越	墨子時事
二	七	十五魏文侯、韓武子、趙桓子。	三二	四五	三一	八	二五	〈魯問〉篇：魯陽文君將攻鄭，曰：鄭人三世殺其父。疑當作「二世殺其君」，即指哀公、幽公被殺也。詳本篇。
三	八	十六趙獻侯。	三三	四六	幽公元韓武子伐鄭，殺幽公。	九	二六	
四	九	十七	三四	四七	繻公元	十	二七	
五	十	十八	三五	四八	二	十一	二八	
六	十一	十九	三六	四九	三	十二	二九	
七	十二	烈公元	三七	五十	四	十三	三十	
八	十三	二	三八	五一	五	十四	三一	

九	十四	三	三九	五二	六	十五	三二	
十	十五	四	四十	五三	七	十六	三三	
十一	十六	五	四一	五四	八	十七	三四	
十二	十七	六	四二	五五	九	十八	三五	
十三	十八	七	四三	五六	十	十九	三六	
十四	十九	八	四四田莊子伐魯，攻葛及安陵。	五七	十一	二十	三七	〈魯問〉篇：齊項子牛三侵魯地。此攻葛及安陵，或即三侵之一。
十五	二十	九	四五伐魯取都。	五八	十二	二一	王翳元	齊伐魯取都，或亦三侵之一。
十六	二一	十	四六	五九	十三	二二	二	
十七	穆公元	十一	四七	六十	十四	二三	三	〈魯問〉篇：魯君謂墨子曰：恐齊攻我。疑即穆公。

周	魯	晉魏、韓、趙	齊田齊	宋	鄭	楚	越	墨子時事
十八	二	十二韓景侯、趙烈侯	四八田和伐魯取郕	六一	十五	二四	四	齊伐魯取郕，或亦三侵之一。
十九	三	十三	四九	六二	十六	聲王元	五	
二十	四	十四魏滅中山	五十	六三	十七	二	六	〈所染〉篇：中山尚染於魏義、偃長。案：中山尚疑即中山桓公，為魏文侯所滅。
二一	五	十五	五一	六四	十八	三	七	
二二	六	十六	康公元	六五昭公薨。案：疑為皇喜所弒。	十九	四	八	〈呂氏春秋·召類〉篇注：子罕殺昭公。《史記》：宋信子罕之計而囚墨翟。疑昭公實被弒，囚墨子即其季年事。

二三	七	十七魏文侯二二年，韓景侯六年，趙烈侯六年，始命為諸侯。	二	悼公元	二十	五圍宋十月	九	〈公輸〉篇：公輸般為楚造雲梯，將攻宋。墨子至郢，說止之。當在惠王時。蘇時學謂即此年聲王圍宋時事，非是。
二四	八	十八魏二三、韓七、趙七。	三	二	二一	六	十	
安王元	九	十九魏二四、韓八、趙八。	四	三	二二	悼王元	十一	
二	十	二十魏二五、韓九、趙九。	五	四	二三	二	十二	
三	十一	二一魏二六、韓烈侯元、趙武侯元。	六	五	二四	三	十三	

周	魯	晉魏、韓、趙	齊田齊	宋	鄭	楚	越	墨子時事
四	十二	二二魏二七、韓二、趙二。	七	六	二五	四	十四	
五	十三	二三魏二八、韓三、趙三。	八	七	二六	五	十五	〈魯問〉篇：魯陽文君曰鄭人三世殺君，或謂指哀、幽、繻三君，然與文君年不合。
六	十四	二四魏二九、韓四、趙四。	九	八	二七鄭人弒繻公	六	十六	
七	十五	二五魏三十、韓五、趙五。	十	休公元	康公元	七	十七	黃式三謂魯陽文君將攻鄭在此年，未塙。齊伐魯或即〈魯問〉篇三侵魯地事。
八	十六	二六魏三一、韓六、趙六。	十一田和伐魯取最。	二	二	八	十八	

九	十七	二七魏三二、韓七、趙七。	十二	三	三	九	十九	
十	十八	孝公元魏三三、韓八、趙八。	十三	四	四	十	二十	
十一	十九	二魏三四、韓九、趙九。	十四	五	五	十一	二一	
十二	二十	三魏三五、韓十、趙十。	十五	六	六	十二	二二	
十三	二一	四魏三六、韓十一、趙十一。	十六	七	七	十三	二三	
十四	二二	五魏三七、韓十二、趙十二。	十七	八	八	十四	二四	
十五	二三	六魏三八、韓十三、趙十三。	十八	九	九	十五	二五	

周	魯	晉魏、韓、趙	齊田齊	宋	鄭	楚	越	墨子時事
十六	二四	七魏武侯元、韓文侯元、趙敬侯元。	十九田齊太公和元年，始命爲諸侯。	十	十	十六	二六	〈魯問〉篇：墨子見齊太王，即太公和。《新序》亦載齊王與墨子問答，即田和也。
十七	二五	八魏二、韓二、趙二。	二十田齊二，伐魯，破之。	十一	十一	十七	二七	齊伐魯，或即〈魯問〉篇三侵魯地事。
十八	二六	九魏三、韓三、趙三。	二一田齊桓公元。	十二	十二	十八	二八	
十九	二七	十魏四、韓四、趙四。	二二田齊二	十三	十三	十九	二九	
二十	二八	十一魏五、韓五、趙五。	二三田齊三	十四	十四	二十	三十	

二一	二九	十二魏六、韓六、趙六。	二四田齊四	十五	十五	二一悼王薨，群臣殺吳起。	三一	〈親士〉篇：吳起之裂，其事也。
二二	三十	十三魏七、韓七、趙七。	二五田齊五	十六	十六	肅王元	三二	
二三	三一	十四魏八、韓八、趙八。	二六公薨齊亡，田齊六	十七	十七	二	三三	〈非樂上〉篇：齊康公興樂萬。
二四	三二	十五魏九、韓九、趙九。	田齊威王元	十八	十八	三	三四	以後時事，本書無所見，疑墨子之卒即在安王末年。
二五	三三	靜公元魏十、韓哀侯元、趙十。	二	十九	十九	四	三五	
二六	共公元	二魏十一、韓二、趙十一。	三	二十	二十	五	三六	

精進書目

國立臺灣大學哲學系教授兼文學院副院長　李賢中

孫詒讓，《墨子閒詁》（台北：華正書局，一九八七年三月）

此書集畢沅以後一百餘年之墨學研究成果，校釋詳細；包括正文十五卷，附錄有：墨子篇目考、墨子佚文、墨子傳略、墨學通論等。資料甚爲豐富，是研究墨學必讀之書。

1. 胡適，《墨子與別墨》（上海：商務印書館，一九一九年）

內容包括：墨子哲學的根本方法、三表法、墨子的宗教，及墨辯與別墨、知識論、辯者惠施、公孫龍等。

2. 梁啓超，《墨子學案》（上海：中華書局，一九三六年）

共八章，討論墨學之根本觀念，兼愛、墨學之實利主義及經濟學說，宗教思想，新社會組織法，墨家之論理學及其他科學等。此書以白話文寫作，影響至巨。

3. 張純一，《增訂墨子閒詁箋》收錄於任繼愈主編，《墨子大全》（第二編二十八冊）（北京：

北京圖書館出版社，二〇〇四年）

此乃在張純一原著《墨子閒詁箋》的基礎上校補，書前有曹亞伯、章炳麟序，作者敘指出，該書是他在孫詒讓所見諸本之外，另得十幾種版本互相審覈、覆勘，指出了《墨子閒詁》的一些未審之處，頗值得對比參考。

4. 張純一，《墨子集解》（上海：世界書局，一九三六年）

張純一以十餘年精力，博采諸家之說，精研深究，著《墨子集解》十五卷，附錄墨子佚文，集諸家之大成，爲當時墨學之總結集。

5. 方授楚，《墨學源流》（上海：中華書局，一九四〇年）

此書上卷十章，下卷四章，涉及墨學內部思想之分類論述，如：政治、經濟、宗教思想及根本精神等；至於外部思想產生之背景、墨學之發展等也有論述。此書爲三十年代墨學研究著作中資料最豐富者。

6. 譚戒甫，《墨經分類譯注》（北京：科學出版社，一九五八年）

本書成稿於一九五七年，作者將《墨經》分類譯注，分爲：名言、自然、數學、力學、光學及認識等部分。

7. 嚴靈峰，《墨子知見書目》（台北：台灣學生書局，一九六九年）

該書收有：中國墨子書目錄、日本墨子書目錄、韓國墨子書目錄、越南墨子書目錄、英、德文墨子書目錄及版本目錄、墨子論說目錄等。

8. 李漁叔註譯，《墨子今註今譯》（台北：商務印書館，一九七四年初版，一九八八年六版）

其中十分之九由李漁叔撰寫，其餘由弟子王冬珍補述成書，內容有墨學導論，介紹墨子事蹟、生地、年代及思想大要；並注譯《墨子》三十八篇。

9. 周長耀，《墨子思想之研究》（台北：中華倫理科學教育協會，一九七四年初版，正中書局，一九七七年）

該書強調墨學在復興中華文化中的重要性，內容除墨子生平事蹟外，思想涉及宗教、兼愛、政治、經濟、社會等思想以及儒墨之是非，附錄墨子學說表解。

10. 李紹崑，《墨子：偉大的教育家》（台北：商務印書館，一九八九年初版）

該書從比較教育學原理，將墨子教育思想與儒家教育觀相比較，並視墨子為偉大的宗教教育家，該書內容還包括墨子的道德教育、科學教育與革命教育等。

11. 鐘友聯，《墨家的哲學方法》（台北：東大圖書公司，一九七六年初版，一九八一年再版）

該書解析墨家邏輯思想，包括：墨家的哲學方法，墨家三表法的論證形式，兩而進之的論證形式，還原論證法，譬喻與類比論證，及詭論的二難式等共十二章。

12. 蔡仁厚，《墨家哲學》（台北：東大圖書公司，一九七八年初版，一九八三年再版）全書分上下兩卷，上卷論述墨子思想及對墨學的評論；下卷對於《墨辯》的道德觀和《墨經》中的科學思想加以說明。

13. 孫中原，《墨學通論》（瀋陽：遼寧教育出版社，一九九三年九月）該書對於墨學精蘊頗多闡發，特別是對前人未特別注意的墨家軍事思想評述尤詳，在〈名辯邏輯的高峰：墨家邏輯〉等章，論析精闢。

14. 姜寶昌，《墨經訓釋》（濟南：齊魯書社，一九九三年十二月）作者物理系畢業，兼通數理與文史，該書對《墨經》進行校勘、注釋及講解，將《墨經》訂爲一七九條，對〈經上、下〉、〈經說上、下〉詳細疏證。

15. 譚家健，《墨子研究》（貴陽：貴州教育出版社，一九九五年八月）全書十六章，詳細介紹墨家思想，是二十世紀末相當有系統的墨學研究成果，其最後一章還介紹歷代墨學研究情況，以及海外墨學研究情形，頗具參考價值。

16. 鄭杰文，《二十世紀墨學研究史》（北京：清華大學出版社，二〇〇二年十一月）該書系統論述二十世紀墨學研究的歷史概況，共分六章，並附錄歷代墨學書目版本索引，中國二十世紀墨學論文索引。

17. 吳進安，《墨家哲學》（台北：五南圖書公司，二〇〇三年二月）

該書從「道」與「術」的二元觀點，分析墨家哲學的理論性與實踐性。探討墨家各項主張，並以系統性的架構，整理及解釋墨學的立論及旨趣。

18. 李賢中，《墨學—理論與方法》（台北：揚智文化公司，二〇〇三年十月）

本書對二十世紀後半葉台灣墨學研究進行文獻回顧，並提出新的研究方法，不僅展示墨學的理論系統，也提出墨學研究的現代意義與未來發展。

19. 王讚源主編，《墨經正讀》（上海：上海科學技術文獻出版社，二〇一一年五月）

由於《墨經》注釋分歧，造成讀者理解《墨經》的障礙，該書邀集海峽兩岸墨學專家組成研究團隊，合力撰成此書，該書不輕率更動原文，訓詁與義理並濟，爲目前研究《墨經》者必讀之書。

20. 孫中原、吳進安、李賢中合著，《墨翟與《墨子》》（台北：五南圖書公司，二〇一二年三月）

該書包含三篇：其一爲墨學精華，指出墨學之科學精神與人文精神。其二爲墨學的普世價值，強調墨學的社會正義與和平主義。其三爲墨家哲學之現代意義。

經典名著文庫 128

墨子（上）

原　　著 —— 墨子及其弟子與墨家後學
注　　疏 —— 孫詒讓
導　　讀 —— 李賢中
題　　解 —— 李賢中
發 行 人 —— 楊榮川
總 經 理 —— 楊士清
總 編 輯 —— 楊秀麗
文庫策劃 —— 楊榮川
副總編輯 —— 黃文瓊
責任編輯 —— 吳雨潔
特約編輯 —— 盧文心
封面設計 —— 姚孝慈
著者繪像 —— 莊河源
出 版 者 —— **五南圖書出版股份有限公司**
地　　址 —— 臺北市大安區 106 和平東路二段 339 號 4 樓
電　　話 —— 02-27055066（代表號）
傳　　眞 —— 02-27066100
劃撥帳號 —— 01068953
戶　　名 —— 五南圖書出版股份有限公司
網　　址 —— https://www.wunan.com.tw
電子郵件 —— wunan@wunan.com.tw
法律顧問 —— 林勝安律師事務所　林勝安律師
出版日期 —— 2020 年 12 月初版一刷
定　　價 —— 620 元

國家圖書館出版品預行編目資料

墨子 / 墨子及其弟子與墨家後學原著；孫詒讓注疏．--
初版．-- 臺北市：五南，2020.12
　冊；公分．--（經典名著文庫；128-129）
ISBN 978-986-522-333-5（上冊：平裝）．--
ISBN 978-986-522-334-2（下冊：平裝）

1. 墨子　2. 注釋

121.411　　109016779